OEUVRES

COMPLÈTES

DE PIGAULT-LEBRUN.

TOME IV.

MON ONCLE THOMAS.

DE L'IMPRIMERIE DE FIRMIN DIDOT.

OEUVRES

COMPLÈTES

DE PIGAULT-LEBRUN.

TOME QUATRIÈME.

A PARIS,

CHEZ J.-N. BARBA, LIBRAIRE,

ÉDITEUR DES OEUVRES DE M. PICARD ET DE M. ALEX. DUVAL,
PALAIS-ROYAL, N° 51, DERRIÈRE LE THÉATRE-FRANÇAIS.

1823.

MON ONCLE THOMAS.

Nunc est ridendum.

PREMIÈRE PARTIE.

CHAPITRE PREMIER.

Ce que c'est que cet oncle.

Si on se choisissait un père, disait-on, en 1740, je serais le fils d'un roi. On dit probablement aujourd'hui : je serais le fils d'un fournisseur, d'un agioteur, d'un spoliateur. Quelques-uns disent, peut-être : je serais le fils de la gloire; mais la gloire est une belle femme qui ne cède jamais : elle veut qu'on la viole. Bonaparte ne peut pas être le père de tout le monde. Au reste, en dépit de ces rêves et de ces vœux, on finit toujours par être le fils de son père, quel qu'il soit, et il faut le prendre tel qu'il est.

Mon oncle Thomas était incontestablement le fils du sien. Mais quel est celui qui donna l'être à cet homme incomparable? C'est ce dont il ne s'est jamais inquiété, et ce que n'a jamais pu lui dire *Rosalie-la-Brune*, fille majeure, usant de ses droits, rue Froid-manteau, qui devint sa mère, sans savoir à qui accorder les honneurs de la paternité. Ce fut le 18 mars 1740.

Mon oncle Thomas eut au moins cet avantage, sur bien d'autres, d'être certain de ne pas se tromper en appelant *papa* le mari de *maman*, car il avait six ans, que mademoiselle Rosalie n'avait encore épousé que le public.

C'était d'ailleurs une fille assez honnête pour son *état*, et très-propre pour sa rue. Elle mettait la chemise blanche tous les dimanches, et ses adorateurs du moment sortirent constamment de chez elle, avec leur bourse dans leur poche, et leur montre à leur gousset.

Par dessus tout cela, elle se piquait d'être bonne mère. Elle n'avait pas nourri elle-même le petit Thomas, parce que son lait était échauffé; elle ne l'avait pas mis en nourrice, faute de fonds; mais monsieur *Belle-Pointe*, maître en fait d'armes, et racoleur sur le quai de la Ferraille, qui l'aidait à manger les produits de l'*état*, monsieur Belle-Pointe avait été faire un tour sur les talus des boulevards neufs, et, d'un revers de main, il avait fait taire une petite fille qui trouvait mauvais qu'il prît sa chèvre sous son bras, quoiqu'il lui eût répété trois fois qu'il fallait une nourrice au petit Thomas.

Mademoiselle Rosalie, lorsqu'elle déménageait, faisait son paquet dans une serviette, et il ne lui était pas aisé d'arranger une layette à monsieur son fils. Monsieur Belle-Pointe, que rien n'embarrassait, fut se promener au Gros-Caillou, et il avait déja décroché quatre à cinq chemises, lorsque *Margot la Tapageuse*, blanchisseuse de profession, et faible d'inclination, accourut en criant au voleur. Monsieur *Fretzfortz*, grenadier aux gardes suisses, et maître d'espadon, arriva tranquillement, le jarret tendu, retroussant sa moustache d'une main, et caressant, de l'autre, la poignée de son sabre. Il notifia flegmatiquement à monsieur Belle-Pointe d'avoir à remettre les chemises. Belle-Pointe lui rit au nez, et serra les chemises dans ses poches. Monsieur Fretfortz mit flamberge au vent; Belle-Pointe en fit de même, et reçut, au travers du corps, un coup si vigoureux, que la garde du sabre de Fretzfortz lui servit d'emplâtre. Il tomba, comme c'est assez l'ordinaire, et il respirait encore; mais, comme il est toujours prudent d'étouffer ces sortes d'affaires, et qu'on était masqué par le linge suspendu aux cordeaux, le garde suisse jugea à propos de jeter le racoleur dans la rivière, après lui avoir préalablement ôté les boucles d'argent de ses souliers, et les chemises de ses poches.

Ce petit accident fut cause que mon oncle

Thomas se passa de layette. Il n'en vint pas moins comme un champignon. L'été, il se roulait sur le carreau, et l'hiver il se traînait entre les cuisses velues de sa nourrice encornée.

Une fruitière de la rue Jean-S.-Denis, qui avait eu l'honneur de tenir mon oncle Thomas sur les fonts de baptême, portait, tous les soirs, à la nourrice, les abattis de ses carottes, de ses choux et de ses laitues, et quelquefois, au filleul, le quart de boisseau de pommes de terre, que Rosalie faisait cuire dans son couveau, et mangeait les jours où le commerce n'allait point, ce qui arrivait quelquefois, car tout ici-bas est chanceux, et mêlé de bien et de mal.

En récompense, on se dédommageait selon le temps, et on partageait, maternellement, avec le petit Thomas, qui ne pouvait pas mâcher encore; mais qui suçait déja sa côtelette avec une grace toute particulière.

N'anticipons pas sur les évènemens, et, en historien exact, suivons scrupuleusement la chronologie.

Une fille aussi méritante que mademoiselle Rosalie, devait faire plus d'une conquête, et, depuis long-temps, elle était lorgnée par ce qu'il y avait d'hommes délicats dans le quartier. Garçons perruquiers, commissionnaires, décrotteurs, porteurs d'eau, gens de tout *état* enfin, et qui ne dégradent point l'amour, en stipendiant l'objet de leurs tendres feux, brûlaient, pour la Brune, d'une flamme respectueuse, que l'épée, sur la quarte de Belle-Pointe, rendait extrêmement circonspecte. Mais à peine le grenadier suisse eut-il rendu Rosalie maîtresse absolue de ses faits et gestes, que la foule des adorateurs obstrua son cabinet garni, au point que ceux qu'elle appelait *ses amis utiles*, n'osaient plus s'y présenter.

Une veuve doit pleurer, au moins pour la forme, et Rosalie avait fait retentir le quartier de ses clameurs, quoique intérieurement elle fût fort aise d'être débarrassée de son maître d'armes, qui buvait tous les jours à ses dépens, et qui, assez ordinairement, se permettait des gestes d'une énergie tout au plus supportable par des amours de la rue Froidmanteau. Madame Belle-Pointe sentait une répugnance invincible à lui donner un successeur : elle commençait à goûter les charmes de l'indépendance. Cependant elle sentait la nécessité de faire un choix qui mît d'accord la multitude des prétendans, qui les déterminât à évacuer le cabinet garni, et à rendre l'accès facile aux amis utiles. Après bien des combats et des réflexions, elle allait prononcer, quand monsieur Riboulard se mit sur les rangs.

Monsieur Riboulard était un joli homme entre deux âges, un peu louche, un peu boîteux, un peu bossu, sachant un peu lire, écrivant même au besoin, et faisant l'important, parce que, depuis quinze ans, il était caporal dans le guet à pied, la troupe de France la plus malpropre; la plus lâche, et parfois la plus friponne, à quelques exceptions près. Il y a de braves gens partout.

La veuve Belle-Pointe fit ses petits calculs. La première idée qui lui vint, fut, qu'avec un caporal du guet, elle n'aurait point à craindre les voies de fait, et c'est quelque chose que cela. Elle prévoyait que les moyens physiques de monsieur Riboulard étaient à peu près nuls ; mais elle comptait sur son pavé. Le caporal aimait passionnément l'argent; elle pourrait donc faire des économies, qui tourneraient au profit de mon oncle Thomas. Je l'ai déjà dit, elle était bonne mère, et cette considération était d'un grand poids sur son esprit. L'amour-propre, satisfait d'ailleurs, devait entraîner la balance : il est flatteur, pour une fille, de fixer l'attention d'un officier de police, et puis cela finit par procurer d'excellentes recommandations à l'Hôpital et à Bicêtre, et il est bon d'avoir des amis partout. Il fut donc décidé que Riboulard prendrait place dans un cœur qui ne ressemblait pas mal à des casernes. On eût pu, dans un moment de gêne, y loger une armée.

Vous sentez bien, lecteur bénévole ou malévole, qu'une décision de cette importance ne pouvait se prononcer qu'avec une sorte de solennité. Un certain dimanche donc, c'était, je crois, le 18 mai 1740, Rosalie-la-Brune convoqua tous ses amans à la *Grande-Pinte*, cabaret renommé à Vaugirard. On s'assit autour d'une grande table, sur laquelle étaient placés un pot d'eau-de-vie, une miche de douze livres, et un fromage de Jérome, qu'on aurait senti de Saint-Sulpice.

Bien que Rosalie ne se piquât point d'amour-propre, elle était convaincue des regrets cuisans de ceux qu'elle allait éconduire, et, pour en adoucir l'amertume, elle était restée dans son négligé du samedi soir, et rien n'était moins séduisant. Un bonnet de travers, pour donner plus d'expression à la harangue qu'elle allait prononcer, et dont un des papillons avait été déchiré, la veille, par un soldat aux gardes; du rouge-brique-aurore qui avait sillonné sa figure, du sourcil aux bajoues; une énorme mouche descendue de la tempe gauche au bout de l'oreille, et laissant une traînée de gomme brun-foncé, qui, mêlée aux nuances de rouge, formait une marqueterie, à travers laquelle l'œil le plus pénétrant ne pouvait distinguer les taches de rousseur qui couvraient l'épiderme; enfin, un fichu de gaze assez régulièrement moucheté par les éclaboussures des fiacres, et un jupon de damas jonquille, qui avait balayé les ruisseaux, tel était l'objet enchanteur qui n'avait qu'un mot à dire pour armer vingt-deux rivaux les uns contre les autres, et faire joncher le pavé de dents, de cheveux, et du sang des nez meurtris, des verres et des bouteilles cassées.

Mais, loin de Rosalie ces projets de dissentions et de haines; de tout temps elle fut l'amie des hommes, et on l'appellerait *philantrope* aujourd'hui. Elle emplit vingt-deux verres d'eau-de-vie, elle coupe vingt-deux quignons de pain, vingt-deux tranches de Jérôme. Elle invite les convives du geste, et pendant que ces messieurs boivent et mangent, ballottés entre la crainte et l'espérance, et toujours en extase devant Rosalie, elle arrange, dans sa tête, les traits saillans de l'étonnant discours qui va faire vingt un infortunés. Exorde, narration, confirmation, péroraison, tout s'y trouve, et Rosalie n'est pas rhétoricienne. Tant il est vrai que de tous les arts, la rhétorique est le seul où on puisse se distinguer avec le simple secours des lumières naturelles. Vous allez en juger :

Rosalie se lève, elle tousse, elle crache; elle s'essuie la bouche avec le dos de la main; elle étend les bras en avant; elle regarde son auditoire d'un air qui voulait dire : écoutez-moi, et elle commence ainsi :

« Farauds, qui voulez avoir du plaisir à *pouf*,
« et qui m'*sciez* depuis un mois, le moment est
« venu où je vas m'expliquer sans détour. Ce pauv'
« Belle-Pointe, Dieu veuille avoir son ame, était
« un jeune et gentil garçon, quoiqu'i m' donnit,
« d' temps en temps, la ratapiole. Vous sentez
« ben qu'on n' remplace pas aisément un luron
« com' ça. Ce n'est pas que j' vous méprisions;

« tout au contraire. Y en a ici qui valont leux
« prix comme el' défunt ; mais tout tant qu' vous
« êtes, vous n'avez pas de c' qui s' compte, vous
« aimez la ribotte, et je n' veux pus ête eune vache
« à lait. »

Ici, un murmure d'improbation interrompt *l'oratrice*, qui reprend avec une force nouvelle :
« Non, je n' veux pus ête eune vache à lait. Mon
« cœur saigne à l'idée de manger mon argent
« comme eune dévergondée. J'ons de l'honneur
« à not' manière, et surtout j'ons d's entrailles. »

Ici, elle tire, de dessous son vertugadin, un paquet qu'elle avait suspendu à ses reins avec une bretelle, et qu'elle réservait pour les grands effets ; elle le dépose dans le plat au fromage.

« Voyez-vous, continue-t-elle, voyez-vous c't
« innocent qui n' nous a pas demandé la vie,
« et à qui j' voulons faire un sort ? L'entendez-
« vous qui m' crie : Des pratiques, ma p'tite ma-
« man, des pratiques, et plus de favori. »

Ici l'auditoire fond en larmes, ici mon oncle Thomas crie en effet ; on entend un certain bruit, on sent certaine exhalaison, et vous vous rappelez qu'il n'a pas de layette.

« C' n'est rien, messieurs, c' n'est rien, dit
« Rosalie. » Elle tire son mouchoir de poche.

« Vous voyez, poursuit-elle, en essuyant, de
« son mieux, le fromage et le postérieur de mon
« oncle, vous voyez que l'enfant a parlé, et que

« je n' vous en imposons pas. Non, Thomas, non
« m'n ami, ta mère n' sera pas eune marâtre.

« Cependant, comme eune femme d' l'*état* a
« toujours besoin de queuque-zun qui contienne
« les tapageurs, et qui écarte les mauvaises paies,
« j'allons tâcher d' tout concilier. J' faisons choix
« d' monsieur Riboulard, qu'est un homme en
« place, qui vit honorablement de' sa solde, qu'
« est ladre comme l' lard jaune, et qui arrondira
« putôt not' magot que d' l'écorner. »

Ici Riboulard se lève, fait ce qu'il peut pour sourire agréablement à Rosalie, la salue d'un air gauche et bête, et va s'asseoir à ses côtés.

Ses vingt et un rivaux humiliés, décontenancés, dépités, se lèvent aussi, boivent le dernier coup de rogomme, et filent les uns après les autres. Certain fort de la halle avait envie, avant que de sortir, de mettre au beurre noir les deux yeux du préféré; mais, comme il s'enivrait tous les dimanches, qu'il était carillonneur, et qu'alors on le faisait ordinairement coucher au corps-de-garde, il jugea de son intérêt de ne pas se brouiller avec un officier du guet.

Monsieur Riboulard, demeuré seul avec Rosalie, agit aussitôt en chef de communauté. Il mit le reste du fromage dans sa giberne, une des bouteilles à l'eau-de-vie dans une poche, et les débris de la miche dans l'autre. Parlez-moi d'un homme économe et rangé.

Pendant toute cette matinée, monsieur Riboulard n'éprouva qu'un moment désagréable, et ce fut celui du départ. Les amans réformés s'étaient bien gardés de payer l'écot : on ne lâche pas cinquante-deux sous pour un congé. Il n'était pas dans les convenances de laisser faire les honneurs à mademoiselle Rosalie, surtout le jour d'un triomphe éclatant : il fallait donc que Riboulard s'exécutât. Déjà, il tirait, en soupirant, un petit sac de peau, qui renfermait au moins trois livres ou quatre francs, lorsque le diable, qui n'abandonne jamais ses suppôts, tira celui-ci d'affaire aux dépens du cabaretier.

Il souffla à Riboulard d'examiner la bouteille qu'on avait vidée. Pauvre cabaretier ! Le poivre, qui était entré dans la fabrication de l'eau-de-vie, déposait encore au fond du flacon. Riboulard crie à l'empoisonnement; le maître arrive. Le caporal tonne, menace, et prononce le nom redouté de monseigneur le lieutenant-général de police. Le cabaretier frémit, pâlit, tombe à genoux, et demande grace. La sensible Rosalie intercède pour lui, et l'inflexible Riboulard ne peut pourtant refuser la première faveur que sa belle sollicite. Tout s'arrange, au moyen de la nappe envinée dans laquelle on enveloppe mon oncle Thomas. Riboulard le place élégamment sur son bras gauche, il présente le droit à Rosalie, la reconduit à sa rue Froidmanteau, et la laisse à ses affaires accoutumées, avec promesse de la rejoindre à onze heures du soir.

CHAPITRE II.

Mon grand-père Riboulard et ma grand'maman Rosalie s'épousent tout de bon.

Quelque désir que j'aie de ne vous laisser ignorer aucune particularité de la vie privée des personnages recommandables que j'ai eu l'honneur de vous présenter, j'en supprimerai cependant un grand nombre, et vous ne m'en saurez pas mauvais gré, quand je vous aurai dit que je crains de vous fatiguer par une ennuyeuse uniformité.

En effet, les journées se ressemblaient toutes, à quelques petits incidens près. Riboulard avait vingt sous de paie; le pavé valait à peu près le double à ma grand'mère, et voici comme on vivait. Je crois devoir ce tableau à ceux qui dépensent plus qu'ils ne gagnent, et aux esprits dociles, pour qui une leçon d'ordre n'est jamais perdue.

Une livre et demie de vache à six sous, faisait le pot-au-feu de deux jours; ce qui, par réduction, donne, par fois, quatre sous six deniers, ci............................ 4 s. 6 d.

Comme on ne mange pas de soupe

Report d'autre part.......... 4 s. 6 d.

sans légumes, on se permettait, pour les deux jours, six sous de dépense en carottes, pommes de terre, navets, etc.; ce qui fait bien par jour trois bons sous, ci......................... 3

Un pain de quatre livres, douze sous, ci. 12

Et la demi-voie d'eau, un sou, ci... 1

La dépense journalière se montait à vingt sous six deniers, ci......... 1 l. 6 d.

Ajoutons à cela une livre de savon, deux falourdes, le loyer du cabinet garni, plus deux goûters économiques par mois, pris à la Rapée ou à la Grenouillère, faisant en tout neuf francs. Cette somme, jointe à trente livres quinze sous pour la dépense de la table, donne, par mois, un total de trente-neuf livres quinze sous, ci.......... 39 l. 15 s.

Apprenez à vivre, grosses petites-maîtresses, élégans, qui ressemblez à des chevaux de brasseur, et ne vous plaignez plus que les temps sont durs. Je reviens.

Or, comme la recette allait à quatre-vingt-dix livres, il se trouvait donc, à la fin des trente jours, une épargne de cinquante livres cinq sous, et, au bout de l'année, six cent trois livres, si je ne me trompe pas, car j'avoue que je suis un pauvre calculateur.

Où l'ambition va-t-elle se fourrer? Ne voilà-t-il pas qu'à l'expiration de la seconde année, Rosalie, propriétaire, pour sa part, de douze cent six livres, dédaigne la rue Froidmanteau, où elle les a péniblement amassées. Ingrate! Ne blesse-t-elle pas les oreilles de Riboulard en parlant d'une bonne, d'une chambre rue St.-Honoré, et d'un chapeau à la *bibi*. Le parcimonieux caporal, qui n'avait plus d'amour, la regarda de manière à dissiper, pour quelque temps, les fumées de grandeur qui lui offusquaient le cerveau.

Ce que femme veut, Dieu le veut, dit le proverbe. Au bout de quelques mois, Rosalie commença à s'attifer en secret, et le soir, vers l'heure où le caporal arrivait, elle déposait ses pompons sous un vieux boisseau qui, lorsqu'il était debout, servait à faire la lessive, et de siége à mon oncle Thomas, lorsqu'il était renversé.

Cependant la recette baissait. Riboulard, après une inspection exacte de la personne de Rosalie, Riboulard, bien assuré qu'elle n'avait rien perdu de ses charmes, Riboulard jugea qu'on le trompait. Rosalie protesta, jura et pleura; mais le caporal, qui ne se laissait pas aisément persuader, ne répondit à ces simagrées qu'en faisant perquisition dans le cabinet, et le malheureux boisseau trahit les secrets de ma grand'mère.

Grande et vive explication, des injures, et même une taloche, à ce qu'on m'a assuré.

Monsieur Riboulard se repentit aussitôt, non par bonté d'ame, mais parce que n'ayant pas de droits civils sur sa Brune, elle pouvait, en cas de séparation, contester la propriété du magot. Riboulard eut bien quelque envie de le mettre dans sa poche, et de disparaître; mais un caporal du guet, qui prétendait à la hallebarde, ne pouvait se permettre une plaisanterie de cette nature. D'ailleurs, il préjugeait que Rosalie *commercerait* trois ou quatre ans encore. Quelle mine à exploiter, et quelle somme perdue par trop de précipitation! Il fit donc tous les frais du raccomodement, auquel Rosalie, fille qui n'avait pas plus de fiel que de tête, se prêta de la meilleure grace du monde.

Quatre ans se passèrent encore, tant bien que mal. Des menaces, des coups, rarement des caresses; mais de l'argent, toujours de l'argent, et Riboulard l'aimait à la fureur.

Nous approchons de la grande époque où mon oncle Thomas va sortir de l'obscurité, et commencer à paraître sur le théâtre du monde. N'oublions aucune circonstance : ceci devient intéressant.

Il était question d'une promotion considérable dans le guet, et Riboulard avait la perspective d'être élevé au grade éminent de sergent. Son ancienneté lui donnait des droits ; la bienveillance de son commandant semblait autoriser ses espérances. Cependant, comme un peu de recommandation ne gâte rien en affaires, Riboulard fit agir la filleule de la tante de la cousine de la belle-sœur du valet de chambre du commandant, et le commandant, qui n'avait rien à refuser à d'aussi puissantes protections, donna la hallebarde à Riboulard.

Riboulard, admis dans le corps distingué des sergens, sentit qu'il ne pouvait plus vivre avec une fille de la rue Froidmanteau : une liaison de cette espèce eût révolté ses nouveaux camarades. Tout le monde sait que messieurs les sergens du guet étaient très-chatouilleux sur les convenances, et qu'il n'en était aucun qui ne prétendît, au moins, à la cuisinière d'un chanoine ou d'un receveur des tailles.

D'un autre côté, Riboulard aimait trop l'espèce pour abandonner cinq mille livres entassées dans le cabinet : la seule idée de les partager lui donnait des crispations. Il se rappela le vieux dicton : *Un bon mariage efface tout*, et il se décida à épouser, pour accorder ses intérêts et l'honneur du corps.

On jette par la fenêtre le rouge, les mouches, les gazes éraillées. On vend le jupon et la robe de soie. Le modeste battant-l'œil, le caraco de siamoise, le fichu rayé et les souliers noirs remplacent ces objets d'un luxe recherché. On paie le cabinet garni; on va se loger à un septième, rue des Prêtres; les bans sont publiés à Saint-Thomas-du-Louvre et à Saint-Germain-l'Auxerrois. Enfin Riboulard présente sa main avide à Rosalie, transformée en honnête bourgeoise.

Ce fut alors que monsieur le sergent, maître absolu de la cassette, et n'ayant plus de ménagemens à garder avec sa pudique moitié, dévoila ce que les gens, qui ne plaisantent jamais, appelleront l'atrocité de son caractère. Il commença par exiger que ma grand'mère mangeât peu et travaillât beaucoup. La donzelle n'aimait ni le jeûne ni le travail; elle regimbait. *Femmes, obéissez à vos maris*, disait son sergent, et quand le passage sacré n'opérait pas son effet, Riboulard joignait le geste à la puissance de la sainte écriture, et Rosalie résignée, et non persuadée, se mit à raccommoder les bas et les guêtres de la compagnie, dont son époux lui avait fait obtenir l'entreprise.

Comme elle avait adopté les vertus bourgeoises avec leur costume, elle n'aurait opposé que la patience aux procédés révoltans de monsieur Riboulard, si elle eût été son unique victime; mais son fils, son cher fils, son Thomas était maltraité à la journée, et un spectacle de cette nature hache et broie le cœur d'une mère comme chair à pâté.

Le pauvre petit, qu'à sa gourmandise on aurait juré être le fils de quelque prébendier, était réduit à une abstinence plus rigoureuse encore, et quoiqu'il pût à peine se soutenir, Riboulard, lorsqu'il était de service, lui faisait balayer le corps-de-garde, pour épargner le *pour-boire* du tambour. Il chargeait sa pipe; il blanchissait le ceinturon de sa *colichemarde* immaculée, à la garde descendante. Il avait fait, pendant les vingt-quatre heures, les commissions du poste entier, et s'il regardait trop attentivement souper ces messieurs, Riboulard l'envoyait, d'un coup de pied dans le derrière, se restaurer dehors, en humant le grand air.

Le bedeau de Saint-Germain l'Auxerrois élevait très-joliment les enfans du quartier, moyennant dix sous par mois. Ma grand'mère, qui avait ouï vanter les avantages d'une bonne éducation, voulait envoyer mon oncle à l'école, et mon grand-père eut la cruauté de s'y opposer. Hélas! si l'esprit de mon oncle eût été cultivé, il fut incontestablement devenu un petit Voltaire.

Le cher innocent n'était pas mieux vêtu que le héros du Lutrin vivant. Il allait à peu près nu quand monsieur Riboulard ne lui passait pas une vieille culotte, ou des guêtres hors de service, et le ladre renfoncé ne les lui passait que lorsqu'elles ne pouvaient plus convenir qu'à la hotte du chiffonnier.

Pour comble d'indignité, Riboulard vendit la chèvre, que Rosalie avait toujours conservée, en commémoration des services par elle rendus à son fils, et ce fils plein de naturel, qui jeta les hauts cris en voyant livrer sa bonne nourrice, fut condamné à huit jours de pain sec, punition qui tournait au profit de la masse.

Rien de si aisé que de pratiquer la probité, à celui qui ne manque de rien. Mon oncle Thomas, qui manquait de tout, s'appropria, à la dérobée, le reste d'un cervelas de douze sous, sur lequel on avait déja fait deux soupers et un dîner. Mon grand-père saisit le délinquant sur le fait; il s'emporta au point de casser un balai qui pouvait servir au moins huit jours encore, et il fessa le pauvre petit diable jusqu'au sang. A cet aspect, ma grand'mère exaspérée, redevint Rosalie-la-Brune. Elle jura; elle mit le poing sous le nez du sergent, qui, prenant la banderolle de sa giberne, la fit sauter à volonté autour de la chambre.

Rosalie s'aguerrit sous les coups; elle se mit sur la défensive, et s'oublia au point de casser un pot de nuit écorné sur l'auguste face de son époux. Riboulard, qui tenait à son muffle, fut ramené à l'ordre par cette petite correction conjugale; il fut moins violent dans sa conduite; mais il ne changea rien à son système parcimonieux. Non, il n'y changea rien, et je le dis à regret, car il est affreux, pour un homme sensible, d'être obligé de médire de ses ancêtres.

O vous, qui êtes assez heureux pour être désœuvré, et à qui le sort, impitoyable pour tant d'autres, permet d'acheter et lire les fadaises d'autrui, au lieu de vous condamner à en faire pour votre propre compte, ô vous, qui que vous soyez, frémissez, mon ami! ce n'est encore rien que ce que je viens de vous raconter. Poursuivez, si vous en avez le courage. Mais, non, passez, lecteur humain, car ce qui suit est à faire trembler. Quant à moi, je continuerai mon récit, que vous me lisiez ou non, car il faut bien que j'écrive quelque chose.

L'inoculation commençait à être en vogue, et monsieur Carabin, chirurgien-major des guets à pied et à cheval, grand praticien, à ce qu'il croyait, et partisan zélé des nouveautés, monsieur Carabin s'était jeté, à corps perdu, dans le système en faveur. Il n'osait prendre son virus aux Enfans-Trouvés, ni à la Pitié, parce qu'il y avait là des petites véroles confluentes, qui pouvaient empoisonner les inoculés. Il fallait, pour propager la méthode, un germe bourgeois, aussi pur et aussi benin que peut l'être du virus. Sur un mot que lui entendit prononcer Riboulard, il prit mon petit oncle par la main, et, sous le prétexte d'une promenade, il le conduisit à la Pitié. O tendre mère! ton cœur ne te disait point : va donc, suis donc ; les jours de Thomas sont compromis.

Arrivés à la maladrerie, Riboulard déshabille mon oncle, ce qui n'était pas difficile ; il le roule et le frotte dans les lits de cinq à six de ces petits malheureux.

Thomas, de retour, conta tout à sa mère, et sa mère, dans un accès de rage impossible à dé-

crire, assomma Riboulard de trois coups de fer à
repasser. Il tomba, elle le crut mort, et, pour
s'assurer de ce qui en était, elle courut chercher
monsieur Carabin, qui lui promit de tirer de là
mon coquin de grand-père. En effet, il le saigna,
le trépana, et n'exigea pour son salaire, que la
permission de garnir proprement quelques sétons
du produit des pustules de mon oncle, lesquelles
étaient d'une beauté ravissante. Tant il est vrai
de dire que ce que le ciel garde est bien gardé.

Riboulard, qui n'était bon qu'à faire endiabler
les autres, guérit enfin, au grand mécontentement
de ma grand'mère et de mon oncle Thomas, qui
s'étaient flattés de l'enterrer. Il regretta amèrement douze francs, au moins, que lui eût valu le
virus, sans l'aventure du trépan, et il jura de s'en
dédommager d'un autre côté.

La femme de chambre de la maîtresse d'un
mouchard en chef eût passé pour jolie, si elle
avait eu des dents. Comme il ne faut à Paris
qu'une figure pour faire fortune, elle résolut de
réhabiliter la sienne, et comme il y avait des
rapports intimes entre le guet, les mouchards,
et les filles de toutes les classes, ladite femme de
chambre manda monsieur Carabin, qui lui avait
déja épargné une hydropisie de neuf mois. Monsieur Carabin tâta le père Riboulard, dont il
connaissait l'humeur intéressée. Monsieur Riboulard ne lui laissa pas le temps de finir, et, en
deux minutes, les trente deux dents de mon

oncle Thomas furent vendues à douze sous pièce. Le difficile était de les prendre. Ma grand'mère veillait sur lui, depuis l'incident du virus, comme ce dragon, tant célébré, veillait sur la toison d'or. Peu s'en fallut, hélas! que Riboulard ne fût aussi chanceux que les Argonautes.

Rosalie était devenue dévote, parce qu'elle n'avait rien de mieux à faire. C'est assez la ressource de toutes les femmes qui commencent à vieillir. C'était le jour de la Fête-Dieu, et elle était allée suivre, les main jointes et les yeux baissés, son créateur, qui se laissait promener dans une boîte de vermeil. A peine était-elle sortie du galetas, que Carabin, qui épiait le moment, chez un marchand de vin en face, se présenta, sa trousse à la main. Avec l'aide de Riboulard, il procéda à la grande opération. Ici, le sergent grimace pour se rendre plus terrible, et il commande la manœuvre :

« Viens ici, petit drôle!

« Le cul à terre !

« La tête haute!

« La bouche ouverte!

« Plus grande, plus grande que cela ! »

Mon pauvre oncle Thomas, qui ne se doutait de rien, obéit à chacun de ces commandemens. Monsieur Carabin écarte les lèvres avec le pouce et l'index de la main gauche; de la droite il introduit l'instrument fatal. Une dent part; mon oncle se relève, en poussant un cri du diable, et, pour la première fois de sa vie, il jure assez distinctement.

Riboulard, qui craint que la procession ne finisse trop tôt, rempoigne le patient, le rejette sur le cul, et se met en devoir de lui rouvrir la bouche. Mon oncle Thomas lui happe un doigt, précisément à la seconde phalange, serre de toutes ses forces, le coupe et le crache au nez du sergent. Il se relève, il veut s'évader; monsieur Carabin le saisit par un bras, le jette derrière lui, et son postérieur se trouvant vis à vis de la mâchoire de mon oncle, le petit gars s'attache à ses fesses, mord, mâchonne, et ne lâche prise, que lorsque la culotte, le caleçon et le morceau lui restent à la bouche.

Pendant que le Carabin se frotte le derrière d'un côté, que le sergent secoue sa main de l'autre, que tous deux cherchent, en blasphémant, les moyens d'étancher leur sang, mon oncle Thomas veut enfiler la porte : le prévoyant Riboulard l'avait fermée à double tour. Thomas ouvre la croisée de la mansarde. Elle donnait précisément sur la couverture. Toute issue est bonne pour un martyr. Mon oncle profite de celle-ci, et, à sept ans deux mois et un jour, il commence ses aventures par un voyage sur les toits des environs.

A propos, je ne vous ai pas appris comment mon oncle Thomas est mon oncle, comment ma grand'maman Rosalie et mon grand-père Riboulard furent mes aïeux. J'aime autant vous le dire à présent que plus tard.

Malgré les orages fréquens qui troublaient le ménage, la nature n'avait rien perdu de ses droits, et au bout de six mois de mariage, Rosalie se trouva grosse des faits, assura-t-elle, de monsieur Riboulard. Quatre mois après l'évasion de mon oncle, elle accoucha d'une fille qui fut nommée Suzanne, et qui justifia l'opinion que son nom donnait d'elle. Elle fut sage, en dépit du sang qui coulait dans ses veines, et se maria honorablement à un écrivain du charnier des Innocens, qui devint mon père, qui nous aima beaucoup, ma mère et moi, qui soigna mon éducation, au lieu d'aller au cabaret, et qui me mit enfin en état d'écrire correctement ces mémoires beaucoup plus qu'intéressans.

Mais revenons à mon oncle Thomas, à qui la peur a donné des ailes, et qui rivalise de légèreté et d'adresse avec les chats du quartier. Il saute, avec eux, d'un toit dans une gouttière; il grimpe de la gouttière le long du talus d'un mur mitoyen; il est enfin contraint de s'arrêter pour respirer un moment : il avait adopté une manière de voyager à mettre hors d'haleine, en cinq minutes, un Hercule ou un Samson.

Lorsqu'on est fortement agité, et qu'on s'arrête, on réfléchit sans s'en apercevoir. Le premier sentiment qu'éprouva mon oncle, fut la joie d'être échappé aux griffes de Riboulard; le second fut la crainte d'y retomber, et le serment, aussi énergiquement prononcé que possible à sept ans, de ne jamais retourner aux foyers maternels.

Cette résolution bien prise, le voilà de nouveau montant, descendant, s'arrêtant, s'asseyant, se chauffant au soleil, et se consolant de sa dent perdue, en pensant qu'il lui en restait trente et une, plus que suffisantes pour manger ce qu'il plairait au ciel de lui envoyer.

CHAPITRE III.

Ce que devient mon oncle Thomas.

Il était midi, et mon oncle n'avait pas déjeuné. Il pensa qu'il pourrait ne pas dîner, ne pas souper, et il regretta, en pleurant, de ne s'être pas laissé démeubler la bouche. Monsieur Riboulard grondait, battait, mutilait; mais au moins, chez lui, mon oncle avait du pain. Réflexions pusillanimes, qui aviliraient un homme de vingt ans, et qui sont pardonnables à sept. Ces courages précoces sont bientôt abattus. Le petit Thomas surmonta pourtant cette faiblesse momentanée; il persista, malgré le besoin pressant, à ne pas se remettre au pouvoir de monsieur Riboulard, et vous voudrez bien observer que ceci annonce déja un grand caractère, que le temps ne manquera pas de développer.

Il était couché sur un toit d'une pente assez douce, et regardait autour de lui avec cette attention avide que force la famine. A deux pas de là, était une lucarne, dont il ne voyait que le dessus. « Ah ! se disait-il, si la fenêtre était ou-
« verte, si quelqu'un demeurait là-dedans, si on
« avait quelques brides de trop, si on voulait me
« les donner ! Mais si on me repousse, mais si on
« me bat, mais si on me reconduit chez mon-
« sieur Riboulard ! » En arrangeant ses *si* et ses *mais*, mon oncle allonge son petit cou, il voit en effet le chassis ouvert, et il s'approche encore un peu. Des sabots fendus ou percés, quelques genouillères de cuir, éparses çà et là, des paillasses contiguës garnissent le pourtour du taudis... Mais, ô surprise ! ô délices ! une grosse table ornée d'une gamelle bourrée d'une copieuse soupe aux choux, dans laquelle douze cuillers tiennent d'à-plomb comme les pyramides d'Égypte ! Mon oncle dévore ce potage des yeux ; il hésite, il se consulte, non qu'il portât respect aux propriétés, mais il redoutait les propriétaires.

Pendant qu'il invoque les lumières de sa raison, le vent lui porte, en droite ligne, le fumet de la gamelle qu'il convoite ; ce parfum ajoute à son appétit, et termine ses irrésolutions. Ses menottes s'accrochent au chassis vermoulu, il passe ses petites jambes, il se laisse glisser sur les reins, se les écorche un peu... bagatelle ! Le voilà monté sur la table ; ses genoux et ses bras pressent et caressent la bienheureuse gamelle; il s'arme d'une cueiller, et commence à se restaurer.

Il en avait à peu près jusqu'à la gorge, quand la table antique, déjà surchargée du potage, chancelle sur ses pieds noueux. Un des appuis *crie et se rompt*. Le malheureux Thomas roule sur le pavé, la gamelle roule sur lui, la table roule sur le tout.

Mon pauvre oncle se dépêtre le plus vite et du mieux qu'il peut; il remonte à sa lucarne, et s'enfuit sur son toit, l'estomac et ses haillons chargés de la moitié, au moins, du potage. Comme il est à présumer que personne ne s'exposera à se casser le cou pour le venir chercher là, il se laisse digérer en paix, et s'endort d'un profond sommeil, sans s'embarrasser des suites de son incursion.

Il est réveillé en sursaut par des cris aigus. Il se met sur son séant, il observe, il écoute, il est tout yeux et tout oreilles. Le bruit part du galetas où il a fait bombance. C'est une femme qui se plaint, qui se lamente, et Thomas se rassure un peu : une femme, quelle qu'elle soit, inspire souvent la confiance, et repousse au moins la terreur. Mon oncle cependant ne s'exposa point; il laissa crier celle-ci, et elle prit enfin le seul parti à prendre, après un désastre aussi accablant. Elle se calma insensiblement, et commença un touchant monologue : rien ne soulage comme cela. On a d'ailleurs l'avantage de n'être pas interrompu par ses interlocuteurs ; on peut parler jusqu'à satiété, et c'est beaucoup pour une femme affligée ; c'est beaucoup même pour bien des femmes en belle humeur.

« Si la table était tombée d'elle-même, disait
« la vieille (c'en était une), je trouverais toute
« ma soupe à terre. Si des chats l'avaient man-
« gée, je ne verrais pas des pieds et des mains
« imprimés dans tous les coins de la chambre.
« C'est un chrétien qui a mangé ma soupe ; mais
« par où est-il entré ? La porte était bien fermée.
« La lucarne est ouverte ; mais il n'y a que celle-
« là sur la couverture, et je ne crois pas qu'on
« s'expose à se tuer pour déjeuner à mes dépens.
« Et puis on ne se serait pas contenté de manger
« ma soupe ; on m'aurait pris mes chemises de
« toile écrue, et mon sac de gros sous... Allons, il
« est clair que c'est le diable qui m'a fait une
« niche. Jetons de l'eau bénite partout, pour l'em-
« pêcher de revenir, et voyons ce que nous don-
« nerons à ces pauvres petits. »

Mon oncle n'entendit plus rien que le roulement du loquet qui fermait la croisée, et ce son lui serra le cœur : il était clair qu'on venait de lui couper les vivres. Cependant comme il pouvait attendre, et que sa prévoyance ne s'étendait pas loin, il ne s'occupa point davantage de l'avenir, et il se rendormit.

La matinée s'écoula. Ses yeux s'ouvrirent enfin par l'effet de certains tiraillemens intérieurs qui l'avertissaient qu'il fallait s'occuper au moins du présent. Il sentait clairement la nécessité de dîner; mais comment faire ?

Il se traîne sur le ventre, il se rapproche de la lucarne, et un mélange de voix atteste la présence des propriétaires. C'étaient à la vérité des voix d'enfans; mais des enfans n'aiment pas, plus que d'autres, qu'on mange leur lard dans leur écuelle. D'ailleurs ils étaient douze au moins, et douze contre un, ma foi, la partie n'est pas égale. « Je serai rossé, disait mon oncle, je ne mangerai « pas, je serai peut-être reconduit chez monsieur « Riboulard, et alors mes dents, mes pauvres « dents!... il faut prendre patience. »

Pendant la plus grande partie de la journée, il entendit constamment tantôt la vieille, tantôt deux, trois, quatre enfans, qui chantaient, qui riaient, qui grognaient, qui se battaient. Vers les cinq heures succède un silence absolu. L'estomac de mon oncle se mit en révolte ouverte contre ses petits raisonnemens; ses dents acérées s'aiguisaient machinalement, et à tous risques il faut manger. Il revient à la lucarne; il regarde autant que le lui permet un carreau encroûté de poussière. La table est relevée et supporte une éclanche flanquée de carottes et de pommes de terre. Personne dans le chenil; mais la croisée, la maudite croisée est toujours fermée. Cet excellentissime repas est à quatre pieds de lui, et il n'y saurait toucher; il n'en peut pas même respirer l'odeur.

Mon oncle Thomas fait justement le second tome de Tantale.

Le besoin rend industrieux à tout âge. Il eût été téméraire de casser un carreau : la vieille pouvait être dans une chambre voisine. Il était plus sûr de faire un trou du côté du loquet, et cela ne devait pas être difficile, parce qu'à travers les vides d'une maçonnerie délâbrée, il voyait, par l'intérieur, une partie des tuiles qui couvraient la lucarne. Il en attaque une ; il tire, il pousse, il s'agite, il se démène ; ses ongles sont en éclats, les bouts de ses doigts usés sont saignans ; il ne sent rien, il travaille toujours ; il ne sent rien, il faut qu'il mange.

Enfin la tuile insensible, cette tuile qui depuis si long-temps résiste aux efforts de l'innocence, cette tuile cède, se détache, tombe sur le toit, et du toit sur la tête du chien-lion d'une procureuse au *Châtelet*, qui fait un vacarme affreux, qui pleure son *fidèle*, qui ameute les passans, et mon oncle, habitant des airs, indifférent à ce qui se passe ici-bas, laisse clabauder mes badauds, et passe son petit bras par l'ouverture qu'il vient de faire. Déja il a la main sur le loquet ; déja il se croit maître de l'éclanche et des accessoires, lorsque la clef fait résonner une grosse serrure de bois qui ferme le grenier, et force mon oncle à la retraite. Il se dépite, il enrage, il pleure ; mais il se retire, et comme il faut qu'il mange, il ramasse de son mieux les parcelles de pain et de légumes dont ses guenilles sont imprégnées, et il amuse au moins la faim qui le dévore.

La nuit vint, et mon oncle, poussé enfin au dernier désespoir, se décide à frapper à la lucarne, à se mettre à la merci des habitans du galetas, à leur conter sa déplorable histoire, et à tâcher d'intéresser leur pitié. Il a le nez collé aux châssis, il va frapper...

Il démêle, à la sombre lueur d'une lampe, dix à douze ramoneurs de cheminée, qui finissent de souper, qui se déshabillent, et qui vont, pêle-mêle, gagner les paillasses. La vieille qui a soin d'eux, a détaché son jupon crasseux, et couvert sa tête pelée d'un vieux bonnet d'indienne piqué. Sans doute la lampe va s'éteindre, et mon oncle conçoit un projet qui déja décèle le héros.

Il a eu le temps d'examiner le local. Les habits bruns sont au pied des paillasses, les sacs à la suie sont dans un coin derrière la porte, les tristes restes du souper sont abandonés sur la table, et la *triboulette* est auprès de la cruche à l'eau. La vieille découvre son grabat, elle souffle la lampe. L'obscurité favorisa le courage et l'adresse; mais Morphée retient encore ses pavots, ce qui veut dire, en style vulgaire, que personne ne dormait encore.

Le petit Thomas, soutenu par l'espérance et par l'espèce d'orgueil qu'inspire toujours une conception sublime, le petit Thomas se modère, se possède, et prête une oreille attentive, que vient caresser enfin un ronflement général. Le jeune aventurier se dépouille et jette les reliques de Riboulard au premier gueux qui passera dans la rue. Il insinue son bras dans le trou qu'il a fait le jour; il cherche, il trouve le loquet; il le tire doucement, bien doucement; la lucarne s'ouvre.

Il retient son haleine, il se pelotonne et se laisse rouler dans le grenier. Voilà sans doute un grand pas de fait. Il semble qu'il n'y ait plus qu'à poursuivre ; mais les ténèbres, la proximité des dormeurs, la témérité même de l'action, tout s'accorde pour troubler la faible imagination de mon oncle. Il s'arrête, il se repent de s'être engagé si avant; il éprouve une assez forte envie de rétrograder ; mais que fera-t-il sur son toit? Il faudra y mourir d'inanition, ou marcher vers une autre croisée. Est-il sûr de trouver ailleurs les avantages qu'il a sous sa main? Ne peut-il pas être accueilli ici, et battu là-bas? Ma foi, tout coup vaille, dit mon oncle, et il s'approche de la table en tâtonnant; il allonge le bras, il rencontre, culbute et casse un pot qu'il n'a pas remarqué, en faisant de l'œil l'inventaire du lieu. Il frissonne, il s'arrête encore, il se croit perdu; il ne sait pas qu'il est chez des gens qui dormiraient au bruit du canon. Tout est calme, tout continue de ronfler, et le courage revient à mon oncle.

Il se met à dîner et à souper tout ensemble, et il officie aussi long-temps et avec autant de sécurité que s'il eût été seul. Il va emplir et vider deux ou trois triboulettes, et il continue ses opérations.

Il marche droit aux sacs à la suie; il en ouvre un, s'y fourre tout entier, s'y frotte, s'y refrotte, s'y barbouille de la tête aux pieds, et va se jeter, à croix ou pile, au beau milieu des dormeurs.

On était dans les grands jours d'été, et, des trois heures, quelques-uns des commensaux ouvrent les yeux, bâillent et étendent les bras. Mon oncle, qui n'a pas dormi, et pour cause, imite en tout ces messieurs. Ils chaussent les guêtres, la culotte et la veste de bure; mon oncle s'empare de celles d'un paresseux, et en deux tours de main il a fait sa toilette. Ils vident chacun leur sac, prennent leur grattoir, et enfilent l'escalier. Mon oncle, également muni des ustensiles du métier, descend avec eux. Chacun s'achemine vers le quartier qu'il a coutume d'exploiter; mon oncle reste seul, enchanté de se trouver sur le pavé, maître absolu de ses actions, et bien certain que si Riboulard le rencontre, il lui sera impossible de le reconnaître.

Sans doute ce début est d'un maître; mais que faire, que devenir après un succès aussi brillant? Mon digne oncle s'en tiendra-t-il à ce premier exploit, ou ne fera-t-il plus un pas qui ne le conduise à la gloire? C'est ce que développera la suite de cette remarquable, et surtout véridique histoire.

Il avait appris, par l'expérience de la veille, qu'il est bon de s'assurer des ressources, parce que l'estomac le mieux garni s'évacue au bout de quelques heures. Il marchait en rêvant aux expédiens qu'il emploierait, et il n'en trouvait aucun, parce qu'il n'avait encore rien vu. Que de gens ont vu tout ce qu'il est possible de voir, et n'ont pas plus d'idées que mon oncle Thomas! Et combien de ces automates à qui tout réussit, sans qu'ils sachent pourquoi, ni comment! O fortune! femme capricieuse, ne cesseras-tu jamais de te prostituer à des goujats!

Mon oncle marchait, rêvait et filait le long du quai de la Ferraille; il regardait tout avec cet air étonné si naturel à un enfant qui n'a encore été que de la rue des Prêtres au corps-de-garde du guet, et de ce sale corps-de-garde à la rue des Prêtres. Ici, de la quincaillerie; là, du vieux fer; plus loin, le jardinier fleuriste; là-bas, l'oiseleur, et le perroquet qui jure, et la guenon qui fait la cabriole dans sa cage, et... et... une marchande... est-ce bien cela?... oui, c'est une marchande de pain d'épices. Mon oncle en a rencontré vingt fois, et n'en a jamais goûté. Qu'il est séduisant le bien qu'on convoite, et qu'on ne peut obtenir! Mon oncle est immobile auprès de la marchande; il couve la bannette des yeux; il la dévore tout entière; l'eau lui en vient à la bouche; il n'est pas de puissance capable de le détacher du pavé où il est cloué.

Un particulier, assez bien mis, s'était aussi arrêté, et s'amusait de l'impertubable attention du petit ramoneur. Il prend sa calotte de feutre, l'emplit de ces bagatelles, la remet à Thomas, paie la marchande, et s'en va. Mon oncle, extasié d'un procédé dont il n'a pas l'habitude, court après le monsieur, qu'il prend au moins pour un comte ou un marquis, à en juger à sa munificence. Il le tire par le pan de son habit, lui fait un remercîment bien ou mal tourné, et finit en lui déclarant qu'il voit bien qu'il est de ses amis, et qu'il ne le quittera plus. Il était joli mon oncle, avant qu'un anglais lui coupât le bout du nez et la moitié d'une joue, et un joli enfant intéresse toujours. Le monsieur le regarde en souriant, et lui dit de le suivre. Le petit Thomas saute derrière lui, tantôt sur un pied, tantôt sur l'autre. Il croit sa fortune faite.

Ils traversent le Pont-Neuf, prennent la rue des Saints-Pères, celle de Saint-Dominique, et ils entrent dans la cour d'un hôtel somptueux. Le monsieur ouvre un rez-de-chaussée, et fait parcourir à mon oncle une enfilade de douze à quinze pièces. « Tiens, lui dit-il, balaie-moi « toutes ces cheminées. » Et il disparaît.

« Les balayer! c'est bientôt dit, reprenait à « part lui mon petit oncle ; mais comment m'y « prendre? » Il ignorait les premiers élémens du métier; il ne savait pas même pousser ce cri aigre et prolongé qui donne l'éveil aux cuisinières. Il avait, sur l'épaule, son sac et son grattoir ; mais cela lui allait comme un éventail à madame Angot. Il fallait cependant marquer sa reconnaissance à son bienfaiteur. Il ouvre donc le sac, en tire son instrument, et essaie de grimper, après avoir préalablement caché, sous le coussin d'un fauteuil à crépines d'or, sa calotte et son pain d'épices.

Il mesure le tuyau de l'œil, il se baisse, il s'alonge ; il tourne, il retourne ; il essaie de toutes les manières. Jamais il ne peut détacher la pointe des pieds du haut des pommettes des chenets. Il avait déja, dans le caractère, ce fond d'opiniâtreté qui, depuis, lui fit surmonter tant d'obstacles, et il jura, par son pain d'épices, qu'il ramonerait la cheminée, ou qu'il se casserait le cou.

Il va prendre un des fauteuils, le traîne dans la cheminée ; monte dessus, sans penser que des pieds noirs ne s'accordent point avec une étoffe fond blanc, brochée d'or. Il s'élance, il se cramponne ; ses genoux et ses reins vont lui donner un point d'appui naturel, lorsqu'un grand laquais, tout chamarré d'argent, entre dans la pièce où était mon oncle. Il s'indigne du peu de respect que porte le ramoneur à un siége sur lequel Monseigneur s'assied tous les jours ; il tire brutalement mon oncle par la jambe, et le jette au milieu du foyer, qui heureusement était froid. Mon oncle, qui n'était pas encore de force à chercher noise à personne, mais qui avait de l'acrimonie dans les humeurs, prend une poignée de cendres, et aveugle le laquais. Pendant que celui-ci crie et trépigne, en se frottant les yeux, mon oncle lui racle le nez avec son grattoir, et le lui met tout en sang.

Aux clameurs redoublées du laquais arrivent trois ou quatre de ses camarades, qui s'indignent, à leur tour, qu'un ramoneur ose porter la main sur quelqu'un qui a l'honneur de porter la livrée de Monseigneur. L'un lui applique un soufflet, l'autre un coup de poing; un troisième lui donne un coup de pied dans le derrière. Mon oncle, étourdi de cette surabondance de tapes, court, en chancelant, de chambre en chambre; ses valeureux adversaires le poursuivent avec célérité, non plus pour le battre, mais parce qu'il approchait du cabinet de Monseigneur, où ils croyaient bien qu'il n'y avait personne; mais qu'un ramoneur indigne ne devait pas souiller de sa présence.

Mon oncle, qui ne sait pas ce que c'est qu'un seigneur, arrive, toujours courant, à la porte de ce cabinet; il tourne le bouton, il entre, trouve une jeune et jolie dame qui retournait tous les cartons, et feuilletait toutes les paperasses. Il va se blottir derrière elle, et s'enveloppe dans ses jupons.

Vous pensez bien que si la dame fut étonnée de cette brusque apparition, elle ne le fut pas moins des manières aisées du diablotin. Les laquais, qui s'étaient respectueusement arrêtés dans la pièce précédente, sont interpellés. Ils racontent l'aventure à leur avantage, comme cela se pratique. Mon oncle passe la tête entre les jambes de la dame, et, lui levant les jupons jusqu'aux genoux, il leur donne un démenti formel. La dame est obligée de faire un saut en arrière pour se débarrasser du tenace ramoneur; elle s'assied en riant aux éclats, et veut éclaircir les faits. Elle interroge alternativement mon oncle et ses laquais. Ceux-ci, qui ne savent que trembler devant leur maîtresse, se troublent et balbutient. Mon oncle, encouragé par l'air affable et riant de la dame, prend la parole, et ne la quitte plus qu'il n'ait conté comment Riboulard lui a donné la petite vérole; comment il a voulu lui faire arracher les dents; comment lui Thomas lui a coupé un doigt et mordu Carabin à la fesse; comment il a vécu sur son toit; comment il s'est procuré un costume de ramoneur; comment un beau monsieur l'a régalé de pain d'épices, qu'il n'a pas goûté encore; comment, pour le gagner, il s'est efforcé de ramoner toutes les cheminées du château ; comment on lui a fait faire la culbutte, et comment il s'en est vengé. « Je suis bien fâché, « ajouta-t-il, d'avoir gâté un fauteuil; mais vous « voyez bien, ma belle dame, que sans aide je ne « pouvais pas monter dans cette cheminée. »

La belle dame, qui s'amusait de ces détails, absolument neufs pour elle, remarquait, autant que le permettaient les intervalles qu'avait laissés la suie, la vivacité de l'œil et le teint animé du

petit orateur : « Qu'on débarbouille cet enfant,
« dit-elle quand il eut fini, et qu'on me l'amène
« chez moi. »

Les politesses et les prévenances succèdent aux coups de pied et aux coups de poing : il est clair que madame prend le petit ramoneur sous sa protection. Un de messieurs les laquais lui présente la main sans répugnance, quoique ce fût un propret, et il le conduisait à la chambre de sa femme, qui avait aussi l'honneur d'être attachée à madame, et qui était mère d'un fils à peu près de l'âge de mon oncle, auquel madame n'avait jamais fait attention, parce qu'avec les grands, comme avec les petits, c'est le moment qui fait tout.

« Attendez dit mon oncle, en passant par l'ap-
« partement blanc et or, je n'oublie rien, moi.
« Voyons un peu mon pain d'épices... Sous le cous-
« sin de ce fauteuil, là-bas, » continua-t-il, en s'adressant à un second valet qui, dès les premiers mots, faisait l'empressé. Un troisième courut, prévint son camarade, et marcha en avant, la calotte de mon oncle sous le bras ; le premier le conduisait toujours poliment par la main ; l'autre suivait en riant, dans sa barbe, des fantaisies de madame ; le quatrième était allé se bassiner le nez avec de l'eau et du sel.

Mon oncle entre chez madame Julie, au milieu de ce cortége imposant. On le plonge dans une bassine d'eau tiède ; on lui met tout le corps à la pâte d'amande ; on le repasse au lait ; on lui fait prendre une chemise et l'habit neuf du petit laquais, et pendant que chacun est jaloux de contribuer à sa parure, mon oncle grignotte son pain d'épices, en se regardant, d'un air satisfait, dans toutes les glaces où sa taille lui permettait d'atteindre.

« Je ne me suis pas trompée, dit la belle dame « en le voyant entrer; il est fort bien, cet enfant-« là, il a de l'esprit naturel, et je crois qu'on en « fera quelque chose. Faites venir Dugnès. »

Dugnès est le *factotum* de la maison; c'est le monsieur qui a rencontré mon oncle sur le quai de la Ferraille.

Il reçoit l'ordre de faire habiller le petit sur-le-champ, et l'injonction précise de faire en sorte que tout soit prêt dans la journée. Un poète charmant a dit :

> Désir de fille est un feu qui dévore,
> Désir de nonne est cent fois pis encore.

désir de femme de qualité est bien plus fort que tout cela.

Vous voulez savoir sans doute qui est cette femme de qualité qui s'intéresse si fortement à mon oncle; je vais vous le dire.

C'est la duchesse d'Almanza, qui ne sortait du lit qu'à deux heures, quand certain prélat, jeune et frais, s'occupait de sa conversion à sa ruelle. Malgré ses progrès rapides dans le chemin du ciel, madame la duchesse était pourtant jalouse de son mari, ambassadeur d'Espagne. Il était alors à Versailles. Pour éclaircir des soupçons qui n'étaient pas dénués de fondement, madame s'était levée ce jour-là à six heures du matin, et elle bouleversait le cabinet de M. l'ambassadeur, dans l'espérance d'y trouver des lettres qui n'y étaient pas, lorsque mon oncle vint se réfugier sous ses jupons.

Jalouse d'un mari qu'on trompe, c'est un peu extraordinaire; mais M. le duc était aimable, et madame était bien aise de le trouver quand elle n'avait pas mieux.

CHAPITRE IV.

Ce que fait mon Oncle chez Madame l'Ambassadrice.

Nous n'étions pas encore attaqués de l'anglomanie; il ne fut donc pas question de faire de mon oncle un *jockey*. Un habit *habillé* complet, bleu de ciel, bordé d'un galon d'argent, dans lequel serpente, en losange, un liseré ponceau; le derrière des cheveux renfermé dans une *bourse*; le *toupet* et les *faces* papillotés, crêpés, pommadés, poudrés; le chapeau à plumet là-dessus, et Thomas se pavane dans la cour, en attendant l'heure de se placer derrière madame, la serviette sur le bras.

« Il est charmant! il est charmant! dit madame

« la duchesse en entrant dans sa salle à manger.
« Je ne veux pas qu'il serve à table ; je le réserve
« pour mon petit appartement. » Et mon oncle
est installé dans une espèce de boudoir, où il
bâille et s'ennuie magnifiquement entre une perruche et un sapajou. Il s'échappait par l'escalier
dérobé, quand il en trouvait l'occasion ; il allait
faire un tour à l'office, et de là polissonner dans
la rue. Mais si une souveraine de deux lieues carrées d'Allemagne entrait chez madame l'ambassadrice, on le rappelait aussitôt ; on le faisait marcher, tourner par devant, par derrière, à droite,
à gauche ; parler, chanter ; il fallait que la princesse admirât son esprit et ses graces ; puis on
le laissait là pour jouer avec la perruche ; on retournait à lui, on lui donnait quelques tapes sur
la joue, on roulait sa tête dans ses deux mains ;
on le quittait encore, et on allait agacer le sapajou ; on se replantait devant lui, on lui relevait
le menton, on lui faisait ouvrir la bouche, et de
l'autre extrémité du boudoir on s'exerçait à lui
jeter des gimblettes, des pastilles, des dragées ; on
riait aux éclats quand on avait atteint le but ; on
le renvoyait quand on avait assez ri ; on le soufflettait quand on avait de l'humeur. C'était charmant.

L'habit galonné, les gimblettes et les soufflets
déplurent bientôt à mon oncle. Il n'était à son
aise qu'à l'office, ou chez Julie. Il mangeait d'un
côté, il batifolait de l'autre, et il eût été l'enfant
du monde le plus heureux, si on eût borné ses

devoirs à ces deux articles ; mais c'était un petit animal de plus qu'on avait mis dans sa ménagerie, et il fallait qu'il rivalisât de gentillesse avec la perruche et le sapajou.

Il fallait d'abord aussi qu'il fût aimable avec monsieur l'évêque ; mais après deux ou trois visites d'un jeune mousquetaire, madame trouvait très-plaisant qu'il détachât la croix d'or de l'éminentissime, et qu'il la passât au cou du sapajou, ou bien qu'il jetât sa calotte par la fenêtre. Le successeur de saint Pierre jugea bientôt, aux espiégleries du valet, des dispositions de la maîtresse ; il la quitta, et fut exercer l'apostolat ailleurs. C'est ce qu'elle demandait.

Au mousquetaire succéda un président ; à celui-ci deux gardes-du-corps ; à ceux-là un génovéfain, et, de temps à autre, monsieur l'ambassadeur, par goût pour la variété.

Tant d'affaires occupèrent tous les momens de madame, et mon oncle fut considérablement négligé. On le relégua bientôt avec le sapajou et la perruche, dont on était aussi dégoûté, comme on se dégoûta depuis du président, des gardes-du-corps et du génovéfain. Madame avait les goûts très-vifs. Ils changeaient continuellement d'objets, et elle appelait cela jouir de la vie.

Elle avait un fils unique qu'elle voyait un moment tous les jours, et qu'elle abandonnait, le reste du temps, à un gouverneur très-élégant, qui faisait sa cour aux femmes de chambre, et qui apprenait à son élève qu'il était le fils d'un grand d'Espagne de la première classe.

Monsieur l'ambassadeur se mêlait quelquefois de ses affaires. Il s'avisa un jour d'interroger monsieur son fils, et fut assez étonné de voir qu'à neuf ans il ne sût pas lire. Il ordonna à Dugnès de mettre mon oncle Thomas à l'école, et il lui semblait infaillible que les progrès d'un roturier ne manqueraient pas d'inspirer beaucoup d'émulation à un jeune duc.

Dugnès conduisit donc mon oncle chez un pédagogue renommé, et les usages locaux lui inspirèrent d'abord un violent dégoût. Il était persuadé de l'inutilité de la science; il ne concevait pas qu'il dût rester assis quand il voulait être debout, immobile lorsqu'il voulait se servir de ses pieds ou de ses mains; il n'entendait pas davantage qu'il fallût avoir le nez collé sur du blanc et du noir, quand il avait envie de voir voler les mouches; qu'on le fît matin et soir parler à Dieu qui ne lui répondait jamais; enfin qu'il ne pût pas même évacuer le surplus de la boisson, sans une permission expresse du maître d'école. Dès le second jour, il envoya le pédant au diable, déchira son *syllabaire*, et fit des niches à tous ses camarades. Le troisième jour il s'alla promener aux Invalides, se lia intimement avec des décrotteurs de son âge, et passait, à jouer à la *chique*, le temps qu'il devait être à l'école. Le maître, par égard pour monsieur l'ambassadeur, n'osa se permettre la petite correction, ni même la remontrance. Il autorisa mon oncle à faire toutes ses volontés, et ne fut exact qu'à percevoir ses honoraires.

Thomas n'avait plus de vœux à former, et il menait en effet un genre de vie tout-à-fait satisfaisant, bien vêtu, bien nourri, et rien à faire que de jouer à la chique ou à la fossette! Comme il n'est pas de bonheur durable, un désagrément inattendu troubla bientôt ses plaisirs. Il se livrait, avec ses camarades, aux accès d'une joie bruyante, lorsqu'on le tira fortement par l'oreille. Il prit une sellette qu'il allait jeter à la tête de l'assaillant... O stupéfaction! ô terreur! c'est monsieur Riboulard.

« Ah, ah! vous voilà donc, mon drôle. Tudieu, « comme il est brave! Le joli habit à dégalonner! « Allons, qu'on marche avec moi; » et l'oreille restait prise comme dans un étau. Mon oncle, un peu déniaisé par l'habitude du grand monde, lui fit lâcher prise par la vertu de quelques coups de pieds dans les os des jambes, et lui dit succinctement: « J'appartiens à madame l'ambas-« sadrice d'Espagne; respectez-moi, ou je vous « ferai pendre. »

Mon grand-père croyait déjà voir le galon dans le creuset; il croyait d'ailleurs que ses droits sur le fils de sa femme, valaient bien ceux d'une ambassadrice. Il ne tint compte des menaces de mon oncle. Il courut après lui; l'attrapa; le mit sous son bras comme un sac de nuit qu'on porte à la diligence, et rentra chez lui.

Mon oncle, en s'éloignant, criait à ses camarades : « Courez à l'hôtel. Demandez monsieur « Dugnès ; dites-lui que Riboulard m'enlève », et ses camarades, qu'il bourrait de massepains et de confitures sèches, firent à l'instant sa commission.

Cependant mon oncle et Riboulard arrivent, l'un portant l'autre, à la rue des Prêtres. Le petit, déposé au bas de l'escalier étroit, sale et obscur, compara le sort dont il jouissait à celui qui lui était probablement réservé au galetas. Il regimba, il se défendit ; mais Riboulard, qui n'était plus contenu par les passans, toujours disposés à donner raison au plus faible, Riboulard prit le fourreau de sa rouillarde, et commença à faire le beau-père. Il chassait mon oncle devant lui ; s'il s'arrêtait une seconde, les coups lui pleuvaient sur les épaules, sur les reins, sur les gras de jambe, et c'est de cette manière amicale qu'il fut rendu à ses *pénates*, ou, si vous l'aimez mieux, réintégré dans son ancienne habitation.

Comme tout délit entraîne punition, ainsi que le prononcent les codes criminels de tous les peuples, Riboulard s'érigea en président, conseiller, rapporteur, greffier et exécuteur des hautes œuvres. Rosalie, ma sensible grand'mère, était à confesse. Hélas! elle eût contenu l'inflexible

Riboulard; elle eût défendu le sang innocent... Mais la sentence est prononcée. Dans un instant mon oncle est réduit à l'état où il était quand madame sa mère le déposa dans le plat au fromage, et il est attaché à une colonne du lit, et Riboulard le fustige avec son ceinturon, jusqu'à ce qu'il soit fatigué de frapper, parce que, disait-il, avec beaucoup de sagacité, en motivant son arrêt, parce qu'il est affreux, lorsqu'on sort de parens honnêtes, de les déshonorer en se faisant laquais. « Corbleu! j'étais page, répliquait mon « oncle en grinçant des dents à chaque coup », et la douleur provoque certaine évacuation qui dore la banderolle de cuir, et dont les éclaboussures bouchent l'œil unique que conservait Riboulard.

Pour qu'il ne restât plus de traces de la servitude de mon oncle, il lui jeta une vieille culotte dont le petit devait faire le plus grand cas, parce que c'était le drap de sa majesté; qu'il avait été porté par un brave militaire, et il sortit, le paquet de mon oncle à la main, pour aller vendre le galon à un juif, et le reste à la friperie.

Thomas flagellé et resté lié à son pilier, maudit quelque temps Riboulard, en pleurant; mais comme on ne peut pas toujours maudire et pleurer, il s'apaisa, et jugea, très-sainement, que ce qu'il avait de mieux à faire, était de se soustraire à une seconde, et peut-être à une troisième fustigation. Il s'agita dans tous les sens pour se dépêtrer de sa corde ; mais Riboulard savait faire des nœuds. Il avait long-temps serré les pouces aux filoux et autres gens du même acabit, qu'on entassait dans des fiacres, pour les enterrer à la Conciergerie ou au Châtelet.

Nécessité est mère de l'industrie. Quand mon oncle fut convaincu que ses mains, faibles encore, ne pouvaient lui rendre la liberté, il se servit de ses dents, dont fort heureusement Riboulard n'avait pu le priver. Il mâcha la corde, et la coupa brin à brin. Au bout d'une demi-heure de travail, il se trouva maître de commencer son second voyage aérien, car le vieux sergent ayant soigneusement fermé la porte, il ne restait d'issue que la croisée, et de chemin que les toits.

Mon oncle connaissait parfaitement celui qui menait au grenier des ramoneurs. C'était même, lors de sa première excursion, le seul endroit accessible qu'il eût trouvé en route. Mais comment oser retourner là, après avoir enlevé le costume complet d'un de ces messieurs ? Si du moins il n'eût pas dédaigné de le renvoyer après avoir endossé la livrée ; s'il avait de quoi le payer en cas de difficulté... Une réflexion en amena une autre. Mon oncle pensa qu'il pouvait très-légitimement s'approprier une petite part des biens de la communauté. Comme on aime beaucoup à gagner sans travail, cette idée lui rit singulièrement, et sans perdre le temps à calculer le plus ou le moins de droits qu'il avait à la masse, il prit la hallebarde du sergent, et travailla si bien de la pointe, qu'il fit sauter un panneau de l'armoire qui recelait le magot.

Tout était dans cette armoire, la seule qu'il y eût dans la mansarde, et l'imagination de mon oncle agit sur toutes les parties du mobilier à la fois. Il jugea qu'un habillement complet de monsieur Riboulard lui ferait mieux qu'une simple culotte percée au derrière. En conséquence il s'affubla de ce qu'il vit de meilleur et de plus beau. La chemise à manchettes festonnées; la culotte neuve, la veste pareille qui lui tombait aux genoux; l'habit qui n'avait encore passé qu'une revue, et qui descendait aux talons; le chapeau bordé d'argent, une poignée d'écus dans chaque poche, et voilà mon oncle sur le toit, se félicitant intérieurement du désespoir qu'éprouverait Riboulard, et se croyant bien vengé de tous les mauvais traitemens qu'il en avait reçus.

On tient à ce qu'on a, sans s'embarrasser beaucoup des moyens par lesquels on a acquis. Mon oncle sentait de la répugnance à aller faire restitution chez la vieille. Il ne fallait qu'un raisonnement, bon ou mauvais, pour le faire tourner d'un autre côté, et vous pensez bien qu'il s'en présenta un aussitôt. Mon oncle s'observa qu'on pourrait ne pas se contenter de la valeur de ce qu'il avait pris; qu'on pourrait le maltraiter, et peut-être le dépouiller. Il n'en fallut pas davantage. La vieille demeurait à gauche, il prit à droite.

Après avoir mis cinq à six maisons entre Riboulard et lui, son premier soin fut de s'asseoir, de mettre son chapeau bordé sur ses genoux, et de compter ses espèces : on est bien aise de savoir ce qu'on a. « Trente-deux écus de six francs ! « combien ça fait-il, se demandait mon oncle ? « Ma foi, je n'en sais rien, se répondit-il ; mais « avec trente-deux écus de six francs, je dois « vivre trente-deux mois. Dans trente-deux mois « je serai grand garçon, et je rosserai Riboulard, « si je le rencontre. C'est dit. Allons, marchons. »

Après avoir marché quelque temps, il trouve une petite fenêtre ouverte, et il entre sans façon : la richesse donne de la confiance. Il regarde, résolu à pousser, tout d'une haleine, un compliment assez bien arrangé ; personne encore dans cette chambre. D'assez beau linge empilé d'un côté ; de l'autre un grand panier d'osier ; du feu au fond, et des surplis qui finissent de sécher dessus et autour ; un réchaud avec du charbon allumé, et des fers à repasser qui chauffent. A ce dernier article, mon oncle, qui, ainsi que bien d'autres, devinait ce qu'il voyait, conclut qu'il était chez une repasseuse.

Il eût volontiers gagné la rue à l'instant même ; mais la repasseuse, aussi prudente que Riboulard, avait aussi fermé sa porte. Mon oncle, qui n'était pas fâché de voir venir, et de connaître un peu le caractère de la dame, avant que de se manifester à elle, mon oncle ôta le feu du fond du panier, et s'y inséra tout entier, après avoir fait une visite au garde-manger, préliminaire auquel il ne manquait jamais.

Il s'était à peine mis en cage, qu'il entendit quelque bruit. Il finit de rétablir les surplus dans leur premier état, et il se ménagea un petit jour, pour voir à quelle espèce de femme il allait avoir affaire.

Elle entra en chantant, et c'était d'un bon augure : les personnes gaies sont rarement méchantes. Elle s'approcha ; elle parut jolie à mon oncle. Il ne savait pas encore trop quelle différence réelle existe entre une femme laide et une jolie ; mais les graces plaisent à tous les yeux, et à tous les âges, et la repasseuse plut tellement à mon oncle, qu'il ouvrit la bouche pour lui dire : Mademoiselle... et puis quelque chose encore, lorsqu'on frappa doucement à la porte. Mon oncle ravala son discours.

C'étaient deux cordeliers de la plus riche encolure. « Mademoiselle Louison, dit le premier « d'un ton papelard, nos aubes sont-elles prêtes ? « — Hé ! entre donc, dit le second d'un air dé- « terminé ; ne vois-tu pas qu'elle est seule ? » Ce second prit la main de la repasseuse, l'embrassa avec une sorte d'affection, et cependant il avait, dans son regard ardent et dans sa figure enlu-

4.

minée, quelque chose qui fit peur à mon oncle, et qui le détermina à garder son poste, et le silence. Il s'en applaudit bientôt, car le moine, sans la moindre explication, prit Louison par le bras, la poussa brusquement vers une alcove, et la renversa sous lui. « Oh ! le vilain homme, « disait mon oncle en lui-même ! battre une aussi « jolie fille ! il me tuerait donc, moi », et il se tint coi. Pendant ce temps-là, l'autre père tirait, de dessous son manteau, une brioche, deux bouteilles de vin, et étendait une serviette sur la table. Louison revint toute chiffonnée, toute rouge, et elle souriait au moine. « Tiens, disait « mon oncle, à part lui, elle aime à être battue ; « c'est singulier, ça ! » et le père qui avait arrangé la collation, battit Louison à son tour, et tous trois se mirent à table. « Ma foi, disait mon oncle, « c'est une drôle de fille que cette Louison ; elle « n'a pas de rancune. S'ils m'en avaient fait au- « tant, je ne boirais pas avec eux. Ah ! peut-être « n'ose-t-elle pas faire autrement, de peur d'être « battue plus fort. Je remarquerai l'allée en sor- « tant. Si je retourne à l'hôtel, ce qui n'est pas « sûr, puisque je me vois à la tête de trente-deux « écus de six francs, si j'y retourne, je conterai « cela à monsieur l'ambassadeur, et il fera faire « justice de ces coquins-là... qui... que... » Ici, mon oncle, pour qui la collation n'avait rien de bien récréatif, puisqu'il n'y participait pas, mon oncle bâilla deux fois, et s'endormit sous son panier.

Il n'a jamais pu me dire si Louison fut battue encore après la collation. Il l'a présumé depuis, et moi aussi ; mais comme on ne doit pas risquer de calomnier un ordre aussi respectable que celui des cordeliers, nous nous garderons bien de donner nos présomptions pour des réalités.

Quoi qu'il en soit, mon oncle, qui n'a pas d'idées très-suivies quand il dort, ne pensa plus où il était. Il s'étendit tout à coup, comme il eût fait dans son lit, et il se réveilla en se sentant rouler par la chambre, lui et son panier. Louison, que ce bruit, inusité chez elle, éveilla aussi, demanda d'une voix tremblante qui était là? Vous jugez, de cet exposé, qu'il était alors nuit close.

Mon oncle, l'imagination toujours pleine des deux pères battant Louison, avec une sorte de fureur, ne sachant pas s'ils étaient retirés ou non, craignant d'être battu à son tour, ne répondit rien à cette première interpellation. Il lui sembla qu'une seconde voix la répétait d'une autre partie de la chambre, et il se hâta de sortir de son panier. Il chercha l'alcove, décidé à se tapir sous le lit; il y arrivait, il se croyait en sureté, au moins pour le moment, lorsque sa main porta sur une jambe nue. Cette jambe se retire aussitôt, et celui ou celle à qui elle appartient, pousse un cri lamentable. Mon oncle, épouvanté, se retire aussi, et s'enfuit jusqu'à la muraille opposée. C'est de là qu'il écoute, qu'il cherche à percer les ténèbres qui l'environnent : il n'entend ni ne voit rien.

Le propriétaire de la jambe, rassuré par un long silence, se hasarde à aller prendre le briquet et des allumettes, sur un coin de la cheminée, près de laquelle mon oncle était sans le savoir. Les deux adversaires se trouvent nez à nez, et se soufflent leur haleine au visage. Mon oncle, que cette approximation glace jusqu'à la moelle des os, veut se sauver, et porte les bras en avant, de peur de se casser la tête. Il frappe, d'un coup sec, le chien de briquet, le paquet d'allumettes, et les fait sauter des mains de celui ou de celle qu'il veut éviter. L'autre, qui sent échapper ce qu'il croit bien tenir, est de nouveau saisi de frayeur, jette un second cri plus fort que le premier, se met aussi à courir. Mon oncle et lui, ou elle, se rencontrent, s'accrochent ; ils trébuchent, ils tombent, et s'en vont, l'un à droite, et l'autre à gauche.

« Ah ! mon dieu, mon dieu ! prononça enfin une
« troisième voix, à ce que crut mon oncle, ma
« voisine m'avait bien dit que si je vivais avec des
« prêtres, le diable ne manquerait pas de me ren-
« dre visite... Ah ! mon dieu, mon dieu !... au nom
« de la très-sainte vierge, je te conjure, esprit ma-
« lin : réponds, que veux-tu de moi ? Que tu m'ou-
« vres les portes, reprend mon oncle, déja habile
« à saisir les circonstances. Oh ! bien volontiers,

« réplique la timorée Louison », et la porte s'ouvre en effet, et mon oncle décampe à petit bruit. Il s'attache à la rampe, il dégringole l'escalier plutôt qu'il ne le descend, cherche le pêne de la porte de la rue, le trouve, le tire, et respire en liberté sur le pavé du roi.

Si mon oncle avait eu un peu plus d'usage, il aurait senti que des cordeliers qui ont battu une repasseuse tout un après-dîner, ne sont pas fâchés d'aller se reposer chez eux ; que la règle d'ailleurs leur enjoint de rentrer à sept heures ; enfin il eût profité de l'occasion, et il n'est personne, en sa place, qui ne se fût empressé de battre Louison, qui en valait bien la peine. Mais loin d'avoir de semblables pensées, il se félicitait d'être sorti de là sain et sauf ; il ne se doutait même pas que les trois voix qu'il avait entendues étaient toujours celle de Louison, qui changeait de place et d'intonations, selon que la peur agissait plus ou moins sur elle.

Mon oncle, enchanté donc d'être dans la rue, tourna ses pas vers le Pont-Neuf, qu'il connaissait comme sa mère. Il se proposait de passer le reste de la nuit sous la Samaritaine, et d'aviser là à la manière de dépenser agréablement son argent, sauf ensuite à retourner servir monsieur l'ambassadeur, ou tel autre seigneur à qui sa petite figure conviendrait.

Il allait monter le trottoir, lorsqu'une patrouille du guet à pied passa près de lui. Le caporal qui la commandait, examina sa mise hétéroclite à la lueur du réverbère, et ne concevant pas qu'on pût être fagoté ainsi, sans quelques raisons extraordinaires, qu'il pouvait être important à la police de pénétrer, il arrêta mon oncle *de par le Roi*; il le somma de lui déclarer où il avait pris le costume complet d'un sergent de son corps, et pourquoi il osait le porter. Mon oncle raconta les faits avec ingénuité, et comme un caporal ne doit jamais rire sous les armes, celui-ci garda un sérieux imperturbable, et prononça qu'il fallait conduire le petit bonhomme chez monsieur l'ambassadeur, s'assurer de la vérité des faits par lui allégués, et qu'à l'égard de l'argent et des habits pris à Riboulard, comme il n'avait eu la hallebarde que par un passe-droit fait à lui caporal, tout cela deviendrait ce qu'il plairait au ciel et à mon oncle.

Le caporal et sa patrouille se présentèrent respectueusement à la porte de monsieur le duc. Il était minuit, ou environ, et l'officier du guet croyait n'avoir affaire qu'au suisse : il eût été au désespoir de déranger monseigneur. Mais on célébrait à l'hôtel la naissance d'une infante, et tout y était dans la joie et le tumulte. Dugnès, qui allait et venait pour donner des ordres, traversait la cour quand la patrouille se présenta. Il reconnut mon oncle, lui fit recommencer son récit, et le jugea propre à divertir un moment l'honorable assemblée. En conséquence, il envoya l'officier et ses gens, qui ne demandaient pas mieux, se restaurer à la cuisine, il prit Thomas par la main, et le livra à monsieur l'ambassadeur.

Celui-ci, qui aimait à rire aux dépens des autres, surtout quand il avait bien soupé, fait faire à mon oncle le tour de la table. Les dames et les seigneurs se tournent aussitôt pour considérer le petit animal qu'on leur présente, et un prince décide qu'il ressemble parfaitement à ces chiens habillés qu'on fait danser dans les carrefours.

Il fallut que mon oncle racontât, pour la troisième fois, à haute et intelligible voix, ce qui lui était arrivé pendant cette journée. Entre autres incidens, l'histoire de Louison, battue par deux cordeliers, parut délicieuse à la plupart des dames. Trois ou quatre d'entre elles demandèrent le nom du très-digne père qui l'avait si brutalement saisie par le bras, et se pincèrent les lèvres quand mon oncle eut déclaré qu'il ne l'avait pas ouï nommer; mais que c'était un terrible batteur. Les ris redoublèrent quand mon oncle supplia, à genoux, l'ambassadeur de venger cette pauvre Louison, et de faire punir les deux moines. « Parbleu, dit l'ambassadeur au lieutenant de « police, qui était du nombre de ses convives, « vous devriez porter cette cause à votre au- « dience; cela serait réjouissant. — Si cela peut « amuser votre excellence, elle en aura le passe- « temps. Je supposerai seulement, par égard pour « le clergé, que ces deux drôles se sont masqués « en cordeliers, sans tenir en rien à cet ordre

« respectable, et je vous réponds que leurs su-
« périeurs ne les réclameront pas. » On parla
ensuite modes, politique et spectacle tout à la
fois. Un petit-maître raconta l'anecdote scanda-
leuse du jour, à demi-voix; mais de manière à
être entendu de tout le monde. Mon oncle,
qu'on laissait à l'écart, puisqu'il n'avait plus rien
à conter, retourna trouver l'ami Duguès. Celui-ci
le mit à même de deux ou trois plats d'entremêts, qu'il vida avec beaucoup de dextérité;
puis il l'envoya coucher, et lui dit de faire ce
qu'il voudrait des habits du sergent, et de ce qui
était dans les poches. Cette conclusion flatta singulièrement mon oncle, et l'aida à dormir d'un
bon somme. Fais-en autant, très-cher lecteur,
pour peu que ce livre ait de vertu soporative : il
sera au moins bon à quelque chose.

CHAPITRE V.

Une Audience de police.

Rétrogradons un moment, et revenons sur ce
qui se passa à l'hôtel pendant que mon oncle fut
entre les mains de l'avare et impitoyable Riboulard.

Les décrotteurs ses amis, étaient restés pétri-
fiés de son enlèvement, car on juge des choses
les plus sérieuses, comme des plus futiles, par
l'analogie qu'elles ont avec nos intérêts. Ainsi,

par exemple, un roi trouve mauvais qu'on vole une province au roi son voisin, dont il ne se soucie guère, parce que l'usurpateur, agrandi et fortifié, peut lui prendre son tout; ainsi un ministre veut faire de son maître le prototype des souverains, parce qu'on n'eût jamais parlé de Mécène, s'il n'eût été que l'homme d'affaires du roi d'Yvetot; ainsi un officier, sans talens, ne peut avancer qu'à son tour, et il crie que les préférences accordées a un mérite dont il ne convient pas, découragent les vieux militaires, et étouffent l'émulation ; ainsi un prélat défend sa religion, qu'il a presque oubliée, parce qu'elle fournit aux gages de ses maîtresses, de ses laquais, de son cuisinier, et à l'entretien de ses chevaux et de ses équipages ; ainsi le financier atteste la probité de ses confrères qu'on attaque, parce qu'il sent qu'on ne lui fera pas plus de grace qu'à eux, et qu'il voudrait que les initiés seuls connussent les secrets du métier ; ainsi un autre voleur plaint sincèrement son camarade qu'on va pendre, parce qu'il peut le dénoncer *in extremis*, et faire à ses dépens sa paix avec la justice; ainsi une petite maîtresse blâme hautement une jolie femme qui souffle un ou deux amans à une autre, parce qu'elle est bien aise de conserver les siens; ainsi un auteur, qui n'est pas bouffi d'amour-propre, compâtit à la chute d'une pièce, parce que demain il peut lui en arriver autant ; ainsi un poète médiocre préconise des littérateurs ignorés, parce qu'où les sots sont quelque chose, la médiocrité est tout; ainsi nos décrotteurs voulaient ravoir Thomas, parce qu'avec lui reviendraient les friandises dont il les bourrait régulièrement.

Ils furent donc trouver monsieur Dugnès, crièrent, tous à la fois, à la cruauté, à l'infamie, à l'innocence persécutée ! Dugnès, qui aimait toujours mon oncle, fut raconter le fait à madame; madame, pour qui mon oncle n'avait pu avoir de mérite que celui de la nouveauté, et qui, depuis long-temps ne s'occupait plus de lui, madame écouta à peine Dugnès, et lui parla de sa nouvelle calèche et de sa loge à l'Opéra. Dugnès, qui connaissait la fibre sensible des cœurs de qualité, répliqua qu'un malheureux, un drôle avait osé méconnaître les droits des ambassadeurs. L'ambassadrice, qui tenait d'autant plus à ses prérogatives, qu'elle les méritait moins, entra aussitôt dans une colère épouvantable; elle se leva pour courir à son secrétaire, elle renversa en passant, son déjeuner de Sèvres, et marcha sur la queue de son sapajou. Elle prit du papier doré sur tranche, et écrivit, de sa propre main, une longue lettre de quatre lignes à monsieur le lieutenant de police. Elle redemandait mon oncle au nom du roi d'Espagne, et faisait, de son enlèvement, une affaire de potentat à potentat.

Thomas était fort tranquille dans le panier de Louison, pendant que deux états puissans touchaient, pour lui, à une rupture éclatante, que prévint pourtant la condescendance du magistrat, et les démarches qu'il fit, dans la matinée, lui valurent l'honneur d'une invitation pour le soir.

Dugnès se rendit avec la lettre chez le conseiller d'état. Celui-ci protesta, dans une réponse, aussi écrite de sa propre main, qu'il était trop heureux de trouver l'occasion d'être agréable à madame l'ambassadrice qu'il n'avait jamais vue, et aussitôt un exempt fut dépêché rue des Prêtres, avec l'ordre de mettre Riboulard au cachot, sans autre information, parce qu'il n'était pas possible que l'ambassadrice d'Espagne n'eût pas raison.

Dugnès fut poliment invité à accompagner l'exempt qui devait lui remettre l'intéressant personnage, pour lequel madame la duchesse faisait tant de bruit.

Le mouchard en chef et Dugnès passaient devant les piliers des halles. L'œil de l'Espagnol fut frappé de la défroque galonnée de mon oncle, accrochée à un clou. Riboulard avait trouvé, dans un seul individu, le juif et le fripier, et l'honnête acquéreur s'était empressé d'étaler le tout, parce que cela pouvait convenir au petit laquais de quelque gros fabricant, qui voudrait aller trancher du grand seigneur en Italie ou en Angleterre.

Dugnès, en qualité d'homme d'affaires de monsieur le duc, connaissait parfaitement les lois. Il se rappela le vieil axiome : *On prend son bien où on le trouve*. Il prit en effet la parure complète de mon oncle, et la jeta sur le devant de son carrosse. « Cinq cents francs, mon maître, « disait le fripier, en le suivant le bras tendu et « la main ouverte, cinq cents francs, je n'en puis « rien rabattre. Examinez, cela n'a pas été mis. « C'est une livrée qu'un tailleur a manquée à « un postillon du cardinal de Rohan. — Prends « garde, bavard, interrompit l'exempt, que je ne « te mène à Bicêtre, pour t'apprendre à acheter « des effets volés à un ambassadeur ! — Mais, mon« sieur... — A un duc ! — J'ai acheté... — A une « excellence ! — En sûreté de conscience... — Le « *duplicata* du roi catholique ! — C'est un officier « du guet, un homme respectable... — Fouettez, « cocher, délivrez-nous de ces criailleries », et le cocher fouette, et on descend chez Riboulard.

Il était dans sa chambre, marchant à grands pas, s'arrachant d'une main le peu de cheveux dont il pouvait disposer, et se donnant tantôt un soufflet, tantôt un coup de poing. Il s'arrêtait ensuite devant son armoire, enfoncée et pillée, et recommençait à trépigner et à se meurtrir. « Fi« nissons ce manége, monsieur Riboulard, dit « l'exempt, et dites-moi ce que vous avez fait de « Thomas. — Oh ! le petit coquin, voyez, voyez, « monsieur. Mon uniforme des dimanches, mon « sang, mes entrailles, mon argent, il m'a tout « volé, et s'est enfui par la fenêtre, après avoir

« rompu cette corde avec laquelle je l'avais for-
« tement attaché. — Ce n'est pas une histoire que
« je vous demande, monsieur, c'est Thomas. —
« Je ne vous fais pas d'histoire, monsieur, et vous
« voyez bien, à mon désespoir, que je vous dis la
« vérité. — Vérité tant qu'il vous plaira; au ca-
« chot, jusqu'à ce que Thomas se trouve. — Mais
« monsieur, je n'ai pas tort. — Tort ou raison,
« monsieur le lieutenant de police l'a ordonné
« ainsi, et cela plaît à madame l'ambassadrice. »

Riboulard se lamente, il fait son paquet, et se dispose à se rendre, sur sa parole d'honneur, dans les souterrains de l'Abbaye. Le fripier avait suivi la voiture de Dugnès, sans autre intention que de le fléchir, et d'en obtenir quelque dédommagement. Il prit des informations dans la rue des Prêtres, et on lui indiqua la demeure de son vendeur. Il était à présumer qu'il en obtiendrait meilleure composition que de l'exempt et de Dugnès; il arriva donc chez lui, et commença, en entrant, le second acte de la pièce, dont le premier s'était passé sous les piliers des halles.

L'exempt se souciait très-peu que le fripier fût satisfait ou non, et il ne s'émut pas infiniment en le voyant menacer et gourmer Riboulard, parce qu'on peut fort bien aller au cachot avec le nez cassé, ou une côte enfoncée; mais ce qui alluma sa bile, c'est que le fripier ne gagnant rien à battre le sergent, et trouvant l'armoire ouverte, se dédommagea sans compter, et prit à poignées dans la cassette. Riboulard retrouva des forces, et cria au voleur à tue-tête. L'exempt ayant une occasion de prouver à Monseigneur de la police, son zèle et son activité, voulut arrêter le fripier : ces coups de main menaient à une inspection. Dugnès, qui ne pouvait ravoir Thomas, se contenta, pour le moment, de ses habits, et laissa les battans et les battus s'arranger comme ils l'entendraient.

L'Espagnol était dans la rue, et il cherchait son cocher, qui buvait en l'attendant, ainsi que cela se pratique, lorsqu'un énorme paquet, qui frisa en tombant la corne de son chapeau, le fit sauter deux toises en arrière. C'est beaucoup, deux toises ; mais on saute bien quand on a peur. Voilà ce qui fit sauter Dugnès.

L'exempt n'était brave que lui sixième contre un, et il ne se souciait pas d'approcher le fripier de trop près; il se contentait de barrer la porte pour l'empêcher de s'évader. Le fripier, qui sentait que tôt ou tard une escouade viendrait assurer la victoire à l'exempt, prit aussitôt son parti; ce fut de sortir par le chemin familier à mon oncle, se proposant, en sa qualité de bourgeois de Paris, de plaider ensuite, et de se faire adjuger les espèces de Riboulard.

Il n'avait pas l'intrépidité de Thomas, et la tête lui tourna dès qu'il fut sur le toit. L'exempt, qui le regardait aller de la lucarne, se trouva fort de la faiblesse de son adversaire. Il se sentit, en outre, animé par la présence de trente commères, que le brouhaha avait attirées aux croisées. Rien n'est aussi propre à inspirer du courage que l'attention d'un certain nombre de spectateurs. Voilà, peut-être, pourquoi tel qui tremble, lorsqu'il entend une souris trotter dans sa chambre, se laisse gaîment couper le cou en public..

L'exempt paraît donc sur le toit, d'un air résolu, et se met à la poursuite du fripier. Il affectait de marcher le jarret tendu, et avait soin, cependant, de bien établir un pied avant que d'avancer l'autre. Il gagnait, petit à petit, sur le fripier, qui se traînait, de son mieux, sur ses genoux et sur ses coudes. Il l'aura ! il ne l'aura pas, criait-on des fenêtres voisines.

L'exempt saisit enfin son homme par un pied. L'autre lui en allonge un coup qui lui fait perdre l'équilibre. La violence du mouvement le fait perdre aussi au fripier, et la pente leur devient fatale à tous deux. Ils roulent ensemble du haut du toit en bas, et de là dans l'espace. L'exempt tombe sur l'impériale du carosse de Dugnés, et se casse une cuisse ; le fripier tombe sur le siége, et tue le chien danois de monsieur le duc, qui regardait tranquillement les passans, assis sur son cul.

Un officier du guet au cachot, un exempt qui a la cuisse cassée, un fripier qui a failli à se rompre le cou, sont une satisfaction qui suffirait à l'orgueil même d'une reine ; aussi madame l'ambassadrice en témoigna-t-elle sa satisfaction au conseiller d'état, et elle voulut bien, ainsi que je crois l'avoir dit plus haut, l'admettre à sa fête du soir.

Cette fête tirait à sa fin, et le magistrat, dont la perruque était défrisée, l'habit poudré, et les manchettes chiffonnées, parce qu'il s'était avisé de batifoler avec les dames, le magistrat jugea à propos de se retirer avant le jour, pour ne pas compromettre la dignité du costume. Il avait d'ailleurs des causes importantes à juger à l'audience du matin, et un peu de repos était nécessaire pour lui rafraîchir le cerveau.

Il avait promis, à monsieur le duc, une scène burlesque, dont Louison devait faire les frais. Dugnès, assez philosophe pour un Espagnol, ne voulait pas manquer cette audience, qui pouvait fournir un chapitre aux bizarreries de l'esprit humain. Il se rendit, de très-bonne heure, à la salle où devait siéger Monseigneur. Il s'assit derrière les gradins pour tout entendre, et n'être pas dérangé. C'est là qu'il prit des notes, sur lesquelles il rédigea ce que vous allez lire, et ce qu'il se garda bien de publier alors : il faut toujours ménager les gens en place, *tant qu'ils y sont.*

Deux messieurs entrent dans la salle. Habits de velours, vestes de brocart, l'épée, le chapeau sous le bras. Ce sont sans doute des gens d'importance. Nous allons voir cela (1).

BERTRAND.

Déja à l'audience, mon cher Michaud!

MICHAUD.

Vous n'êtes pas moins exact, mon cher Bertrand.

BERTRAND.

L'exactitude ne coûte rien, et plaît à Monseigneur.

MICHAUD.

Il est vrai qu'il est toujours bon de se mettre en évidence.

BERTRAND.

Vous pensez comme moi. Nous avons toujours eu les mêmes principes.

MICHAUD.

Et nos principes sont les bons. Aussi la fortune nous favorise; les grands nous recherchent; la canaille nous craint; Monseigneur nous considère, et nos affaires vont leur train.

BERTRAND.

Cette canaille est cependant loin encore de la vénération que nous devrions lui inspirer. Elle

---

(1) Tous les faits qui suivent sont vrais. Les noms des personnages seulement sont changés.

se permet parfois des expressions, et même des gestes...

MICHAUD.

Quel est l'état qui n'a pas ses désagrémens? Le nôtre n'en est pas moins un des plus importans de Paris.

BERTRAND.

Vous êtes modeste. Les inspecteurs de police sont les premiers hommes du royaume, mon ami. Le roi gouverne la France, les ministres gouvernent le roi, Monseigneur gouverne les ministres, et nous gouvernons Monseigneur. Je conclus de là que nous sommes les êtres par excellence.

MICHAUD.

Je trouve un grand fonds de philosophie dans ce que vous venez de dire. Il y a cependant une conséquence qui vous est échappée.

BERTRAND.

Laquelle?

MICHAUD.

C'est que Monseigneur est fort heureux de nous avoir.

BERTRAND.

Parbleu, je le crois. Que ferait-il sans nous? Dupont est un maladroit; Nicolas vieillit, et Lecourt...

MICHAUD.

Oh! pour celui-là il ira au grand. Quelle vigilance, quel tact, quelle finesse! Point de scrupules; ne connaissant ni parens, ni amis; considérant la nature et les sentimens du cœur comme des préjugés puérils. Il est vraiment né avec des qualités rares.

BERTRAND.

Mais je ne lui vois que les qualités nécessaires à son état. Savez-vous, mon ami, qu'il y a peu d'hommes dont on puisse faire un bon inspecteur de police? Quelle réunion de talens exige notre profession! A propos, vous avez sans doute fait quelque découverte?

MICHAUD.

Je ne me présente jamais à la police sans cela. Et vous?

BERTRAND.

Si je n'en avais pas, j'en imaginerais. (*Ici monsieur Bertrand prend un ton affectueux.*) Mon bon ami, j'ai à te consulter sur une affaire qui m'embarrasse.

MICHAUD.

Bertrand embarrassé! c'est un peu fort.

BERTRAND.

C'est peut-être la première fois; mais enfin je le suis. Nous sommes seuls, profitons du moment. (*A demi-voix.*) Je veux introduire, dans Paris, une édition de la vie privée de la Pompadour.

MICHAUD.

Ce n'est que cela! Il faut la dénoncer à Monseigneur.

BERTRAND

Le bel expédient!

MICHAUD.

Admirable. Tu te soucies peu de ce que deviendront tes livres, pourvu qu'on te les paie.

BERTRAND.

Oh! cela m'est tout à fait indifférent. Je n'écris pas pour être lu.

MICHAUD.

Ces ouvrages font, sur Monseigneur, l'effet de l'eau sur un hydrophobe. Il frémira, nous assemblera, promettra et paiera. Suivez mon plan, monsieur. On bat la générale à la sourdine. L'armée grise est sous les armes; les barrières sont gardées; ta voiture entre par celle où tu es de poste; tu la saisis, tu laisses échapper le charretier, et tu conduis ta charrette ici, avec un fracas d'enfer. Monseigneur te loue, te félicite, te délivre un *bon* de la somme promise, et envoie ton ouvrage moisir dans une tour de la Bastille, ce qui n'est pas un grand malheur pour le public.

BERTRAND.

En honneur, avec tout mon esprit, je n'aurais pas trouvé celui-là. Mon ami, je m'humilie devant toi.

MICHAUD.

Je vais à mon tour te faire une confidence.

BERTRAND.

Je me croirai trop heureux de te prouver ma reconnaissance. As-tu aussi quelque affaire embarrassante?

MICHAUD.

Je suis amoureux d'une charmante petite femme...

BERTRAND.

Un inspecteur de police sérieusement amoureux! cela me passe.

MICHAUD.

C'est peut-être une fantaisie plutôt que de l'amour. Je crois même que, sans les difficultés que j'éprouve, cette petite bourgeoise ne m'eût pas long-temps captivé.

BERTRAND.

C'est-à-dire que la dame fait la réservée?

MICHAUD.

Pas du tout, et nous aurions déjà mis cette aventure à fin, sans la jalousie vigilante du plus intraitable mari...

BERTRAND.

Je l'enlève ce soir; je le promène toute la nuit, et demain matin, désespéré d'une méprise bien involontaire, je le rends à sa chaste moitié, avec des excuses, des regrets, des grimaces dont il sera attendri.

MICHAUD.

Tu m'as deviné. Les grands génies n'ont besoin que d'un mot pour s'entendre.

BERTRAND.

Et on ne peut pas dire que nous soyons méchans, car enfin, les projets que nous venons d'arrêter ne sont que des ruses bien innocentes...

MICHAUD.

Et qui ne font de mal à personne. Ton expédition de ce soir doit ressembler à un tour que tu as joué il y a quelques années. Je n'en ai jamais bien su les détails; mais il t'a fait le plus grand honneur dans le corps.

BERTRAND.

C'est l'aventure de Leclerc. Je n'y pense jamais sans m'admirer moi-même.

MICHAUD.

Oui, je me rappelle... c'est Leclerc.

BERTRAND.

Il n'y a pas grand mérite à faire des dupes dans cette classe d'hommes qui ne soupçonnent aucun des ressorts que nous faisons jouer habituellement; mais faire tomber dans le piége un confrère, un homme de l'art, c'est la suprématie du talent.

MICHAUD.

Sans doute.

BERTRAND.

Leclerc jouait l'important avec ses camarades; il se faisait valoir à leurs dépens; c'était un homme...

MICHAUD.

Dont il fallait se défaire pour l'intérêt général.

BERTRAND.

Et qui ne devait la confiance de Monseigneur qu'à une très-jolie femme qu'il avait épousée pour... car c'était bien l'être le plus nul...

MICHAUD.

Enfin?...

BERTRAND.

L'amour perd quelquefois les plus grands hommes, et l'amour a perdu Leclerc. Amant chéri de madame Dupin, je ne sais pas trop pourquoi, il fallait se débarrasser d'un mari incommode, et, selon l'usage, heureusement pratiqué parmi nous, une lettre de cachet est lancée contre le pauvre Dupin.

MICHAUD.

C'est tout simple.

BERTRAND.

Ami de la maison, Leclerc ne pouvait décemment mettre lui-même l'ordre à exécution. Je me présente; il me le confie. Comme une bonne action ne me coûte rien, quand elle s'accorde avec mes intérêts, j'avertis le mari; il se cache. Leclerc le croit enlevé, et s'établit dans ses droits avec sécurité. J'arrive à minuit, et j'arrête Leclerc dans le lit de madame Dupin. Elle se récrie; elle proteste de ma méprise. « Je ne me trompe pas, « madame. Une femme aussi respectable que vous, « ne peut être couchée qu'avec son mari ; c'est « donc son mari que j'arrête. » Je conduis le substitut à Vincennes; je compte le fait à Monseigneur qui en rit un moment, et qui oublie Leclerc avec d'autant plus de facilité, que sa femme lui reste.

MICHAUD.

C'est superbe.

BERTRAND.

N'est-il pas vrai?

MICHAUD.

Cependant ton récit donne matière à d'amples réflexions.

BERTRAND.

Comment donc?

MICHAUD.

Si tu allais me traiter comme Leclerc.

BERTRAND.

Incapable, foi d'homme d'honneur.

MICHAUD.

Foi d'homme d'honneur! Je suis pris.

BERTRAND.

Nous sommes entre nous. Eh bien! mon ami, foi de fripon.

MICHAUD.

Tu me rassures. D'ailleurs, aujourd'hui, nous avons besoin l'un de l'autre. Ah çà, entendons-nous de manière à ce que Monseigneur ignore nos petits arrangemens.

BERTRAND.

Toujours timoré ! Monseigneur a de l'usage, et il sent bien que ses agens peuvent se permettre quelques peccadilles. A-t-il dit un mot au commissaire Lefort, qui, pour rendre service à un mari qui plaidait en séparation avec sa femme, s'est transporté avec lui chez elle, pour donner à l'époux les facilités de voler à sa moitié ses contrats, son argent et ses bijoux ?

MICHAUD.

Et le commissaire Mantel a fait quelque chose de bien plus gai. Une orpheline vient se plaindre à lui de son tuteur, qui lui a fait perdre son innocence, et le commissaire lui fait perdre la santé. Depuis ce moment, la pupille trouve son tuteur honnête homme. Vive Mantel pour rétablir la paix dans une maison !

BERTRAND.

Hé bien, Monseigneur a-t-il parlé de ces escapades? Il sait vivre et laisser vivre. Ne faut-il pas que tout le monde fasse ses petites affaires ?

En cet endroit de la conversation, entrent messieurs Lecourt, Nicolas et Dupont. Ils marchent sur la pointe du pied ; se donnent des airs pen-

chés, et saluent leurs camarades avec beaucoup de graces, à ce qu'ils croient.

LECOURT, NICOLAS, DUPONT.

Bonjour, messieurs.

MICHAUD.

Bonjour, Lecourt; bonjour, Nicolas.

BERTRAND.

Bonjour, Dupont.

MICHAUD.

Quelle figure heureuse a ce petit Lecourt!

BERTRAND.

Figure faite exprès. Qui ne le prendrait pour un honnête homme?

LECOURT.

Finissez donc, messieurs, vous me faites rougir.

BERTRAND.

Rougis, rougis. C'est un art qui nous manque à nous; mais on ne peut pas tout avoir.

NICOLAS.

Monseigneur ne doit pas tarder à paraître.

MICHAUD.

Nous l'attendons depuis une heure.

NICOLAS.

Peine perdue, puisqu'il n'en saura rien.

BERTRAND.

Les espions de ses espions ne l'informent-ils pas de tout? (*Ces messieurs rient.*)

DUPONT.

Vous riez de cela, messieurs? Moi, je ne connais rien d'aussi heureusement imaginé que l'espionnage. C'est par ce moyen-là que personne n'est en sûreté chez soi, et qu'on se défait, quand on le veut, d'un homme pour un mot qu'on lui fait dire, s'il ne l'a pas dit.

NICOLAS.

Rien aussi qui ait une origine aussi respectable que l'espionnage. Je parie que vous ignorez encore que nous descendons en ligne directe d'Antoine de Mouchi, grand pénitencier de Noyon, qui faisait la chasse aux hérétiques, et qui fut l'un des juges d'Anne Dubourg. Le peuple appelait ses gens des *mouches*, et depuis, par corruption, *mouchards*.

BERTRAND.

C'est une belle chose que l'érudition. Moi, je ne m'embarrasse pas d'où je viens; mais de ce que je suis. Le métier est bon; voilà l'essentiel.

LECOURT.

A la bonne heure; mais les espions coûtent cher, et...

MICHAUD.

Qu'importe? c'est le peuple qui paie.

LECOURT.

Pauvre peuple!

MICHAUD *et* NICOLAS.

Taisez-vous donc, monsieur. Qu'est-ce que ces idées-là?

BERTRAND.

Allons, allons, messieurs, de l'indulgence. C'est un jeune homme; il faut lui découvrir le fin du métier. Pas d'humanité d'abord, et pas plus de scrupules; ce sont des sottises. Faire de petites choses, qu'on présente comme des merveilles; profiter de la bêtise du patron, servir ses fantaisies, caresser son amour-propre, et empocher, en sûreté de conscience, le prix de ses flagorneries, voilà ce que je fais depuis vingt ans, et ce que tu feras, si tu veux te maintenir. Tu conviendras, Michaud, qu'on ne peut donner à un élève des instructions plus sûres et plus solides.

NICOLAS.

Voilà Monseigneur.

Le lieutenant de police s'avance avec toute la gravité dont il est capable. Il ne tourne pas la tête, de peur de déranger sa perruque.

LES CINQ INSPECTEURS, *saluant jusqu'à terre.*

Monseigneur!

MONSEIGNEUR.

Bonjour, bonjour. Ah! vous voilà, Dupont, approchez. C'est donc vous, monsieur, qui me faites mander à la barre du parlement; qui m'exposez à une mercuriale qui compromet ma dignité, et donne à rire à tous les bourgillons de Paris?

DUPONT.

Moi, Monseigneur!

MONSEIGNEUR.

Vous, monsieur. On me reproche de ne pas mettre un frein au jeu; de laisser ruiner les plus respectables familles, et cela parce que vous avez la maladresse de saisir un biribi chez la maîtresse du premier président, qui, avant votre bévue, laissait faire chez les autres ce qu'on faisait chez sa maîtresse.

DUPONT.

J'ai cru devoir...

MONSEIGNEUR.

Vous avez cru... vous avez cru... Qu'avez-vous cru, voyons?

DUPONT.

Qu'il fallait faire mon devoir, sans égard pour les personnes.

MONSEIGNEUR.

Vous êtes un sot. Apprenez qu'un inspecteur, qui sait son métier, n'expose pas un homme comme moi, et n'ignore point qu'il est des personnes qui ont le droit de tout faire.

DUPONT.

Mais, Monseigneur, cette dame n'avait obtenu un privilége que pour le jour de sa fête, et elle n'a jamais voulu être un jour sans donner à jouer, disant qu'elle s'appelle Toussaint.

MONSEIGNEUR.

Il fallait l'en croire sur sa parole, monsieur. Est-ce à vous à lui contester son nom? Êtes-vous son parrain?

DUPONT.

Monseigneur, mes intentions...

MONSEIGNEUR.

Que m'importent vos intentions? C'est du fait qu'il s'agit. Quand ces gens-là ont fait une sottise, ils croient tout gagner en se retranchant derrière leurs intentions. Est-ce aussi par pureté d'intentions que vous avez dit partout que, le jour de la foire de St.-Germain, j'ai fait distribuer de l'argent aux poissardes, pour qu'elles criassent : *Vive Monseigneur le lieutenant de police!* On se doute bien que les gens en place qui veulent être applaudis, paient des applaudissemens; mais est-ce à vous à divulguer les secrets du cabinet? imbécille!

BERTRAND, *à Michaud.*

Il n'en fait jamais d'autres.

DUPONT.

Je vous jure, Monseigneur...

MONSEIGNEUR.

Je vous jure que si vous ajoutez un mot, je vous mets à Bicêtre.

DUPONT.

Je me tais.

MONSEIGNEUR.

Et vous faites fort bien. Michaud, Bertrand, avez-vous quelque chose de nouveau?

LECOURT.

Si Monseigneur veut le permettre...

MONSEIGNEUR.

Vous répondrez quand je vous interrogerai. Sachez, jeune homme, qu'il faut avoir l'esprit du moment, et que, dans celui-ci, je ne suis pas de bonne humeur. Bertrand, Michaud?

BERTRAND.

Monseigneur, les malades de différens hôpitaux se plaignent de ce que des médecins leur tâtent le pouls avec des gants, ou avec la pomme de leur canne. Ils demandent une visite à Monseigneur.

MONSEIGNEUR.

Ils demandent une visite! ces drôles-là s'imaginent que j'ai le temps de penser à eux. Je juge cette visite révoltante et inutile; révoltante parce que je n'aime pas à voir des malheureux, j'ai le cœur trop sensible; inutile, parce qu'il est bon qu'il périsse des pauvres : il y en a trop; ils sont innombrables.

MICHAUD.

Paris est inondé de libelles. Quelques soins qu'on se donne, ils se multiplient incroyablement.

MONSEIGNEUR.

Des libelles! ceci est sérieux, par exemple. Occupez-vous, avec le zèle le plus infatigable, à vous assurer du dernier de leurs auteurs. Point de grace à ces coquins, qui se permettent de nous dire des vérités. Qu'on guette les auteurs, les imprimeurs, les colporteurs; qu'on ne fasse pas grace à un mot, qu'on saisisse la pensée au passage, et qu'on l'arrête. Nicolas, il faut me trouver quelques gentilshommes ruinés pour observer l'intérieur des bonnes maisons.

NICOLAS.

En voici déja un.

MONSEIGNEUR.

Approchez, mon ami. (*Le gentilhomme sort du coin où il attendait, patiemment, qu'on lui adressât la parole.*) Etes-vous gentilhomme?

LE GENTILHOMME.

J'ai cet honneur-là.

MONSEIGNEUR.

Connu?

LE GENTILHOMME.

De tout Paris.

MONSEIGNEUR.

Sans amitié, sans reconnaissance, sans délicatesse?

LE GENTILHOMME.

Absolument.

MONSEIGNEUR.

Nicolas te donnera les premiers élémens, et de quoi te faire une garde-robe, car tu as l'air d'un cuistre.

BERTRAND.

Monseigneur, je connais un homme intelligent, adroit, capable de pénétrer par tout; mais c'est un homme sans extérieur, d'une figure plate et commune. Il faudrait quelque chose qui relevât cela.

MONSEIGNEUR.

Je lui ferai donner la croix de Saint-Louis. A vous, Lecourt.

LECOURT.

J'ai trouvé cette nuit un vicaire de Saint-Joseph chez la Dupont. Je l'ai arrêté.

MONSEIGNEUR.

C'est tout simple. Que va-t-il faire là? N'y a-t-il pas des femmes mariées?

LECOURT.

Et je l'ai conduit à l'officialité.

MONSEIGNEUR.

C'est très-bien. Gardez-vous de blesser les prérogatives du clergé; ménageons ces gens-là, nous en avons besoin. Nous nous soutenons mutuellement.

6.

NICOLAS.

La cherté des denrées fait murmurer le peuple. Si j'osais conseiller à Monseigneur de chercher dans sa sagesse des moyens de répression...

MONSEIGNEUR.

Il faut que la populace souffre; mais il ne faut pas qu'elle crie. J'ai obtenu de monsieur l'archevêque la permission de faire gras ce carême. Il a déja fait, à ce sujet, un mandement superbe qu'il n'a pas encore lu. Cela apaisera tout. A propos, Lecourt, avez-vous recueilli quelque chose de drôle pour le journal libertin de sa majesté?

LECOURT *tire un papier, et lit.*

Durfort la cadette, pour dégoûter du mariage, a donné l'idée d'un tableau où deux époux, en regard, bâillent l'un et l'autre d'une manière si naturelle et si franche, que la même convulsion se communique à ceux qui les regardent.

Mademoiselle Dubois, malgré l'œil sévère de ses père et mère, a cédé sa fleur à un garçon limonadier. Il est vrai que ce garçon est le duc de Fronsac, qui, en veste et en tablier, lui porte tous les matins du chocolat.

MONSEIGNEUR.

C'est fort bon, ceci, c'est fort bon. Continue, mon cher, et du plus gai encore, s'il est possible. Ah! messieurs, il y a deux veuves du Parc-aux-Cerfs à marier. On donne cinquante mille livres et une compagnie de dragons, et il n'y en a qu'une de grosse. Cherchez des épouseurs.

DUPONT.

J'en prends une, si Monseigneur le trouve bon.

BERTRAND, *à Michaud.*

Il est bête à faire plaisir.

MONSEIGNEUR, *à Dupont.*

Faquin, sachez vous connaître, et ne prétendez pas à des femmes pour qui sa majesté a eu des bontés. Ces dames sont anoblies par le fait, et ne peuvent convenir qu'à de très-bons gentilshommes. Il faut promptement les remplacer. Lecourt, je te charge de ce soin. Un physique séduisant, l'air effronté, le geste et le propos libres ; point de mœurs, on n'en veut plus à la cour.

BERTRAND, *à Michaud.*

Et mon affaire donc? Tu ne penses à rien.

MICHAUD.

Ah! c'est vrai. Monseigneur, on parle d'une édition de la vie privée de madame de Pompadour.

MONSEIGNEUR.

Il faut la saisir à quelque prix que ce soit. Je donne quinze mille livres à celui qui la conduira ici. Qu'on veille surtout aux envois de l'étranger ; je ne me lasse pas de le répéter. La correspondance des auteurs nous sera très-utile pour ces découvertes. Le directeur-général des postes, qui n'est pas le père des lettres, et qui ne les respecte point, ouvrira toutes celles qui viendront de l'étranger. Ah! pour abréger il me vient une idée excellente. J'arrête la vente de tous les ouvrages quelconques, jusqu'à nouvel ordre. Je veux, j'entends et j'ordonne qu'on n'imprime et qu'on ne lise que l'almanach royal. Comment, je gouverne despotiquement quinze cents filles, et je ne contiendrais pas neuf muses, qui pourtant ressemblent assez à des filles, car elles se prostituent à tout le monde?

Qu'on ouvre les battans, l'audience va commencer.

MICHAUD.

Monseigneur n'a plus rien à m'ordonner?

MONSEIGNEUR.

Ah! si fait, si fait. Une estrade et des siéges pour monsieur l'ambassadeur d'Espagne et sa société. Ils ont la fantaisie de voir une audience de police.

Les portes s'ouvrent en effet. Une escouade de guet se distribue dans le parquet. Les particuliers assignés approchent de la barre. Monseigneur monte sur son siége; le greffier est devant lui, les inspecteurs à ses côtés; la canaille dans le fond.

MONSEIGNEUR.

Greffier, appelez les causes.

LE GREFFIER.

Martin, marchand de vin, rue Saint-Maur, assigné.

MONSEIGNEUR.

Je connais son affaire. Martin, approchez.

MARTIN.

Me v'la, Monseigneur.

MONSEIGNEUR.

On boit chez vous ?

MARTIN.

Sans doute, puisque j'vendons du vin.

MONSEIGNEUR.

Et on y tient des assemblées ?

MARTIN.

Oui, des assemblées de buveurs.

MONSEIGNEUR.

Des assemblées de penseurs.

MARTIN.

Queu qu' c'est qu'çà, Monseigneur ?

MONSEIGNEUR.

Ah ! tu joues l'imbécille ! N'avais-tu pas, avant-hier, trente marchands chez toi ?

MARTIN.

Oui, Monseigneur.

MONSEIGNEUR.

N'étaient-ils pas dans le grand salon ?

MARTIN.

Oui, Monseigneur.

MONSEIGNEUR.

Et ne t'ont-ils pas défendu d'y introduire personne ?

MARTIN.

Oui, Monseigneur.

MONSEIGNEUR.

Tu vois bien que ces gens-là pensaient.

MARTIN.

Non, Monseigneur, ils buvaient.

MONSEIGNEUR.

Ils pensaient, et je ne veux pas qu'on pense.

MARTIN.

Ils ont bu soixante pintes, et m'ont bien payé.

MONSEIGNEUR.

Ils ont parlé du gouvernement.

MARTIN.

Il faut bien parler de quelque chose.

MONSEIGNEUR.

Et ils en ont dit du mal?

MARTIN.

Parguenne! c' sont des marchands. I' s' plaigniont des impôts qui les ruinent, et qui nous font payer tout si cher.

MONSEIGNEUR.

Il avoue.

MARTIN.

J'avoue... quoi, Monseigneur?

MONSEIGNEUR.

Qu'il se tient chez lui des conciliabules. Écrivez, greffier : et ledit Martin, pour avoir reçu chez lui des gens suspects, est condamné en six cents livres d'amende.

MARTIN.

Ah çà, Monseigneur, n'badinez pas. C'est mon gain d' trois mois.

MONSEIGNEUR.

Et en cas de récidive, sa porte murée, et son vin confisqué.

MARTIN.

Monseigneur, vous n'en boiriez pas.

MONSEIGNEUR.

Je sais être indulgent selon les circonstances. Je ne sévirais pas s'il ne s'agissait que d'une bagatelle, de vin falsifié, par exemple. Cela est défendu, à la vérité; mais les gens comme il faut ne vont pas au cabaret. Mais des assemblées! des assemblées!!!

MARTIN.

Monseigneur, écoutez donc?

MONSEIGNEUR.

Six cents francs.

MARTIN.

Je ne les ai pas.

MONSEIGNEUR.

On vendra tes meubles.

MARTIN.

Monseigneur !

MONSEIGNEUR.

A Bicêtre, s'il ajoute un mot.

BERTRAND, *à Martin.*

Paie, et tais-toi.

MARTIN, *en se retirant.*

Voilà une justice bien injuste.

LE GREFFIER.

Le cabriolet du marquis de Blinville a renversé un homme, et l'a tué. Il était père de huit enfans, et la veuve demande une indemnité.

MONSEIGNEUR.

Douze cents francs à la veuve.

LE GREFFIER.

C'est beaucoup : ce sont des gens du peuple.

MONSEIGNEUR.

Cent écus.

LA VEUVE.

Cent écus, et j' sommes neuf! c'est trente-trois livres par tête.

MONSEIGNEUR.

Pourquoi ton mari se laisse-t-il écraser ?

LA VEUVE.

Est-ce sa faute, si on l'écrase ?

MONSEIGNEUR.

On se range, ma mie.

LA VEUVE.

Et quand on n'en a pas le temps?

MONSEIGNEUR.

Voilà bien du caquet. Si l'on croyait ces gens-là, nos seigneurs iraient à pied.

LA VEUVE.

Et j'y allons ben, nous!

MONSEIGNEUR.

As-tu des talons rouges, des bas de soie blancs, un habit brodé? Met-on tout cela dans la boue? En vérité, si on ne maintenait pas soigneusement les prérogatives de la noblesse, la canaille se croirait l'égale de tout le monde. Finissons, cent écus, ou rien.

LA VEUVE, *se retirant*.

Allons, allons, j'aurons peut-être un carrosse queuque jour, queu qu'i' sait, et gare aux enfans d' monsieur l' marquis.

UNE MARQUISE, *en minaudant*.

Hé, bonjour, mon cher lieutenant de police.

MONSEIGNEUR, *se levant*.

La marquise d'Allebouville! Ouvrez la barrière; donnez un fauteuil. Comment, madame la marquise, vous venez à une audience publique ! Que ne m'écriviez-vous un mot ?

LA MARQUISE.

Oh! je n'ai jamais eu rien de caché pour personne. D'ailleurs je suis jeune et jolie, et je dois avoir gain de cause partout.

MONSEIGNEUR.

Il est sans doute impossible que vous n'ayez pas raison.

LA MARQUISE.

Vous en allez juger. Je serai concise, car je m'aperçois que vous avez une populace innombrable à expédier.

MONSEIGNEUR.

Que voulez-vous? c'est un désagrément attaché à ma place.

LA MARQUISE.

Et qui doit vous peiner infiniment, je le sens, mon bon ami. Voici le fait. J'étais chanoinesse à Maubeuge. Je m'y amusai d'abord beaucoup, parce que nous avions Royal-Normandie, avec qui il y avait de la ressource. Ce régiment partit, et je me trouvai seule avec nos dames, qui étaient d'autant plus désagréables, qu'on commençait à voir parmi nous la petite noblesse. Je résolus de me marier, n'importe comment.

MONSEIGNEUR.

J'ai su tout cela, madame la marquise.

LA MARQUISE.

Le marquis d'Allebouville se présenta. Il est à peine marquis, il est vieux, il est laid, et je le haïssais.... un peu moins qu'aujourd'hui; mais il avait cinquante mille écus de rente, et je me décidai.

MONSEIGNEUR.

On ne narre pas plus agréablement.

LA MARQUISE.

A peine fûmes-nous mariés, que d'Allebouville, qui se croyait mon mari, se donna des airs à mourir de rire. Je m'en vengeai en mangeant la moitié de son bien. Aujourd'hui il veut régler ma dépense, et restreindre mes goûts. Le monsieur a des idées qui ont vieilli de cent ans. Il s'imagine que je lui dois le sacrifice de ma jeunesse, parce qu'il m'a fait celui de sa fortune. Il veut que j'aie des mœurs, comme une femme du peuple. Une bourgeoise doit en avoir, parce qu'il faut bien qu'elle ait quelque chose; mais moi...

MONSEIGNEUR.

Vous ne devez avoir que des fantaisies; c'est clair, madame la marquise.

LA MARQUISE.

Je n'ai jamais eu que cela. J'aime les roués à la fureur, et ceux de la cour sont reçus chez moi à bras ouverts. Eh bien, croiriez-vous que d'Allebouville se permet jusqu'à des emportemens? Il tient aux préjugés, et, ce qu'il y a de plus inconcevable, à sa femme. Aussi je ne peux plus le supporter, et je viens vous prier de le mettre à Pierre-en-Cise.

MONSEIGNEUR.

Je suis désespéré, madame la marquise, de ne pouvoir céder à vos désirs.

LA MARQUISE.

Oh! vous me rendrez ce petit service, mon bon ami, et je ne mettrai point de bornes à ma reconnaissance.

MONSEIGNEUR.

Le marquis d'Allebouville est au service, et je me brouillerais avec le ministre de la guerre.

LA MARQUISE.

C'est donc au ministre de la guerre qu'il faut que je m'adresse?

MONSEIGNEUR.

Oui, charmante marquise.

LA MARQUISE.

Je vole à son hôtel, sans perdre une minute. Aussi bien je ne puis rester ici davantage; il y règne une odeur mortelle pour une femme comme moi; on y sent la nature à pleine bouche. (*Elle sort en respirant des sels.*) Au revoir, mon cher ami.

MONSEIGNEUR *lui présente la main, et la conduit jusqu'à la barre.*

Je vous salue, madame la marquise. Qu'on se range, qu'on laisse passer madame. Ah! monsieur l'ambassadeur d'Espagne, et ses dames. Voilà les places préparées pour votre excellence. Continuez, greffier.

LE GREFFIER.

Un gentilhomme de la chambre, malade... par sa faute.. dirai-je son nom?

MONSEIGNEUR.

Je le reconnais à sa maladie. De quoi s'agit-il?

LE GREFFIER.

Il demande des couches de fumier sur deux cent quatre-vingts toises qu'occupe son hôtel.

MONSEIGNEUR.

Sans doute, sans doute; tout ce qui sera agréable à monsieur le maréchal. Officier du guet, dépêchez une ordonnance qui assure de mon respect monsieur le maréchal; qui lui dise que je suis désespéré qu'il ait attendu mon agrément; qu'il n'en avait pas besoin, et que je suis son très-humble serviteur. (*A part.*) Comment donc! un maréchal de France de la façon de madame de Pompadour!

LE GREFFIER.

Jean-Jacques Rousseau, qu'un chien danois a

jeté sous la voiture de son maître, sollicite la même faveur.

MONSEIGNEUR.

Cet homme va toujours rêvassant, et s'occupe des autres au lieu de penser à lui. D'ailleurs il est très-mal noté à la police. Il écrit des ouvrages d'un style assez pur; mais que personne n'entend: il n'y a qu'à voir son *Contrat social.*

LE GREFFIER.

Monseigneur accorde-t-il?

MONSEIGNEUR.

Non, Monseigneur n'accorde pas. Je ne salirai pas les rues de Paris pour un Jean-Jacques, peut-être, et puis il est logé si haut que le bruit des voitures ne peut l'incommoder.

UN LAQUAIS.

Place, place à monsieur le duc.

MONSEIGNEUR.

Ah! monsieur le duc, je suis enchanté, ravi...

LE DUC.

Je passais devant votre hôtel, et j'ai fait arrêter ma voiture. Je suis bien aise de vous dire, monsieur, que je suis très-mécontent de vous: vous n'avez pas d'égards pour les gens de la cour.

MONSEIGNEUR.

Je vous proteste, monsieur le duc, que je fais l'incroyable pour mériter leur amitié.

LE DUC.

Connaissez-vous Gilbert?

MONSEIGNEUR.

Non, monsieur le duc.

BERTRAND.

C'est un poète, Monseigneur.

LE DUC.

Et un poète qui n'est pas sans talens. Savez-vous l'usage qu'il en fait?

MONSEIGNEUR.

Non, monsieur le duc.

LE DUC.

Ce drôle-là se permet de donner des ridicules aux plus grands seigneurs.

MONSEIGNEUR

Mais, c'est affreux!

LE DUC.

Il travaille en ce moment à un poëme sur ma dernière plaisanterie. Je suis peint de façon à n'avoir pas les rieurs de mon côté, et vous ignorez cela, vous, monsieur, qui devez tout savoir!

MONSEIGNEUR.

C'est la faute de mes inspecteurs, monsieur le duc.

LE DUC.

C'est la faute de qui vous voudrez ; mais si cela arrive encore, j'en parlerai au roi.

MONSEIGNEUR.

Vous m'effrayez, monsieur le duc. Expliquez-moi le fait, je vous en conjure.

LE DUC.

Toute la France sait que j'avais une fantaisie pour une lingère de la rue Saint-Denis. Cette fille, aux inclinations roturières, fit la difficile, et comme j'aime l'extraordinaire, je m'avisai d'un moyen tout neuf : je fis mettre le feu à sa maison.

MONSEIGNEUR.

Et vous l'enlevâtes au milieu du tumulte ?

LE DUC.

Il paraît, monsieur, que vous ignoriez l'essentiel, et que vous êtes instruit de ce qui ne vous regarde pas.

MONSEIGNEUR.

Monsieur le duc me permettra de lui faire observer que les incendies sont du ressort de la police.

LE DUC.

Celui-ci est d'une classe particulière, monsieur. Aussi sa majesté s'en est réservé la connaissance, après avoir eu la bonté de rire beaucoup du récit que je lui en ai fait.

MONSEIGNEUR.

Le roi en a ri, monsieur le duc! mais cela ne m'étonne pas, dans le fond. Quoi de plus plaisant que de brûler la maison de sa maîtresse pour avoir un prétexte de la conduire chez soi; de la ruiner pour avoir le plaisir de lui faire du bien? Cela tient à la fois de la gaîté française et de la chevalerie espagnole. C'est délicieux.

LE DUC.

Vous sentez, monsieur, que ces sortes d'aventures sont réservées pour les petits appartemens, et qu'il ne convient pas à un faquin comme *Gilbert* de les imprimer.

MONSEIGNEUR.

Je vous proteste, monsieur le duc, que je réprimerai son audace.

LE DUC.

A la bonne heure.

MONSEIGNEUR.

Bertrand, vous irez chez *Gilbert*. Vous lui ordonnerez de brûler son manuscrit devant vous.

LE DUC.

Et vous lui défendrez d'en garder copie.

MONSEIGNEUR.

A peine d'être jeté dans un cul de basse fosse. On l'y mettra même provisoirement, si monsieur le duc l'exige.

LE DUC, *se levant.*

Non, monsieur. Je lui pardonne cette première faute. Je suis satisfait de vos procédés, et je vous engage à recommander à vos inspecteurs d'être plus vigilans à l'avenir.

LE LAQUAIS.

Place, place à monsieur le duc!

MONSEIGNEUR, *reconduisant.*

Place à monsieur le duc!

UN HOMME DU PEUPLE.

Brûler une maison! Si j'en faisions autant!...

MICHAUD.

On te romprait, coquin. Es-tu grand seigneur, toi?

LE GREFFIER.

Madeleine Vaudreuil, rue Poissonnière, accusée de séduire de jeunes personnes, et d'attirer chez elle des femmes mariées.

MONSEIGNEUR.

Madeleine Vaudreuil!

L'ENTREMETTEUSE.

Me voilà, Monseigneur.

MONSEIGNEUR.

Vous savez de quoi on vous accuse. Qu'avez-vous à répondre?

L'ENTREMETTEUSE.

Je n'ai jamais enrôlé que des filles du peuple, qui n'ont perdu qu'une misère, lors toutefois qu'elles avaient quelque chose à perdre, et à qui j'ai fait gagner l'impossible.

MONSEIGNEUR.

Et les femmes mariées?

L'ENTREMETTEUSE.

Ce sont des marquises, des procureuses, des banquières, à qui leurs maris ne donnent pas d'épingles, et qui viennent en gagner chez moi.

MONSEIGNEUR.

Mais ce sont des femmes comme il faut.

L'ENTREMETTEUSE.

Comme il en faut, Monseigneur.

MONSEIGNEUR.

Point de réflexions. Elles passent pour honnêtes.

L'ENTREMETTEUSE.

Dans leur quartier, Monseigneur. Chez moi, elles sont ce qu'elles doivent être.

MONSEIGNEUR.

Écoutez, ma bonne. Vous n'êtes pas faite pour tenir la balance des mœurs. Qu'une fille du peuple ait à perdre ou à gagner, vous devez respecter les bienséances. Qu'une femme, honnête ou non, se permette des écarts, cela ne doit pas vous regarder, et jamais on n'a vu former de semblables spéculations.

L'ENTREMETTEUSE.

Monseigneur sait bien que ce commerce se fait dans tous les quartiers, et que les magasins sont tellement multipliés, que les filles publiques meurent de faim.

MONSEIGNEUR.

Et quand je saurais tout cela, qu'en résulte-t-il? Que rien ne se faisant à Paris sans privilége, Madeleine Vaudreuil, qui n'en a pas, ira passer six mois à la salpétrière.

L'ENTREMETTEUSE.

Comment, Monseigneur?

MONSEIGNEUR.

Oui, madame, à la Salpêtrière. Souffrirai-je qu'on enlève une fille à son père, une femme à son mari? Ne suis-je pas, par état, le gardien des mœurs, la sauvegarde des vertus conjugales?

L'ENTREMETTEUSE.

Mais, Monseigneur, je n'enlève personne. Tout cela rentre le soir.

MONSEIGNEUR.

Six mois à la Salpêtrière.

L'ENTREMETTEUSE.

Puisqu'il faut parler net, j'ai vu ce matin monsieur Gérard.

MONSEIGNEUR, *baissant la voix*.

Vous avez vu monsieur Gérard.

L'ENTREMETTEUSE.

Et voilà un billet qu'il m'a remis pour Monseigneur.

MONSEIGNEUR, *lisant à part*.

La Vaudreuil abonnée à mille écus par mois... (*A demi-voix*). Hé! madame, que ne vous expliquiez-vous! Fallait-il donner de l'éclat à cette affaire; s'exposer à mettre le public dans la confidence de nos petits arrangemens?

L'ENTREMETTEUSE.

Ma foi, Monseigneur, quand on paie...

MONSEIGNEUR, *plus bas encore*.

Payer n'est rien, madame. Il faut encore avoir l'air d'avoir raison. (*Haut*). Écrivez, greffier: D'après l'écrit que Madeleine Vaudreuil vient de nous remettre, lequel écrit semble présenter son affaire sous un jour tout nouveau, la cause est appointée à la huitaine, (*bas*) et ne sera pas appelée.

LE GREFFIER.

A la huitaine.

LE GREFFIER.

Louison Choupille, repasseuse, rue des Prêtres.

MONSEIGNEUR.

Oh! cette affaire-ci ne doit avoir aucune publicité. Officier du guet, faites retirer l'auditoire. Monsieur l'ambassadeur d'Espagne et sa société sont seuls nécessaires ici.

La salle se vide. Louison Choupille se présente les yeux baissés, la démarche incertaine; elle a l'air inquiet, naturel à ceux qui n'ont pas l'habitude d'être cités à la police.

MONSEIGNEUR.

Approchez. Approchez donc, mademoiselle. Vous n'étiez pas si embarrassée hier après-midi.

LOUISON, *rougissant.*

Après-midi?

MONSEIGNEUR.

Oui, après-midi. Croyez-vous que j'ignore quelque chose?

LOUISON, *balbutiant.*

Monseigneur, je n'ai rien à me reprocher.

MONSEIGNEUR.

C'est ce que nous allons voir. Levez les yeux, mademoiselle; plus haut, plus haut encore. Comment donc? de la fraîcheur, de la taille, des graces!

A qui la nature va-t-elle prodiguer ses faveurs? *murmurait une des dames de la société de l'ambassadeur.* C'est une injustice faite à la qualité, *chuchottait sa voisine, et pendant ce court colloque, Monseigneur avait attiré Louison tout contre son fauteuil, et lui relevait le menton de la main, en lui donnant des petites tapes sur la joue.*

Voilà, s'écria-t-il enfin, des coquins de frocards bien heureux.

LOUISON, *baissant les yeux de nouveau.*

Je ne vous entends pas, Monseigneur.

MONSEIGNEUR.

Oh! que si, oh! que si, tu m'entends à merveilles. Deux vauriens ne sont pas, hier, entrés chez toi ?

LOUISON.

Deux dignes prêtres, Monseigneur.

MONSEIGNEUR.

Oui, et qui honorent singulièrement le sacerdoce. Et la collation en poche, petite dissimulée, et l'alcove où on t'a conduite à différentes reprises, et ton combat de nuit avec un diablotin...

LOUISON, *stupéfaite.*

Ah! Monseigneur, vous savez tout. Mais dans ceci il n'y a pas de ma faute. Je repasse pour le couvent, et il faut être complaisante si on veut conserver ses pratiques.

MONSEIGNEUR.

Et cette complaisance s'étend, indistinctement, sur tous les membres de la communauté ?

LOUISON.

Non, Monseigneur. Je n'en connais que quatre. Le prieur et le procureur ont pris des dévotes, et les autres n'ont plus besoin de rien.

Quatre! quatre! *répétait une dame entre ses dents.* Quatre cordeliers à une grisette, lorsque nous avons tant de peine à fixer un malheureux petit-maître!

L'AMBASSADEUR.

Il me semble, monsieur le lieutenant de police, que vous deviez nous amuser de l'embarras de ces drôles-là?

MONSEIGNEUR.

Je me l'étais promis, monsieur le duc. Je m'étais même procuré les renseignemens nécessaires; mais ils se sont avisés ce matin, mal à propos pour vos plaisirs, de chanter une grand'messe, et vous sentez qu'on ne pouvait les enlever à l'autel. Le haut clergé aime assez qu'on s'amuse aux dépens des moines; mais il ne veut pas qu'on attaque le culte. Au reste, vous trouverez peut-être aussi plaisant que je les dénonce à monsieur l'archevêque.

TOUTES LES DAMES *à la fois.*

Non, non, cela serait trop dur. Il faut seulement savoir leurs noms, afin de se mettre sur ses gardes, si par hasard on les rencontrait jamais.

MONSEIGNEUR, *à Louison.*

Allons, mademoiselle, les noms des quatre cordeliers?

LOUISON, *éplorée.*

Grace, Monseigneur, grace pour ces bons pères.

MONSEIGNEUR.

Voyez-vous, la friponne? Elle tient à ses moines. Leurs noms, vous dis-je?

LOUISON.

Me promettez-vous, Monseigneur, qu'ils ne seront pas inquiétés?

MONSEIGNEUR.

Non, ma belle, il ne leur arrivera rien, puisque ces dames le veulent ainsi. Finissons, leurs noms?

LOUISON.

Grégoire, Bonaventure, Polycarpe, Hilarion.

MONSEIGNEUR.

Sa déclaration est conforme au rapport que j'ai reçu. Mes gens m'ont bien servi.

Les inspecteurs font une profonde révérence, et les crayons sont tirés, et les noms des quatre moines inscrits sur les tablettes des dames.

L'AMBASSADEUR, *à part.*

Et ces marauds de cordeliers garderaient cette jolie créature! non, parbleu, je ne la leur laisserai pas. Elle est digne du représentant du roi d'Espagne et des deux Indes.

Ici l'ambassadeur se lève, et va dire un mot à l'oreille du lieutenant de police, qui en dit un autre à l'oreille de Bertrand, qui présente poliment la main à Louison, qui se laisse conduire.

Les dames se lèvent à leur tour; Monseigneur en fait autant. On cause pendant cinq minutes, on se sépare, et on retourne, les uns à leurs affaires, les autres à leurs plaisirs.

Ainsi se termina cette audience de police, dans laquelle, à quelques formes près, des magistrats, de tous les lieux et de tous les temps, pourront se reconnaître.

CHAPITRE VI.

Mon oncle Thomas sort tout à fait de chez son ambassadeur.

O vous, qui dédaignez les fadaises, mais qui lisez, avec attention, et par conséquent avec fruit, les ouvrages instructifs, tel que celui-ci, par exemple, vous vous rappelez sans doute que monsieur l'ambassadeur avait fait mettre mon oncle à l'école, afin de piquer l'amour-propre de monsieur le duc, son fils, en le faisant rougir devant un roturier, un ramoneur, un valet plus savant que lui.

Un jour donc que le papa duc ne savait que faire (par indemnité pour la canaille, le ciel a voulu qu'un grand s'ennuyât quelquefois tout comme un autre), un jour que son excellence bâillait comme un crocheteur qui se promène en long et en large en attendant pratique, il s'avisa de mander l'auguste et unique rejeton de son illustre race; il lui présenta un livre, et l'invita à lui en lire quelques pages.

Le petit duc, qui assemblait à peine ses lettres, commença par impatienter son cher père, lequel se fâcha bientôt sérieusement; s'emporta ensuite; entra enfin dans une telle colère, qu'un Espagnol n'en éprouve pas deux semblables dans toute sa vie. Plein de respect pour son sang, il assouvit sa fureur sur le malheureux et bien innocent livre. En un instant, les feuillets jonchèrent le parquet.

Un cordon de sonnette, qui n'était pas plus coupable que le livre de l'ignorance du petit duc, fut tiré, retiré, arraché et jeté au feu. Voilà comment les gens du haut parage rendent souvent justice.

Faites donc un consul, un législateur, un ministre, un ambassadeur, même un chef de bureau d'un homme orgueilleux, entêté, violent, et voyez à quoi vous exposez le citoyen paisible, le mérite modeste, l'innocent qui demande justice, le sage, les mœurs, l'économie, une administration sage... Mais en voilà assez à propos d'un cordon de sonnette.

Celui-ci ne s'était pas arraché sans un bruit qui fit sortir de leur apathie sept à huit laquais qui bâillaient aussi dans une antichambre. Ils se lèvent, ils accourent, ils se heurtent, ils arrivent pêle-mêle chez monseigneur, qui leur crie, aussi haut que le permet sa poitrine usée, de lui amener Thomas.

Mon digne oncle, qui grandissait, qui ne se souciait plus de jouer à la chique, et qui voulait pourtant s'amuser à quelque chose, avait troqué un des écus de Riboulard contre un flageolet sur lequel il avait trouvé, sans maître, le menuet d'*Exaudet* et la musette de *Desjardins*. Il était tout à la musique, plaisir des ames pures, dit-on, lorsqu'il fut pris, enlevé et transporté devant monseigneur, sans avoir eu le temps de se reconnaître.

Prends ce *Cervantes*, lis, petit drôle, et fais honte à un duc qui connaît à peine ses lettres, dit monsieur l'ambassadeur à Thomas, qui se mit aussitôt en devoir de le satisfaire, sans s'embarrasser de la manière dont il se tirerait de là.

Suivez le tableau, s'il vous plaît.

Le papa, enfoncé dans un grand fauteuil à oreillettes; les laquais derrière; le petit duc en avant, debout, les yeux baissés, et ne sachant que faire de ses mains; mon oncle, un genou en terre aux pieds de son excellence, ouvrant et feuilletant, sur l'autre, le célèbre espagnol doré sur tranche, et s'amusant à regarder les gravures; l'ambassadeur répétant son commandement; mon oncle, plus ignorant encore que le fils du patron, cherchant tous les *O* de chaque ligne, les appelant l'un après l'autre, et n'appelant que les *O*, parce que c'était la seule lettre qu'il connût; son excellence, plus furieuse que jamais, faisant rouler, d'un coup de pied, et mon oncle et *Cervantes*; mon oncle se relevant, se sauvant, et laissant le père et le fils s'arranger comme ils l'entendraient; monseigneur faisant un signe aux valets; ceux-ci suivant Thomas à la piste; mon oncle courant toujours, et jetant, aux jambes de la valetaille, les tabourets et les chaises qui se trouvent sur son chemin; les valets cherchant à se dépêtrer ou à esquiver les coups; Thomas gagnant du terrain sur eux, enfonçant enfin d'un coup de tête un joli panneau d'acajou à moulures dorées, qui faisait partie de la porte du boudoir de madame l'ambassadrice, qui avait eu la prudence de tourner la clé, et qui ne devait pas s'attendre qu'on entrerait chez elle par dessous la serrure.

Ô surprise! ô terreur! Thomas, qui s'applaudit de voir la livrée arrêtée devant l'asyle du mystère, qui se flatte de devoir une seconde fois son salut à madame, mon oncle aperçoit très-distinctement le père Polycarpe battant à outrance sa bienfaitrice, et aussi ardent qu'imperturbable, sourd au bruit des tabourets et des chaises, du panneau enfoncé, et des exclamations de Thomas.

Celui-ci, habile à saisir l'avantage du moment, conçoit, avec la rapidité de l'éclair, que le service qu'il va rendre à madame, le remettra infailliblement en grace avec monseigneur. Il repasse par son trou; il déclare à la livrée qu'il se rend de lui-même au fatal cabinet; il vole; il ouvre, il entre ; il raconte avec chaleur et ingénuité ce qu'il a vu.

Le mari le plus enclin à battre la femme du prochain, ne se soucie pas du tout qu'on batte la sienne. Son excellence, armée d'une flamberge, marche au malencontreux boudoir. Il arrive, il a le bras levé; d'un seul coup, il croit châtier deux coupables... Autre surprise ! Madame est à genoux devant le bon père, et celui-ci, assis sur une chaise longue, le coude appuyé sur le bras de la chaise, la tête soutenue sur sa main, et la joue couverte d'un mouchoir blanc, écoute, d'un air de componction, les péchés de sa pénitente.

Que peut faire un mari, et surtout un mari espagnol, en semblable circonstance? Être sûr de son fait, et se taire. Cependant monseigneur, qui avait la bile allumée, et qui ne craignait pas, à Paris, les bûchers de la sainte inquisition, monseigneur hasarda quelques mots, très-clairs et très-énergiques. Madame se plaignit qu'il eût plus de confiance aux propos d'un valet qu'à sa vertu. Monseigneur insista; madame trouva quelques larmes. Le bon père la supplia de mettre cette injure au pied de la croix, et d'offrir ses peines à son sauveur. Il adressa ensuite au mari un discours respectueusement pathétique, assaisonné de roulemens d'yeux et d'un gonflement de poitrine. Monseigneur, fatigué et non pas convaincu, se retira en grommelant. Il prit mon oncle au toupet, et comme il fallait qu'il châtiât quelqu'un, il lui prouva, à grands coups de plat d'épée, qu'il avait eu tort de lui dire la vérité.

Mon oncle, furieux à son tour de la manière dont on reconnaissait ses bons offices, ne pouvant et n'osant se venger, fut exhaler sa petite colère dans le sein de l'ami Dugnès. Celui-ci, après l'avoir gravement écouté, lui dit qu'un domestique adroit ne rapporte jamais chez monsieur ce qui se passe chez madame; que le mari le plus jaloux finit toujours par maudire celui qui l'a éclairé; que la femme la plus coquette hait invinciblement, et sans retour, celui qui l'a prise sur le fait, et qu'enfin lui, Thomas, serait, pour prix de son zèle, ou chassé, ou l'objet des mauvais traitemens qu'imagineraient les caprices de monsieur et de madame.

Mon oncle n'entendait rien de ce que disait Dugnès. L'obscurité, et, par suite, l'absurdité de son raisonnement, le faisait donner au diable.

Il criait à tue-tête que lorsqu'on battait la femme, ce qu'on pouvait faire de mieux, c'était d'appeler le mari, et il lui semblait injuste, atroce, révoltant, qu'on lui eût meurtri l'omoplate, parce qu'il avait fait son devoir. Il éprouva bientôt que Dugnès lui avait dit vrai, et, sans rien entendre à la cause, il n'en fut pas moins sensible aux effets.

Madame n'osa pas le renvoyer. Monseigneur eût pu croire qu'elle craignait les surveillans ; mais elle le traita avec un mépris, une dureté qui l'éloignèrent de son appartement : c'était ce qu'elle voulait.

Monseigneur s'aperçut enfin que Thomas ne faisait rien, n'était propre à rien, et comme, selon Sanchez, il faut utiliser les hommes, monseigneur s'avisa d'un moyen tout-à-fait nouveau pour tirer parti de Thomas.

Il fit appeler Dugnès et le gouverneur du petit duc. Il défendit au premier de payer plus long-temps le maître d'école. Le pédagogue perdit, avec ses honoraires, l'affection qu'il avait jusqu'alors marquée à mon oncle. Il lui défendit nettement de se présenter sur les bancs : jusquelà c'était au mieux.

Mais monseigneur avait en même temps enjoint au gouverneur de faire assister Thomas à toutes les leçons, et de le fustiger jusqu'au sang, quand monseigneur le duc ferait mal. Exemple frappant qui lui rappellerait qu'il avait un cul

comme un autre, et qui devait faire un grand
effet sur son esprit. Le gouverneur ne voyait
pas une analogie bien marquée entre les fesses
de Thomas et le cerveau de son élève ; il était
même persuadé que le disciple ne craindrait jamais, pour lui, les actes de rigueur auxquels on
allait soumettre mon oncle ; mais comme monsieur l'abbé joignait au goût de la toilette, à l'art
de chanter agréablement, au talent de faire de
petits vers, beaucoup d'adresse à démêler et à
flatter le faible des patrons, il jugea bientôt que
l'expédient qu'avait imaginé monseigneur était
suggéré par la vengeance, et il conclut que plus
Thomas serait macéré, et mieux il ferait la cour.

Cependant, comme ledit Thomas était récalcitrant, et qu'un abbé musqué, pomponé, qui
tient à sa figure, à sa coiffure, ne peut pas se
colleter avec un petit drôle qui mord, qui pince,
qui égratigne, le gouverneur mit deux laquais
de planton dans la salle d'étude, et à la moindre
bévue de monsieur le duc, on les faisait approcher. Ils saisissaient le patient, et la fustigation
était d'autant plus vive, que la résistance avait
été plus vigoureuse.

Dugnès aurait voulu adoucir son sort ; mais
Dugnès avait une excellente place, à laquelle
il tenait plus qu'à mon oncle, et, pour la conserver, il ne fallait pas heurter les opinions du
maître. Il abandonna donc son protégé à son
malheureux sort, et tel qui blâme Dugnès, s'il

s'examine scrupuleusement, conviendra, dans son for intérieur, qu'il a quelquefois fait pis. Mais laissons cela, et prenons les hommes comme ils sont. Si on ne voulait vivre qu'avec des gens rigoureusement probes, il faudrait vivre seul, et encore combien mériteraient les honneurs de la retraite? En connaissez-vous?

Revenons. Il y avait huit jours que mon oncle était soumis à ce genre de vie infernal. Sa patience était à bout, et son postérieur en lambeaux. Trop faible pour s'insurger, il se borna à un projet d'évasion ; mais il jura qu'il ne quitterait la place qu'après s'être vengé de ses bourreaux. Opiniâtre dans ses résolutions, il attendit une occasion favorable, et se laissa fesser jusqu'à ce qu'elle se présentât.

On donnait un opéra nouveau ; la musique était du bon faiseur ; tous les gens à prétentions devaient entendre cela, et comme rien n'est si commun que des prétentions, tout Paris tomba à l'Opéra. Madame était dans sa loge avec quelques complaisans ; monseigneur était dans la sienne, avec une de ses maîtresses ; l'abbé, qui s'était un peu fatigué avec une femme de chambre, dormait les coudes sur la table, pour ne pas se défriser ; le petit faisait des Anglais avec des capucins de carte, et en renversait dix d'un revers de main ; les valets, qui ont aussi leurs affaires, avaient déserté l'hôtel, dès qu'ils furent bien certains que monsieur et madame les laissaient maîtres de leur soirée; il ne restait enfin, dans une immense maison, que le suisse dans sa loge, quelques palefreniers à l'écurie, et mon oncle, maître absolu du local et de ses actions.

Il commença par tirer d'un bahut son équipage de ramoneur, si long-temps oublié dans les jours de sa gloire; il en fit un paquet qu'il déposa dans le coffre au bois, au pied de l'escalier, et il monta, enivré de plaisir, impatient de traiter chacun selon ses mérites, et de rendre en gros, à tous, le mal qu'il en avait reçu en détail.

Il passa d'abord chez madame, et commença cette mémorable soirée en tordant le cou à la perruche. Il pendit le sapajou à une colonne du lit, avec une jarretière couleur de rose, qui se trouva sous sa main.

« J'ai vécu avec eux, dit-il en sortant; tous
« deux même étaient mes amis; mais leur mort
« coûtera des larmes à leur maîtresse. Leur mort
« est donc légitime. » Que de gens raisonnent ainsi!

Il entra ensuite chez monseigneur, muni d'une cruche d'huile qu'il avait été prendre à l'office. Il en arrosa indistinctement tous les habits de son excellence, et s'attacha de préférence aux plus riches. Il cassa sur son genou la flamberge qui lui avait maltraité les épaules, et se rendit de-là chez le petit duc.

C'est peu de chose qu'un duc quand il est seul,

et qu'il a affaire à un ennemi vigoureux et déterminé. Celui-ci trembla en voyant l'air terrible de mon oncle. Il se souvint d'avoir ri des disgraces du malheureux qu'on hachait à coups de verges ; mon oncle ne l'avait pas oublié, et c'était le motif de sa visite. Sans égard pour la qualité, il commença l'explication à grands coups de poing, et le duc, qui, cinq minutes avant, se croyait un petit héros capable d'exterminer, à lui seul, toute une armée anglaise, le duc se mit à crier, au lieu de penser à se défendre. Mon oncle lui jura, en le regardant de travers, que s'il ajoutait un mot, ou s'il faisait un mouvement, il le jetterait par la fenêtre, et l'excellence, qui tenait à la vie, se soumit à tout ce qu'il plairait à Thomas d'ordonner.

Thomas lui ordonna de mettre culotte bas, et de lever sa chemise. Il tira, d'une armoire, l'osier si souvent teint de son sang ; il fouailla, à son tour, jusqu'à extinction de forces, jeta les verges au nez de l'excellence, sortit, ferma la porte à double tour, et prit la clé dans sa poche.

Restait à châtier monsieur l'abbé, à qui mon oncle en voulait plus qu'aux autres, mais qu'il n'était pas facile d'étriller. Thomas le trouva dans la même attitude, dormant d'un sommeil voluptueux.

L'argent de Riboulard n'était pas entièrement dépensé, et ce qui l'était, n'avait pas été uniquement employé en friandises. Entr'autres goûts, mon oncle en avait un décidé pour les feux d'artifice, et surtout pour *les petits soleils.*

Il était debout devant l'abbé, et il rêvait lequel valait mieux, ou de lui casser son pot à l'eau sur la tonsure, ou de lui piquer les gras de jambe avec un compas qui était sur la table. Aucun des deux partis ne lui convint, parce qu'il sentit que l'abbé prendrait sa revanche, s'il ne le mettait hors de combat. Il se souvint qu'il avait un petit soleil dans sa poche.

Prendre une longue épingle noire, sur la toilette du gouverneur, la passer au centre de l'artifice, en replier le bout, se glisser sous la table, accrocher le soleil au rabat de monsieur l'abbé, se relever, saisir avec une pincette un charbon allumé, et mettre le feu à la mèche, telle fut l'inspiration qui vint à mon oncle, et qu'il exécuta aussitôt.

L'explosion se fait; l'abbé se réveille en sursaut; se lève, égaré, éperdu. Il a le visage, les sourcils, les cheveux brûlés, avant qu'il soupçonne la cause de cet étrange accident. Le soleil tourne et jaillit encore, que déja mon oncle est au bas de l'escalier, son paquet sous le bras. Il traverse la cour en riant des hurlemens du prestolet, et il sort en disant au suisse qu'il va chercher un chirurgien pour monsieur le gouverneur, qui vient de se donner une entorse.

O vengeance! si tes préliminaires sont doux,

que tes fruits sont amers! Mon oncle fut à peine dans la rue, qu'il frémit à l'idée de ses hauts faits. Ce n'était pas un franc et salutaire remords qui l'agitait. Une perruche tuée, un sapajou pendu, trente habits huilés, un duc cogné et fessé, un joli abbé défiguré, tout cela lui paraissait fort simple et l'effet d'une récrimination bien naturelle; mais le patron était puissant, il avait l'oreille du lieutenant de police, et le château royal de Bicêtre se présentait dans la perspective. Où se cacher, où fuir?

Comme on peut très-bien réfléchir en courant, mon oncle pensait à ses petites affaires, en trottant le long des boulevards neufs. Il jugea qu'il fallait d'abord quitter la livrée de monseigneur, qui n'était bonne qu'à le faire remarquer partout. Un marais mal clos se présenta. Il faisait nuit. Mon oncle s'y glissa; il y reprit l'humble costume de ramoneur; et il se remit en route, en faisant des réflexions philosophiques sur l'instabilité des choses humaines.

Des réflexions philosophiques! s'écrie un censeur rigoureux. De la philosophie dans un enfant qui ne sait pas même lire! Oui, monsieur le caustique, des réflexions philosophiques sortirent du cerveau de mon oncle.

On peut être philosophe sans le savoir, par la même raison que tel qui se croit philosophe, n'est quelquefois qu'un sot.

CHAPITRE VII.

Mon oncle retrouve des gens de connaissance, etc.

Il était huit heures; il fallait chercher un asile. Thomas était dégoûté de la Samaritaine : c'est là qu'une patrouille du guet l'avait arrêté. Il lui restait beaucoup au-delà de ce que pouvait coûter un bon gîte; mais il lui semblait voir les limiers de la police courant chez tous les logeurs, et trouvant le polisson qui avait mis en combustion l'hôtel de monsieur l'ambassadeur. Les nuits étaient froides, et on ne pouvait s'accommoder de la voûte du ciel. Où se retirer? Chez Riboulard? Il s'affaiblissait tous les jours, et mon oncle était presqu'en état de le colleter avec avantage ; mais Riboulard était toujours, pour lui, le plus terrible des hommes. Tel est l'effet des premières impressions; elles ne s'effacent jamais entièrement.

Le jeune fugitif se souvint de la vieille, à qui il avait escroqué un souper, et sa part d'une paillasse. Il ne doutait pas qu'il ne fît sa paix avec un écu ou deux. A la vérité, le galetas était dégoûtant pour quelqu'un qui quitte une excellente table et des lambris dorés ; mais ce n'était pas le moment de faire le difficile. Les grands hommes, d'ailleurs, se ploient facilement aux circonstances. Mon oncle annonce déja ce qu'il sera un jour, et il se détermine aussitôt.

Il part donc pour la rue des Prêtres. Il cherche, il tâtonne, il monte ; il écoute, il descend, il remonte ; les voix confuses des commensaux de la mansarde le guident dans l'obscurité ; il arrive précisément pour se mettre à table.

Ces messieurs commençaient à festoyer une vieille oie, farcie de pommes de terre. A l'aspect du nouveau venu, on s'arrête, le couteau, la fourchette en l'air ; l'inquiétude se peint sur un visage, la crainte sur un autre, la gourmandise sur tous, et tous semblaient dire à mon oncle : Tu ne tâteras point de l'oie. Thomas entendit ce langage, et de son côté il répondait de la même manière : J'en tâterai, corbleu !

En effet après avoir salué les convives, aussi poliment que le permettait son caractère bouillant, il s'assit sur un bout de bancelle, tira sa bourse, en exhiba le contenu, pour disposer favorablement son auditoire. Il raconta en homme qui veut souper, c'est-à-dire, très-brièvement, comment il était entré au galetas quinze ou dix-huit mois avant ; comment il y avait escamoté un habit complet ; comment il était entré chez monsieur l'ambassadeur, et comment il en était sorti. Il ajouta que son intention était de payer sa part de la dépense, d'indemniser le propriétaire de l'habit, et il conclut en déclarant que si on rejetait des offres aussi honnêtes, il obtiendrait par la force ce qu'on refuserait à la raison.

La conclusion n'était pas d'un homme prudent.

Elle pouvait compromettre mon oncle de toutes les manières ; mais mon oncle n'était pas encore un homme. Jamais même il ne se piqua de prudence après l'être devenu.

Mais comme tout s'arrange avec de l'argent, que l'argent donne à un fripon la consistance d'un honnête homme, à une coquette la considération d'une vestale, à un sot les honneurs dus au mérite ; comme l'argent fait pardonner l'orgueil à un faquin, l'insuffisance à un homme en place, la cruauté au spoliateur d'une province, quelques écus firent pardonner à mon oncle l'impertinence de sa péroraison. La vieille et lui convinrent de leurs faits.

Quatre livres dix sous pour l'habit-veste, la culotte, les guêtres, les genouillères, le sac, le grattoir et la calotte de feutre ; douze sous par jour pour le logement, la table, le feu et le blanchissage ; plus, l'habit payé comptant, la huitaine d'avance, et mon oncle sera admis à festoyer l'oie. Pour prouver à la société combien il était digne de l'honneur qu'on lui faisait, il envoya noblement chercher deux bouteilles de vin à *douze*, pour payer sa bien-venue. La nuit se passa tant bien que mal, et, dès le point du jour, Thomas qui ne savait que faire, et qui se proposait bien de ne pas travailler, tant qu'il lui resterait un sou, Thomas se mit à jouer du flageolet, au grand contentement des auditeurs, qui allèrent aussi faire de la musique de leur côté, et chanter le *Ramonez-ci*, *ramonez-là*, au haut des cheminées. Deux ou trois jours s'écoulèrent ainsi, et mon oncle se fatigua, à la fin, et de son flageolet, et du galetas dans lequel il ne pouvait faire que six pas en carré. Il déclara à Marguerite qu'il allait se promener, au hasard de ce qui en arriverait.

Marguerite, à qui sa mine espiègle, son caractère décidé, ses talens et sa générosité plaisaient beaucoup, lui fit toutes les représentations que lui suggéra son imagination bornée. Mon oncle n'en tint compte, et lui dit que s'il fallait vivre en prison, autant valait que ce fût à Bicêtre que dans son grenier, et il descendit son grattoir à la main, pour faire face aux assaillans, s'il s'en présentait.

En allant et venant, il s'entendit appeler de la porte d'un hôtel, situé dans je ne sais quelle rue, et cela ne fait rien à l'affaire. On lui demande s'il veut rendre une lettre sur le quai de la Ferraille, et rapporter la réponse. Mon oncle, à qui il est égal de se promener à droite ou à gauche, se charge de la missive. Elle était adressée à un officier qui s'efforçait de persuader aux passans que son métier était le métier par excellence, et son uniforme, le plus galant de l'armée française. Il est vrai qu'il y avait ajouté, de son autorité, quelques galons qu'on ne connaissait pas au régiment. Il fit entrer mon oncle dans un café borgne, et lui fit boire un verre d'anisette pendant qu'il répondait au poulet. Il cachète le sien, et renvoie le commissionnaire.

Lorsqu'il fut de retour à l'hôtel, le valet qui l'avait expédié, lui présenta six sous, bien décidé à en mettre douze sur le mémoire. Mon oncle, très-désintéressé tant qu'il ne manquait de rien, refusa galamment le prix de sa course, et une jolie dame qui prenait l'air à sa croisée, fut curieuse de voir de plus près ce ramoneur d'une espèce si rare. Le laquais introduisit Thomas, qui, au lieu de répondre aux questions de la dame, cherche à démêler des traits qui ne lui sont pas inconnus. Une large dentelle garnissait le bonnet de nuit, et couvrait les joues et le sourcil; le peignoir de mousseline brodée, la petite pantouffle rose, le bas de soie blanc à coins verts, tout cela mettait sa mémoire en défaut. Cependant le son de voix, quelques rapports dans la taille, le mettent sur la voie, et une ou deux expressions triviales l'éclairent tout-à-fait.

« Corbleu! madame, s'écria mon oncle, vous
« avez demeuré dans la rue des Prêtres! — Je ne
« crois pas, mon ami. (Il n'était pas décent de se
« souvenir de cela.) Oh que si! oh que si! re-
« prend mon oncle Thomas; à telles enseignes
« que j'entrai un jour chez vous par la fenêtre;
« que je m'y cachai sous un panier au linge; que
« deux cordeliers... — C'est assez, c'est assez.
« Sortez, Lafleur. » Et Lafleur sorti, la belle

dame, forcée par l'évidence, veut bien redevenir Louison.

« C'est donc toi, espiègle, qui m'as fait une si
« belle peur la nuit? — Bah! j'ai fait bien mieux
« que cela. J'ai tout conté à monsieur l'ambassa-
« deur d'Espagne, qui a demandé justice pour
« vous à monsieur le lieutenant de police... —
« Et monsieur l'ambassadeur m'a fait conduire
« ici, et m'a donné des meubles, une garde-robe,
« des bijoux, un équipage... Ah! mon ami, je te
« dois ma fortune. — J'en suis bien aise. Je n'ai
« plus que neuf livres quinze sous, et puisque
« vous me devez votre fortune, vous partagerez
« avec moi. — Cela se pourrait, si tu avais trois
« ou quatre ans de plus : tu promets d'être fort
« bien. Tout ce que je peux maintenant, c'est de
« t'aider quand tu auras besoin de secours. »

Ici paraît l'officier recruteur. Il se jette sur un sopha, attire Louison sur lui, cache une de ses mains je ne sais où, et sa curiosité piquée par l'air familier du ramoneur, il lui demande certaines explications qui amènent naturellement le récit de ses aventures. Le conteur voulait glisser sur la vengeance qu'il avait tirée de l'ambassadeur, parce que cela devait indisposer mademoiselle Louison, qui tenait tout de lui. Ce fut précisément ce qui l'amusa davantage. Elle fit entrer mon oncle dans les plus grands détails, et rit si franchement et si fort, que l'orateur en resta ébahi. Il ne savait pas encore qu'il suffit de payer, pour être trompé, bafoué, honni.

« Sais-tu bien, d'Armence (il ne convenait plus
« de s'appeler Louison) que c'est un luron que
« ce petit compère-là? Tudieu! comme il agit et
« comme il conte! Ce serait un meurtre de le
« laisser retomber dans les mains de son ambas-
« sadeur. Je veux lui donner les moyens de le
« narguer, lui, la police et ses suppôts. Écoute,
« mon garçon, tu sais jouer du flageolet?—Comme
« un dieu.—Tu as du cœur?—Comme un diable.
« — Je t'engage, je te mets l'habit sur le corps,
« le sabre au côté, de l'argent dans ta poche. Tu
« te promèneras sur le pavé de Paris tant que
« cela t'amusera. Je te ferai partir ensuite pour
« le régiment, où tu entreras d'abord en qualité
« de fifre, parce que tu n'as encore ni l'âge, ni
« la taille nécessaires. Tu grandiras, tu te formeras.
« Ton sabre et ton étoile feront le reste. »

Parler vendange à un ivrogne, dindes aux truffes à un gourmand, mariage à une jeune fille, veuvage à une jeune femme, bon rôle à un comédien, banqueroute à son directeur, combats et gloire à l'enfant qui recèle le héros, tous également ouvriront les oreilles.

Mon oncle ne répondait rien au recruteur, tant il était content, satisfait, enchanté. Le plaisir se peignait dans tous ses traits; son œil animé semblait percer l'avenir, et y lire l'histoire de ses succès. Un mot lui échappe enfin : « Et j'aurai

« mon sabre tout à l'heure ? — Et ton habit dans
« la journée. — C'est fait, je suis à vous. »

On apporte du papier et du bon vin. Le raccoleur fait l'engagement ; mon oncle y appose sa croix, faute de savoir signer. Il boit à la santé du roi ; met dans sa bourse dix écus qu'on lui donne de sa part ; mademoiselle d'Armence y en ajoute dix autres, et Thomas suit son officier.

Que de jeunes gens de famille qui n'ont pas eu un début plus brillant! Mais

> Rose et Fabert ont ainsi commencé,

à ce qu'assure monsieur de Voltaire. D'ailleurs, je raconte des faits antérieurs à la révolution. On était alors ce qu'on pouvait ; on a été depuis ce qu'on a voulu.

Un tailleur obligeant, comme tous les ouvriers de Paris, quand on leur paie fort cher ce qui vaut très-peu, arrangea en quatre heures un uniforme complet, que le recruteur abandonna à mon oncle moyennant quinze francs, parce qu'il ne pouvait plus lui servir. Mon oncle observa que le roi devait l'habiller ; le raccoleur répliqua que le roi n'habillait qu'à la garnison, et qu'il faudrait faire la route en costume de ramoneur, si l'habit ne convenait pas. Thomas ne s'occupait pas du lendemain ; la jouissance du moment était tout pour lui ; il lâcha donc ses espèces.

Un sabre à lame ébréchée, à poignée rongée de vert de gris, valait encore six francs, à ce qu'assurait l'officier ; plus, trente sous au rémouleur qui rétablit le fil et efface la rouille ; trois livres au fourbisseur qui nettoie, polit la monture, et noircit le fourreau ; encore dix livres dix sous arrachés à mon oncle. Il est clair que cette recrue coûtait très-peu à sa majesté : c'était mademoiselle d'Armence qui équipait et armait ce nouveau défenseur de l'État. Vous voyez que le patriotisme germait déjà dans plus d'un cœur.

Pendant que le tailleur et ses garçons, le fourbisseur et les siens, le rémouleur et sa meule, travaillent à l'envi à transformer un ramoneur en petit Mars, Thomas fait un saut au galetas de Marguerite, où un homme aux gages du roi ne pouvait plus convenablement loger. Il en retire les chemises de toile de Hollande, les bas de soie, les escarpins et les boucles d'argent, que madame l'ambassadrice a payés dans des jours de faveur, et qu'il n'a pas eu la sottise d'oublier à l'hôtel. En amant de la gloire, qui ne connaît plus rien de solide que la fumée, il abandonne à la vieille ce qui était payé d'avance sur le reste de la semaine. Il lui serre la main, lui promet sa protection dans tous les cas; entre chez un perruquier, baigneur, étuviste; s'y fait décrasser et parfumer le corps, papilloter et friser la tête; revient sur son quai, trouve prêtes et endosse les marques glorieuses de son nouvel état. Joli comme l'amour, léger comme le papillon, il rase à peine le pavé ; il vole, il plane, il s'admire, et semble dire à tous les passans : Regardez-moi.

Son officier, enchanté de sa gentillesse, le présente successivement à tous les recruteurs ses camarades. Tous l'accueillent, le félicitent de la noble ambition qui le dévore; tous le font boire; il trinque avec tous, et il perd enfin connaissance, en poussant ce cri fameux, interrompu par des hoquets : *Vive le Roi!*

Le lendemain à son réveil, il se trouva singulièrement avancé... du côté des dangers. Son officier avait reçu l'ordre de faire partir, sans délai, ses recrues pour Nantes, où depuis quelque temps on méditait un coup de tête. Il ne s'agissait de rien moins que d'envahir l'Angleterre, et, en cas de résistance, de jeter l'île et ses habitans dans la mer. A la vérité, les préparatifs ne répondaient pas à la magnificence des résultats qu'on se promettait; mais en France, on n'a jamais douté de rien.

Depuis Guillaume de Normandie, ces sortes d'entreprises avaient constamment échoué. Pour battre les Anglais chez eux, il faut nécessairement être maître de la mer, et ils ont acquis, sur cet élément, une supériorité que balanceraient à peine les forces navales réunies du reste de l'Europe. La raison en est simple : les Anglais ont un besoin essentiel de la mer, dont les autres nations peuvent à toute force se passer, et un peuple laborieux réussit toujours dans les choses qui lui sont absolument nécessaires. La Seine ne connaît que ses batelets. Londres est un port de mer considérable, et les goûts et les travaux de la capitale influent toujours sur ceux du reste de l'empire. Peut-être enfin le climat et le sol anglais produisent-ils des hommes d'un corps plus vigoureux et d'un esprit plus constant, comme ils produisent de meilleurs chevaux et de meilleurs chiens de chasse. Au reste, ce qui n'a pas été fait jusqu'au jour où j'écris, n'est pas démontré impossible. Il suffit d'aborder, et il ne faut, pour en finir, que beaucoup de bonheur, et Bonaparte.

Mon oncle, à la première nouvelle d'une invasion en Angleterre, se leva précipitamment, courut faire faire sa queue, acheter un sac-à-peau, dans lequel il enferma son *butin*, et son sabre d'une main, et son flageolet de l'autre, il vint prendre les ordres de son officier.

Cet officier était attaché au régiment irlandais, commandé alors par ce malheureux comte de Lally, qui était l'ame de l'entreprise, qui depuis fut lieutenant-général, et qui périt d'une mort tragique, sur les bords de la Seine, pour avoir été pris par des Anglais dans l'ancien golfe du Gange.

Ceci n'est pas clair pour tout le monde : il faut s'expliquer catégoriquement. Il s'agissait de rétablir, sur le trône de ses pères, le petit-fils de l'imbécille et infortuné Jacques II, que Louis XIV soutint si long-temps, et dont Louis XV secourut la postérité, sans trop savoir pourquoi ; car que lui importait, après tout, que le palais de Saint-James fût occupé par Georges ou par Édouard ? Il était plus essentiel de soutenir notre compagnie des Indes; de reprendre, sur les Anglais, nos comptoirs et nos colonies. Mais la prospérité du commerce se fait sentir à tous, n'éblouit personne, et rien n'est beau comme renverser et donner des couronnes.

Si quelque chose peut rendre l'homme au sentiment de sa nullité absolue; si l'exemple peut le consoler de l'état de misère, d'anxiétés, de vœux impuissans, de privations, auquel semble le condamner la nature, qu'il ouvre l'histoire, et qu'il bénisse son sort en comparant sa famille, quelle qu'elle soit, à cette longue suite de rois d'Écosse et d'Angleterre, dont la race, poursuivie par une fatalité insurmontable, épuisa, pendant plus de trois cents années, tous les malheurs qui peuvent accabler la triste humanité.

Le premier roi d'Écosse de cette famille est gardé dix-huit ans prisonnier en Angleterre, et meurt avec sa femme, assassinés par leurs sujets. Son fils Jacques II est tué à l'âge de vingt-neuf ans, en combattant les Anglais. Jacques III, emprisonné par son peuple, s'échappe, s'arme, et périt dans un combat qu'il livre aux révoltés. Jacques IV perd à la fois une bataille et la vie. Marie Stuart, sa petite-fille, chassée de son trône, fugitive en Angleterre, détenue dix-huit ans par

Élisabeth, est condamnée par elle, et porte sa tête sur un échafaud. Charles Ier, petit-fils de Marie, roi d'Écosse et d'Angleterre, est vendu, livré à Cromwell par les Écossais, jugé et exécuté par les satellites de l'usurpateur. Jacques son fils, septième du nom, et deuxième en Angleterre, est détrôné par son gendre, obligé de fuir de ses trois royaumes, et, pour comble de malheur, on lui conteste jusqu'à la légitimité de son fils. Ce fils ne tente de remonter sur le trône de ses pères, que pour faire périr ses amis par la main des bourreaux. Enfin le prince Charles Édouard, dont il est ici question, réunissant à toutes les vertus, le courage du roi Jean Sobieski, son aïeul maternel, n'obtient quelques succès passagers que pour éprouver ensuite les plus incroyables malheurs. L'histoire n'offre aucun exemple d'une maison si constamment infortunée.

Mais comme c'est l'histoire de mon oncle Thomas que j'écris, et non celle d'Angleterre, je reviens à mon héros. Il fut présenté à monsieur de Lally, à qui son air déterminé plut aussi beaucoup. Le comte lui dit qu'il le prendrait avec lui, et lui ordonna d'être prêt pour le lendemain.

Bon sang ne peut mentir, dit un vieux proverbe. Mon oncle était sans doute issu d'un sang de la meilleure espèce, car il se souvint de sa mère, que tant de beaux messieurs oublient tous les jours. Il ne crut pas devoir affronter l'océan et la mort, sans prendre congé d'elle dans les formes. Riboulard le chiffonait un peu ; il fut même sur le point d'engager son recruteur à l'accompagner ; mais il se reprocha bientôt cette faiblesse, indigne d'un grand cœur. Il pensa qu'un fifre du régiment de Lally ne devait avoir peur de rien. Il comptait, d'ailleurs, sur son habit qui en impose toujours, et sur son sabre qui avait le fil.

Ces idées encourageantes le conduisirent jusqu'à la porte de ses foyers, que sa sûreté personnelle l'avait déterminé à fuir, et que depuis si long-temps il n'avait salués. Mais en touchant le loquet, il sentit son courage faiblir ; la main lui trembla. Il pensa que Riboulard était homme à l'échiner avant que d'entrer en explication, et si la piété filiale le poussait dans la chambre, l'amour de lui-même le repoussait vers l'escalier. « Non, « sacrebleu! je ne descendrai pas, reprit-il après « un moment de réflexion. Il ne sera pas dit qu'un « sergent du guet aura fait reculer un soldat de « Lally. Après tout, Riboulard n'est qu'un homme ; « il n'est pas mon père, et au premier geste dé- « placé, je lui passe mon sabre au travers du « corps », et il met le sabre à la main, et il ouvre la porte, et d'un saut il tombe d'à-plomb au milieu du taudis.

Riboulard, cloué par la goutte dans un mauvais fauteuil, les pieds étendus sur un vieux paillasson, la tête enveloppée d'un mouchoir à tabac, les épaules couvertes d'un jupon gras et déchiré,

Riboulard, appuyé d'une main sur sa béquille, écumait de l'autre son pot-au-feu, en attendant sa chaste moitié qui était au sermon, lorsque la brusque entrée du fifre lui fait tourner la tête. La pointe du sabre se présente à dix-huit pouces de sa poitrine. Il n'a pas le temps de voir à qui il a affaire; la frayeur s'empare de lui; il oublie qu'il a la goutte; il se lève pour prendre sa hallebarde, appuyée contre la table. La douleur qu'il sent aux pieds le fait retomber aussitôt, non pas sur son fauteuil, mais sur le chat de Rosalie, qui se chauffait, en regardant les tisons. Minon lui imprime ses quatre griffes dans le derrière; Riboulard fait un mouvement pour se dégager, et pousse un cri affreux; mon oncle part d'un éclat de rire. Le chat en liberté, s'élance au hasard, retombe dans le pot-au-feu, le renverse en s'élançant de nouveau pour échapper à la brûlure, inonde et brûle Riboulard, qui n'échappe lui-même aux hommes, aux animaux, aux élémens conjurés contre lui, qu'en se roulant tout d'une pièce vers la porte. Un de ses pieds accroche celui de la table, qui lui tombe sur l'estomac; la table entraîne la hallebarde, qui lui casse sa dernière dent; il heurle, le chat échaudé miaule, et le fifre continue de rire.

Cependant le calme se rétablit; les douleurs de Riboulard s'apaisent; il a le loisir d'examiner le rieur, dont la gaîté n'annonce pas des intentions hostiles. Il le reconnaît, et la scène change aussitôt.

Il s'était roulé jusqu'à la porte, probablement pour appeler les voisins à son secours. Il se met sur son cul, le bout du bâton de la hallebarde contre sa poitrine, et la pointe tournée vers mon oncle. Mon oncle, fâché de s'être engagé si avant, fait une volte vers la croisée, qui deux fois lui avait été si propice. Riboulard, dont l'argent s'était envolé par-là, l'avait fait griller pour parer à un second accident, et Thomas, qui aurait voulu être à cent lieues, fut forcé de combattre. Il sautait à droite et à gauche pour prendre Riboulard en flanc; Riboulard, tournant sur son cul comme sur un pivot, faisait face de tous côtés, et mon oncle trouvait partout la pointe redoutable de la hallebarde. Il voulut parlementer; il cria qu'il n'était venu que pour voir sa mère, et qu'il demandait la liberté de se retirer. Riboulard, inébranlable à sa porte, jura qu'il châtierait le petit coquin qui lui avait manqué de respect. Mon oncle s'abaissa jusqu'à demander grace; Riboulard refusa d'entrer en composition, et exigea que l'assaillant jetât son sabre, et se rendît à discrétion.

« Rendre mon sabre! s'écria Thomas, exaspéré
« par de semblables prétentions, rendre mon sa-
« bre! Me prenez-vous pour un sergent du guet?
« C'est vous, corbleu! qui rendrez la hallebarde »,

et aussitôt cette guerre d'observation prend une incroyable activité. La poterie et les menus meubles volent à la tête du sergent; mais la fureur dérange la main de mon héros. Les coups portent à faux, et Riboulard conserve sa position. Mon oncle, déterminé à vaincre, et ne trouvant plus rien à casser, relève la table, la charge péniblement d'un matelas, y monte après, soulève le matelas aussi haut que le permettent ses petites forces et la longueur de ses bras, le laisse tomber en long sur Riboulard, et saute de la table sur tous les deux. Il frappe des pieds, des poings, de la monture du sabre; il s'alonge, il se raccourcit, selon que Riboulard, qui suffoque, dirige ses efforts. Le vieux sergent, excédé de fatigue et de douleur, perd enfin connaissance, et lâche la hallebarde. Thomas s'en saisit, et, sorti, avec honneur, de son premier combat, il se dit que s'il est beau de vaincre, il est plus beau de pardonner. Il enlève le matelas, et les fumées qui lui chatouillaient le cerveau, se dissipent à l'instant.

Riboulard est sans mouvement, et Thomas croit l'avoir tué. Il rougit, il pâlit; ses genoux ploient, il s'afflige, il se désole. De quelque résolution qu'on soit armé, on ne tue pas un homme comme une mouche, et ce n'est que par degrés qu'on devient féroce. Mon oncle se repent sincèrement; mais ce sentiment ne dure pas. Il se rappelle son inoculation forcée, ses dents vendues, ses épaules déchirées à coups de verges; il conclut que si Riboulard est mort, il l'a bien mérité, et que lui Thomas n'a point de reproches à se faire.

Comme il n'était pas sûr que les témoins, s'il s'en présentait, fussent de cet avis, il jugea prudent de sortir de chez sa mère, dût-il se mettre en route sans lui faire ses adieux. Il n'y avait qu'une petite difficulté : Riboulard était étendu en travers de la porte qui ouvrait en dedans, et mon oncle s'épuisa en efforts superflus pour déranger cette masse.

Vous vous étonnez sans doute de ce que les voisins ne soient pas accourus au tintamare affreux qu'on a fait dans cette chambre. Ils avaient de bonnes raisons pour cela, et je vais vous les dire, car enfin je vous dois compte de tout.

Sur le même carré logeaient trois ouvriers qui étaient allés à leur ouvrage, et leurs trois femmes, très-gentilles et très-accortes, étaient allées se faire battre. Au-dessus, l'aimable Zéphir en été, et le venteux Borée en hiver. Au-dessous, une dévote et un marchand; la première au sermon, le second à sa boutique. Les étages inférieurs occupés par je ne sais qui ; mais comme la voix monte toujours, Riboulard et mon oncle ne pouvaient être entendus que du ciel, qui ne se mêle plus de nos affaires, depuis que saint Luc, saint

Jean, saint Mathieu et saint Marc ne se mêlent plus d'écrire.

Cependant mon oncle, qui ne perdait jamais la tête, voyant l'impossibilité de s'évader par la porte ou la fenêtre, se mit courageusement à attaquer, avec la hallebarde, le plâtre et les lattes qui le séparaient de l'escalier. Il ne lui restait plus, après avoir tout brisé dans la maison, qu'à démolir la maison elle-même, et l'opération allait grand train, quand le génie destructeur de mon oncle est arrêté par les cris d'une femme et les juremens d'un homme, qui tous deux montent précipitamment. Thomas croit avoir tué son beau-père; tout l'inquiète, le tourmente. Il prête une oreille attentive; il entend distinctement une lourde chute; une seconde plus violente encore succède aussitôt, et en même temps un coup terrible fait résonner la porte. La serrure faible, les gonds rouillés cèdent, la porte tombe, tombe encore sur Riboulard, et pardessus la porte tombe un fort de la halle, que le diable semble pousser de telle sorte, qu'il glisse sur le visage jusqu'à la cheminée, et s'écorche, en glissant sur un carreau inégal, le front, le nez et le menton. Paraît ensuite Rosalie, le bonnet tombé, les cheveux gris-pommelés en désordre, les genoux et les coudes meurtris.

Puisque vous vous souvenez de tout, vous n'avez pas oublié que parmi les vingt et un soupirans congédiés par ma grand'mère à Vaugirard, était un fort de la halle, amoureux en proportion de sa vigueur, et capable d'exterminer d'un tour de main le vieux Titon de cette nouvelle Aurore. Il avait conservé une velléité pour Rosalie; il l'avait constamment convoitée, et constamment il avait étouffé ses soupirs, pour ne pas se brouiller avec un homme aussi prépondérant que monsieur Riboulard.

Ce jour-là (qui peut répondre, en se levant, des évènemens de la journée?) ce jour-là, Jean-le-Blanc, au lieu d'aller au sermon, avait copieusement déjeuné dans un cabaret voisin. Il sortait gaiement du temple de Bacchus, et ma grand'mère de celui de notre divin maître. Le galant l'aperçoit, son goût se réveille... Que dis-je? ce goût se convertit en rage.

Il l'accoste d'un air décidé, et s'explique sans périphrase: ces messieurs se servent toujours du mot technique. A des propositions, révoltantes sans doute, ma grand'mère répondit par un signe de croix, qui chasse, dit-on, l'esprit malin; mais qui ne peut rien sur un fort de la halle. Celui-ci répéta l'invitation; ma grand'mère doubla le pas; le satyre prit le trot.

Ils arrivèrent ensemble dans l'allée qui conduisait à la forteresse, que Thomas venait de réduire. Là, le drôle ne perdit plus le temps en vains propos; il agit, et si vertement, que ma grand'mère fut obligée de jouer des ongles; jeu piquant, qui lui valut une tape sur le bras, et une autre sur le toupet, qui sépara le bonnet du chef. Elle courut vers l'escalier, l'enragé courut après elle, en jurant que, de gré ou de force, il en tâterait.

Rosalie violée! vous ne vous y attendiez pas, ni elle non plus, et il n'y avait qu'un fort de la halle qui fut capable de tenter ce grand œuvre.

La menace d'un semblable attentat avait rendu à ma grand'mère toute l'agilité de sa première jeunesse; mais ses forces n'étant plus en proportion de la grace suffisante, elle resta pâmée sur le seuil de sa porte : c'est ce qui s'appelle périr au port. L'escalier était obscur; l'audacieux Jean-le-Blanc perdant de vue la victime qu'il se proposait d'immoler, avait doublé de vitesse. Le corps gissant de ma grand'mère avait arrêté net l'action de ses jambes, et le buste, que rien ne contenait, était tombé avec violence sur la porte, et l'avait enfoncée.

Pauvre mari! tu as perdu connaissance, pour ne pas voir de telles horreurs! Cher et tendre enfant! ton innocence ne te laisse pas même soupçonner qu'un brigand veut *poignarder* ta mère! Que de femmes ont dû la continuité de leurs plaisirs clandestins à l'aveuglement de leurs maris, et à l'ignorance de leurs bambins!

Les extrêmes se touchent, et l'ordre est quelquefois sorti du sein même de la confusion. Le dernier coup, qu'avait reçu Riboulard, avait ranimé, par l'effet des contraires, les esprits vitaux qu'avaient engourdis les premières contusions; le fort de la halle avait été subitement dégrisé par la violence de sa chute; ma grand'mère oublia ses infamies en pressant dans ses bras un fils qu'elle ne croyait plus revoir, et l'imagination ardente de ce fils s'assoupit sur le sein maternel.

Tout le monde était à peu près content, hors Riboulard, qui avait sur le cœur l'algarade de mon oncle Thomas. Sa femme lui rappela que la vengeance est un des sept péchés capitaux; il l'envoya faire lanlaire. Jean-le-Blanc, très-bon garçon quand il n'était pas ivre, recolla le goutteux dans son fauteuil, lui parla raison à sa manière, et à force de tâtonner il trouva enfin le faible du bonhomme. Il lui représenta que deux militaires, qui se sont bravement battus, finissent toujours par boire ensemble, et il offrit de payer l'écot. Cette dernière proposition fit plus que tous les raisonnemens possibles. Riboulard s'apaisa, pardonna, et consentit à embrasser Thomas, tant bien que mal, aux conditions suivantes, qui furent acceptées, après quelques difficultés de la part du soldat de Lally :

1° Que Jean-le-Blanc ferait raccommoder la porte. — *Accordé.* 2° Qu'il paierait trois pintes de vin et trois livres de saucisses. — *Accordé.* 3° Que Thomas irait acheter un autre pot-au-feu, et qu'il paierait la vaisselle et les meubles cassés.

Thomas n'avait pas envie de payer les frais de

la guerre. Il murmurait tout bas que cela regardait les vaincus. Sa mère lui glissa deux écus de six francs qui levèrent tous les obstacles. La paix fut conclue, et jurée entre toutes les parties. On dîna sobrement, parce que Riboulard était bien aise qu'il lui restât de quoi souper; mais on dîna en famille, et la cordialité et le sot orgueil firent, selon les caractères, les frais de la conversation. Rosalie caressait mon oncle, mon oncle caressait sa mère. Jean-le-Blanc cita ceux de ses camarades qui s'étaient éreintés en voulant porter aussi lourd que lui, et Riboulard nomma, avec emphase, les filles, les filous, les auteurs, les colporteurs qu'il avait logés à l'Hôpital, à Bicêtre ou à la Bastille. Enfin on se sépara, assez satisfaits les uns des autres, et mon oncle, enchanté de sa journée, se retira sur son quai, chargé des bénédictions de madame sa mère.

Le lendemain, à la pointe du jour, il se rendit chez son colonel, qui lui fit croquer le marmot trois ou quatre heures, qui parut enfin, le fit jucher sur un fourgon chargé d'armes, de poudre et de balles. Il le recommanda à ses gens, et partit en poste pour Nantes.

Mon oncle arriva le dixième jour, sans évènemens, et sans autre occupation que de boire, manger et dormir à l'auberge, avec le *factotum* de monsieur le comte, et de lui jouer du fifre dans le fourgon.

Sept jours après son arrivée, tout étant disposé aussi bien qu'on le peut avec du zèle et peu de moyens, mon oncle s'embarqua en très-bonne compagnie pour la conquête de l'Angleterre.

Je n'ai pas, je le répète, la prétention d'écrire l'histoire; je laisse cela aux compilateurs : *à tous seigneurs, tous honneurs*. Mais je ne peux me dispenser de parler d'une entreprise où mon oncle fit tant de bruit *avec son fifre*.

DEUXIÈME PARTIE.

CHAPITRE PREMIER.

Expédition du prince Charles-Édouard Stuart (1).

De tous les évènemens d'éclat dont parle l'histoire, il n'en est pas, peut-être, qu'on puisse comparer à la tentative du prince Édouard, si on considère la faiblesse des moyens, l'éclat des premiers succès, les malheurs romanesques, et presqu'incroyables qui leur succédèrent, et les changemens qu'une victoire de plus pouvait apporter dans le système politique de l'Europe.

En effet, la bataille de Culloden gagnée, le prince Édouard faisait remonter son père au trône, et l'Angleterre devenait l'alliée de la France. Ces deux puissances se liguaient contre

---

(1) Épisode entièrement historique.

la Hollande, Louis XV pour la forcer à la paix, Stuart pour la punir d'avoir détrôné son aïeul. Le commerce des Deux-Indes prenait une forme nouvelle, et il est à présumer que le pape recouvrait sur l'Angleterre les droits que lui avait ôtés Henri VIII.

Charles-Édouard était fils du chevalier de Saint-Georges, vulgairement appelé *le Prétendant*, et petit-fils de Jacques II. Il vivait à Rome auprès de son père, et sa jeunesse s'écoulait dans une inaction, qui ne s'accordait ni avec un courage bouillant, ni avec un amour extraordinaire de la gloire. Ce dernier rejeton de tant de rois et de tant d'infortunés, avait été appelé en France en 1742, et on avait fait alors des efforts aussi dispendieux qu'inutiles pour le porter, avec une armée, sur les côtes d'Angleterre. Il attendait à Paris une occasion favorable pour déployer ses talens et satisfaire son ambition. La guerre, que Louis XV soutenait alors contre l'Allemagne, l'Angleterre et la Hollande, l'épuisait d'hommes et d'argent. Trop occupé de ses propres affaires pour penser alors à rétablir celles d'un prince étranger, le roi laissait Édouard dans l'obscurité, et même dans l'oubli.

Ce jeune prince s'entretenait un jour de ses malheurs et de ses espérances avec le cardinal de Tencin, qui devait au prétendant sa promotion à la pourpre romaine, et le prélat lui adressa ces

propres mots : « Que ne tentez-vous de passer
« sur un vaisseau vers le nord de l'Écosse? Votre
« seule présence pourra vous donner un parti et
« une armée. Alors il faudra bien que la France
« vous secoure. »

Les plus faibles causes amènent souvent de grands évènemens. Ces mots réveillèrent l'ambition du prince. Mais où trouver ce vaisseau, et comment l'équiper? Son père ne pouvait rien pour lui, et il vivait, en France, des dons de quelques familles réfugiées, attachées à sa maison.

Il avait vu quelquefois monsieur de Lally, Irlandais de nation. Son courage, récompensé sur le champ de bataille même de Fontenoi, et son caractère remuant, le lui firent juger digne de le seconder. Il s'ouvrit à lui, et Lally se chargea de diriger l'entreprise.

Il s'assura d'abord de sept officiers irlandais ou écossais, qui consentirent à courir la fortune du prince. Leurs noms méritent d'être connus. C'étaient le marquis de Tullibardine, frère du duc d'Athol, un Makdonall, Thomas Shéridan, Sullivan, Kelli et Strikland. Tous, avant le départ, furent promus aux premiers grades d'une armée qu'on pouvait n'avoir jamais.

L'un deux s'adressa à un négociant de Nantes, Irlandais, nommé *Walsh*, qu'il savait affectionné au parti du prétendant. Par un hasard singulier, ce Walsh, dont on n'espérait que quelqu'argent, avait un corsaire de dix-huit canons, qu'il offrit généreusement, et qu'on équipa en secret. L'actif et infatigable Lally ramassa, de tous côtés, des armes, des munitions de guerre, et des fonds. Enfin, le prince s'embarqua avec ses sept officiers, dix-huit cents sabres, douze cents fusils, et quarante-huit mille francs. Telles étaient les ressources qu'il comptait opposer à des flottes, à des troupes réglées, à des finances considérables, et à l'opinion publique, généralement prononcée en faveur d'un roi affermi sur le trône.

Par une suite des soins du comte de Lally, le corsaire que montait le prince fut escorté par un vaisseau du roi de soixante-quatre canons, *l'Élisabeth*, que le ministre de la marine avait prêté à un armateur de Dunkerque. Cette espèce de faveur s'obtenait alors, moyennant une somme payée au Trésor royal, et l'entretien de l'équipage était à la charge de l'armateur. Le roi, à qui appartenait le vaisseau, et le ministre qui l'avait prêté, ignoraient également à quel usage on devait l'employer.

Après huit jours d'une navigation périlleuse, après avoir échappé à la poursuite d'une escadre, le prince tomba dans une flotte marchande, qu'escortaient trois vaisseaux de guerre anglais. Le plus fort, portant soixante-dix canons, se détacha pour combattre *l'Élisabeth*. Le corsaire que montait le prince, inquiéta le convoi par de fausses manœuvres, et força ainsi les deux autres vaisseaux à ne pas s'en écarter. Insensiblement, il gagna le vent, et fit force de voiles vers l'Écosse, pendant que *l'Élisabeth* soutenait, contre le vaisseau anglais, un combat long, opiniâtre et meurtrier, qui fatigua également les deux partis, et dans lequel aucun n'eut d'avantage prononcé.

A la faveur de la nuit, le prince aborda une petite île à peu près déserte, au-delà de l'Irlande, vers le cinquante-huitième degré. Il attendit le jour pour cingler vers l'Écosse, dans la crainte d'être enveloppé au milieu des ténèbres. Enfin, le petit-fils de Jacques II, roi d'Écosse, débarqua dans un petit canton de ce royaume, appelé *le Moïdard*. Quelques habitans auxquels il se nomma, tombèrent à ses genoux, en protestant de leur impuissance. Ils étaient sans armes, pauvres, et ne mangeaient que du pain d'avoine, qu'ils obtenaient, à force de travail, d'un terrain pierreux et stérile. « Je cultiverai cette terre avec « vous, leur dit le prince ; je mangerai de ce « pain ; je partagerai votre pauvreté, et je vous « apporte des armes. »

De tels sentimens, exprimés avec la chaleur de la vérité, devaient exciter l'enthousiasme. Ces bonnes gens furent ses premiers soldats. Le bruit de son arrivée se répandit dans les environs. Les Makdonall, les Lokil, les Cameron, les Fraser, chefs d'autant de tribus d'Écosse, vinrent aussitôt se joindre à lui.

Les peuples qui composent ces tribus, habitent un pays montagneux, et couvert de forêts d'une étendue de deux cents milles. Les îles Orcades et celles du Zetland suivent les mêmes usages, et vivent sous les mêmes lois. Ces peuples sont les seuls, de l'ancien monde connu, qui aient conservé l'habit de guerre des Romains. La rigueur du climat, le travail et la vie sobre auxquels les condamne la nature, les rendent agiles et vigoureux. Ils supportent, avec constance, les fatigues et la disette. Ils couchent souvent sur la terre, et résistent aux marches les plus pénibles, au milieu des neiges et des glaces. Ils sont soumis à leurs seigneurs, qui ont conservé, sur eux, les droits féodaux abolis en Angleterre ; ainsi ils sont nécessairement du parti de ceux dont ils dépendent.

Les Irlandais, catholiques romains comme le prétendant, étaient cependant dans des dispositions toutes différentes. Le pays est plus fertile et mieux cultivé; le peuple était plus favorablement traité par la cour de Londres; les manufactures étaient encouragées ; par conséquent le commerce florissait, et l'habitant fortuné et tranquille tenait plus aux douceurs de la vie, qu'aux intérêts des Stuart. Voilà pourquoi l'Irlande ne prit point de part active à la révolution qui se préparait, lorsque tout, en Écosse, concourait à l'avancer par les armes, ou la favorisait en secret.

Une autre cause des premiers succès du prince, vint du mécontentement de beaucoup de lords écossais, qui, depuis la réunion des deux royaumes, n'avaient pu avoir entrée au parlement d'Angleterre. La cour avait négligé de se les attacher par des pensions. Ils regardaient donc comme une sorte d'esclavage cette réunion qui ne leur assurait aucun avantage à eux, ni à leurs tribus, et ils soulevèrent les contrées septentrionales de l'Écosse.

Quelques autres, que le ministère croyait avoir gagnés par des largesses ou des emplois, cédèrent à l'enthousiasme général, et se réunirent à leurs compatriotes, en faveur d'un prince originaire de leur pays, dont le courage, les talens et les vertus étaient encore augmentés par la renommée. Les ducs d'Argile, d'Athol et de Queensbury restèrent seuls fidèles au gouvernement.

Édouard avait à peine rassemblé trois cents hommes autour de sa personne, qu'on leva l'étendard royal. C'était un morceau de taffetas que Sullivan avait apporté, et qu'on fixa au haut d'une perche. Cette poignée d'hommes se mit en marche, et grossit en avançant, au point que le prince, arrivant au bourg de Fenning, se trouva à la tête de quinze cents montagnards. Il leur distribua les fusils et les sabres dont Lally avait chargé le corsaire nantais.

Jamais les circonstances n'avaient été plus favorables pour attaquer et abattre le gouvernement. Le roi Georges était sur le continent, et il ne restait pas en Angleterre six mille hommes de troupes réglées. La petite armée du prince, s'augmentant de jour en jour, était pleine de courage et de bonne volonté. Édouard conçut les plus brillantes espérances, et prépara tout pour seconder sa fortune. Il s'essaya d'abord contre quelques compagnies du régiment de Sainclair, qui s'avancèrent, contre lui, des environs d'Édimbourg. Il les défit entièrement, et trente Écossais prirent quatre-vingts Anglais avec armes et bagages.

Il renvoya alors le vaisseau qui l'avait apporté, pour donner avis, aux rois de France et d'Espagne, de son débarquement, et de la situation de ses affaires. Les deux souverains lui écrivirent et le traitèrent de frère, non qu'ils voulussent encore le reconnaître publiquement; mais ils ne pouvaient refuser ce titre d'honneur à sa naissance et à son courage.

Ils commencèrent alors à le secourir sérieusement. Des convois d'armes et de munitions furent expédiés de différens ports. Plusieurs de ces vaisseaux furent pris par les Anglais, qui ne cessaient de croiser dans ces mers; d'autres abordèrent et encouragèrent le parti, qui ne douta plus que la France et l'Espagne ne fissent les plus grands efforts pour rétablir le prétendant.

La confiance commençait à s'établir, et attirait sans cesse des soldats à Édouard. Il marchait avec rapidité. Toujours à pied, à la tête de ses montagnards, vêtu et nourri comme eux, il leur donnait en tout l'exemple. Il traversa les cantons de Badnoch, d'Athol, de Perth-Shire. Il s'empara enfin de Perth, une des plus considérables villes de l'Écosse.

Ce fut là qu'on le proclama solennellement régent d'Angleterre, de France, d'Écosse et d'Irlande, pour son père Jacques III. Il est assez extraordinaire qu'il acceptât le titre de régent de France, au moment où il ne pouvait rien que par la France elle-même; mais c'était un ancien usage, auquel peut-être il n'osa déroger, de peur d'indisposer ses troupes, et qui, par son absurdité même, ne pouvait inquiéter le roi de France.

Le duc de Perth, le lord Georges Murrai arrivèrent alors avec de nouvelles troupes, et prêtèrent serment de fidélité au prince. Des compagnies entières désertèrent pour venir se ranger sous ses drapeaux. Dundée, Drumond, Newbourg lui ouvrirent leurs portes.

Il assembla un conseil de guerre, dans lequel on discuta des opérations plus importantes. Les avis étaient partagés. Le prince voulait marcher droit à Édimbourg, et déterminer, par la prise de la capitale, la conquête de l'Écosse. Il avait des intelligences dans la ville; mais la majorité des habitans tenait pour le roi Georges. La place était défendue par une garnison, et Édouard manquait de tout ce qui assure le succès d'un siége. « Il ne faut, répondit-il à ces objections, que « me montrer pour les faire déclarer tous. » Son opinion prévaut ; on marche sur Édimbourg ; on s'empare d'une des portes, avant qu'on ait pensé à se défendre. Le gouverneur Guest, surpris, se retire dans le château avec ses troupes. L'alarme se répand aussitôt dans tous les quartiers. Les uns veulent recevoir le fils de leurs anciens rois ; d'autres veulent conserver la ville au gouvernement. Les esprits s'aigrissent, les têtes fermentent, les magistrats redoutent et veulent éviter la guerre civile. Ils ne trouvent pas d'autre moyen que de se rendre à la porte qu'occupaient les montagnards, et d'y traiter avec Édouard. Le prévôt, nommé aussi Stuart, porta la parole, et demanda, avec un trouble véritable ou apparent, ce qu'il fallait faire : « Tomber à ses pieds et le « reconnaître, » cria quelqu'un du milieu de la foule. Ce cri fut répété de toutes parts, et le prince fut reçu et proclamé dans la capitale.

Ce premier succès, si brillant en apparence, était peu de chose tant qu'Édouard n'était pas maître du château. C'était la seule place véritablement forte où il pût établir des magasins, se retirer en cas de revers, et d'où il pût contenir des habitans dont les dispositions étaient encore incertaines.

Le château d'Édimbourg est situé sur un roc inaccessible. Il est défendu par des murailles de douze pieds d'épaisseur, revêtues d'un fossé profond taillé dans la roche. Cette forteresse antique, et par conséquent irrégulière, exige cependant un siége dans les formes, et le prince n'avait point de canons. Il fut obligé de traiter à son tour avec Guest. On convint que les hostilités seraient suspendues, de part et d'autre, et que la ville fournirait des vivres au château.

On sut bientôt à Londres les avantages qu'avait obtenus Édouard. Ce prince, qu'on y regardait, lors de son débarquement, comme un aventurier qui n'était pas à redouter, inspirait déjà des craintes sérieuses. La régence établie par le roi Georges, avant son départ d'Angleterre, mit, en son nom, la tête du jeune prince à prix. On promit six cent soixante mille livres de notre monnaie à quiconque le livrerait. L'importance de la somme prouvait combien on le jugeait dangereux, et, par une contradiction singulière, on ne prenait encore aucune mesure efficace pour le vaincre.

Édouard, maître de la plus grande partie de l'Écosse, proclamé partout sur son passage, semblait autorisé à traiter, de son côté, Georges d'usurpateur. On s'attendait qu'il répondrait aux proclamations de la régence, en se servant des mêmes armes. Il donna un exemple de modération bien rare dans un jeune guerrier que ses premiers succès pouvaient enivrer. Il n'opposa aux proscriptions sanguinaires de ses ennemis, que son épée, et la défense rigoureuse à ses adhérens d'attenter à la vie du roi régnant et des princes de sa maison. Une telle conduite fortifia son parti, et rendit sa cause plus respectable.

Il ne négligea rien pour la faire valoir et pour profiter de cette première ardeur du soldat, qui se ralentit si aisément. Il apprit que le général Cope s'avançait contre lui, avec des troupes réglées, et il sortit aussitôt d'Édimbourg pour le combattre. Il conduisait trois mille montagnards qui étaient toute son armée, et qui avaient des cornemuses pour trompettes. Les Anglais, au nombre de quatre mille hommes, avaient deux régimens de dragons, et six pièces de campagne. Édouard était décidé à tout braver. Il monte quelques hommes sur des chevaux de bagage ; il avance, à marches forcées ; il se trouve en présence des Anglais à Preston-Pans, et range aussitôt sa petite armée en bataille. Il n'avait ni corps de réserve, ni seconde ligne ; il n'en avait pas besoin : ses soldats étaient disposés à se battre en furieux. Il tire son épée, et jetant le fourreau au loin : « Je ne la remettrai, dit-il, que quand « vous serez libres et heureux. »

Ce prince était né général. Il avait remarqué un défilé, par où l'ennemi battu, pouvait faire sa retraite. Il détacha cinq cents hommes pour s'en emparer, et il engagea le combat avec deux mille cinq cents montagnards.

Son attaque est si vive, que l'ennemi n'a pas le temps de se servir de son artillerie. Ses montagnards fondent sur les Anglais; tirent à vingt pas, et jetant leurs fusils, se couvrent de leurs boucliers, se précipitent entre les chevaux, les tuent avec le poignard, et combattent les hommes le sabre à la main. La force du corps, inutile aujourd'hui dans les batailles, fit tout dans celle-ci. Les Anglais, étonnés d'une manière de combattre, nouvelle pour eux, se débandent et fuient de tous côtés. On leur tue huit cents hommes; le reste, ainsi que le prince l'avait prévu, cherche à se sauver par le défilé. Les montagnards, qui les attendent, en font quatorze cents prisonniers. L'artillerie, les bagages, les drapeaux restent au pouvoir du vainqueur. Les chevaux des morts et des fuyards lui font à l'instant une cavalerie. Cette première victoire ne lui a coûté que soixante hommes.

Le général Cope avait fui presque seul. La nation, indignée de sa défaite, demanda qu'il fût traduit devant une cour martiale, et celle-ci, contre l'ordinaire de ce genre de tribunaux, qu'égarent souvent la passion ou l'intrigue, prononça que la présence, l'intrépidité du prince et la manière de combattre des Écossais, avaient seules décidé la perte de la bataille.

Cependant ce grand nombre de prisonniers embarrassait le prince. Il n'avait point de place où il pût les envoyer. Il n'était pas possible de les faire garder par ses soldats, qu'ils égalaient presqu'en nombre. Il se détermina à les renvoyer, après leur avoir fait jurer de ne porter d'un an les armes contre lui. Il garda les blessés, les fit soigner comme les siens, et cette générosité lui attira de nouveaux partisans.

Deux vaisseaux, l'un français, l'autre espagnol, chargés d'armes et d'argent, arrivèrent alors sur les côtes. Ils débarquèrent un certain nombre d'officiers irlandais, qui étaient au service de France, et qui brûlaient de se distinguer aux yeux de celui qu'ils regardaient comme leur légitime souverain. Édouard les employa à discipliner ses troupes.

Le même vaisseau français revint, quelques jours après la victoire de Preston-Pans, au port de Mont-Rose. Il apportait encore de l'argent et des armes, et le frère du marquis d'Argens, si connu par ses écrits, était à bord, en qualité d'envoyé du roi de France auprès d'Édouard. Ses affaires prenaient la tournure la plus avantageuse. Il était rentré dans Édimbourg, où son armée s'augmenta jusqu'au nombre de six mille hommes. L'ordre commença à s'établir dans toutes les parties. Il avait une cour, des secrétaires d'état, des hauts officiers. Le pays fournissait des subsides réglés ; les Anglais ne le menaçaient d'aucun côté ; sa sécurité eût été entière s'il eût été maître du château d'Édimbourg. Il n'avait pas de grosse artillerie, il ne pouvait rien entreprendre contre cette forteresse.

A la valeur, à la modération, à la générosité

d'Édouard, la régence d'Angleterre avait d'abord opposé la proscription. Elle essaya ensuite la calomnie, et enfin l'arme du ridicule, toujours sûre en France, mais impuissante sur le flegme anglais. On imprima, et on afficha partout que le prétendant venait renverser la religion dominante, persécuter les anglicans, et substituer le despotisme aux lois du pays. Édouard protestait que jamais il n'attenterait à la liberté des cultes, et qu'il respecterait les immunités du peuple. La régence exigea, des fonctionnaires publics, une nouvelle formule de serment, conçue en ces propres termes : *J'abhorre, je déteste, je rejette comme un sentiment impie cette damnable doctrine, que des princes excommuniés par le pape, peuvent être déposés ou assassinés par leurs sujets*, etc. Édouard répondait que si quelqu'un avait à craindre le fer des assassins, c'était celui-là seul dont on avait proscrit la tête. On fit sortir de Londres, et de son territoire, tous les prêtres catholiques, trop peu nombreux pour être redoutables, et on ne redoutait en effet que le courage d'Édouard, et une armée conduite par l'enthousiasme, qu'échauffaient encore des succès presque prodigieux. Enfin, on fit paraître un journal qu'on distribuait gratuitement, dans lequel on comparait les choses importantes faites pendant le règne de Georges II, aux changemens qui ne devaient pas manquer d'arriver sous la domination d'un prince catholique-romain ; les moines rétablis, les édifices publics convertis en couvens, un jésuite confesseur et ministre, plusieurs ports livrés aux Français, etc. Les partisans qu'avait Édouard, dans Londres même, écrivaient dans le sens contraire, et leur style ambigu, et la modération qu'ils observaient, ne donnaient aucune prise au gouvernement.

Le prince, à qui son ardeur ne permettait pas de s'occuper long-temps d'une guerre de plume, sortit de nouveau d'Édimbourg, et enleva, l'épée à la main, Dundée, Drumond et Newbourg.

Le roi Georges, de son côté, était revenu en Angleterre, pour arrêter les progrès effrayans de son adversaire. Il s'en alarma au point de ne pas croire les forces nationales suffisantes. Il fit venir six mille Hessois, et les garnisons hollandaises de Tournai et de Dendermonde, qui, par la plus précise des capitulations, ne devaient faire aucun service pendant dix-huit mois. Il mit sur pied les milices; il engagea plusieurs seigneurs à lever des régimens à leurs frais; il en fit revenir plusieurs de Flandres; il mit enfin, dans ses préparatifs, autant d'activité que la régence avait marqué de lenteur.

Ses alarmes augmentèrent, et la fermentation s'empara à Londres de tous les esprits, quand on y sut qu'Édouard avait pris Carlisle, et qu'il avait poussé jusqu'à Derbi, à trente lieues de cette capitale. Ceux qui n'avaient osé se déclarer hautement pour lui, sur des espérances incertaines, cessèrent de se contraindre. On buvait dans les tavernes à la santé du roi Jacques ; quelques ministres prononcèrent son nom dans les prières publiques; le comté de Lancastre lui fournit un régiment entier. Chaque jour, à chaque instant, on apprenait quelque nouveau succès du prince. La consternation grossissait ses avantages et ses forces ; le désordre fut porté à un tel point, que la banque et les boutiques de Londres furent fermées pendant vingt-quatre heures.

Depuis qu'Édouard était descendu en Écosse, ses amis pressaient, sans relâche, la cour de France de le secourir efficacement. Ils assuraient qu'il était facile de débarquer, la nuit, huit ou dix mille hommes et de l'artillerie. Ils ne voulaient pas de vaisseaux de guerre ; il fallait perdre du temps pour les équiper, et le moindre retard pouvait être funeste. Ils demandaient les bâtimens de transport qui se trouveraient dans les ports de Calais, de Boulogne et de Dunkerque. Ils assuraient que, d'une marée à l'autre, ces troupes débarqueraient à la côte d'Angleterre. Ils répondaient que dès qu'elles seraient à terre, les trois royaumes se déclareraient. Ils désignaient, pour les commander, le duc de Richelieu dont la réputation était déjà faite en Europe. Ils demandaient Lally pour diriger les détails, et servir sous Richelieu. Enfin leurs sollicitations furent si vives, si opiniâtres, et les probabilités si bien établies par eux, qu'on leur accorda ce qu'ils demandaient

Il est certain que si le pasage eût été libre, la révolution se faisait ; mais on rencontrait partout les flottes anglaises, et cette tentative manqua comme celles qui l'avaient précédée. On ne put faire aborder que quelques détachemens, qui passèrent par la mer Germanique, et tournèrent ensuite à l'Est de l'Écosse. Le lord Dromond, officier au service de France, débarqua à Mont-Rose, avec plusieurs piquets et trois compagnies du régiment Royal-Ecossais. Il se mit aussitôt en marche avec ces troupes, pour se réunir à l'armée du prince. Partout où ils passaient, ils étaient reçus aux acclamations des habitans. Les femmes allaient au-devant d'eux, et conduisaient les chevaux des officiers par la bride. Dans chaque maison, ils trouvaient des rafraîchissemens ; c'était à qui les logerait.

Cependant Édouard touchait au moment qui devait décider de son sort. Il le sentait, et il se servit de tous les moyens qui étaient en son pouvoir. Il répandit des manifestes qui pressaient la nation de se joindre à lui ; il promettait à tous protection et justice ; il protestait qu'il traiterait les prisonniers comme on traiterait les siens ; il renouvelait la défense d'attenter à la vie du roi Georges. Ces proclamations, remplies d'ailleurs de sentimens d'humanité, furent brûlées à Londres, par la main du bourreau.

Déja les avant-postes des deux partis s'étaient
livré de ces combats partiels qui ne décident rien,
mais qui mènent à une affaire décisive. Édouard,
trop avancé dans un pays qui ne se déclarait pas
pour lui, craignait que les milices répandues
dans le comté de Lancastre, ne coupassent ses
communications, et ne le forçassent à se rendre
faute de vivres. Toujours impatient de combattre,
il fut cependant contraint de reculer, et de rentrer en Écosse. Pendant cette marche, son armée
s'augmentait ou diminuait, selon les besoins des
soldats, à qui il ne pouvait payer de solde réglée, et que, par cette raison, il n'était pas possible de soumettre à un service régulier. Il lui
restait pourtant environ huit mille hommes, lorsqu'il sut que l'ennemi était à six milles de lui,
près des marais de Falkirck, et en nombre infiniment supérieur. Il n'en marcha pas moins à
eux, et leur présenta aussitôt la bataille. Ses
montagnards se battirent de la même manière
qu'à Preston-Pans, et avec le même avantage.
Un orage, qui soufflait au visage des Anglais, les
favorisa encore; mais leur impétuosité leur devint
fatale. Ils se trouvèrent débandés, rompus et
mêlés parmi les Anglais, qui gardaient leurs
rangs. Le prince vit le danger, et les fit reculer.
Six piquets de troupes françaises les couvrirent,
soutinrent et rétablirent le combat, et leur donnèrent le temps de se rallier. Ils revinrent à la
charge avec une nouvelle fureur, et enfoncèrent

enfin les lignes anglaises. Les dragons s'enfuirent les premiers, et entraînèrent l'infanterie. Les généraux, les officiers, furent contraints de suivre la foule. Ils se jetèrent, en désordre, dans leur camp, entouré de marais, et défendu par des retranchemens.

Édouard, maître du champ de bataille, résolut d'achever la victoire, et de forcer le camp, malgré les ténèbres, et l'orage dont la violence redoublait. Il ne s'arrêta que pour donner le temps à ses montagnards de chercher et de retrouver leurs fusils, que, selon leur méthode ordinaire, ils avaient jetés au commencement de l'action. Il marcha aux retranchemens l'épée à la main. Les Anglais, déja vaincus par la terreur, se dispersèrent et fuirent une seconde fois du côté d'Édimbourg. Leurs tentes et leurs équipages furent les garans de cette double victoire.

Ces trophées, qu'Édouard devait à son intelligence autant qu'à sa valeur, faisaient beaucoup pour sa gloire, et rien pour la décision de cette grande affaire. Ces actions fréquentes l'affaiblissaient insensiblement, et le duc de Cumberland s'avançait en Écosse avec des troupes fraîches. Il entra à Édimbourg, et se réunit aux débris de l'armée vaincue à Falkirck, et à la garnison du château. Il en sortit à la tête de toutes ces forces, pour chercher le prince Édouard.

Celui-ci, convaincu plus que jamais de la nécessité de s'assurer d'une place forte, assiégeait le château de Sterling. L'approche du duc de Cumberland le força à lever le siége, et à se retirer dans Inverness. Le duc ne lui donna pas de relâche; il passa la rivière de Spée, et se présenta à la vue d'Inverness. Édouard, qui doutait des dispositions des habitans, sortit de la ville, et se prépara à une bataille, dont le résultat le portait sur le trône d'Angleterre, ou le faisait déclarer *rebelle* et *traître à son roi.*

Nous avons vu des armées de cent mille hommes, en Allemagne, en Flandre, en Italie, décider à peine de la prise d'une citadelle. Ici le destin de trois royaumes va dépendre de onze mille hommes du côté des Anglais, et de sept à huit mille de celui du prétendant. Si Édouard est battu, son parti est éteint pour jamais; s'il est vainqueur, le chemin de Londres lui est ouvert, et la couronne l'attend.

Les deux armées se trouvèrent en présence à deux heures après midi, près d'un village nommé *Culloden.* Le duc de Cumberland avait l'avantage du nombre, une forte cavalerie, et une artillerie parfaitement servie. Les Anglais avaient en lui la confiance que méritait le général qui avait si bien dirigé leur bataillon carré à Fontenoi. Ils étaient encore animés par le désir d'effacer la honte des deux défaites de Preston-Pans et de Falkirck.

Édouard, au contraire, ne livrait bataille que parce qu'il ne pouvait se maintenir dans Inverness. Celui qu'on force au combat, a rarement l'avantage de la position, et il n'est jamais poussé par ces pressentimens intérieurs, attribués, je ne sais pourquoi, à une cause surnaturelle ; mais qui font toujours faire de grandes choses, parce qu'ils exaltent l'imagination. C'est ce qui arriva à Culloden. Les Écossais se présentèrent mal ; ils n'attaquèrent point à leur manière accoutumée. Cette façon de combattre n'étonnait plus les Anglais ; mais ils la jugeaient toujours dangereuse. Les premières décharges de l'ennemi mirent le désordre parmi les montagnards. Les Français firent la même manœuvre qu'à Falkirck ; ils se portèrent en avant ; mais les Écossais ne se rallièrent point, et les laissèrent seuls exposés au feu. Les Français furent forcés de plier à leur tour, et la déroute devint générale. Édouard, blessé, fut entraîné par la multitude, obligé de fuir, et de renoncer à toutes ses espérances, ayant à peine perdu neuf cents hommes. Le reste se dispersa du côté d'Inverness, poursuivi, sans relâche, par les vainqueurs. Le prince, suivi de quelques officiers, fut obligé de passer une rivière à la nage, et de l'autre bord il vit les flammes, et entendit les cris de cinq à six cents montagnards qui s'étaient réfugiés dans une grange, et que les Anglais brûlèrent impitoyablement. Le gain de cette bataille, qui termina cette guerre, ne leur coûta que cinquante hommes tués, et deux cent cinquante blessés.

Parmi les prisonniers que fit le duc de Cumberland, étaient tous les officiers français. L'envoyé du roi de France près Édouard, vint se rendre lui-même au duc dans Inverness, et ce qu'il y eut d'extraordinaire, on lui amena trois dames écossaises qui avaient combattu avec le prince à Preston-Pans, à Falkirck et à Culloden. Une quatrième, madame Séford, commandant un corps de montagnards qu'elle avait levés elle-même, fut assez heureuse pour échapper.

Le duc de Cumberland sentait la nécessité de disperser sans retour les rebelles (ce fut ainsi qu'on les nomma alors. En politique, le malheur fait les criminels). Il ne leur donna pas le temps de respirer. Les soldats, à la faveur de leur obscurité, se cachaient aisément, ou se retiraient dans leurs montagnes. Les officiers se rendaient, dans l'espoir d'obtenir grace. Plusieurs furent livrés par ces mêmes Écossais, qui, la veille, combattaient sous eux, ou qui formaient des vœux secrets pour le prétendant. Édouard, Sullivan, Shéridan et quelques autres se réfugièrent d'abord dans les ruines d'un fort, dont la faim les chassa bientôt. A mesure qu'ils marchaient, la misère se faisait sentir davantage. Le chagrin les aigrit; ils en vinrent aux reproches. La division suivit. A chaque instant il s'en détachait quelques-uns. Édouard resta seul enfin avec Shéridan et Sullivan.

Il marcha, avec ces deux amis, cinq jours et cinq nuits, sans oser s'arrêter, en proie à ce qu'ont d'horrible la fatigue, la famine, et surtout le souvenir des espérances les mieux fondées, et si complètement évanouies. Des détachemens anglais étaient répandus partout, et les soldats cherchaient le prince, avec un acharnement que soutenait la somme promise à qui le livrerait. Il était à pied, ses habits étaient en lambeaux, sa blessure sans appareil. L'excès des revers même aigrit son courage, et jamais, peut-être, il ne fut plus grand qu'au milieu des plus affreuses calamités.

Je vais me répéter souvent, sans doute. Une continuité de malheurs uniformes ramènent les mêmes situations, et par suite les mêmes expressions.

Édouard arriva à un petit port nommé Arizaig, abusé par l'espérance de pouvoir s'y embarquer. Deux navires de Nantes, qui apportaient de l'argent, des soldats et des vivres, faisaient voile précisément vers ce port, et soutinrent un moment l'illusion. On lui rapporte qu'on le cherche dans Arizaig même ; il est forcé de s'éloigner, avant que ces deux bâtimens aient abordé. Il n'a pas fait deux milles, qu'il apprend que ces navires ont touché au port, et qu'à la nouvelle de la défaite de Culloden, ils sont retournés en France.

O'Nel, officier irlandais au service d'Espagne, était venu dans un de ces vaisseaux. Il refuse de se rembarquer ; il cherche, il trouve le prince n'attendant plus que la captivité ou la mort. Il lui dit que l'île de Stornay, la dernière au nord-est de l'Écosse, est une retraite à peu près sûre dans ces premiers momens. Édouard, touché du dévouement d'O'Nel, lui accorde aussitôt sa confiance, et se laisse conduire. O'Nel détache une barque de pêcheur; Sullivan, Shéridan et lui rament tour à tour. Ils arrivent dans l'île. A peine débarqués, ils aperçoivent dans l'éloignement un gros de soldats. Ils reconnaissent l'uniforme de l'armée anglaise. Ils n'ont que le temps de se jeter dans un marais. Ils y passent la nuit, couverts par des roseaux, et dans l'eau jusqu'aux reins. Au point du jour, ils remontrent dans leur petite barque, et se remettent en mer, sans provisions, et sans savoir où se retirer. Un brouillard épais les rend plus incertains encore. Ce brouillard tombe; ils se trouvent au milieu d'une flotte anglaise.

Le prince alors oublie sa blessure, et prend un aviron. Tous quatre forcent de rames, pour gagner une petite île déserte, bordée de rochers, inaccessible aux vaisseaux, et même à leurs chaloupes. Ils échappent encore à ce danger. Ils passent au milieu des ennemis, qui ne soupçonnent pas que c'est le fils du prétendant qui fuit devant eux. Ils parviennent aux bas fonds qui environnent l'île; ils se jettent à la mer, et tirent, à force de bras, leur nacelle derrière un rocher.

Il ne leur restait qu'un peu d'eau-de-vie. Des coquillages et quelques poissons secs, abandonnés par des pêcheurs sur la plage, soutinrent leur déplorable existence. Ils se cachèrent dans le creux d'une roche, jusqu'à ce que les vaisseaux ennemis fussent hors de vue. Ils repartirent alors; ils ramèrent d'île en île, cherchant partout un asile qu'ils ne trouvaient nulle part. Ils eurent cependant quelques momens de repos dans l'île de Wight. De pauvres gens les reçurent, et leur donnèrent quelques vivres. Ils se proposaient de se refaire de tant de fatigues, lorsque des milices anglaises débarquèrent dans l'île. Ils furent réduits à passer trois jours et trois nuits dans une caverne, abandonnés de ceux qui les avaient d'abord secourus : on aide les infortunés; on ne se sacrifie pas pour eux.

Ils se crurent trop heureux de trouver le moment de se rembarquer. Ils se sauvèrent encore dans une autre île déserte, où ils manquèrent absolument de tout. Forcés de se remettre en mer, et n'osant gagner le large avec une barque aussi frêle, il ne restait qu'un parti à prendre : c'était de retourner en Écosse, au risque d'être pris par les Anglais, qui, sans cesse, parcouraient le rivage. Il fallait mourir de faim, ou s'y déterminer.

Ils rentrent donc dans leur nacelle, presque sûrs de trouver la mort sur ces côtes où Édouard avait un instant donné la loi. Ils y descendirent la nuit, et marchèrent à l'aventure, couverts de haillons que leur avaient donnés des montagnards. Au point du jour, ils rencontrèrent une jeune demoiselle à cheval, suivie d'un domestique. La jeunesse et ce sexe font naître au moins la sécurité, et il fallait s'ouvrir à quelqu'un. Le prince aborda la jeune personne; c'était une demoiselle Makdonall, dont la famille était attachée aux Stuart. Le prince l'avait vue pendant le cours de ses succès, et se déclara à elle. Mademoiselle Makdonall fondit en larmes, en le retrouvant dans cet état. Le prince et ses amis s'attendrirent avec elle; ils pleurèrent tous ensemble, et la douleur de la jeune écossaise s'accrut encore en pensant qu'elle ne pouvait rien pour un prince, exposé aux dangers les plus cruels et les plus certains. Elle lui conseilla de s'enfoncer dans une caverne profonde qu'elle lui montra au pied d'une montagne voisine. Non loin de là était la cabane d'un montagnard sur la fidélité duquel il pouvait compter. Elle lui promit enfin de l'y venir prendre, ou de lui envoyer un guide sûr, si la fuite devenait possible.

Édouard et ses estimables compagnons se réfugièrent dans cette autre caverne. Le paysan les secourut autant que le permettait sa pauvreté. Il leur donna ce qu'il avait de farine d'orge, détrempée dans de l'eau. Deux jours passés dans un lieu obscur et humide, empirèrent l'état du prince, déjà malade. Son corps se couvrit de boutons purulens et d'ulcères. Les provisions du montagnard étaient épuisées, et les proscrits ne voyaient paraître personne.

Ils commençaient à désespérer, lorsqu'un homme, envoyé par mademoiselle Makdonall, se présenta à l'entrée de la caverne. Il leur avoua qu'il était impossible de trouver un vaisseau pour les passer en France ; que la seule ressource qui leur restait, était de se cacher dans la petite île de Benbécula, chez un pauvre gentilhomme qui les recevrait volontiers, et chez qui mademoiselle Makdonall se trouverait à leur arrivée.

Ils attendent la nuit ; ils se hasardent à descendre au rivage ; ils retrouvent la barque qui les a apportés ; ils passent à Benbécula. Mademoiselle Makdonall s'était embarquée à quelques milles de là, pour les aller joindre, et se concerter, avec eux, sur les moyens de pourvoir à leur sûreté.

Ils arrivent à la maison du gentilhomme, qu'on leur a indiquée. Ils apprennent que cette nuit même des satellites du gouvernement se sont emparés de lui et de sa famille. Le prince et ses amis se sauvent dans des marais, et y passent la journée. Vers le déclin du jour, O'Nel s'expose à tout, et sort de la boue et des joncs pour aller à la découverte. Il trouve mademoiselle Makdonall dans une chaumière ; il se croit hors de danger, lui et ses compagnons. Elle lui déclare qu'elle espère sauver le prince, en lui faisant prendre des habits de femme qu'elle a apportés avec elle ; mais elle ajoute qu'elle ne peut sauver que lui, et qu'une personne de plus la rendrait suspecte. O'Nel, Sullivan et Shéridan ne balancent point. Ils se sacrifient au salut d'Édouard, l'embrassent en pleurant, s'éloignent, et s'abandonnent à leur fortune.

Le prince, sous ses habits de femme, suit mademoiselle Makdonall. Elle le conduit dans l'île de Skie. La maison où ils sont retirés, est tout à coup investie par des soldats. Édouard, sans se troubler, va leur ouvrir lui-même, et n'en est pas reconnu. Cependant le bruit se répand bientôt que le prince est dans l'île. Les perquisitions recommencent; il faut fuir de nouveau. Il se sépare de mademoiselle Makdonall. Il marche dix milles, sans savoir où il va, et toujours sur le point d'être pris. Près de succomber de lassitude et de besoin, il arrive près d'une maison d'assez belle apparence. Il s'informe; il apprend que le propriétaire avait constamment tenu pour le gouvernement. Trop généreux lui-même pour ne pas croire à la générosité, il entre, il se nomme, et adresse au gentilhomme ces propres paroles : « Le fils de « votre roi vient vous demander du pain et un « habit. Je sais que vous êtes mon ennemi; mais « je vous crois assez de vertu pour ne pas abuser « de ma confiance et de mon malheur. Prenez les « misérables vêtemens qui me couvrent, et gar- « dez-les. Vous pourrez me les apporter un jour « dans le palais des rois de la Grande-Bretagne. » La délation n'entrait pas encore dans le code des nations civilisées. Le gentilhomme fit ce qu'Édouard devait attendre d'un homme d'honneur. Il le vêtit, le nourrit, le logea, et lui donna les moyens de sortir de l'île.

Arrêté depuis pour l'avoir reçu, et traduit devant la cour, établie à Édimbourg, pour juger les rebelles, ce gentilhomme répondit avec franchise aux interrogations de ses juges. Il leur rendit les paroles que lui avait adressées le prince, et sa justification se réduisit à ces mots. « Que celui « de vous qui, dans une telle circonstance, eût « pris sur lui de le trahir, prononce le premier « mon arrêt de mort. » Il fut renvoyé absous.

Édouard, sans cesse environné d'ennemis, ne savait plus où traîner sa misère. Il pensa que la tribu de Morar, qui lui était généralement attachée, l'accueillerait dans sa détresse. Il repassa donc en Écosse. Il erra dans le Lokaber, et dans le Badenoch. Ce fut là qu'il apprit que sa bienfaitrice mademoiselle Makdonall était aussi arrêtée; que ses partisans qui s'étaient dérobés aux recherches, étaient condamnés par contumace, et enfin que deux bâtimens légers, expédiés de France, avaient abordé heureusement sur la côte occidentale de l'Écosse, à l'endroit où ce prince était d'abord descendu, seize mois auparavant. Ce qui prouve invinciblement que le parti n'était que comprimé, c'est que ces deux vaisseaux étaient mouillés depuis trois mois près des côtes, sans que personne en donnât avis au gouvernement.

Pendant ce temps on avait inutilement cherché le prince. Édouard, craignant de se confier, se dérobait également à tous les yeux. Trouvé et armé enfin par des serviteurs, que l'inutilité de leurs premières démarches n'avait point rebutés, il arriva par les montagnes, et à travers mille dangers, à l'endroit où il devait s'embarquer. Il vogua heureusement jusqu'à la vue de Brest, et il en trouva le port bloqué par une escadre anglaise. Il fallut changer de direction. Il regagna la haute mer, et tourna ensuite du côté de Morlaix. Une division anglaise y croisait. Il échappa encore à ce nouveau péril, et débarqua enfin au port de Saint-Paul-de-Léon, avec quelques amis qui l'avaient rejoint au moment de son embarquement.

Pendant qu'Édouard errait, poursuivi d'île en île, et de caverne en caverne, le duc de Cumberland entrait triomphant dans Londres, et le roi Georges effrayait, par l'appareil de la justice, ceux qui tenaient encore intérieurement pour son compétiteur au trône. Il commença par faire porter dans les rues de Londres les drapeaux pris à Culloden. L'étendard royal du prince était entre les mains du bourreau; les autres étaient traînés, dans la boue, par des ramoneurs de cheminées, et tous furent brûlés par le bourreau.

Cette misérable farce, qui prouvait seulement combien Édouard avait paru redoutable, fut le prélude des scènes tragiques qui se multiplièrent bientôt. On exécuta d'abord dix-sept officiers, qu'on traîna sur la claie au lieu du supplice. On les pendit, on leur fendit le ventre, on leur arracha le cœur, et on leur en battit les joues. Deux jours après, trois pairs écossais furent condamnés à perdre la tête.

Les lords anglais Balmerino, Kilmarnoch et Cromarty, furent jugés par les pairs d'Angleterre. Tous trois, convaincus d'avoir porté les armes pour le prétendant, furent condamnés à mort. Lady Cromarty enceinte, et déja mère de huit enfans, alla, avec eux, se jeter aux pieds du roi, et obtint la grace de son mari. Les deux autres furent décapités. Le gouverneur de la tour ayant, selon l'usage, crié : *Vive le roi Georges!* Balmerino cria tout haut : *Vive le roi Jacques et son digne fils!* et il présenta sa tête.

La vengeance s'étendit sur tous ceux qui avaient pris part à la rébellion. On en fit mourir vingt à Carlisle, trente à Jorek, soixante-dix à Penrith et à Brumpton, et cinquante-six à Londres. Un prêtre anglican avait demandé l'évêché de Carlisle à Édouard, pendant qu'il était maître de cette ville. Il fut condamné à mort, et conduit au gibet, revêtu des habits pontificaux. Enfin, on fit tirer au sort les soldats et les bas-officiers qu'on put prendre. On en supplicia un sur vingt; les autres furent déportés aux colonies.

De toutes les victimes de la rigueur de Georges, celle que plaignirent également les deux partis, fut le lord Devenwater. Son frère aîné, qui dès 1715 avait pris les armes pour le pré-

tendant, avait eu la tête tranchée à Londres. Son frère cadet, employé au service de France, et pris par les Anglais, pendant le cours de cette dernière révolution, avait subi le même sort. Devenwater voulut que son fils, encore enfant, montât sur l'échafaud, et il lui dit : « Soyez cou-
« vert de mon sang, et apprenez à mourir pour
« vos rois. »

Enfin le dernier pair qui tomba sous la hache du bourreau, fut le lord Lovat, âgé de quatre-vingts ans. Il marqua la plus grande fermeté, et, avant que de recevoir le coup, il répéta ce vers d'Horace.

Dulce et decorum est pro patriâ mori.

Il semblait qu'Édouard, rentré en France, n'avait plus à redouter que de mener une vie obscure, insupportable aux hommes qui se sentent nés pour de grandes choses. Un dernier coup lui était réservé, et ce fut, de tous, celui auquel il se montra le plus sensible.

Trois ans après sa triste expédition, la France et les puissances alliées, également épuisées et lasses de la guerre, envoyèrent des ministres à Aix-la-Chapelle pour traiter de la paix. La première condition qu'y mirent les Anglais, fut que Louis XV renverrait de ses états le fils du prétendant. Les plénipotentiaires de France observèrent que cette paix même allait mettre le prince dans l'impossibilité de rien entreprendre. Les ministres du roi Georges insistèrent, et on ne crut pas devoir recommencer la guerre, uniquement pour les intérêts d'Édouard. Il fut sacrifié au repos de la France.

Quand on lui annonça qu'il fallait sortir du royaume, il répondit que le roi lui avait promis de ne jamais l'abandonner, et qu'il ne partirait point. Son caractère, aigri par tant de revers, le fit résister aux remontrances, aux prières, et enfin aux ordres les plus précis. On se crut obligé alors de s'assurer de sa personne, et on vint pour l'arrêter. Il se défendit ; mais il fut pris, chargé de fers, jeté dans un fiacre, et conduit en prison, d'où on le tira bientôt, pour le mener hors des frontières. Depuis ce temps, ce prince, qui, par sa jeunesse et ses qualités, méritait un meilleur sort, vécut ignoré de toute la terre, et avec lui s'éteignit cette longue suite de rois, si constamment infortunés.

CHAPITRE II.

Mon oncle Thomas reparaît sur la scène.

Qu'est-ce qu'un roman ? Un ramas d'évènemens imaginaires, qui amusent ou ennuient, et qu'on oublie après les avoir lus. Qu'est-ce que l'histoire ? Des faits réels, défigurés, tronqués, mutilés par l'erreur ou la passion de l'écrivain. L'historiographe d'un roi fait des hommes libres des brigands; l'historiographe républicain veut que tous les rois soit des tigres; les écrivains qui ne tiennent à aucun parti (l'abbé de Vertot, par exemple), adoptent tel héros, ajoutent à ses qualités, et transforment quelquefois ses vices en vertus. Cet abbé de Vertot, puisque je tiens celui-là, écrivait l'histoire de Malte. Il en était au siége de Rhodes. Il attendait, sur ce siége, des mémoires qui n'arrivaient pas. Il s'érige en généralissime du grand-turc, et en grand-maître de l'ordre de Malte. Il attaque la place, il la défend, il la prend enfin, et les mémoires arrivent, au moment où l'abbé finissait de conquérir l'île entière. Les mémoires ne ressemblaient pas du tout à ce qu'il avait imaginé : « J'en suis fâché, dit-il; mon siége est fait, « je ne le recommencerai pas. »

Lequel vaut mieux, à votre avis, ou du roman qui s'oublie, ou de l'histoire qui vous burine l'erreur sur le périoste du crâne? L'un et l'autre n'ont de valeur, selon moi, que celle que veut bien leur accorder le lecteur, et tous deux ressemblent à la lanterne magique, où on voit paraître, tour à tour, le soleil et la lune, le mitron, le père éternel, et madame Gigogne. Je vous ai longuement entretenu de princes, de montagnards, de rois, de palais, de cavernes, de succès et de défaites; je reviens à mon oncle Thomas, et ce que je vais vous raconter est aussi vrai que le siége de Rhodes par l'abbé de Vertot. Vous en retiendrez ce qu'il vous plaira.

Le régiment de Lally était en garnison à Nantes lorsqu'Édouard s'y embarqua, et voilà pourquoi le comte y avait fait venir mon oncle. Il espérait obtenir un ordre du ministre pour faire passer le régiment avec le prince; on lui refusa l'ordre, et voilà pourquoi le régiment resta à Nantes. Mais comme monsieur de Lally pensait à tout, il prévit que, pendant la traversée, sa majesté future aurait besoin d'un garçon de chambre, et d'un marmiton pour le service de sa personne et de sa table; d'un musicien pour l'amuser à bord, et d'un trompette pour rassembler les montagnards à terre. Mon oncle n'était pas porté sur les contrôles du régiment, et voilà enfin pourquoi on le fit partir avec le royal aventurier.

Thomas, qui n'avait jamais respiré l'air de la mer, eut mal au cœur, en mettant le pied sur le vaisseau, ce qui fut cause qu'on l'envoya dans l'entre-pont, où il coucha entre un sac de biscuit et une bouteille de rhum, rendant sans cesse, et réparant à mesure qu'il rendait. Il ne guérit qu'en descendant en Écosse, ce qui fut cause encore que le prince ne s'occupa point de lui, et l'avait même oublié. Mais dès qu'Édouard eût touché la terre ferme, et salué le sol natal de ses pères, Thomas sortit de son trou. Dès que dix à douze montagnards se furent rassemblés autour du prince, il tira de sa poche son *turlututu*, et, tantôt fifre, tantôt jouant de la cornemuse, quelquefois tambour, plus souvent soldat, insensible

au péril, et sabrant quelques Anglais, quand il
en trouvait l'occasion, il avait aidé à vaincre à
Preston-Pans, à Falkirk, et, lors de la déroute
de Culloden, il avait la perspective d'être bientôt
maître de musique de la chapelle du roi Jacques,
ou tambour-major de son régiment des gardes,
ou page, ou aide de cuisine. Mais cette chienne
d'affaire, en ruinant les espérances du prince,
envoya les siennes au diable. Trop heureux de
n'être pas sabré, il courait avec les autres, aussi
vite que le permettaient ses jambes, courtes encore, lorsque trois ou quatre dragons anglais, qui
couraient aussi, et beaucoup plus vite que lui,
parce qu'ils étaient à cheval, le décidèrent, non
pas à les attendre,

<blockquote>La valeur n'est valeur qu'autant qu'elle est utile,</blockquote>

mais à se coucher parmi les morts, pour les
laisser passer.

Le dernier qui passa, j'entends le dernier cheval, lui pinça l'oreille avec le bout de son fer,
et la pinça si bien que mon oncle en sauta deux
pieds de haut, et, en retombant, il vit qu'il était
seul avec des morts, et par conséquent maître de
prendre le parti qu'il aviserait dans sa sagesse. Il
commença par faire de son uniforme ce qu'il
avait fait à Paris de la livrée de monsieur l'ambassadeur. Il le quitta, parce qu'il sentait que ce
ne pouvait pas être un titre de recommandation
dans la circonstance actuelle, et par suite de

cette idée, il pensa qu'il valait mieux, ce jour-là, ressembler à un Anglais, qu'à qui que ce fut au monde. D'après ce raisonnement, il chercha si, parmi ceux qui venaient d'avoir la complaisance de se faire tuer pour une affaire qui ne les regardait pas, il n'en trouverait pas un à peu près de sa taille.

Un jeune enseigne de son âge, que le lord son père avait envoyé à la guerre, au lieu de l'envoyer à l'école, était aussi parmi les morts. Habit rouge, paremens et revers bleus, agrémens en argent, sabre à monture du même métal, la montre au gousset, et, sans doute, une bourse bien fournie dans la poche ; mon oncle trouva très-convenable de s'accommoder de tout cela, et il se mit en devoir de dépouiller le mort.

Le jeune enseigne, qui avait, de paraître tel, les mêmes raisons que mon oncle, et qui se portait aussi bien que lui, ne vit pas plutôt à quel ennemi il avait affaire, qu'il se mit sur son séant, et reprit son sabre. Mon oncle, étonné d'abord d'un mouvement auquel il ne s'attendait pas, se remit bientôt, et chargea l'Anglais, en jurant qu'il aurait sa dépouille. Voilà mes deux lurons attaquant, parant, avançant, reculant, et s'alongeant parfois des coups de sabre à se pourfendre tous deux. La lame de mon oncle s'engage dans la monture de son adversaire ; il fait un saut en arrière, et retire son fer si vivement, qu'il tranche net le petit doigt de milord à la première phalange. Milord, qui voit son sang pour la première fois, se croit mort tout de bon, et demande quartier. Mon oncle vainqueur lui donne la vie; mais il le déshabille complètement. Il ne lui fait pas même grace de son caleçon.

J'avais envie de mettre ce *grand combat sanglant* en grands vers bien ronflans; mais j'ai pensé qu'il pouvait fournir un épisode à quelque poète épique, et je lui en ai laissé le plaisir.

Mon oncle, vêtu en officier d'importance, prit tranquillement le chemin d'Inverness. Il saluait de la main les Anglais qu'il rencontrait; il riait, en voyant les Écossais fuir devant lui, d'aussi loin qu'ils l'apercevaient. Il entra enfin dans la ville, persuadé de sa bonne mine, et plus encore du besoin de dîner.

Il cherche dans le gousset de l'enseigne, et il y trouve une trentaine de guinées. Rassuré sur son existence, il va droit à la meilleure auberge, qu'il connaissait, parce qu'Édouard y logeait la veille. Elle était occupée alors par le duc de Cumberland et son état-major.

Le tavernier, très-poli, ce jour-là, envers les officiers anglais, salue respectueusement mon oncle, et l'invite à le suivre. Mon oncle, pendant sept à huit mois, passés dans les montagnes, avait appris passablement l'écossais. Il ne se fait pas répéter l'invitation; il marche sur les pas de son guide. Celui-ci le mène à une chambre, d'où s'exhalait une odeur délicieuse. Il ouvre la porte; Thomas entre, et trouve à table le général anglais et sa suite.

Sa position était embarrassante. S'enfuir, c'était se déceler, et il eût été pris à quatre pas. Rester était aussi dangereux. Des deux partis, il choisit celui qui le flattait le plus; il se mit aussi à table.

Le duc, choqué d'une familiarité à laquelle il n'était pas accoutumé, en marqua son mécontentement à ses officiers. Mon oncle ne savait pas un mot d'anglais; il ne se doutait pas qu'il fût question de lui. Il mangeait avec avidité, et avait grand soin de se servir les meilleurs morceaux. Il réfléchit cependant qu'aussitôt qu'on lui adresserait la parole, la fourberie serait découverte; mais il pensa, en même temps, qu'on ne lui ferait pas rendre ce qu'il aurait avalé, et il se décida à boire et à manger jusqu'à ce qu'on le mît à la porte.

Le duc connaissait l'uniforme. Il savait que le lord un tel avait son fils enseigne dans le régiment; il avait vu le père à la cour, il ne connaissait pas le fils, et par égard pour le premier, il marqua de l'indulgence au second. Il s'amusa même de sa voracité, et, de temps en temps, il lui adressait quelques mots. Mon oncle le regardait d'un air bête, ne répondait rien, voyait l'orage qui se formait; mais ne perdait pas un coup de dent.

Le duc, étonné du silence de l'insatiable mangeur, demanda à ses officiers ce qu'ils en pensaient. Ils crurent que la frayeur, naturelle à un enfant de cet âge, avait dérangé ses organes. Le duc ajouta qu'au moins elle ne lui avait pas ôté l'appétit.

On n'est pas long-temps à table après une victoire, lorsqu'il reste des ennemis à poursuivre. Déja la générale battait dans tous les quartiers de la ville, et le colonel du régiment dont mon oncle portait l'uniforme, entra pour prendre les ordres de son général.

Imaginez-vous la surprise de cet officier, en voyant son habit sur le corps d'un inconnu. Figurez-vous mon oncle, interdit de la manière dont le regarde le colonel, laissant tomber sa fourchette, et n'ayant pas la force de mâcher son dernier morceau. Voyez enfin le duc de Cumberland, demandant l'explication d'un tableau muet auquel il n'entendait rien encore; mais qui annonçait quelque chose d'extraordinaire.

Le colonel répond qu'un drôle, et peut-être un espion, a endossé l'uniforme de son régiment. Il prend mon oncle par une oreille. C'était justement celle qu'avait foulée le cheval du dragon, et la douleur qu'éprouve le patient, lui fait pousser un *god dam*, qui lui vaut un soufflet et un coup de pied au cul. Il répond encore à cela par de nouveaux *god dam*, et c'est tout ce qu'il pouvait dire : c'était le seul cri qu'il eût entendu des Anglais vainqueurs ou en fuite, et ce mot, employé dans tous les cas, lui paraissait *le fond de la langue.*

Cependant le duc de Cumberland fait cesser les voies de fait, et interroge lui-même l'espion prétendu. A chaque interpellation, Thomas répète son *god dam* du ton le plus humble. Tout le monde se regarde; on ne sait que penser, lorsque mon oncle, très-inquiet du dénouement, s'écrie en français : « Sacredieu ! où me suis-je « fourré ! »

Le duc et la plupart de ses officiers savaient notre langue ; elle fait partie, en Angleterre, de l'éducation. Dès lors on commença à s'entendre. Mon oncle, interrogé dans son idiôme naturel, répond avec précision et originalité. Il raconte les faits, il intéresse, il amuse. Une seule chose tracassait le colonel ; c'était de savoir où il retrouverait son enseigne, que son père lui avait expressément recommandé. D'ailleurs il ne croyait pas que mon oncle fût coupable pour s'être battu bravement, et le duc lui pardonna volontiers d'avoir dîné à ses dépens.

Les Anglais aiment les gens de cœur, parce qu'ils en ont, et sans cela nous n'aurions pas de mérite à les battre. Ceux-ci demandèrent à mon oncle s'il voulait servir le roi d'Angleterre. Il répondit que pourvu qu'on l'habillât et qu'on le nourrît, il lui était égal de jouer du fifre pour Jacques ou pour Georges. Aussitôt on lui fait quitter l'habit de l'enseigne, on lui en donne un de trompette, on lui met un cheval entre les jambes, et le voilà, sonnant la charge contre Édouard, pour qui, quatre heures auparavant, il sonnait la retraite. Cette conduite n'était pas très-régulière; mais mon oncle ne se piquait pas de régularité.

Le petit lord, resté nu sur le champ de bataille, n'était pas si madré que Thomas. Il passa, à se désoler, deux heures qu'il pouvait employer plus utilement. Il finit enfin par où il aurait dû commencer. Il s'enveloppa le doigt d'un mouchoir qu'il trouva dans la poche d'un vrai mort; il endossa la défroque de mon oncle, et prit tristement le chemin d'Inverness. Arrivé aux avant-postes, il est pris pour un Français qui ne sait où donner de la tête, et qui vient se rendre prisonnier avec les autres. Le cerveau encore échauffé par la poudre et l'eau-de-vie, deux Anglais le saisissent brutalement; il veut s'expliquer, on ne l'écoute point; il résiste, on le bourre, et on le traîne dans une cave où on l'enferme, au pain et à l'eau, avec une soixantaine de malheureux, que le défaut d'espace obligeait à se tenir debout.

Deux jours après, les esprits étant calmés, on commença à s'occuper des détails. Le duc envoya un officier-major visiter les prisonniers, avec injonction particulière de traiter les Français selon les lois de la guerre. Il était temps. Vingt-quatre heures encore, et ceux-ci périssaient de misère dans leur cave. C'est une belle chose que la guerre !

Le petit lord eut à peine aperçu l'officier anglais, que fendant la presse il courut embrasser ses genoux, et lui conter sa déplorable histoire. L'officier le consola, le secourut, et le fit conduire à son régiment. Son colonel lui rendit les effets dont Thomas l'avait dépouillé; lui délivra un certificat qui attestait qu'il avait été blessé en combattant glorieusement pour son roi, et le renvoya à Londres, guérir son doigt auprès de sa maman.

Mon oncle, enchanté d'être à cheval, trottait, de monts en monts, en soufflant dans sa trompette. Plus il soufflait, moins il avançait les affaires du roi Georges, parce que les proscrits, avertis par le son aigu de la trompette, se réfugiaient dans le premier trou, et laissaient passer les limiers royaux. Son colonel, qui s'aperçut enfin des effets nuisibles de l'instrument, renvoya le musicien à Inverness, d'où on l'envoya à Carlisle, delà à Durham, et de Durham à Newcastle, où il trouva le duc de Cumberland, occupé des préparatifs de sa pompe triomphale. Il agrégea mon oncle à la masse des musiciens qui devaient ouvrir la marche, et mon oncle, en reconnaissance de cette distinction, pendit à l'arçon de sa selle la trompette dont il sonnait fort mal, et tira son flageolet de sa poche.

Dès le premier pas, le trompette-major secoue les oreilles, et bientôt sa canne voltige sur les épaules de Thomas, parce qu'il dérangeait l'harmonie. En effet, il jouait un air français, et il était permis au ménétrier en chef d'être choqué de la dissonnance ; mais Thomas n'en savait pas d'autre, et il trouvait très-déplacées les manières du trompette-major.

Il avait appris je ne sais où, qu'à quelque prix que ce soit, il faut se concilier la bienveillance des gens en place, surtout de ceux à qui on a directement affaire. Si cette bienveillance n'est pas toujours profitable, au moins elle les empêche de nuire, et c'est beaucoup. Mon oncle renonça donc au plaisir d'enchanter les oreilles des habitans, qui étaient sur leurs portes, à leurs fenêtres, ou dans la rue, et il ne douta point de mériter les bonnes graces de son chef, en remettant dans sa poche l'instrument qui lui avait déplu. Pas du tout. La canne roula encore, parce qu'il ne jouait plus. Il y avait de quoi se donner au diable, et mon oncle qui n'était pas endurant, sortit de la file, et se disposait à piquer des deux. L'impitoyable major lui barre le passage. Mon oncle jure et crie à tue-tête ; on n'entend pas un mot de ce qu'il dit. On comprend seulement, ou on croit comprendre qu'il ne sait pas la marche qu'on joue, et on la lui attache notée à la batte de sa selle. Il ne connaissait pas une note ; mais il vit bien qu'à toute force il fallait jouer. Il crut qu'il suffirait, pour avoir la paix, de changer l'air qui déplaisait si fort au trompette-major, et qui lui avait valu la première bastonade. Il commença au hasard un *Dupont, mon ami*, qu'interrompit aussitôt la canne, et mon oncle, outré de rage, ne se possédant plus, saute de son cheval, saisit une botte du major, l'enlève, lui fait perdre les arçons, et l'envoie rouler dans un tas de boue. Deux musiciens se détachent et courent après lui. Il se glisse entre les chevaux, il court, il s'arrête, il fait des crochets, il repart, il se trouve à côté du duc de Cumberland, et saute en croupe derrière lui, bien sûr qu'on ne viendra point le bâtonner là. Deux officiers majors, indignés de sa témérité, le menacent du plat de leur sabre. Le duc tourne la tête, et reconnaît le jeune Français.

Celui qui avait balancé à Fontenoy les talens de Maurice de Saxe, et qui venait de pacifier l'Angleterre, ne pouvait se fâcher sérieusement d'une telle escapade. Un grand homme ne croit pas qu'on puisse lui manquer. Il n'est d'insolens que pour ceux qui n'ont de leur place que l'habit. Le duc, instruit de ce qui s'était passé, convint que lui seul avait tort dans cette affaire, et qu'il aurait dû informer le trompette-major que mon oncle n'entendait pas l'anglais. Il le fit venir, rit un peu de l'état où l'avait mis le jeune Français, lui recommanda de le ménager, et de lui donner un maître de marches anglaises. Que d'hommes puissans font tous les jours des sottises, et ne daignent ni les réparer, ni même en convenir ?

La canaille de tous les pays est insolente. Celle d'Angleterre, qui se croit libre, et qui l'est, quoi qu'on en dise, joint, à l'insolence, le sot orgueil, et parfois des actes de violence, surtout envers les Français, contre qui le gouvernement nourrit, avec soin, la haine la plus invétérée. C'est ainsi qu'on cherche à persuader ailleurs que tous les Anglais sont des lâches et des fripons, ce qui n'empêche pas qu'il n'y ait en Angleterre et en France de très-braves et de très-estimables gens ; mais partout, les gouvernés ont la vue basse, et on leur ôte leurs lunettes. Il faut bien qu'ils se laissent conduire par ceux qui les portent.

CHAPITRE III.

Thomas soutient de son mieux la dignité du nom français.

Mon oncle ne tarda pas à sentir les effets de cette antipathie nationale, dont j'avais l'honneur de vous parler à l'instant. Il fut assez tranquille jusqu'à Londres, parce qu'on savait que la croupe du cheval du duc était toujours là ; mais quand, le régiment eut laissé, dans la capitale, le prince assoupi sur ses lauriers, il retourna à Oxford, sa garnison, et c'est là que le trompette-major et les autres se montrèrent ce qu'ils étaient, c'est-à-dire, des Anglais de la plus détestable espèce. Un vieux haut-bois, chargé de lui enseigner les airs anglais, le rudoyait, le bâtonnait, et trouvait qu'il faisait tout mal, quoiqu'il fît tout bien, quand on ne lui donnait pas trop d'humeur. Les hommes faits lui prodiguaient les taloches ; ses jeunes camarades l'appelaient ordinairement *french dog* (1), ce qui d'abord ne l'affectait pas infiniment, parce qu'il ne savait pas l'anglais ; mais ils lui volaient ce qu'ils pouvaient de sa pitance journalière, ce qui était plus sérieux, et le trompette-major le commandait de toutes les corvées.

Il eut vingt fois envie de déserter. La difficulté n'était pas de s'esquiver de la ville ; mais comment sortir de l'île ? Mon oncle nageait fort bien ; mais il n'est pas de nageur qui passe de Douvres à Calais. Il fallut donc prendre patience. Il patienta, ou plutôt il enragea une année tout entière, pendant laquelle il souffrit tout ce qui peut humilier un Français, intérieurement persuadé qu'il vaut un autre homme, quel qu'il soit.

Il était brave comme un Romain, vif comme un Gascon, rancuneux comme une vieille dévote, et vigoureux comme on l'est à quinze ans, quand on a reçu de la nature un bon tempérament. Avec ces avantages, on ne peut pourtant pas échiner tout un régiment ; avec tous ces avantages aussi, on ne peut toute sa vie s'abreuver de dégoûts et d'opprobres. Mon oncle, excédé,

---

(1) Chien de français.

poussé à bout, jura de mourir, s'il le fallait, plutôt que de souffrir davantage.

Mais Thomas n'était pas un garçon à mourir comme un sot, c'est-à-dire, à s'expédier lui-même. Il voulait au moins que sa mort devînt fatale à ses ennemis. Il commençait à très-bien savoir l'anglais, et un jour que la chambrée était réunie autour de la gamelle, il harangua l'assemblée en ces termes : « Vous êtes des gredins qui « vous prévalez de l'avantage du nombre pour « me turlupiner. Je vous préviens que cela me « déplaît, qu'il est temps que cela finisse, que je « suis un chien à vous sabrer tous, et que le « premier qui m'appellera *french dog*, aura af- « faire à moi. »

A peine a-t-il fini de parler, que tous répètent à la fois le mot qui lui blessait l'oreille. Il tire son sabre, et défie le plus adroit. Le plus fort met son sabre et son habit à terre, et se présente les poings croisés, et la tête inclinée à la manière des béliers. Mon oncle répond qu'il est soldat, et qu'il ne se bat pas à coups de poing. On lui réplique qu'on est pendu en Angleterre, quand on met l'épée à la main ; mais qu'on peut y tuer son homme d'un coup de tête, sans que la justice s'en mêle.

Dans tous les pays du monde, les hommes sont plus ou moins enragés, et la rage varie selon le climat et l'usage. Au Japon, par exemple, on s'ouvre le ventre en présence de son adversaire, et il est obligé d'en faire autant, à peine de passer pour un lâche. En Italie, on fait poignarder son ennemi, ce qui est plus commode. En Espagne, on lui allonge des coups d'épée avec une gravité à faire mourir de rire. En France, on monte avec lui dans un fiacre, on le comble d'honnêtetés en route, on descend au bois de Boulogne, et on lui laisse gaîment le choix de se couper la gorge, ou de se brûler la cervelle. En Angleterre, on met perruque et habit bas au milieu de la rue, et on se donne des coups de tête et des coups de poing jusqu'à satiété. Ce genre de rage, le moins fou de tous, en ce qu'il est le moins dangereux, a ses règles particulières, auxquelles les combattans ne dérogent jamais, et que maintiendrait d'ailleurs *la galerie*. Il est défendu d'empoigner son homme par quelque partie que ce soit; ce serait un crime de le prendre aux cheveux, s'il en a, ou de le frapper à terre ; on le tue debout, si on peut, et le vainqueur est reconduit en triomphe par les assistans émerveillés.

Cela me rappelle une anecdote, très-vraie et très-peu connue, du maréchal de Saxe. Il était à Londres, dans un de ces intervalles où les hommes, las de s'égorger, avaient signé un de ces traités qui n'obligent qu'autant qu'on veut bien les tenir, ou qu'on n'a pas la force de les enfreindre. Le maréchal de Saxe donc se promenait dans son carrosse, et son cocher se prit de querelle avec un boueur fortement constitué. Le boueur arrête l'équipage, ouvre la portière, et prie le maître de lui faire raison de l'insolence de son valet. Le maréchal, doué, comme vous le savez, ou comme vous ne le savez pas, d'une force de corps extraordinaire, laisse dans son carrosse son épée et son habit, et saute sur le pavé.

Si quelque chose peut prouver que le cœur humain n'est qu'un assemblage bizarre de toutes les passions et de tous les extrêmes, c'est de voir aux prises avec un boueur de Londres, le fils d'un roi de Pologne, élu duc souverain de Courlande, vainqueur à Fontenoy et à Lawfeld.

Le maréchal reçoit le premier coup, et saisit son boueur par la nuque du col. Les spectateurs se récrient. Il l'enlève, d'un bras nerveux, et le lance dans son tombereau plein de boue. La populace, que séduit toujours l'extraordinaire, crie *bravo!* détèle les chevaux, et traîne chez lui Maurice de Saxe, qui pouvait s'applaudir de la seule de ses victoires qui ne coûtât de larmes à personne.

Depuis quelques années, les lords, qui ne se soucient plus de ressembler au *petit peuple*, ont adopté l'usage, plus noble, de se casser mutuellement la tête avec un pistolet. Cet exemple a été suivi par quelques officiers, et autres, qui sont bien aises de singer les grands, et le pugilat est abandonné aux médecins, aux procureurs, aux marchands, aux artisans, aux porte-faix, et aux ivrognes de toutes les classes.

Mais j'ai laissé mon oncle aux prises avec son camarade le trompette : voyons ce qu'il en advint. Thomas n'ayant pu convaincre son adversaire qu'un coup de sabre, au travers du corps, était plus dans la bienséance qu'un coup de poing sur l'oreille ou dans les dents, et voulant étonner par un début d'éclat, s'exposa à tous les inconvéniens d'un combat où il devait avoir le désavantage. En effet, il recevait dix coups pour un qu'il donnait, et le poing de l'athlète anglais tombait toujours d'à-plomb sur son estomac ou sur sa tête. Mon oncle, opiniâtre à soutenir l'honneur national, ne reculait pas d'une semelle, et bientôt le sang lui sortit en abondance par la bouche. « Sacrebleu ! s'écria-t-il, je suis bien « dupe de me laisser assommer comme un bœuf, « tandis que je peux hacher tous ces marauds-là ! « En garde, tous tant que vous êtes, ajouta-t-il « en reprenant son sabre, et s'il faut être pendu, « nous le serons tous ensemble. »

Messieurs les Anglais font joliment le coup de fusil ; mais ils n'aiment pas plus l'arme blanche qu'ils n'accueillent les Français. La proposition de mon oncle ne leur rit pas du tout ; mais comme il se disposait à tomber sur eux, ils furent forcés de se mettre en défense. Les lames ne furent pas plutôt à l'air, que Thomas faisant le moulinet avec la sienne, et décrivant un cercle autour de la chambre, attaquait, parait, et frappait en même temps. En trente secondes, il a fait, à cinq à six ce qu'il a depuis appelé *des abreuvoirs à mouches.* Les autres, effrayés, se sauvent sous les lits et sous la table. Mon oncle les en fait sortir l'un après l'autre, en leur piquant les jambes avec la pointe de son sabre, et les oblige tous à crier *vivent les Français !* Enchanté de ses prouesses, il allait donner la paix à ses ennemis, moyennant certaines conditions qui se présentèrent aussitôt à son esprit inventif. Déja il avait dicté la première d'un ton emphatique : c'était qu'à l'avenir on l'appellerait *brave frenchman.* Les autres, sans doute, étaient de la même force ; mais l'apparition subite de son maître de musique lui coupa la parole. Un nez d'un côté, une oreille de l'autre, le sang qui coulait partout, et l'air de supériorité qu'affectait mon oncle sur ses camarades, mettent le soldat-musicien au fait. Il lève la canne sur Thomas, et celui-ci, décidé à en finir, quoi qu'il dût lui en coûter, fait sauter, d'un coup de dessous, la canne au plancher. Le musicien crie qu'il a le rang de brigadier ; Thomas riposte qu'il s'en f..., qu'il se battra, ou qu'il recevra des coups de canne à son tour, selon la loi du talion, la seule qu'il veut connaître de sa vie. Le vieux haut-bois, animé par l'esprit de corps, qui domine partout, peut-être même dans les troupes de Naples, ne peut consentir à payer de ses épaules ; il ne se souciait pas non plus de payer de sa personne. Cependant mon oncle s'est emparé de la porte ; il presse, il faut être bâtonné, ou mettre flamberge au vent. Le bas-officier se décide pour le parti le plus noble, et il est à peine en garde, que Thomas lui alonge le *coup de manchette*, et lui jette, à ses pieds, son poignet et son sabre.

Pendant que le maître de musique ramasse sa main droite avec la gauche, et que les autres lavent leurs blessures avec de l'eau fraîche, en attendant mieux, mon oncle jette son sabre ensanglanté, enfile l'escalier, et sort des casernes. Les vaincus, que ne contient plus la présence du vainqueur, poussent des cris du diable ; on sort des chambres voisines, on accourt, on s'informe, on s'instruit, et on se met à la poursuite de Thomas, qui était déjà loin.

Mon digne oncle, n'ayant plus d'ennemis en face, eut le loisir de penser à l'embarras où il s'était jeté. Il avait tiré le sabre, et il avait coupé le poignet à son supérieur. Il y avait de quoi être pendu deux fois. Selon lui, c'était trop d'une, et il courait toujours, sans savoir où se réfugier pour éviter le fatal cordon. On tient malgré soi à la vie, et *en quelque état qu'on soit, il n'est rien tel que d'être*. C'est le cri de la nature, et la colère ne lui impose silence qu'un moment.

Une porte cochère se présente, le fugitif s'y précipite, et la ferme après lui. Il est arrêté par le concierge, qu'il renverse d'un coup de pied dans le ventre. Il traverse une grande cour, monte un escalier, parcourt un corridor, dont

toutes les chambres sont fermées. Une seule est
ouverte, il entre. Elle est habitée par un jeune
homme d'une figure douce, et il se rassure. Le
trouble qui l'agite ne lui permet pas de se souvenir
qu'il parle à un Anglais. Il commence le
récit de son aventure dans sa langue maternelle,
et il n'a pas dit vingt mots, que le jeune homme
a ôté la clé de sa porte, et mis le verrou en dedans.

« Milord et moi, nous ne partageons pas l'in-
« justice de nos compatriotes envers les Français,
« dit le jeune homme à mon oncle, quand il
« eut terminé son récit. Nous en avons plusieurs
« dans ce cabinet qui font nos plus chères déli-
« ces. — Vous avez des Français enfermés dans
« ce cabinet! — Et que vous connaissez sans
« doute. — Peut-être bien, surtout s'ils étaient à
« la bataille de Culloden. — Oh! ils étaient morts
« long-temps avant. — Et vous vous amusez avec
« des cadavres! — Non, avec des esprits, répond
« le jeune homme en souriant. — Des esprits!
« on m'en a beaucoup parlé; mais je voudrais
« bien en voir. » Aussitôt le jeune homme ouvre
la porte du cabinet, et montre à mon oncle
des rayons chargés de livres. « Ce sont-là vos
« esprits, dit Thomas, en éclatant de rire? — Et
« des esprits de la première qualité, Bayle, Mo-
« lière, La Fontaine, Fénelon, Corneille, Mon-
« tesquieu, Chaulieu, Racine... — La belle trou-
« vaille que vous avez faite là! Mon maître d'école

« avait une grande armoire remplie de ces es-
« prits-là, et jamais je n'ai voulu les regarder. —
« C'est pourtant à ces esprits, que vous dédaignez,
« que vous êtes redevable de l'accueil que je vous
« fais, et des secours que je vous donnerai. —
« Ma foi?—Nous ne lisons pas une de ces pages
« sans contracter une dette envers la France.
« Elle se monte déja très-haut, et nous en acquit-
« terons une partie... — Envers moi ? — Sans
« même exiger que vous rendiez justice à ces
« grands hommes, vos bienfaiteurs. Être leur
« malheureux compatriote, est un titre suffisant
« auprès de nous. — Et je suis le compatriote de
« Racine?—Certainement.—Malheureux, je n'en
« doute pas, et vous allez m'aider pour l'amour
« de lui! c'est admirable, ça! — Je vais d'abord
« vous donner un de mes habits. — C'est très-
« bien vu. — Vous êtes jeune, de ma taille, il
« vous ira, et vous rendra méconnaissable, » et
le jeune homme tire, d'une armoire, un habillement de femme complet, d'une élégante simplicité, et mon oncle, ébahi, le regarde avec de
grands yeux noirs, que la surprise rend plus
grands encore. « Ma confiance vous étonne, lui
« dit le jeune homme; mais votre infortune et le
« besoin que vous avez de moi, me répondent
« de vous. — Ce n'est pas votre confiance qui me
« surprend; ce sont vos goûts qui me paraissent
« extraordinaires. Vous aimez à lire, vous aimez
« à vous habiller en femme; vous êtes un sin-
« gulier garçon. »

La conversation est tout à coup suspendue, parce qu'on a frappé à la porte. Mon oncle croit que c'est le concierge qui le cherche, et qui aurait eu beau chercher dans une maison, où il y avait cent locataires, et il court s'enfermer dans le cabinet aux esprits. « Ne craignez rien, « lui dit le jeune homme; c'est milord; je le re- « connais à sa manière de frapper. » Il ouvre, milord entre, lui prend une main, la serre, la baise, presse de ses lèvres celles du jeune homme, s'assied, et l'attire doucement sur ses genoux. Tiens, disait mon oncle, à part lui, encore un goût plus singulier que les autres.

Le cœur a besoin de repos comme autre chose. Milord plus calme, aperçut enfin Thomas, et il était naturel qu'il s'informât qui il était. Il est des momens où la satisfaction intérieure dispose à tout écouter favorablement, et le jeune lord, essentiellement bon, interrompit souvent son joli compagnon par un : *Fort bien, Fanny; à merveilles, ma tendre amie,* et mon oncle passait d'un genre de stupéfaction à un autre, et de la stupéfaction il passa à la joie, lorsque milord proposa ce que son aimable amie n'eût osé faire.

Il arrête avec Thomas qu'il sortira le soir d'Oxford, habillé en femme; qu'il sera suivi d'un vieux domestique de confiance, qui portera des habits d'homme, enveloppés dans une serpillière; qu'il reprendra dans la première prairie le costume de son sexe; qu'il se rendra, à pied, au village où la diligence relaie ; qu'il trouvera sa place retenue et payée pour Londres, sous le nom de *Jeffris;* qu'à Londres il prendra la voiture de Douvres, et qu'à Douvres il présentera une lettre de recommandation au banquier Fector, qui trouvera le moyen de le faire embarquer.

Autant mon oncle était violent quand on le chiffonnait, autant il avait de cordialité pour ceux qui paraissaient seulement s'intéresser à lui. Jugez des transports qu'excitèrent les offres généreuses de milord. Thomas, qui pouvait aimer comme un autre, mais qui ne savait pas faire de cérémonies, sauta au cou du jeune lord et de sa séduisante amie ; il les embrassa, et les embrassa encore, en les pressant à les faire crier. Cet épanchement épuisé, il revint à son caractère. « Peut-
« être un jour, leur dit-il, aurez-vous besoin de
« moi. Je ne le souhaite pas pour l'amour de
« vous ; mais, sacrebleu ! dans tous les temps, le
« bras, le sabre et le sang de Thomas seront à
« votre service. » — Voilà comme j'aime les remercîmens, lui répondit milord.

Une seule chose inquiétait mon oncle : c'était la crainte qu'on lui demandât en route un passe-port qu'il ne pourrait exhiber. « Il n'en faut
« pas, lui dit milord. — Comment, lorsque vous
« êtes en guerre avec une partie de l'Europe,
« que les troubles intérieurs sont à peine apai-
« sés... — Qu'a de commun la guerre avec la

« liberté individuelle d'un Anglais ? — Mais les
« troubles... — C'est au gouvernement à les pré-
« venir ou à les arrêter. Il serait plaisant que,
« dans un pays libre, on ne pût sortir de chez
« soi sans permission. D'ailleurs les passe-ports
« ne servent qu'à gêner les honnêtes gens, et ils
« sont très-utiles à ceux qui ont quelque chose
« à craindre. — Bah ! — Sans doute. Dans les cir-
« constances les plus difficiles, on en obtient tant
« qu'on veut avec quatre témoins, qu'on ne con-
« naît souvent que pour leur avoir payé à dé-
« jeuner, et, muni de cette sauvegarde, on va
« intriguer où on veut. »

Cette difficulté levée, mon oncle se disposa à
se mettre en route pour la France. Il soupirait
pour son pays natal, comme tous ceux qui s'en
sont indiscrètement éloignés, et qui se trouvent
plus mal ailleurs.

Vous désirez savoir quel est ce jeune lord, si
obligeant, et sa jolie compagne, si douce et si
compatissante. Le premier est le fils de lord Seymour ; la seconde est la fille de Henry Thompson,
marchand aisé de la cité de Londres. Mais par
quelle singularité se trouvent-ils ensemble à
Oxford, allez-vous me demander encore ? — Hé,
que diable, vous êtes bien pressé ! Donnez-moi
le temps de respirer ; respirez vous-même, si vous
en avez besoin, et passez au chapitre suivant.

CHAPITRE VI.

Qui vous apprendra ce que c'est que le lord Seymour, et Fanny Thompson.

Pendant que l'aimable Fanny arrangeait une valise à mon oncle, que milord cherchait de l'encre et du papier pour écrire au banquier Fector, que le vieux domestique était allé retenir, à la voiture du lendemain, une place pour le prétendu Jeffris, Thomas cherchait comment il s'acquitterait un jour envers ses hôtes. Tout grossier qu'il était, il sentait que la reconnaissance est un besoin impérieux, et il lui semblait dur de renoncer à le satisfaire. Il sentait bien qu'il ne pouvait pas grand'chose pour un lord; mais il pensait que la plus faible offrande est d'un grand prix pour celui dont elle acquitte un bienfait. Hé, qui sait d'ailleurs ce que peuvent amener le hazard, les circonstances! On nommerait plus d'un seigneur qui s'est trouvé heureux d'avoir un valet reconnaissant.

Mon oncle jugea que pour profiter d'un moment favorable, s'il s'en présentait jamais, il fallait savoir d'abord le nom de ces amis de la France. Il crut nécessaire aussi d'être un peu au courant de leurs affaires. Il hasarda donc quelques questions, non pas avec cet air grivois qu'il mettait à tout; mais avec ce ton pénétré, insinuant, qui semble dire : Ce n'est pas la curiosité qui me guide; c'est l'intérêt que vous m'inspirez.

Milord aimait beaucoup cette manière d'interroger. Il était bien aise aussi de dissiper les doutes qu'avait pu concevoir mon oncle sur le compte de Fanny. Il voulait cependant écrire sa lettre sans être interrompu. Il entra dans son cabinet; il en rapporta un cahier manuscrit, et le donna à lire au questionneur. « Qu'est-ce que « c'est que ça, dit mon oncle ? Encore un esprit ? « Mademoiselle ou madame vous dira que je n'ai « pas de commerce avec eux. » Fanny rit, parla à l'oreille de milord, et reporta le cahier. Après avoir fermé la petite valise, elle appela mon oncle à l'extrémité de la chambre, et pour ne pas déranger milord, elle lui raconta bien bas ce que vous allez lire, non pas précisément comme je l'ai rédigé : chacun conte à sa manière. Fanny parla comme elle voulut, et moi, j'écris comme il me plaît.

Milord Seymour le père, était un seigneur très-riche, très-considéré à la cour, et par conséquent très-infatué de sa personne. Il prétendait descendre d'Alzonde, reine d'Écosse, quoique l'Écosse n'eût jamais eu de reine qui s'appelât Alzonde; mais cette descendance était bien aussi sûre que celle de la maison de Lévi en France, qui se prétendait issue, en droite ligne, de la vierge Marie, qui était en effet, dit-on, de la tribu de Lévi. Heureusement les comtesses et les marquises de Lévi ne prétendirent jamais être vierges en relevant de couches, car il eût fallu les en croire. Au reste, comme les Seymour et les Lévi menaient un grand train, et tenaient une bonne table, personne ne leur contesta l'existence d'Alzonde, ni de Marie, et moins encore leur parenté avec ces deux dames.

Le vieux Seymour, général, ex-gouverneur de la Jamaïque, vice-roi d'Irlande, décoré de l'ordre de la Jarretière, propriétaire de sept à huit terres, et de cinq à six châteaux, ne pouvait décemment marier son fils qu'à une princesse du sang d'Angleterre, de France, d'Espagne, ou même du Monomotapa. Le pays n'y faisait rien, pourvu qu'il pût dire à la cour : Mon fils est allié à telle couronne.

Le jeune Seymour, beau comme un ange, tendre comme l'amour, et moins perfide que lui, ne se prévalait ni de sa fortune, ni de sa naissance. Il parlait aux femmes d'elles-mêmes, aux hommes de ce qui flattait leur goût, et il était accueilli, fêté, recherché. C'était à qui l'aurait.

Au milieu des plaisirs qui l'entouraient, des empressemens qu'on lui marquait, Seymour soupirait quelquefois. Il lui manquait quelque chose, ou plutôt il lui restait quelque chose de trop ; c'était son cœur, fardeau bien pesant pour un jeune homme de seize ans, qui ne sait pas encore qu'il n'est pas beau pour lui seul. Il devenait préoccupé, rêveur, mélancolique. Quelques dames au nez retroussé, à l'œil agaçant, de celles qui aiment à former les jeunes gens, et qui épient le moment indiqué par la nature, voulurent rendre Seymour à la gaîté ; mais Seymour voulait un cœur en échange du sien, et depuis longtemps ces dames n'en avaient plus d'autre à prêter que celui du chevalier de Bouflers.

Seymour promenait sa rêverie dans les rues de Londres. Il était à pied et seul, pour être dispensé de parler ou de répondre. Il se trouva, sans s'en douter, contre les marches de l'église de Saint-Paul, qu'il ne voyait pas, quoiqu'on l'aperçoive de deux lieues à la ronde. Il se heurta contre le premier degré, fit un faux pas, se foula un pied, jeta un faible cri, et s'assit pour laisser à la douleur le temps de se dissiper.

Ce faible cri fit lever la tête à Fanny Thompson, qui travaillait, sur un banc, à la porte du magasin de son père. Ses yeux se portèrent sur Seymour, ceux de Seymour sur Fanny, et ils disaient chacun de leur côté : Qu'elle est jolie ! Qu'il est bien !

Un jeune homme intéressant, intéresse davantage quand il souffre. Fanny n'avait que quinze ans; elle ne connaissait pas le monde; elle ne connaissait pas même son cœur. Elle céda, sans réflexion, à l'impulsion secrète qui la guidait. Elle se leva, s'approcha de Seymour, les yeux baissés, et rouge et fraîche comme le bouton de rose qui commence à s'ouvrir, elle proposa au beau jeune homme de venir se reposer sur son banc, où il serait mieux que sur la pierre. Elle avança son bras mignon, en faisant une petite révérence. Seymour s'appuya sur ce bras légèrement, de peur de le fatiguer, mais bien assez pour le sentir. Le premier effet du toucher fut, pour tous deux, celui du coup électrique. Fanny leva les yeux; mais elle les baissa aussitôt : ceux de Seymour la brûlaient. « De grace, lui dit-elle, « soutenez-moi à votre tour; je me sens prête à « défaillir, et pourtant je crois que je suis bien « aise. »

Ils traversèrent en silence la petite place qui sert de parvis à Saint-Paul, et ils s'assirent sur le banc, sans se regarder. De légers soupirs, que l'innocence ne pensait pas à étouffer, leur faisaient dire bien bas : *Je suis auprès d'elle. Il est encore là.*

Le père Thompson avait allumé sa pipe de longueur, et se disposait à expectorer pendant une demi-heure, en regardant les passans du seuil de sa porte. Il voit Seymour à côté de sa fille, et demande ce qu'il veut. Seymour embarrassé se tait. Fanny prend la parole : les femmes, dans tous les cas, conservent une sorte de présence d'esprit. Fanny ne savait pas mentir; mais ce n'est pas un crime d'ajouter à la vérité. Elle peint l'accident de Seymour avec les couleurs les plus fortes. Thompson, plein de bonne foi et de franchise, lui croit le pied démis, et l'engage à entrer. On ne refuse guère ce qu'on désire. Seymour, qui a eu le temps de se remettre, seconde la ruse innocente de Fanny. Il boîte très-bas, soutenu sur l'épaule du bon père. Fanny, sans y penser, avance sa main blanchette; celle de Seymour la rencontre; elles se pressent, et l'incarnat du plaisir les embellit tous les deux.

On passe dans l'arrière-boutique. Le bon père déchausse le jeune homme, pendant que Fanny imbibe des compresses d'eau-de-vie camphrée. Thompson pose l'appareil, et fait prendre un cordial au blessé : la blessure était au cœur, et les cordiaux, ni les compresses ne peuvent rien à ce mal-là.

Pendant et après le pansement, Seymour et Fanny, qui ne savaient pas feindre, se regardaient si constamment, et avec tant d'ivresse, que le père Thompson s'en aperçut. Comme le père d'une jolie fille est toujours soupçonneux, il demanda au jeune homme, à qui il avait eu le bonheur de rendre service. Au nom de Seymour, il fronça le sourcil, et envoya chercher un carrosse de place. Il aida le blessé à y monter, et lui dit en lui serrant la main : « Ma fille ne peut
« être votre femme; elle n'est pas faite pour être
« votre maîtresse. N'oubliez pas que j'ai exercé
« l'hospitalité envers vous. Adieu. »

Hé! pourquoi ne serait-elle pas ma femme, se disait Seymour en roulant? Pourquoi ne serait-il pas mon mari, pensait Fanny lorsqu'il s'éloi-

gna ? « Ma fille, lui dit Thompson, vous pouvez
« faire le bonheur d'un honnête bourgeois. Son-
« gez qu'une fille sans réputation ne convient à
« personne. Le bonheur d'un honnête bourgeois,
« reprit Fanny d'un ton timide! Pourquoi pas
« aussi celui d'un lord? — Vous le feriez un mo-
« ment, il vous tromperait ensuite. Oubliez-le,
« je le veux. » Fille de quinze ans ne croit pas
qu'un beau jeune homme puisse être trompeur,
et Fanny ne crut pas un mot de ce que lui disait
son père.

Elle ne dormit pas de la nuit. Seymour ne
ferma pas l'œil, et ils se levèrent avec l'éclat de
la rosée, que brillantent les premiers feux du
jour : pensers de bonheur valent mieux que le
sommeil.

Le matin, Seymour passa devant Saint-Paul.
Le banc était à la porte; mais Fanny n'y était pas :
son père le lui avait défendu. La défense lui paraissait injuste ; mais elle était respectueuse et
soumise. Du fond de sa boutique, où elle travaillait sans voir son ouvrage, elle aperçut Seymour; elle soupira, et ne se permit rien de plus.

Seymour passe, repasse; chaque fois il obtient
un soupir, mais Fanny reste sur sa chaise. L'a-
mour veut l'en arracher; mais la piété filiale l'y
retient. Seymour brûle de lui parler : il a tant
de choses à lui dire! Il faut au moins un prétexte
pour entrer, et il en trouve bientôt un. Il était
tout simple de remercier le père Thompson des

attentions de la veille, et Seymour traverse le parvis en tremblant. Il fait deux pas, il s'arrête; il recule, il avance; le cœur lui bat avec force; il est beau comme le désir. Fanny, qui n'a pas perdu un mouvement, s'embellit de même sans s'en douter. Elle n'a pas quitté sa chaise; mais elle sourit en voyant son amant à ses pieds.

Le père Thompson était sorti : Seymour pouvait tout dire, et il ne trouvait pas un mot. C'est qu'il n'en est pas qui peigne l'amour, et l'amant qui cherche à le définir, sacrifie à l'esprit, aux dépens de son cœur. Leurs doigts étaient entrelacés; Fanny, penchée avec intérêt, vers Seymour, respirait son haleine brûlante; ses lèvres rosées attendaient le baiser; son œil humide annonçait sa défaite. Sa position, un fichu, innocent et perfide, qui trahissait sa confiance, tout ajoutait à l'ivresse de Seymour : sa tête se perdait... « Laissez-« moi fuir, dit-il, en dégageant sa main; vous « n'êtes pas en sûreté. » Il se tourne pour s'éloigner, le père Thompson est devant lui; c'est la foudre. Seymour est à ses genoux, il les mouille de ses larmes, et Fanny interdite, ne comprend rien à ce qui se passe.

Le père Thompson relève Seymour et le console. « Ma fille vous aime, lui dit-il, c'est un mal-« heur. Je ne lui en ferai pas de reproches : « vous êtes un honnête homme, et cela me ras-« sure. Cependant je vous conjure de ne plus « revenir ici. Promettez-le moi, par cette probité

« à qui j'ai dû une fois l'honneur de ma fille. Ne
« plus revenir! ne plus revenir! répétait Seymour.
« — Elle est perdue si elle vous revoit. Grace
« pour Fanny, grace pour son vieux père. » Et
Thompson à son tour, embrassait les genoux du
jeune lord. « — Je ne reviendrai pas, je le jure
« par l'honneur. Il m'en coûtera, sans doute;
« mais je conserverai votre estime. » Il dit, et disparaît.

Deux jours s'écoulent... Qu'ils sont longs les jours de douleur! Plus de gaîté pour Fanny, plus de repos pour Seymour. Incapable de manquer à sa parole, il cherche à accorder son amour et son honneur.

Tantôt il voulait s'ouvrir à son père, et lui demander son aveu; tantôt il se proposait de fléchir la sévérité de Thompson, et de l'engager à recevoir ses visites jusqu'au temps où il serait maître de lui; mais, avec un peu de réflexion, il sentait le danger du premier parti, et la solidité des raisons que lui opposerait le père de Fanny. Cependant, il ne pouvait vivre sans elle. « Elle m'est
« nécessaire, disait-il, comme l'air que je respire,
« et j'ai promis!...J'ai promis de ne pas retourner
« chez elle; je ne me suis point engagé à ne
« plus la revoir, à ne pas lui écrire, » Et le voilà à son secrétaire, brûlant le papier, fermant sa lettre, et ne sachant comment la faire parvenir.

Il sentait que sa grande jeunesse empêcherait

les domestiques de la maison d'entrer dans cette intrigue. Le vieux Dick l'avait élevé, et l'aimait tendrement; mais par cela même Dick lui semblait à craindre, et si son attachement le rendait indiscret, l'honnête Thompson devenait l'objet de l'indignation d'une famille puissante. Cependant on n'écrit point pour n'être pas lu ; on n'écrit point sans compter un peu sur une réponse, et il est dur de renoncer à cet espoir-là.

Comment faire ? Seymour n'en sait rien; mais il sort, et marche au hasard. Il trouve un commissionnaire, il le charge de sa lettre; il court après lui, il la reprend : il craint que Thompson ne soit dans sa boutique. Il se dépite, il soupire, il marche toujours, et, insensiblement, il approche de Saint-Paul; il y entre par la porte opposée au bienheureux parvis; il est auprès d'elle, et déja il est moins malheureux; mais cela ne suffit pas. La lettre est encore dans sa poche.

Si Fanny l'avait, on la supposerait occupée à la lire, à y répondre; elle la baiserait peut-être. On ne s'en flatte pas; mais on caresse cette idée.

Un vieux ministre traverse la nef; son vêtement annonce une extrême médiocrité. Seymour l'aborde avec confiance. Pourquoi ne doute-t-on jamais de la condescendance du pauvre ? C'est parce qu'on sent qu'il a besoin de tout le monde, et que l'homme nécessiteux est rarement délicat.

L'imagination va rapidement, et surtout en

amour. Les désirs du jeune homme se bornaient d'abord à faire rendre sa lettre. L'habit du ministre fait naître un dessein plus vaste. La religion, toujours sévère, peut ici favoriser l'amour.

Seymour vivait à la cour, il avait l'esprit avancé, et il mit, dans ses propositions, la décence qui pouvait seule les rendre supportables à un homme de cet état. « J'aime une fille charmante, « lui dit-il ; mon père, ivre d'or et de grandeurs, « me la refusera. Je ne proposerai point à Thomp- « son un mariage secret, il s'en offenserait, il le « doit ; mais il est père, et il pardonnera à l'époux « de sa fille. J'attends de vous un service qui « n'est point incompatible avec l'exacte délica- « tesse : assurez à Fanny mo rang et ma for- « tune, à tous deux le bonheur, et comptez sur « la reconnaissance de Seymour. »

A ce nom, le bon ministre effrayé, représente au jeune homme les inconvéniens d'une union disproportionnée, secrète, et méconnue par la loi ; le dégoût qui pouvait la suivre ; l'état humiliant où Fanny serait réduite, si son époux l'abandonnait ; les regrets qu'il éprouverait lui-même, si sa condescendance n'avait servi qu'à faire une infortunée. Il engagea Seymour à se vaincre, et il l'assura que bientôt une inclination nouvelle, et plus convenable, lui ferait oublier Fanny.

Seymour était plein d'honneur ; il ne put souffrir qu'on le crût capable de trahir ses sermens. Il se défendit avec l'éloquence du sentiment, et il persuada avec la facilité que donne l'éloquence. Une bourse de cent pièces acheva de lever les scrupules; le mariage fut arrêté. Il ne manquait que le consentement de Fanny.

Pouvait-elle rien refuser à Seymour? Pouvait-elle rien opposer aux raisonnemens d'un ministre des autels? Celui-ci la voyait tous les jours, et n'était pas suspect à Thompson. Il servait Seymour avec chaleur, et il ne fallait plus qu'indiquer le moment qui devait l'unir à Fanny.

Un jour, à cinq heures du matin, elle se dérobe de la maison paternelle. Elle ne pense point qu'elle manque à son père, et peut-être à elle-même; elle ne voit que Seymour, il est tout pour elle; elle lui doit une nouvelle vie.

Fanny se glisse dans le temple; son amant l'attendait à l'autel. Deux pauvres entendent le serment. Jamais on ne le prononça avec autant d'ivresse, ni avec un respect plus religieux.

La cérémonie terminée, Seymour présente la main à son épouse; il la conduit à un carrosse de louage qui attendait derrière Saint-Paul. Ils sortent de la ville, et descendent à une simple auberge de village. Une chambre modeste, un repas frugal, point de parens, d'amis, l'amour tient lieu de tout cela; il fait seul les frais de cette délicieuse journée.

Dans un de ces momens d'intervalle, où le cœur aime à se reposer, et où il jouit dans le recueillement, l'heureuse Fanny prononce le nom de son père. Aussitôt Seymour écrit. Sa lettre est respectueuse, est soumise; elle doit désarmer le vieillard.

La voiture qui les a amenés, repart pour Londres en diligence. Le cocher arrête à cent pas du magasin de Thompson; il se présente au bon père, et lui remet la lettre.

Thompson avait passé une partie de la journée dans les plus vives inquiétudes. Il avait été chez tous ceux où il croyait pouvoir trouver Fanny, et il n'avait parlé d'elle à personne : un mot inconsidéré pouvait nuire à sa réputation. Il se rappela Seymour; il crut sa fille déshonorée, et rentra la mort dans l'ame.

La lettre du jeune homme mit un terme à ses inquiétudes, et ne calma point sa douleur. Il sentait que l'état de sa fille dépendait uniquement d'un jeune homme de seize ans, et sait-on à cet âge ce qu'on fera le lendemain? L'idée de Fanny, abandonnée et perdue, lui arrachait des larmes. Il pleurait en montant en carrosse; il pleurait encore en entrant dans la chambre où étaient les jeunes époux.

« Je ne vous ferai point de reproches, leur dit-
« il; le mal est sans remède, et les pleurs, que
« je verse sur vous, démentiraient la sévérité que
« je voudrais en vain affecter. Puisse Fanny ne
« pas pleurer à son tour son excessive facilité.
« Puissiez-vous, milord, ne jamais oublier que
« vous vous êtes chargé du bonheur de sa vie?

« Venez, mes enfans, que votre père vous bé-
« nisse, et que Dieu vous bénisse avec lui. »

On s'entretint avec assez de calme, et on convint des mesures à prendre pour cacher ce mariage à tout le monde, et surtout au vieux lord Seymour. Thompson obtint, avec peine, du jeune homme, impétueux, ardent, que jamais il n'approcherait de chez lui. Pour le dédommager de ses privations, il lui promit de lui amener sa jeune épouse à la campagne, les jours de dimanches et de fêtes; il lui permit de lui écrire tous les jours; mais il fut encore arrêté que Fanny ne répondrait jamais, de peur que ses lettres ne tombassent entre des mains à redouter.

La nuit approchait. Seymour ne pouvait la passer hors de l'hôtel, sans donner, sur sa conduite, des soupçons qu'on chercherait à éclaircir, et peut-être avec trop de succès. Il fallut sacrifier une partie de son bonheur, pour en assurer la durée.

Mais le dimanche suivant, Seymour se lève avec l'aurore; il monte son meilleur cheval, il court, il vole; il est à Hamptoncourt, et les maisons ne sont pas encore ouvertes. Fanny, de son côté, se donne à peine le temps de s'habiller. En se laçant elle va de sa chambre à celle de son père; elle le presse, elle passe sa cravate, elle lui présente sa perruque; elle revient, elle attache son petit chapeau de paille, et le noue sous son petit menton avec un ruban moins frais qu'elle; elle rentre chez son père ; il n'est pas prêt encore, et un geste d'impatience, et la plus jolie petite mine... Thompson la voit dans son miroir ; il sourit, il se hâte; il prend son chapeau et sa canne. On part, on arrive ; Seymour est à la portière ; il reçoit Fanny dans ses bras,

Le père Thompson était de trop. Il avait été jeune, et il s'en souvint. Ordinairement occupé de son commerce, il jugea à propos, ce jour-là, de s'ériger en politique, pour aller lire les journaux ; en fleuriste déterminé pour visiter les jardins. Il sortait à chaque instant, restait dehors des heures entières, et rentrait, toujours trop tôt au gré des jeunes époux. La journée s'écoula avec rapidité : le temps vole pour les amans heureux. Ah! pensait le bon Thompson, en revenant à la ville, si cette ivresse pouvait toujours durer !

Cependant milord Seymour s'occupait sérieusement de l'avancement de son fils. Milord Chatam, son parent, premier ministre, et dispensateur des graces, avait reconnu, dans le jeune homme, une probité sévère, un jugement sain, un esprit solide et capable d'application, et il le destinait à la première place de la magistrature. Le grand chancelier commençait à vieillir ; il devait dans quelques années ne désirer que le repos. Il avait une fille unique, qui n'était pas belle, qui n'était pas née sur le trône ; mais qui avait un million de revenu, et milord Chatam avait engagé son parent à se relâcher de ses prétentions, et à consentir que son fils devînt simplement un des plus éminens, et des plus riches seigneurs des trois royaumes.

Il était indispensable, pour l'exécution de ce plan, que Seymour étudiât le droit public. Son père lui confia ses projets; lui annonça qu'il passerait deux ans à l'université d'Oxford, et lui fit préparer un train conforme à son rang et à sa fortune. Seymour apprenait à dissimuler. Il parut entrer dans les vues de son père, et il refusa seulement cette suite de valets, qui seraient autant d'espions de ses démarches: l'amour n'aime pas les témoins. Il ne voulut que le vieux Dick, et il fit observer à son père que l'éclat s'accorde mal avec l'étude. Il déclara que son intention était de loger et de vivre avec les autres pensionnaires, pour suivre les cours avec plus de facilité. Confondu dans la foule, il était sûr de n'être pas remarqué et c'était ce qu'il voulait.

Il parla à Thompson et à sa fille de la place distinguée où on se proposait de l'élever. Il se tut sur le mariage qui devait la lui assurer, pour leur épargner de vaines inquiétudes, et il arrangea ainsi ses petits plans de bonheur.

Fanny avait une tante à Harford; cette tante était infirme, et il était assez naturel qu'elle désirât avoir sa nièce auprès d'elle. Thompson aimait sa fille; mais elle était l'unique héritière de sa tante, et il était tout simple que Thompson sacrifiât sa satisfaction personnelle aux intérêts de Fanny. On persuada aux amis et aux voisins qu'elle partait pour Harford, et on lui faisait des habits d'homme, pour suivre son époux à Oxford. Thompson avait fortement combattu ce projet, qui avait aussi ses dangers; mais il était plus dangereux, peut-être, de séparer de sa fille, pour un terme aussi long, un jeune homme qui avait les passions vives, et qui trouverait à Oxford des objets et des plaisirs nouveaux. Le bon Thompson céda. Sa fille partit pour Harford; elle passa quelques jours auprès de sa tante, et repartit, sous l'extérieur du plus joli garçon des trois royaumes, pour s'aller réunir à ce qu'elle aimait uniquement.

Seymour l'avait annoncée à Dick comme un pauvre gentilhomme, avec qui il était lié dès l'enfance, qui voulait étudier pour obtenir un bénéfice, et qui venait recevoir de lui les secours que ses parens ne pouvaient lui donner. En conséquence, on s'était logé un peu grandement, et on s'était fourni de ce qui peut rendre la retraite agréable à deux jeunes gens, qui veulent éviter la dissipation et les plaisirs bruyans.

Cependant le vieux Dick ne fut pas long-temps dupe de cette prétendue amitié. Des mots échappés, des caresses imprudentes, presque toujours un lit commun, tout cela éveille le soupçon. Dick observa, épia. Il surprit Fanny à demi-nue, et Seymour ne trouva d'autre moyen de la rétablir dans l'estime du vieillard, que de le mettre dans sa confidence.

Dick tenait à ses devoirs, autant qu'il aimait son jeune maître. Il balança entre l'intérêt qu'il lui inspirait, et ce qu'il devait au vieux lord. Il pensa enfin que Seymour était incapable de trahir celle à qui il avait donné le titre d'épouse; il jugea qu'un aveu de cette nature brouillerait le père et le fils, sans rien changer à la situation des affaires. Il se tut, et attendit tout du temps.

Voilà où en était ce couple si jeune, si tendre, si intéressant, lorsque mon oncle en obtint plus qu'il n'aurait osé espérer.

« Corbleu! dit Thomas, quand lady Seymour
« eut cessé de parler, je savais bien que je vous
« serais bon à quelque chose. Je dois passer par
« Londres. J'irai voir milord Seymour; je lui dirai
« que sa bru est digne d'une couronne; que je
« veux qu'il approuve son mariage, et s'il est ré-
« calcitrant; je vous débarrasse de ce père-là. »

Ce projet fou fit jeter les hauts cris à Fanny et à Seymour. Mon oncle, toujours opiniâtre, n'en voulait pas démordre. Les jeunes gens eurent beaucoup de peine à lui faire entendre que cette violence les perdrait sans retour, et il ne se rendit que lorsque Fanny lui eut fait observer qu'un adversaire de soixante ans n'était pas digne de lui.

Pour reconnaître sa docilité, on le chargea d'une lettre pour Thompson. On lui rappela, verbalement, mille détails, dont il aurait à lui rendre compte. Thomas protesta qu'il embrasserait le brave homme de toute son ame, et que s'il oubliait une partie de ce qu'il venait d'entendre, il y substituerait des choses de son crû, qui ne seraient pas sans mérite.

CHAPITRE V.

Incidens, accidens, évènemens.

Dick est rentré, la place est retenue, la valise est prête, les lettres cachetées. Thomas ressemble à une fille assez drôlette, quand il a les yeux baissés, et les mains dans les poches de son tablier de mousseline. Dans une de ces poches, Fanny a glissé une petite bourse qui renferme dix guinées. Le soleil est allé éclairer les antipodes, la lune est cachée derrière un nuage : tout semble favoriser le fugitif.

Le voilà avec Dick, courant les rues d'Oxford, et s'acheminant vers la porte de Morlow. Pour se donner un air plus intéressant, il avait le bras droit appuyé sur celui du domestique ; de la main gauche il retroussait ses jupons jusqu'aux jarretières ; il tortillait le derrière en marchant, et il chantonnait un air poissard, qui avait couru la ville et les faubourgs. Il approchait de la porte, et il comptait bien sortir d'Oxford sans malencontre ; mais sa démarche plus que hardie, son tortillement de derrière, et son chant équivoque l'avaient fait suivre par un amateur, à qui tout était bon, hors les petits soins et les plaisirs du cœur. Mon oncle entend quelqu'un sur ses talons; il a peur, et double le pas. L'amateur presse aussi sa marche, et prend familièrement sa nymphe par le bras gauche. Thomas tourne la tête, reconnaît son lieutenant, et frémit. Dick, persuadé que le trompette est reconnu et arrêté, s'enfuit avec sa valise, et laisse mon oncle très-embarrassé de sa personne, comme vous pouvez le croire.

L'officier, plus sûr de son fait par la retraite précipitée du grison, commence à faire l'amour militairement, c'est-à-dire, qu'il parle peu, et agit beaucoup. Thomas n'a pas trop de ses deux mains pour le contenir. La vivacité de l'attaque lui prouve l'erreur complète de l'assaillant, et il retrouve sa présence d'esprit ordinaire. Il quitte la défensive, se met à son tour à jouer des mains, en passe une entre la ceinture de la culotte et le caleçon de l'officier; il fait sauter, d'un coup de poignet, la courroie qui serre la boucle; il tire des deux côtés; la culotte tombe sur les talons du lieutenant, et mon oncle prend sa course, en éclatant de rire.

L'officier joué, et contraint de s'arrêter au beau milieu de la rue, jure et tempête entre ses dents; une patrouille, qui le trouve, la chemise au vent, s'arrête, s'informe, prend vivement son parti. Les soldats se dispersent, et se mettent à la poursuite de la donzelle qui a l'impertinence de déculotter un officier, et de lui rire au nez. Thomas, empêtré de ses jupons, perd considérablement en vitesse ; déja il entend résonner les talons des bottes sur le pavé ; le bruit approche, il va être pris, il ne sait plus que penser ni que faire.

Un carrosse élégant attendait à la porte d'un hôtel ; mon oncle saute dans la voiture. Le cocher, endormi sur son siége, est réveillé par le bruit de la portière ; il descend précipitamment, demande pardon à milady de ne l'avoir pas entendue sortir de chez son amie ; ferme la portière, remonte sur son siége, et fouette ses chevaux. Mon oncle se sent emporter, il ne sait pas où on le mène ; mais il ne peut courir de plus grands dangers que celui auquel il vient d'échapper, et il se résigne. Quand il se croit assez loin pour ne plus rien craindre du lieutenant, il cherche à ouvrir doucement la portière, pour se laisser couler dans la rue ; le ressort est arrêté par un bouton, qu'il ne connaît pas, qu'il ne trouve pas. Il allait baisser la glace, et faire un saut assez périlleux, lorsqu'il s'aperçut que la voiture était sortie de la ville, et roulait sur la route même de Morlow.

Il aurait fallu être d'un bien mauvais caractère, pour prendre en mauvaise part le service que lui rendait le cocher : aussi mon oncle le laissa-t-il faire. Il se remit sur son coussin, et sa main tomba sur un de ces voiles, que les femmes portent l'été pour se garantir du soleil ; il jugea qu'il appartenait à milady, et, à tout hasard, il s'en enveloppa la tête, pour rendre la ressemblance plus frappante.

Après une demi-heure de marche, le carrosse arrête devant un château. La porte s'ouvre à l'instant ; le carrosse entre dans la cour ; la porte se referme, et cela commence à tracasser mon oncle. Deux femmes de chambre se présentent pour l'aider à descendre ; mon oncle perd tout-à-fait la trémontane, et s'appuie sur elles en poussant un gros soupir. Il s'avance machinalement, et se trouve nez à nez avec milord, qui venait poliment au-devant de sa chère moitié : autre accident ! milord est son colonel.

Bien que mon oncle eût le voile de milady, qu'elle fût, comme lui, habillée de blanc ce jour-là, et que la scène ne fût éclairée que par une bougie, dont le vent faisait vaciller la flamme, il y avait cependant, dans la tournure et les manières, des différences qui auraient frappé milord, si un mari y regardait de si près. Celui-ci présente la main à mon oncle, avec assez d'indifférence ; il le conduit à la salle à manger, et sort pour aller voir ses coqs, ses chiens et ses chevaux.

Mon oncle, resté seul, respire plus librement, et examine le local. La lune blanchissait le faîte d'une muraille circulaire, qui n'avait de sortie que par la porte qui s'était ouverte au bruit du carrosse, et le portier s'amusait, bêtement, à caresser sa femme en dehors de sa loge. La salle à manger n'avait de vue que sur la cour : il était difficile de prendre un parti. Cependant l'heure du souper approchait, il faudrait lever le voile, se déclarer, et le dénouement ne promettait rien d'avantageux.

Pendant que Thomas se consulte, il entend la voix de milord ; sa frayeur redouble ; il sort de la salle pour se réfugier, n'importe où. Il passe, à tâtons, dans un office, de l'office dans un cabinet, et du cabinet dans une chambre. De chambre en chambre, il arrive dans une basse-cour ; de la basse-cour, il gagne une vacherie. Dans un coin, était un tas de paille, et mon oncle se blottit au milieu des gerbes, en attendant les évènemens.

La vachère, grosse fille réjouie et rebondie, avait pour amant un robuste palfrenier, à qui elle donnait des rendez-vous sur le tas de paille même où mon oncle était caché : on n'a pas toujours ses aises dans ce monde. L'amant empressé, était déja arrivé, et attendait avec impatience. Aux premiers pas de mon oncle, le cœur lui battit d'aise ; mais quand il entendit Thomas qui se prenait les jambes dans les licols des vaches, et qui renversait les pelles et les fourches, il jugea, avec beaucoup de sagacité, que ce ne pouvait être sa chère Mary, qui connaissait trop bien les êtres pour se fourvoyer ainsi. Il craignit d'être découvert, et s'était tapi sous les bottes, lorsque mon oncle se plaça directement sur lui. Le palfrenier ne concevait pas ce que voulait faire là celui ou celle qui demeurait immobile comme lui, et qui comme lui paraissait retenir son haleine.

La fille de basse-cour, qu'amour pressait aussi, arrive sur la pointe du pied, vient droit au tas de paille, trouve, sous une main, la jambe du palfrenier, sous l'autre un jupon de taffetas. Elle ne doute pas que milady ne passe une fantaisie avec son amant ; elle enrage, mais elle se tait, et se retire, parce que, dans ces sortes de cas, les explications sont au moins inutiles, et, qu'intérieurement, elle ne pouvait se dissimuler que madame ne méritât la préférence à tous égards.

Le palfrenier, fatigué de porter mon oncle, et ne pouvant résister plus long-temps à la gêne horrible qu'il éprouve, et à l'incertitude qui le tourmente, veut connaître enfin l'immobile et taciturne animal qui lui brise les membres. Il dégage un bras doucement, bien doucement ; il avance la main, et le moëleux des étoffes le frappe à son tour. Comme le drôle ne manquait pas de bonne opinion de lui-même, il se persuade que milady est sensible à son mérite; qu'elle a découvert ses rendez-vous, et qu'elle veut prendre, un moment, la place de la vachère. Il agit d'après cette persuasion ; il tâtonne, il fourrage ; la culotte de peau du trompette dérange toutes ses idées. Il partage la frayeur qu'il a inspirée à mon oncle; il fait un effort violent; il se tire de dessous les bottes; il roule d'un côté, Thomas de l'autre ; tous deux se relèvent, et se sauvent, le palfrenier par la porte qu'il connaissait, Thomas par une croisée qui se trouve devant lui. Le déserteur saute dans un potager; gagne un mur garni de treillages, et grimpe, le plus lestement qu'il peut. Le jardinier s'imagine qu'on vient voler ses choux; il sort de sa hutte, suivi de deux chiens, et armé d'un fusil. Il court du côté où mon oncle, en montant, brisait le treillage sous ses pieds; il ajuste, il lâche son coup, à l'instant même où Thomas venait de se laisser couler de l'autre côté.

Les garçons jardiniers, les palfreniers accourent à l'explosion. Le jardinier soutient qu'il a tué le voleur, et qu'il l'a vu tomber. On le cherche, on ne trouve personne; on conclut qu'il n'est que blessé, et qu'il s'est traîné dans les asperges, ou dans les artichauts. Les recherches continuent, et mon oncle, débarrassé pour la seconde fois, court à travers les champs, et cherche à regagner son chemin.

Cependant le désordre se communiquait du potager au grenier à foin, où Mary avait joint son palfrenier, et où elle s'expliquait avec les pieds et avec les ongles. Du grenier à foin, le tumulte commençait à s'insinuer dans le château. Milord avait fait sa tournée; il était rentré, on avait servi, et milady ne se trouvait pas. Ses femmes la cherchent dans sa chambre à coucher, dans sa bibliothèque, dans son cabinet de toilette; on l'appelle à grands cris; les domestiques se rassemblent, bouleversent inutilement la maison et les jardins ; l'alarme devient générale. On descend les lanternes dans les puits, dans les privés; on sonde deux étangs : milord se désole, ou en fait semblant.

On sonne à tout rompre à la principale entrée. On court ; c'est un carrosse, c'est la livrée de la dame d'Oxford, chez qui milady a passé la soirée ; c'est milady elle-même, qui descend de très-mauvaise humeur, qui gronde son mari stupéfait, qui rudoie son cocher, qu'elle a fait chercher dans la ville une partie de la nuit ; c'est le malheureux cocher qui jure qu'il l'a ramenée; c'est milord qui l'atteste; ce sont ses femmes qui le confirment ; c'est milady qui croit qu'on est d'accord pour se moquer d'elle, qui soufflète ses femmes, qui renverse la table, et qui va s'enfermer chez elle.

Après un peu de réflexion, milord vit clairement qu'il y avait du *quiproquo*, et qu'il était certain qu'on avait amené deux dames tout-à-fait différentes. Comme il s'expliquait d'une manière très-lumineuse, il se fit aisément comprendre à ses gens. Ceux-ci, persuadés que milády était étrangère au hourvari qui venait d'éclater, rapprochèrent les époques. Les uns racontèrent l'incident de la vacherie, les autres, l'escalade du mur du potager, et milord, toujours conséquent, jugea que la dame qu'avait amené son cocher, avait eu de fortes raisons de disparaître subitement. Mais pourquoi était-elle montée dans son carrosse? Pourquoi s'était-elle laissé conduire chez lui? C'est à quoi milord rêva jusqu'au jour, et ce qu'il ne put jamais pénétrer, parce que mon oncle, qui pouvait seul l'instruire, se soucia fort peu de lui donner de ses nouvelles.

Cependant le cher Thomas approchait du village où il devait prendre la diligence. Son voile chiffonné, son jupon déchiré, sa robe couverte de plâtre et de boue, le replongèrent dans de nouvelles anxiétés. Comment se présenter à la voiture, dans ce grotesque équipage? Comment se procurer des habits d'homme sans se faire moquer de soi, et piquer la curiosité, qui pourrait avoir des suites funestes? Il maudit la terreur panique qui avait fait disparaître Dick et sa valise, et il marchait toujours, en cherchant quelqu'expédient, que son cerveau fatigué lui refusa long-temps.

Déja il voyait le clocher du village dont l'aurore naissante dorait la flèche; déja il entendait le bêlement des agneaux, le mugissement des bêtes à cornes; déja le pavé résonnait au loin sous les roues pesantes des rouliers; il était jour enfin, et mon oncle aperçut plus distinctement encore le délâbrement ridicule de ses vêtemens. Il se pressa de s'en dépouiller, les jeta dans un fossé, et pousuivit sa route, ne possédant au monde que sa culotte de peau, ses bas, ses souliers, et la petite bourse de Fanny.

Il entra dans le village, pâle et défait, comme

on l'est après une nuit pénible, passée sans boire et sans manger. Une bonne femme, qui l'aperçut la première, s'écria qu'on l'avait volé ; mon oncle saisit cette idée, et dit aussitôt comme la bonne femme. Les badauds de l'endroit, car il y en a partout, se rassemblèrent autour de lui ; il fallut leur faire une histoire, et il la fit si naturellement, qu'on le conduisit chez le juge de paix, qui reçut sa déposition, et qui mit ses *watch-men* en route, après des voleurs qui n'existaient pas.

Mon oncle ne fut pas plutôt débarrassé du juge de paix, qu'il pensa au plus pressé. Il se rendit à l'auberge où relayait la diligence ; il mangea, au coin du feu, la tranche de *roast-beef*, il but la mesure de *strong-beer*. L'hôtelier lui abandonna, pour sa guinée, une redingote et un chapeau passable ; monsieur Jeffris prit sa place dans la voiture, et il se crut à la fin de ses épreuves, lorsqu'il roula sur le grand chemin de Londres : le ciel en avait autrement ordonné.

Il arriva, le soir, dans la capitale, excédé de fatigue, et ayant plus d'envie de dormir que d'aller voir le père Thompson. Il avait, d'ailleurs, son petit amour-propre, et il était bien aise de s'arranger décemment avant que de se présenter devant lui. Il se rendit donc à une taverne de modeste apparence, soupa de bon appétit, et monta à une chambre à deux lits, dont l'un lui était destiné. L'autre était pour un sergent d'infanterie, que sa mauvaise étoile avait amené dans la même auberge, et qui commençait à se déshabiller. Deux voyageurs, commensaux d'un même appartement, ne se couchent pas sans se saluer, et cette première politesse engage nécessairement la conversation. On parle volontiers de ce qui flatte, ou de ce qui intéresse le plus, et ces messieurs, en se déculottant, raisonnaient combats et tactique, comme s'ils eussent été des *Bonaparte*.

Le sergent était une espèce d'original qui, à l'entendre, avait fait des choses incroyables, et mon oncle, à qui ses hauts faits étaient indifférens, l'écoutait sans répondre, et commençait à bâiller. Mais le sergent s'avisa de mettre les Anglais au-dessus des Romains, et les Français au-dessous des troupes du roi de Portugal, qui ne valent pas mieux que les soldats du curé de Liège, ou que les faquins qui montaient la garde avec des parassols à la porte du Vatican. Mon oncle secoua vivement les oreilles, et cependant il se possédait encore. Son caractère bouillant l'emporta sur toute espèce de considération, lorsque le sergent, en éteignant la chandelle, se vanta, entre autres exploits, d'avoir lui seul fait fuir, à Culloden, tout un piquet de troupes françaises. Il était de la prudence de se taire ; mais mon oncle, poussé à bout, riposta au sergent par un *tu en as menti* fortement prononcé, et il ajouta :
« Les Français se sont battus comme des diables
« à Culloden, et si les montagnards nous eussent

« secondés, nous forcions le duc de Cumberland
« et son armée à se jeter dans la Ness. — Nous
« eussent secondés!... nous forcions!... Tu es donc
« un Français, toi? — Oui, f..., et je m'en fais
« honneur. — Je t'arrête *de par le roi*. — Et moi,
« je te cogne. » Et mon oncle, déja hors du lit,
avait été chercher le sergent dans le sien ; il le
tenait aux cheveux d'une main, et le frappait de
l'autre où il pouvait l'attraper. Imprudent, mauvaise tête! que de sottises tu feras encore!

Le sergent se défendait vigoureusement, et,
au bruit des tables et des chaises renversées, le
cabaretier et son aide de cuisine accourent et s'informent de la cause du tumulte. Le sergent, qui
était dans toute sa force, tenait alors mon pauvre
oncle sous lui, et l'aurait assommé, si on ne le lui
eût ôté des mains. Le sergent le dénonça au cabaretier comme un partisan des Stuart, et il ordonna au marmiton d'aller chercher un constable.
Le cabaretier, que Thomas intéressait, essaya de
fléchir le sergent. Celui-ci, outré des coups qu'il
avait reçus, ne voulut rien entendre. Il menaça
l'hôtelier de le dénoncer lui-même, si son garçon
n'obéissait à l'instant. Il fallut céder, et le sergent
impitoyable tint mon oncle en respect avec la
pointe de son sabre, jusqu'à ce que le constable
arrivât.

Le courage ne pouvait rien dans cette conjoncture : pas de pelle, point de pincettes, rien à
jeter à la tête du sergent. Mon oncle, outré de

rage, se rongeait les poings, en marchant à grands pas dans la chambre ; il s'arrachait les cheveux, se frappait le crâne contre les murs, et n'en était pas plus avancé. Le constable arriva avec deux watch-men. Mon oncle interrogé, avoua qu'il était des troupes françaises faites prisonnières à Inverness. Il se garda bien de parler du régiment anglais dans lequel il avait servi, de ses camarades qu'il avait échinés, et de sa désertion. Il dit que, depuis la défaite du prince Édouard, il avait erré en Écosse et en Angleterre, cherchant toujours, pour repasser en France, une occasion qui ne s'était jamais présentée.

Le constable le fit habiller, le mit dans un fiacre, et le conduisit à la prison de Newgate. Il y passa le reste de la nuit, sur la paille, à maudire sa destinée, ou plutôt sa fatale imprudence.

Le lendemain, un commissaire des guerres vint prendre de lui les renseignemens qui devaient constater la vérité de sa déclaration, et il fut décidé qu'il irait partager le sort de ses compatriotes pris à Culloden ou ailleurs. En conséquence on l'agrégea à l'équipage d'un navire marchand, qu'un petit corsaire anglais avait pris et conduit dans la Tamise ; on leur attacha à tous les mains derrière le dos, et leur escorte leur fit prendre le chemin d'Yarmouth.

Les grandes infortunes sont faites pour les grands hommes, et si on considère Régulus, Jugurtha, Mithridate, César, Pompée, Caton, se donnant la mort, ou la recevant de leurs ennemis ; si, parmi les modernes, on s'arrête à Bayard, à Nemours, à Turenne, à Charles XII, à Bellille, à Dampierre, à Marceau, tués après des victoires, ou au sein de la victoire même, on avouera que le fameux Thomas devait s'affecter peu d'un revers qui lui laissait au moins l'espérance. Aussi prit-il galamment son parti, dès la fin de la première journée.

CHAPITRE VI.

Qui paraîtra incroyable, et qui l'est moins que la surprise de Crémone.

On rit, on chante, on boit en prison comme ailleurs, quand on a de l'argent. Le gousset de mon oncle était passablement fourni. Il faisait régulièrement ses quatre repas, et comme il aimait la société, il régalait, de temps en temps, trois ou quatre amis, qu'il avait choisis parmi ce qu'il y avait de plus brave, et de plus crapuleux dans l'espèce de bagne où il était renfermé.

Avec les dispositions heureuses qu'il avait reçues de la nature, ces messieurs lui firent faire du chemin en peu de temps. Ce fut d'eux qu'il apprit que la morale est inutile, la religion un préjugé, la probité une duperie. La conséquence de cette première donnée est que les hommes n'ont rien en propre, que la terre est à tous, et que tous ont un droit égal à ce qu'elle produit. Malheureusement, il ne pouvait mettre en pratique, à Yarmouth, ces principes sublimes ; mais ils germaient dans son ame, ils y fructifiaient, et il n'attendait que le moment qui le rendrait à lui-même, pour sortir tout-à-fait de la classe commune.

Cependant on ne va pas très-loin avec sept à huit guinées, quand on vit bien, et qu'on se permet de traiter. Mon oncle, qui n'avait jamais possédé un pareil trésor, l'avait cru inépuisable, et comme il est dur de renoncer à un certain bien-être, il prit de l'humeur quand il en fut à sa dernière couronne. Il devint brutal et querelleur, quand il se vit réduit au pain, aux fèves, et à l'eau du roi Georges. Mais il avait pris sur ses camarades un ascendant qu'il avait dû d'abord à sa petite opulence, et qu'avaient augmenté et soutenu une figure martiale, un caractère énergique, et un esprit capable de conceptions hardies. Ses compagnons de malheur avaient pris insensiblement l'habitude de lui céder en tout; ils lui pardonnaient ses brusqueries, et ils étaient disposés à suivre l'impulsion qu'il plairait à Thomas de leur donner. Il était chef de parti sans le savoir, et sans autre droit que celui

.... Qu'un esprit vaste et ferme en ses desseins,
A sur l'esprit grossier des vulgaires humains.

Il soupirait pour la liberté, sans avoir imaginé

encore que la force ou l'adresse pût la lui rendre.
Des murs élevés, des portes solides, des geoliers
actifs, et une garde militaire ne lui permettaient
pas de se livrer à un espoir chimérique. Son
imagination même ne s'y était jamais arrêtée, et
pendant cinq à six mois, il avait trompé l'ennui
qu'amène l'oisiveté, en apprenant à tirer des armes, d'un maître, à qui il enseignait à jouer du
flageolet.

Un évènement, très-faible en lui-même, amena
une étrange révolution dans les prisons d'Yarmouth. Les guichetiers avaient apporté la pitance
du jour, et le roi Georges, ou le geolier en chef,
avait jugé à propos de retrancher la livre de
beurre qui assaisonnait ordinairement trois bois-
seaux de fèves, dures et noires. Un prisonnier se
permit quelques observations assez fortes, auxquelles l'homme de garde qui accompagnait la
chaudière, répondit par un coup de bourrade
qui jeta le raisonneur à la renverse. C'était justement un des chenapans que mon oncle avait
pris en affection.

« Sacredieu! s'écria-t-il en français, il faut que
« nous soyons bien bêtes pour nous laisser traiter
« ainsi par une vingtaine d'hommes, parce qu'ils
« ont des fusils. Prenons les clés de ces marauds-
« là, sortons. La garde fera feu; mais elle n'en
« tuera que vingt. Les autres prendront fusils et
« cartouches, et seront hors la ville, avant que la
« garnison ait le temps de se mettre sous les

« armes. On gagnera le bord de la mer, on se
« jettera dans cinq à six bateaux pêcheurs, et on
« fera voile pour la France. Allons, amis, à moi »,
et il prend, au collet, le soldat qui a terrassé son
camarade, et il le désarme, et les autres fouillent les guichetiers, et les clés sont enlevées, et
les portes ouvertes.

Mon oncle, en sa qualité de chef, sort le premier; les autres se précipitent après lui. La garde
se range à la hâte; les Français essuient la décharge; dix-huit tombent, Thomas n'est pas touché. Il s'arme, il charge en marchant, ses compagnons l'imitent, et les voilà sortis de l'enceinte,
ayant vingt coups prêts à tirer.

Ils marchent précipitamment; mais en bon
ordre. Ils ne connaissent pas la ville, et, au détour
d'une rue, ils tombent sur un poste de trente
hommes, qui avaient eu le temps de se mettre en
défense. En un instant la baïonnette a décidé
l'affaire. Les Anglais sont culbutés; l'un d'eux est
pris. Thomas le force à lui servir de guide, et
lui ordonne de le conduire vers la mer.

Le soldat troublé, ou capable d'une ruse de
guerre, obéit; mais il fait sortir les Français par
la porte du port, et les met sous une redoute
qui en défend l'entrée. Thomas, furieux, lui casse
les reins d'un coup de fusil, et au même instant
la batterie du port tire à cartouches, et jette quarante de ces braves sur le pavé. La générale bat
dans la ville; déjà les compagnies se forment et

marchent. Thomas va être pris entre deux feux.
Il n'espère pas de quartier; un prodige seul peut
le sauver; il imagine et exécute à la fois.

La redoute, qui protége le fort, n'est défendue
du côté de terre que par un épaulement, et
n'est gardée que par quarante hommes. Thomas
profite du moment où les canonniers rechargent
leurs pièces; il court droit au fort. Il y pénètre,
à travers la fusillade; il égorge la garde; il force
les portes d'un magasin d'armes, et il arme le
reste de son monde.

Il ne perd pas une minute, et fait toutes ses
dispositions. Il range ses soldats d'infanterie le
long du parapet; il met ses artilleurs aux pièces;
il les fait pointer sur la ville. Ses matelots ap-
portent ce qu'ils trouvent de charbons et de grils
pour faire rougir des boulets.

Cependant le régiment de milice de Midlesex
s'avançait, croyant n'avoir à réduire que trois
cents prisonniers sans armes. On est étonné de
les voir maîtres du fort. Le colonel déploie sa
colonne sur les quais, et combine un plan d'attaque avec son état-major. Pendant qu'il délibère,
le général Thomas engage l'affaire à coups de canon, et son infanterie fait un feu roulant qui met
le désordre dans les rangs. Les Français, encoura-
gés, redoublent d'efforts et de prestesse. Les ennemis se cachent derrière les maisons. Le colonel
et ses officiers-majors, restés seuls, tombent enfin
d'accord sur un point : c'est qu'il faut se retirer.

Déja Thomas se croit victorieux; déja le pavillon rouge est abattu, et remplacé par un pavillon français, que mon oncle a fait avec le devant de sa chemise. Le charbon est allumé, les boulets rougissent, et nos Français ne doutent pas qu'en mettant le feu à quelques maisons d'Yarmouth, ils n'obtiennent des provisions et un bâtiment pour passer en France. C'est à cela que se borne leur ambition.

Mais un général de seize ans ne peut pas tout prévoir. L'attention et les efforts de Thomas se dirigeaient contre la ville, et il ne s'apercevait pas que le vice amiral, commandant la marine, vieux renard, sachant à fond son métier, se disposait à le chauffer de près.

Il avait fait amarrer, sous le fort, les vaisseaux dont les manœuvres n'étaient pas en état, et le canon de mon oncle ne pouvant plonger perpendiculairement, ils se trouvaient hors d'atteinte. Il avait fait conduire, au milieu du port, deux frégates de cinquante canons, dont les hunes étaient chargées d'hommes armés de pierriers et d'espingoles, qui, portant la balle plus loin que le fusil, devaient faire taire la mousqueterie de la redoute. Derrière les frégates, étaient deux galiotes à bombes, destinées à écraser ou à disperser ceux qu'on ne pourrait ajuster du haut des hunes. D'un autre côté, le régiment de Midlesex, qui ne pouvait se battre à découvert devant vingt pièces en batterie, faisait des coupures derrière les maisons, et se retranchait avec des charrettes et de gros meubles, pour repousser les sorties, s'il prenait à mon oncle la fantaisie d'en tenter. Tout cela se disposait avec ordre et diligence, et le général Thomas touchait à sa ruine totale, lorsqu'il se croyait sûr du plus brillant succès.

Les boulets étaient rouges ; les canonniers commençaient à les faire rouler dans les pièces; plusieurs étaient déja tombés sur les édifices d'Yarmouth, quand un carillon d'enfer fait tourner mes héros français du côté de la mer. Les pierriers des hunes, les batteries des frégates, les mortiers des galiotes, tout fait feu à la fois; les balles et les bombes pleuvent dans la redoute. Le plus grand nombre est tué ou mutilé, avant qu'on puisse retourner les canons, et les pointer contre le port. Le sang coule, il ruisselle, et les plus hardis pâlissent. Thomas, l'intrépide Thomas, perd lui-même la tramontane; il prononce le cri fatal : *Sauve qui peut!* cri qui déshonore un général fait, et qu'on peut pardonner à un commandant de hasard, âgé de seize ans. Au reste, que vous pardonniez ou non, il n'en sera ni plus ni moins.

A ce cri, le désordre est porté à son comble. On jette les armes, on se presse, on se culbute, on sort de la redoute, on fuit sans avoir où l'on va. Les uns se précipitent dans la mer; d'autres vont se jeter sur les baïonnettes des milices anglaises; quelques-uns se dispersent dans les rues, et sont tués, à coups de fusil. Mon oncle, après avoir erré à l'aventure, se trouve sur le bord de la rivière qui se jette dans le port au nord de la ville. Huit de ses camarades l'ont suivi machinalement; six, sachant nager, passent avec lui à l'autre bord. Ils courent, ils filent le long de la côte, en tirant sur Wursted. Ils aperçoivent, à peu de distance, des champs de houblon; ils se courbent, ils se traînent sur les genoux et les mains; ils y entrent sans être aperçus.

Le vice-amiral et le colonel avaient autre chose à faire que de s'occuper de sept à huit fuyards. Il fallait détruire le gros des insurgés, sauf à se mettre ensuite à la recherche de ceux qui auraient échappé. Il restait à peine une heure de jour; il était essentiel d'en profiter, et ce fut ce qui sauva mon oncle.

La nuit vint. Les malheureux, excédés de fatigue et de faim, se levèrent, mangèrent du houblon, et reprirent quelques forces. Ils tinrent ensuite conseil, et tous étaient d'avis différens. On se contredit, on s'aigrit, on reprocha à mon oncle la témérité d'une entreprise, qu'on ne regardait plus que comme une folie. Tel est le sort de ce qu'on appelle un grand homme. Le succès seul le justifie;

> Mais au moindre revers funeste,
> Le masque tombe, l'homme reste,
> Et le héros s'évanouit.

Il fallait pourtant se décider à quelque chose. Se rendre à Yarmouth, c'était le moyen le plus sûr d'être pendu promptement; se cacher, et piller la nuit, cela ne pouvait durer long-temps. On se détermina à retourner à la côte, à chercher un bateau, et s'embarquer, dût-on crever de faim en route.

Voilà donc le général sans armée, et ses compagnons redevenus ses égaux, allant de rochers en rochers; tâtonnant, ne trouvant rien, et jurant en proportion de leur mauvaise humeur. Ils arrivent à un petit village bâti sur le bord de la mer. Les habitans, laboureurs et pêcheurs, selon les saisons, avaient leurs bateaux attachés devant leurs portes, et dormaient tranquillement, *les uns avec leurs femmes, et les autres tout seuls.*

Les bateaux étaient arrêtés par des chaînes de fer, qui s'enfilaient les unes dans les autres, et dont la dernière faisait, autour d'un poteau élevé, plusieurs tours, terminés par un fort cadenas. On ne brise pas cela avec les mains, et on n'avait pas même un couteau. Il n'y avait d'autre parti que d'arracher la pièce de bois. Mes sept lurons poussent, tirent, s'agitent, se démènent; le bruit qu'ils font réveille les mâtins du village; ils aboient devant les portes, ou dans les maisons. Les habitans s'inquiètent et se lèvent. Le shériff du lieu, qui procédait à la fabrication d'un petit magistrat, s'arrête, au grand mécontentement de madame la shérive; prend sa perruque, son long bâton blanc, et la chemise en avant, et pour cause, il sort pour s'informer de la cause du vacarme qui l'a dérangé de ses fonctions maritales.

Pendant qu'on s'interroge, qu'on se répond, qu'on allume les lanternes, qu'on se met en état de se présenter plus décemment, le poteau a cédé aux efforts soutenus de mes aventuriers; ils ont démêlé les chaînes; ils se sont emparés du meilleur bateau, et poussé les autres à la dérive, pour qu'on ne coure pas après eux.

La mer était houleuse, et il n'était pas possible de gagner le large dans un aussi frêle bateau, que la moindre lame devait emplir ou renverser. Il fallut ramer en longeant la côte, et tâcher de repasser devant le port d'Yarmouth, pour entrer dans la manche. Les ténèbres favorisaient les fugitifs; ils avaient du courage, de la force, et ils espéraient avoir dépassé le port, avant que le jour permît à la garde du fort de les signaler. Si le vent tombait, ils se proposaient de s'éloigner de la côte, et ils comptaient rencontrer quelque bâtiment français, qui les prendrait à son bord.

Le succès cependant ne répondait point à leurs efforts. D'abord ils avancèrent peu; bientôt le bateau demeura immobile. Ils s'aperçurent enfin qu'ils retrogradaient. Ils ne savaient à quoi attribuer ce prodige, et ils se donnaient au diable pour en démêler la cause; elle était très-simple: ils étaient près du golfe de Boston; la mer montait, et les flots, qui de toutes parts se réunissaient, et se précipitaient vers l'embouchure du golfe, entraînaient le bateau. Hors d'haleine et découragés, ils abandonnèrent les avirons, et se livrèrent à la merci des flots.

Bientôt ils se trouvèrent à l'entrée du golfe, dans lequel les courans les portèrent avec rapidité. Ils allaient retoucher cette terre qu'ils avaient tant d'intérêt de fuir, et leur perte paraissait inévitable : un hasard inespéré les sauva.

Une chaloupe à mât et à voile triangulaire sortait de Boston, vent arrière. Quatre rameurs secondaient le vent, et hâtaient la marche, malgré l'impétuosité de la marée contraire. Le bateau de nos Français, sans gouvernail, sans manœuvres, emporté à l'aventure, allait se croiser avec la chaloupe, ou peut-être l'accrocher, et la violence du choc devait submerger le plus petit des deux bâtimens. L'amour de la vie se réveille dans le cœur de l'homme le plus malheureux, à l'aspect d'un danger imminent. Nos aventuriers reprirent leurs rames, pour éviter la chaloupe; mais ils n'avaient, parmi eux, que trois matelots. Les autres, qui pouvaient les aider dans toute autre circonstance, leur nuisaient dans celle-ci, et rendirent inutiles leur adresse et leurs efforts. Des contre-temps, ou des coups d'aviron, contraires à la manœuvre que voulaient faire les trois matelots, mirent le bateau en travers. L'avant de la chaloupe lui donna dans le flanc, et le fit aussitôt chavirer. A l'instant où le bateau est totalement incliné, où la mer y entre en abondance, mes sept aventuriers, par un mouvement machinal, et prompt comme la pensée, saisissent le bordage de la chaloupe, et sautent dedans, sans autre intention que d'échapper à la mer.

Les rameurs tournent le dos au but vers lequel ils se dirigent. Les Anglais qui conduisaient la chaloupe, n'avaient donc pas vu le bateau qui venait d'être englouti. Figurez-vous leur étonnement, lorsqu'ils voient, au milieu d'eux, sept Français qui semblent tombés du ciel. La frayeur s'empare d'eux, ils tombent à genoux, et demandent la vie. Nos Français, qui allaient la leur demander, reprennent courage, et profitent de l'occasion que la fortune leur présente. Ils confisquent la chaloupe à leur profit, et après s'être assurés que les quatre Anglais sont sans armes comme eux, ils leur ordonnent de continuer la manœuvre. Les trois matelots français travaillent avec eux ; les autres veillent sur les prisonniers.

Quel changement de situation ! cinq minutes avant, tout était désespéré, et maintenant nos aventuriers sont maîtres d'une grande chaloupe bien gréée, bien conduite, et qui peut, en trente-six heures, les mener à la côte de France. Mon oncle, ravi, enchanté, oubliait que, depuis seize heures, il n'avait eu pour se restaurer qu'un peu de houblon, qui n'est pas très-restaurant. Il allait chantant d'un bout de la chaloupe à l'autre, portant sur l'épaule, en guise de fusil, un mauvais aviron, dont il se proposait de casser les reins au premier Anglais qui ne ramerait pas comme il faut.

En allant et venant, lorsque Thomas fut las de chanter, et que le silence qui régnait sur la plaine liquide ne fut plus interrompu que par le bruit mesuré des rames, il crut entendre quelques gémissemens partir de dessous un abri formé, à l'arrière de la chaloupe, avec un morceau de toile, soutenu sur deux bâtons croisées. Il s'approche, il se baisse, il alonge le bras; c'est une femme qui pleure... Ce n'est rien pour mon oncle; mais auprès d'elle est un sac, et près du sac un petit baril. O surcroît de bonheur! Le sac est rempli de pain frais, et le baril contient du rhum d'excellente qualité. Thomas jure, rit et saute d'aise; il distribue des vivres à ses compagnons, leur fait boire un grand coup, mais rien qu'un, parce qu'il est essentiel de conserver sa tête, et il va remettre le petit baril auprès de la femme, qui continue à se lamenter et à gémir.

« Qu'est-ce donc, demanda-t-il à un matelot
« anglais, que cette guenon qui pleure là-bas au
« bout?— C'est une malheureuse que nous con-
« duisions à Botany-Bay. — Vous alliez en Amé-
« rique dans une chaloupe!—Nous allions joindre
« notre vaisseau, qui est mouillé à une demi-lieue
« de l'entrée du golfe. — Ah! vous avez un vais-
« seau... et qu'est-ce que c'est que ce vaisseau-là?

« — C'est un bâtiment de trois cents tonneaux,
« chargé de toiles pour les colonies. — Ah, diable!
« armé en guerre? — Non. — Et de combien
« d'hommes? — Dix. — Il n'en reste donc que six
« à bord... Mes amis, l'appétit vient en mangeant;
« il faut prendre ce vaisseau-là. Il faut le prendre,
« répètent les six autres. Nous le vendrons à
« Dunkerque, poursuit mon oncle. — Nous le
« vendrons... — Jusqu'à la quille, et nous nous
« divertirons tant que nous aurons de l'argent.
« — Bravo, Thomas! bravo, mon ami!

« Ah ça, coquin! reprit mon oncle, en s'adres-
« sant au matelot anglais, si tu nous as dit vrai,
« on reconnaîtra la chaloupe, et on nous laissera
« aborder sans difficulté; alors nous te prouve-
« rons que nous sommes de bons enfans. Si, au
« contraire, tu nous as menti, si ton capitaine
« brûle seulement une amorce, nous vous jetons
« tous quatre à la mer. »

Le pauvre Anglais jura ses grands dieux qu'il avait dit l'exacte vérité. Mon oncle lui fit boire un coup, et on mit le cap sur le vaisseau qu'on voulait enlever. Quand on en fut à la portée du mousquet, on lia fortement les quatre Anglais à leurs bancs, et on aborda comme on l'avait prévu. Mon oncle et trois autres sautèrent après les manœuvres, et grimpèrent sur le tillac comme des écureuils. Deux hommes faisaient le quart, et fumaient tranquillement leur pipe, en attendant leur chaloupe. Avant qu'ils pussent se reconnaître, avant même qu'ils eussent jeté uu cri, mon oncle et un de ses camarades avaient empoigné le premier; deux autres avaient saisi le second, et les avaient envoyés avec les merlans et les marsouins.

Armés chacun d'un levier du cabestan, ils descendent dans l'entrepont, et en assomment trois autres qui dormaient dans leurs hamacs, et qui passent, sans s'en douter, du sommeil à la mort. Après cette expédition, qui assurait la victoire, nos gens entrent dans la chambre du capitaine.

Il tenait un verre de punch, que venait de lui verser son mousse. A l'aspect de quatre inconnus, armés de leviers teints de sang, le verre lui tombe des mains. Il n'a pas la force de se lever de son fauteuil, et demande, d'une voix tremblante, ce que cela signifie. « Rien, lui répond mon oncle, « une bagatelle. Ton vaisseau a changé de maî- « tres, et tu vas descendre dans la cale jusqu'à « nouvel ordre. » Le capitaine marche sans répliquer un mot, saute, sans se faire prier, sur les ballots de toile, et on ferme les écoutilles pardessus lui.

Ceux qui étaient restés dans la chaloupe, montèrent alors à bord avec les quatre Anglais, que sept hommes pouvaient aisément contenir, et à qui, par cette raison, on ne fit aucun mal. Mon oncle, rétabli, par ce coup de maître, dans l'estime de ses compagnons, fut aussitôt proclamé capitaine.

Il ordonna d'abord de mettre le vaisseau sous voiles, et de cingler vers Dunkerque. Deux ou

trois de ses camarades ne voulaient pas qu'on perdît la chaloupe, qui valait son prix; mais mon oncle jugea qu'il ne fallait pas s'amuser à la bagatelle; que pour conserver le vaisseau, il n'y avait pas de temps à perdre, et il en fallait pour hisser la chaloupe sur le tillac. On se rendit à ces raisons, et un des siens dénouait les amarres qui retenaient l'esquif... Thomas, à qui une bonne action n'a jamais rien coûté, tant qu'elle n'a pas blessé ses intérêts, Thomas arrêta cet homme, et fit une réflexion qui fut généralement approuvée:
« A propos, dit-il, et cette pleureuse qui est
« restée la dedans? il est inutile de l'exposer à
« se noyer. Il faut la mettre dans un coin de l'en-
« trepont; nous la mènerons en France. Si elle
« sait un métier, elle travaillera; si elle n'en a
« point, et qu'elle soit jolie, elle fera comme
« tant d'autres. »

Deux hommes descendirent donc dans la chaloupe, prirent cette femme, et la mirent à bord. Elle s'évanouit dès qu'elle fut sur le vaisseau, et mon oncle, ennemi des petits soins, et plus encore de l'embarras, la fit descendre dans un des hamacs. Les porteurs, aussi peu galans que Thomas, la jetèrent au hasard auprès d'un des Anglais qu'ils avaient assommés, et revinrent faire le service.

Le jour commençait à paraître; les côtes de France se montraient dans l'éloignement, et le faîte de la tour de Dunkerque semblait sortir du sein des eaux. On courait trois lieues à l'heure, avec un vent de côté qui enflait toutes les voiles; les matelots Anglais, sans défense et sans ressources, secondaient franchement nos flibustiers. Deux heures au plus encore, et ils seront dans le port.

Le capitaine Thomas, très-mauvais marin, mais officier très-actif, avait l'œil à tout. En examinant le dehors du navire, il s'aperçut qu'un des sabords de la cale était entr'ouvert. Il soupçonna celui qu'il avait dépouillé de son grade et de son vaisseau, de chercher à se jeter à la nage, ou de tenter à introduire l'eau de la mer dans le bâtiment, et d'envoyer à fond les vainqueurs et les vaincus. Comme sa présence n'était pas de première nécessité sur le tillac, il descendit pour s'assurer de la vérité. Heureusement, le pauvre capitaine ne pensait qu'à déplorer la perte de sa fortune, car un incident assez extraordinaire lui eût laissé la liberté de faire ce qu'il aurait voulu.

En traversant l'entrepont, mon oncle passa près du hamac où l'on avait déposé la pleureuse, et lui trouva une partie du visage baignée dans la cervelle du malheureux auquel on l'avait accollée. Mon oncle qui avait, comme un autre, une façon d'honnêteté, jeta le défunt en bas du hamac, et se mit en devoir de débarbouiller, avec la couverture, l'infortunée dont l'évanouissement durait encore. En frottant, en essuyant, il regardait, il s'arrêtait, il essuyait encore; il s'étonnait, il croyait reconnaître... « Sacredieu! c'est « elle! c'est elle! s'écria-t-il enfin », et il l'enlève et il la porte dans la chambre du capitaine. Il la met sur le lit, il force toutes les armoires. Il trouve du linge blanc et des cordiaux; il en fait avaler quelques gouttes, il en frotte les tempes, il lave le joli visage avec de l'eau et du vinaigre; il a enfin la satisfaction de rendre les sens à celle pour qui il donnerait sa vie.

« C'est vous, madame!... c'est vous!... Hé! par
« quel diable de hasard alliez-vous à Botany-Bay,
« seule, et dans cet équipage? Qu'avez-vous fait
« de milord Seymour? » Et sans écouter ce que lui répondait Fanny, il se repentait, il s'accusait, il se désespérait de l'avoir laissée si long-temps sans secours.

La jeune dame, également étonnée de retrouver Thomas, ne parlait, d'abord, comme lui, qu'en mots entrecoupés et sans liaison. Ils se remirent insensiblement; la conversation prit un tour raisonnable, et lorsque Fanny sut qu'elle n'était plus au pouvoir des Anglais, elle jeta un cri de joie, et s'évanouit une seconde fois.

Thomas craignit qu'elle ne fût morte, et il perdit la tête tout-à-fait. « Venez! venez... courez!
« à moi, criait-il de la porte de la chambre; qu'on
« ne la touche pas, disait-il à ceux qui descen-
« daient à la hâte; qu'on me donne de l'eau-de-
« vie, du rhum, tout ce qu'il y a de plus fort;
« mais qu'on ne la touche pas : je voudrais pou-
« voir ne pas la toucher moi-même... C'est la
« femme la plus jolie, la plus respectable, la plus
« bienfaisante des îles britanniques. Ma part de

« prise, mon autorité, mon bras, mon sang, tout
« est à elle »; et il était à genoux devant son lit,
et il lui baisait les pieds, et il lui entr'ouvrait la
bouche, avec une cuiller d'argent, et il y versait
un peu de rhum, et il prenait le bas de sa robe,
et il le portait sur son cœur.

Ses camarades le croyaient fou, et il en avait
tout-à-fait l'air. Extrême en tout, Thomas ne
pouvait rien faire comme un autre. L'excès de
son agitation ne l'empêcha pourtant pas de réfléchir que, si elle n'était pas morte, l'air ferait
peut-être plus d'effet que le rhum. Il ouvrit les
fenêtres de la chambre; il en approcha le fauteuil
du capitaine; il enveloppa avec respect, dans une
pièce de voile, les jambes et le corps de Fanny,
sur laquelle il se croyait indigne de porter la
main, et il l'assit dans le fauteuil, la tête appuyée
sur son épaule, qu'il avait couverte d'une serviette blanche.

Bientôt une légère teinte rose perça à travers
la pâleur; la respiration devint sensible; les yeux
se rouvrirent, et un souris obligeant fut la récompense des soins de Thomas. Les esprits se remirent tout-à-fait, et cet évanouissement, causé par
une joie immodérée, fut le dernier accident
qu'éprouva cette intéressante victime. Vous allez
juger de ce qu'elle avait dû souffrir!

Les deux pauvres, témoins à son mariage,
avaient reçu de Seymour une gratification qui les
avait fait exister pendant quelque temps. Il n'est
pas d'habitude qui se contracte aussi aisément,

et dont on se défasse avec plus de peine, que celle de l'aisance. L'un de ces gueux vit, avec effroi, les privations qu'allait lui imposer encore le défaut d'argent, et il résolut de se soustraire une seconde fois à la misère. Il était clair que le jeune lord s'était marié à l'insu de ses parens; il était donc certain qu'il avait fait un mariage disproportionné; il était donc évident que le service le plus essentiel qu'on pût rendre à son père, c'était de l'en instruire, et il n'était pas douteux qu'il ne payât chèrement un tel avis. C'était souffler le chaud et le froid; c'était crier: *vive le roi! vive la ligue!* Mais tant de gens font tous les jours ce métier-là, sans qu'on s'en étonne, que la conduite du mendiant ne paraîtra pas du tout extraordinaire.

Il se rendit à l'hôtel du vieux lord Seymour, dont l'entrée lui fut interdite : un malheureux de cette espèce n'approche pas d'un vice-roi d'Irlande. Celui-ci, poussé par la famine, supportait avec constance les rebuffades des valets, et revenait tous les jours à la charge. Il aborda enfin milord, au moment où il montait en carrosse. Il s'étendit sur son respect et son attachement pour la famille des Seymour; il s'apitoya sur le sort des pères qui ont des enfans indignes d'eux; il déclara enfin au vice-roi que son fils était marié à la fille de Robert Thompson, marchand de la cité.

Il aurait parlé deux heures encore, que milord n'eût pas pensé à l'interrompre. Ce qu'il venait d'apprendre l'avait frappé à l'endroit sensible.

Furieux, et accablé en même temps, il rentra à l'hôtel, se renferma dans son cabinet, et laissa à sa misère le coquin qui ne pouvait plus lui être utile : ces drôles-là devraient toujours se faire payer d'avance.

Ce n'était pas le mariage de Seymour qui excitait la colère du vieux lord. Le défaut de formes légales le rassurait entièrement; mais il était indigné que son fils eût pensé à une alliance qui lui semblait une des monstruosités impossibles à concevoir. L'audace de Thompson lui paraissait plus révoltante encore. Il aurait donné la moitié de sa fortune pour se venger d'une manière éclatante du bonhomme et de sa famille. Cependant, comme en Angleterre, où on nous assure qu'on n'est pas libre, le roi lui-même ne peut attenter à la sûreté d'un citoyen, milord, après avoir exhalé sa fureur, fut contraint de chercher des moyens doux, qui le conduisissent au but qu'il se proposait : c'était de détacher son fils d'une femme qui n'aurait dû être pour lui que l'objet d'un simple amusement.

Il fit chercher le père Thompson, qu'on trouva facilement, et il le manda chez lui. Thompson se présenta, avec la simplicité des mœurs antiques, et la confiance que donne une sévère probité. Il écouta d'un front calme les reproches de milord, qui l'accusait d'avoir donné les mains à ce qu'il appelait la honte des Seymour; mais il s'indigna de la proposition que lui fit ce seigneur, de recevoir dix mille guinées pour faire passer sa fille sur le continent. Il répondit, avec fermeté, que le mariage s'était fait à son insu; qu'il avait blâmé, le premier, l'imprudence des jeunes époux; mais que jamais il ne trafiquerait de l'honneur de sa fille. Milord chassa durement l'homme qui venait de se montrer digne de son estime, et il se rendit chez milord Chatam.

Celui-ci apprit, avec peine, la nouvelle d'un engagement qui, bien que frivole en apparence, pouvait renverser le projet d'établissement concerté entre le vieux Seymour et lui. Encore un an, et le jeune homme devait jouir du bien de sa mère, et la droiture de ses principes était assez connue de milord Chatam, pour lui faire craindre qu'il ne ratifiât son mariage à sa majorité. C'était ce qu'il fallait prévenir; mais quel biais employer? Milord Chatam était revêtu de toute l'autorité que peut avoir un ministre anglais; mais cette autorité est restreinte par la loi, et on ne peut, sans danger, franchir les limites qu'elle a posées. La nation entière avait les yeux sur lui; sa conduite était sévèrement scrutée. Les journaux du parti de l'opposition relevaient ses moindres fautes; lui en attribuaient quelquefois qu'il n'avait pas commises, et il n'osait ni saisir les presses, ni faire déporter les journalistes, même en se servant de ces grands mots dont on abuse encore ailleurs à l'année, quand on veut prendre quelqu'un avec des apparences légales; mots usés, qui n'ont plus de sens, et qui n'en imposent qu'aux imbécilles.

Les seules ressources que put et que voulut employer le ministre, furent la dissimulation, la ruse et l'adresse. Il convint, avec le vieux Seymour, qu'ils resteraient, quelque temps, dans une inaction absolue, pour détruire la défiance qu'avait inspirée à Thompson son entrevue avec milord; qu'ensuite on attacherait des gens affidés et adroits à tous les pas de Fanny; qu'on lui tendrait des piéges; qu'on l'entraînerait à des démarches hasardées qui la perdraient dans l'esprit de Seymour. Si cela ne réussissait pas, on l'attirerait à quelque endroit écarté; on la ferait enlever par quelques-uns de ces malheureux, prêts à tout tenter pour un peu d'or, et à qui on ne laisse pas connaître la main qui les fait agir. On l'embarquerait; on la descendrait en Norwége ou en Suède; on la vendrait aux directeurs des mines de cuivre, qui l'emploieraient au service des ouvriers; enfin, on arrangerait, pour le jeune Seymour, l'histoire d'une prétendue infidélité, moyen de roman connu; mais qui produit toujours son effet sur un cerveau de vingt ans.

Dès le mois suivant, on mit en œuvre plusieurs de ces espions insinuans, et porteurs de ce genre de physionomie qui inspire d'abord la confiance. Ils se faufilèrent chez les voisins de Thompson, et n'en apprirent rien de relatif à Fanny, si ce n'est que, depuis un an à peu près, elle vivait chez une tante à Harford. Le nom et l'adresse de la tante connus, les mouchards partirent pour cette ville.

Arabella Thompson était une fille vieille et infirme. En conséquence, en sortant du lit, elle se mettait dans son fauteuil à roulettes, et se faisait pousser à sa croisée, où elle passait la journée à prendre du thé, et à regarder les passans. En face de sa maison était une auberge, et c'est là que mes coquins se logèrent. Il ébauchèrent d'abord la connaissance, d'un travers de la rue à l'autre, par des révérences qu'Arabella rendait avec beaucoup d'exactitude. Le lendemain, on prit la liberté de lui souhaiter le bonjour; on hasarda quelques mots honnêtes, auxquels la vieille répondit par un sourire qu'elle s'efforça de rendre agréable, et qui ne fut qu'une assez laide grimace. Le troisième jour, Harris, le plus jeune et le plus insinuant de la bande, se présenta chez elle.

Il s'annonça comme un marchand qui allait à la foire de Cambridge, et qui ne voulait pas quitter Harford, sans lui faire des complimens de son frère, avec qui il était en relation de commerce. Il l'entretint de sa famille, en homme qui avait pris, à Londres, tous les renseignemens imaginables; il parla peu de Fanny, sur laquelle il ne savait rien; mais il en dit assez pour mettre Arabella sur la voie. Une fille vieille et infirme reçoit rarement des visites; une fille vieille et infirme aime passionnément à parler, c'est le seul plaisir qui lui reste; aussi Arabella s'en donna pour la veille, le jour et le lendemain. Elle raconta, beaucoup plus longuement que moi, les amours de sa nièce, son mariage, son départ de Londres... Harris savait tout cela. Elle entra dans le détail de son voyage et de son séjour auprès d'elle; de la voiture et des chevaux qui l'avaient conduite à Oxford... Cela commençait à devenir intéressant. Elle s'étendit sur la vie douce qu'elle comptait y mener auprès de son mari, logée sous le même toit, et trompant tous les yeux sous des habits d'homme, qu'elle portait avec une grace toute particulière... C'était ce qu'on voulait savoir. Elle fit l'énumération de ses fracs, de ses gilets; elle ne fit grace de rien, pas même d'une cravate; enfin elle crut faire un acte de discrétion marquée en taisant le nom de l'époux, qui pourtant, disait-elle, était le fils d'un des plus grands seigneurs des trois royaumes.

Harris, enchanté de sa découverte, quitta la tante comme on quitte ordinairement les vieilles dont on n'hérite pas, c'est-à-dire, sans beaucoup de cérémonies. Il retourna à son auberge, fit venir des chevaux de poste; mes drôles remontèrent dans leur chaise, retournèrent à Londres, et rendirent compte, à milord Chatam, du succès de leur mission.

Le ministre, certain maintenant de ne pas se

compromettre, écrivit aussitôt au shériff d'Oxford :

« Je sais qu'une fille de Londres, travestie en
« homme, vit dans le libertinage avec les écoliers
« de l'Université. On m'assure qu'elle s'attache
« particulièrement au jeune lord Seymour, dont
« l'opulence est un attrait pour les femmes de
« cette espèce. Il est du devoir d'un magistrat de
« faire cesser ces désordres.

« Cependant, pour ménager les mœurs publi-
« ques, vous ne ferez arrêter cette fille que la
« nuit. Vous la ferez aussitôt conduire à Boston.
« Le shériff de cette ville recevra mes ordres. »

Et il écrivit à cet autre magistrat :

« On vous amènera, d'Oxford, une fille, dont
« les excès ont mérité la déportation. Comme elle
« tient à une famille honnête, vous la ferez em-
« barquer secrètement sur le premier vaisseau qui
« partira pour Botany-Bay. Jusque-là, vous la
« tiendrez en prison, et au secret. »

Milord Chatam, qui ne voulait pas donner sur
lui la moindre prise, se serait bien gardé de faire
embarquer Fanny à Londres. Sa famille eût pu
être instruite de l'acte de violence commis envers
elle ; le bon Thompson, généralement estimé,
eût trouvé des amis chauds, et, quoique les apparences fussent contre sa fille, il eût été difficile
de ne pas se rendre aux instances, et peut-être
aux clameurs de ceux qui eussent pris sa défense.

Cachée, au contraire, dans une petite ville dont le port est peu fréquenté, il n'était pas probable que personne la réclamât.

Le shériff d'Oxford, pour prouver son respect et son dévouement aux ordres du ministre, se mit lui-même à la tête de ses constables, et se rendit la nuit à la maison qu'habitait Seymour. A l'aspect des marques de sa dignité, toutes les portes lui furent ouvertes, et il alla frapper à celle des jeunes époux, qui goûtaient, avec sécurité, des plaisirs purs, toujours nouveaux pour eux.

Le vieux Dick fut étonné d'entendre frapper à cette heure; mais comme il était sans défiance, il se leva tranquillement, et demanda ce qu'on voulait. On le somma, au nom du roi, d'ouvrir à l'instant même. Dick, certain que son maître n'avait rien à se reprocher, crut que le magistrat se trompait d'appartement. Pour l'en convaincre, il ouvrit, et il commença un discours tendant à dissuader le shériff : on ne l'écouta point.

Deux hommes s'assurèrent de lui; les autres pénétrèrent dans la chambre où Fanny reposait dans les bras de Seymour. Ils se réveillent en sursaut, et voient leur lit entouré d'étrangers. L'effroi glace d'abord la jeune épouse, et une douleur poignante froisse son cœur, quand le shériff lui ordonne de se lever et de le suivre. Seymour, furieux, fait de vains efforts pour la défendre; il est nu, et sans armes. On le remet dans son lit ; on emploie la force pour l'y retenir. Il se répand en reproches, en imprécations, dernière et inutile ressource de l'homme désespéré qui n'a pas la faculté d'agir.

On ouvre les armoires ; on oblige Fanny à reprendre les habits de son sexe. On laisse, auprès de Seymour et de son valet, cinq à six gardes, pour les empêcher de sortir de la nuit ; on met dans une voiture sa jeune épouse, baignée de larmes et suffoquée de sanglots.

Ceux qui la conduisaient, la jugeaient d'après la lettre que le shériff avait reçue du ministre. Ils l'accablèrent d'outrages et d'opprobres. Propos obscènes, actions libres, procédés cruels, elle éprouva ce qu'on réserve à ces malheureuses, la honte d'un sexe et le mépris de l'autre. Elle appelait la mort, elle l'appelait à grands cris, et on insultait à sa douleur, qu'on croyait simulée.

Arrivée à Boston, elle eut quelques momens de relâche. Seule dans une chambre, où il n'y avait pour meubles qu'un peu de paille, pour alimens que du pain et de l'eau, du moins ses oreilles pures n'étaient plus blessées des infamies qu'elle avait été forcée d'entendre. Elle n'était plus que malheureuse, et elle avait pour consolateurs sa vertu et l'espérance.

Mais le lendemain, le shériff de Boston brisa tout-à-fait son cœur, anéantit toutes les facultés de son ame, et la jeta dans le dernier désespoir. Elle apprit qu'on allait la transporter aux colonies ; qu'elle y vivrait avec le rebut de la société ;

que la fuite lui serait impossible, et qu'il fallait renoncer à Seymour et à l'estime des honnêtes gens. L'excès même de sa douleur lui rendit des forces, et lui donna le courage de se défendre. Elle retrouva une suite d'idées ; elle entreprit de désabuser le magistrat ; elle lui conta sa déplorable histoire ; elle invoqua sa pitié ; elle l'attendrit. Elle crut avoir trouvé un protecteur.

Le shériff était humain. La jeunesse, la beauté, l'infortune de Fanny, le touchèrent en effet. Il la plaignit, il la fit loger et traiter convenablement ; mais ce fut tout ce qu'il osa se permettre. Comment désobéir au ministre ? Pourquoi se faire un ennemi capital d'un homme aussi puissant que le lord Seymour ? Qui répondrait, d'ailleurs, que les efforts qu'on tenterait pour sauver l'infortunée, auraient quelques succès ? Voilà les réflexions d'un homme du monde, qui n'a pas le cœur gâté ; mais que l'intérêt personnel conduit.

Le vaisseau, que nos Français avaient pris, finissait son chargement ; les marées étaient de midi : il devait donc sortir de Boston en plein jour. Le shériff voulait épargner à Fanny la honte d'être publiquement conduite à bord. Ce procédé, d'ailleurs, s'accordait avec les vues et l'ordre du ministre. Il convint, en conséquence, avec le capitaine que son bâtiment mouillerait à l'entrée du golfe ; qu'il enverrait sa chaloupe à minuit, et qu'il accorderait à Fanny les adoucissemens qui seraient en son pouvoir.

L'innocente et malheureuse femme s'était évanouie quand on la livra aux matelots, qu'on l'éloigna de cette terre, où elle laissait son bonheur et sa vie. La vivacité de l'air, les sels, dont il est chargé sur la mer, l'avaient fait revenir, et l'avaient rendue au sentiment de son affreuse situation. Elle avait pleuré, gémi, jusqu'au moment où on aborda le vaisseau. Elle s'était évanouie encore lorsqu'on l'y transporta ; enfin l'espérance l'avait ranimée, quand elle s'était vue délivrée par un jeune homme qui lui avait des obligations, et les premiers procédés de Thomas la rendirent presqu'à la certitude de revoir son cher Seymour.

Vous allez me demander comment Fanny a su ce qui avait préparé et amené son arrestation. Je vous répondrai que c'est ce que mon oncle a oublié de me dire. Il s'est contenté de me rapporter les faits, et vous ne serez pas plus exigeant que moi, si vous le voulez bien.

Quoi qu'il en soit, mon oncle, enragé contre le lord Chatam, le shériff d'Oxford et les autres, et ne pouvant rien sur eux, jugea très-convenable de punir au moins le capitaine qui s'était chargé de l'exécution de leurs ordres. Il le fit monter; lui prononça un très-beau discours sur les égards dus à l'innocence et au malheur; il conclut en lui déclarant qu'il allait le faire pendre à sa grande vergue, et il l'avertit que s'il voulait, auparavant, dire deux mots au Père-Éternel, il

n'avait pas de temps à perdre. Le capitaine, consterné et tremblant, s'excusa sur l'obéissance qu'il devait au ministre. « Coquin, reprit mon oncle, le
« roi, l'empereur, le diable t'aurait donné de pa-
« reils ordres, qu'il fallait t'en moquer, et res-
« pecter, dans madame, la beauté, la vertu, l'amie
« du capitaine Thomas... Pendu sans rémission :
« ne me romps pas la tête davantage. »

Il allait le faire comme il le disait. Fanny, bonne et aimante, incapable de goûter l'affreux plaisir de la vengeance, Fanny s'opposa de tout son pouvoir à l'exécution d'un pareil jugement. Elle embrassa la défense du capitaine ; elle plaida sa cause avec le charme de la sensibilité, et la grace que met à tout une femme accomplie. Mon oncle, à demi vaincu, était debout devant elle ; il écoutait avec respect, en se grattant l'oreille et en faisant une grimace qui voulait dire : Je ne peux rien vous refuser ; mais pourtant je ne veux point pardonner au capitaine. Elle termina ses irrésolutions. « Thomas, mon cher Thomas, mon
« véritable ami, lui dit-elle, vous ne me refu-
« serez pas la première grace que je vous de-
« mande », et elle lui prit une main qu'elle pressa en le regardant avec un sourire si doux !... Thomas, désarmé, étonné et fâché de se trouver sensible, se tourna vers le capitaine : « Baise la
« poussière de ses pieds, lui dit-il. Vis, puisqu'elle
« l'ordonne ainsi, et retourne dans ton trou. »

Cependant on approchait du port si désiré.

Plus d'ennemis, plus d'évènemens à craindre. La gaieté régnait dans tous les cœurs ; la joie se peignait dans tous les yeux. Déja le vaisseau était sous la protection des forts ; déja un pilote de Dunkerque était venu prendre la barre du gouvernail. Le bâtiment entre à pleines voiles dans le chenal, il est amarré au quai.

C'est partout un évènement, qu'une prise qui arrive. Les curieux et les oisifs accoururent de tous les coins de la ville, et félicitèrent mon oncle et ses compagnons. Jusque-là tout allait fort bien. Le capitaine du port, un caporal et quatre hommes de la garde, passèrent à bord, selon l'usage, et se disposèrent à mener les Anglais en prison. Mon oncle trouva cela tout simple ; mais ils voulurent aussi y conduire milady, parce qu'elle était Anglaise, et ici mon oncle se récria. Ils insistèrent ; il commença à jurer très-énergiquement. Il couvrit Fanny de son corps ; il dit que le roi de France ne faisait point la guerre aux femmes, et qu'on le tuerait avant d'attenter à la liberté de celle-ci. Comme on ne tue pas, à propos de bottes, un homme qui vient de se signaler, le capitaine du port envoya chercher le commissaire de la marine.

Cet officier était un de ces Français aimables qui honorent la nation. Il écouta mon oncle avec bienveillance et intérêt. Le premier coup d'œil de Fanny le rangea de son parti ; il ordonna qu'on la laissât libre, et Thomas, en reconnaissance de ce bon office, colla sa figure barbouillée de sang, de fumée et de poudre, à celle du commissaire, qui voulait en vain s'en défendre.

Les officiers de l'amirauté vinrent à leur tour exercer des fonctions, très-lucratives pour eux, et très à charge aux autres. Ils examinèrent les papiers du capitaine; déclarèrent son vaisseau de bonne prise, et, pendant qu'ils verbalisaient et qu'ils apposaient les scellés, Thomas, qui ne s'occupait que de Fanny, avait pris son bras; il allait avec elle par les rues, cherchant la meilleure auberge.

Ils arrivèrent à la Conciergerie, dans un équipage qui ne commandait pas la confiance. La jeune dame ne possédait que la robe blanche qu'on lui avait fait prendre lors de son enlèvement. Cette robe était tachée de goudron; son bonnet était chiffonné; ses bas et ses souliers pleins de vase. Mon oncle avait un habit percé aux deux coudes, une culotte usée aux deux genoux, les cheveux gras, et un chapeau déchiré. A eux deux ils ne pouvaient disposer d'un écu. Tout cela n'empêcha point Thomas de trancher du grand seigneur. Il demanda, d'un ton de maître, la plus belle chambre et le meilleur dîner. L'aubergiste le regarda de la tête aux pieds, et lui tourna le dos en levant les épaules.

Mon oncle n'a jamais été endurant. Il réitéra l'ordre en élevant le ton, et en menaçant le crâne de l'hôtelier, d'un large et lourd couperet qu'il trouva sous sa main. Celui-ci s'esquiva, et mon oncle monta l'escalier, tenant toujours sa jeune lady sous le bras. Il ouvrit toutes les chambres, choisit en effet la plus belle, et avança un fauteuil à Fanny, au grand étonnement d'un gros prébendier qui occupait l'appartement. Le propriétaire fit à mon oncle les représentations d'usage ; mon oncle lui répondit qu'il était trop heureux que milady voulût bien accepter sa chambre. Le prébendier répliqua avec humeur ; mon oncle le prit par les épaules, le mit dehors, et lui jeta, sur le carré, sa valise, sa robe de chambre de damas brun, et des papiers qui étaient sur une table.

Fanny lui fit des observations sur la bizarrerie de ses procédés ; il ne l'écouta point, et se mit en devoir de prévenir ses autres besoins. Il sortit, ferma la porte, mit la clé dans sa poche, rit, en passant, au nez du prébendier, et descendit à la cuisine, où il inspecta les casseroles qui bouillottaient sur les fourneaux. Le cuisinier venait de rentrer. Il ne savait rien de ce qui s'était passé entre le maître et mon oncle, et il trouva très-mauvais qu'un inconnu découvrît ses casseroles les unes après les autres. Mon oncle le laissa dire, et alla son train. Une chose l'embarrassait : il ne connaissait pas les goûts de Fanny. Il ne voulait pas l'engager à descendre, de peur qu'elle ne voulût plus remonter. Il prit le parti de lui porter toutes les casseroles. Il en tenait deux de chaque main, et il allait les monter. Le cuisinier se fâcha tout de bon, et voulut reprendre ses fricassées. Mon oncle n'entendait pas perdre de temps en explications. Il lui vida sur la tête une matelote d'anguilles, et pendant que le cuisinier heurlait et se débarbouillait, mon oncle, en deux ou trois voyages, rangea dix à douze casseroles autour du fauteuil de Fanny. La jeune femme ne pouvait tenir à tant d'extravagances. Elle parla raison ; mais parler raison à Thomas, c'était vouloir blanchir un nègre. Il répondait à tous ses raisonnemens, qu'il fallait qu'une femme comme elle dînât, et dînât bien.

Elle n'en avait nulle envie. Les cris du cuisinier, les plaintes du prébendier, et le désordre où mon oncle mettait la maison, étaient bien faits pour ôter l'appétit à quelqu'un qui n'a pas de quoi payer son écot. Quelques services que lui eût rendus Thomas, elle pensait sérieusement à se séparer de lui, quand un nouveau personnage vint dissiper la plus forte de ses inquiétudes.

C'était un usurier : il y en a partout. Il avait appris que le capitaine aurait au moins trente mille francs pour sa part de prise, et il venait lui offrir sa bourse, parce qu'il savait que les marins aiment l'argent frais, et le paient aussi cher qu'on veut.

Il s'annonça à mon oncle, qui lui sourit en le voyant tirer un petit sac plein d'or ; qui l'embrassa lorsqu'il le lui offrit, et qui fit gaiement sa croix au bas d'un effet de huit mille francs, à solder par l'huissier-priseur qui ferait la vente du navire anglais. Fanny se permit encore un mot sur l'énormité des intérêts ; Thomas répondit qu'il ne pouvait trop acheter une somme dont elle avait le plus pressant besoin, et il reconduisit poliment son prêteur jusqu'à la porte de la rue.

Il était à peine remonté, que l'aubergiste parut, suivi d'un commissaire, qu'il avait été prier de le débarrasser d'un gueux qui mettait son auberge en combustion. « Le voilà, s'écria-t-il en entrant, « le voilà ce coquin et sa prétendue lady... A la « porte, canailles! Apprends, maraud, répliqua « Thomas, qu'un homme qui a pris un fort, ca- « nonné une ville, enlevé un vaisseau, et surtout « sauvé milady, a droit à tes respects, et en voici « une dernière preuve à laquelle tu ne résisteras « pas. » Il prend le sac par le fond, et arrose le parquet de deux cents louis qu'il renferme. « Eh « bien! reprit Thomas, te voilà la bouche ouverte, « le chapeau à la main, le dos ployé, et l'air aussi « plat que tu étais insolent tout à l'heure... Allons, « renvoie ton commissaire; rappelle tes filles de « chambre, qui sont allées se cacher à la cave ou « au grenier. Qu'on mette la table, qu'on serve « chaud, et pendant que milady dînera, qu'on « aille lui chercher une couturière et une lingère « des plus expéditives du pays : il faut que ce soir « madame soit mise comme la femme du bourg-

« mestre. » Tout cela fut fait dans un tour de main.

On avait mis deux couverts ; mon oncle en ôta un. Quelques instances que lui fît milady, il dîna à une petite table qu'il plaça en face de la sienne ; mais le respect, dont la jeune femme le pénétrait, ne l'empêcha point de festoyer tous les plats.

Laissons mon oncle et milady à table, et, pendant qu'ils se remettent de leurs fatigues, trouvez bon, s'il vous plaît, que je reprenne haleine. Reposez-vous vous-même, et je rêverai demain aux nouvelles fadaises qui feront le sujet de ma troisième partie.

TROISIÈME PARTIE.

CHAPITRE PREMIER.

Premiers arrangemens de Milady et de mon oncle.

Pendant le dîner, dont Fanny avait le plus grand besoin, elle s'arrêtait de temps en temps. Ses jolis yeux se fixaient au plafond; elle soupirait. Le nom de Seymour venait mourir sur ses lèvres, et elle revenait à son assiette, car de tous les appétits le plus impératif, peut-être, est celui de l'estomac.

Cet appétit satisfait, et une femme sensible mange peu, milady se parlait, pendant que mon oncle, sans soins, sans inquiétudes, se livrait au plaisir de la table, le seul à peu près qu'il eût connu encore. « Où est-il, disait la tendre lady ? « A Oxford, répondait Thomas, en déchirant, à « belles dents, une cuisse de dindon. — Qu'y « fait-il ? — Il s'y désole. — Comment le consoler ?

« — Il faut lui écrire. — Et comment, en temps
« de guerre, faire passer ma lettre? — Ma foi, je
« n'en sais rien », et mon oncle d'achever sa
cuisse et de vider sa bouteille, et Fanny de relever ses yeux, et de consulter le plafond.

Le commissaire de la marine, je crois vous
l'avoir dit, était un homme aimable. C'était aussi
un homme aimant. Il n'avait pas donné entièrement dans l'histoire que mon oncle lui avait faite
des malheurs de milady, et, en effet, il était assez
difficile de croire à la qualité d'une femme, protégée par mon oncle; mais, nous autres Français,
nous tenons singulièrement aux graces, et celle
qui en est pourvue a fait toutes ses preuves.

Ce commissaire donc avait trouvé la petite
anglaise fort jolie, et il avait raison. Il était bien
aise de faire valoir le service qu'il lui avait rendu,
et cela est assez naturel. Prenez bien garde, mesdames; ne vous laissez pas obliger indistinctement par tous les hommes. Défiez-vous du plus
aimable, et n'oubliez pas qu'un magot est quelquefois aussi exigeant qu'un autre.

Mon commissaire, auquel je reviens, se présente à la fin du dîner, et s'annonce, non avec
ce ton de fatuité qui répugne, moins encore avec
cet air à prétention qui avertit du danger; mais
avec une physionomie ouverte, affable, honnête;
une de ces physionomies enfin qui font dire bien
bas à la femme la plus décente : Je l'aimerais,
si je n'en aimais déja un autre.

Il se présenta donc en homme qui compte la jouissance pour beaucoup; mais qui met avant tout le bonheur de plaire.

Fanny le reçut comme quelqu'un à qui on a des obligations; elle lui parla avec cette candeur qui atteste la sagesse; avec ce charme qui ajoute à l'amour; avec cette tendresse, pour son époux, qui désespère un amant.

Le commissaire, homme du meilleur ton, ne s'était pas indiscrètement avancé; il ne s'était pas même permis un mot qui pût faire froncer le sourcil à mon oncle, très-chatouilleux sur ce qui concernait milady. Il sentit qu'il fallait se borner à prétendre à de l'amitié, et il se décida à la mériter. Un Français aimable est toujours flatté d'inspirer un sentiment.

Il écouta, avec sensibilité, le récit des infortunes de l'aimable anglaise; il la plaignit sincèrement, et, ce qui valait mieux pour elle, il lui indiqua l'adresse d'un négociant de Hambourg qui recevrait, sous double enveloppe, et ferait parvenir, en Angleterre, les lettres de la jeune et tendre épouse.

Femme qui aime n'oublie rien. Celle-ci jugea que l'inaction et une grande douleur ne s'accordent jamais. Elle en conclut que son cher Seymour ne se serait pas borné à déplorer sa perte dans les salles d'une université; qu'il devait être parti en poste, être tombé aux pieds de son père, à ceux du lord Chatam, à ceux du roi peut-être; qui ne pouvait, selon elle, se dispenser de prendre le plus vif intérêt à son sort. Pauvre jeune femme ! des rois, des courtisans s'occuper d'une affaire de cœur !

Elle ne doutait pas que, dans tous les cas, son digne époux n'eût été voir le vieux Thompson : elle écrivit donc à son père, et à Oxford. « Et « de l'argent, disait-elle en pleurant... avec quoi « viendra-t-il, si ses parens, si ses amis lui en re- « fusent ? » Le commissaire ne répondait rien : la galanterie et la bourse n'ont ordinairement rien de commun. « En voilà, dit mon oncle, et « il mit son petit sac devant Fanny. Bon ! reprit « le commissaire ; je vais prendre une lettre de « change sur Hambourg, dont milord touchera le « montant par toute l'Angleterre. Bravo, s'écria « mon oncle, » et il embrassa encore une fois le commissaire.

Celui-ci sort avec les espèces de Thomas, et à peine est-il dehors, qu'on introduit la couturière et la lingère. Fanny demande les choses les plus simples, et en très-petite quantité. Thomas l'interrompt brusquement : « Qu'est-ce que c'est, « madame, qu'est-ce que c'est ? voulez-vous res- « sembler à une grisette ? Lingère, je veux des « bonnets et des fichus en dentelles ; des chemises « et des mouchoirs de batiste... Otez donc votre « main, milady ; que diable ! laissez-moi la parole « libre », et, s'adressant à la couturière, il lui commande trois jupons de brocard d'or, et six robes de velours de différentes couleurs, brodées en argent sur les tailles et le pourtour; le tout pour le soir, parce qu'on donnait au spectacle *Toinon* et *Toinette*, et que l'hôtelier, depuis qu'il était devenu poli, lui avait assuré qu'il y avait beaucoup d'analogie entre lui et le capitaine *Sabord*, ce qu'il était bien aise de vérifier.

Toute préoccupée qu'était Fanny, elle ne put s'empêcher de rire en écoutant les ordres que donnait mon oncle. Elle voulut absolument donner les siens à son tour, et Thomas fit une mine de réprouvé, quand elle eut déclaré nettement qu'elle ne voulait pas ressembler à la reine Elibeth ou à la reine Anne.

« Et vous, mon brave ami, lui dit-elle, ne vous
« arrangerez-vous pas un peu? — Corbleu! ma-
« dame, cet habit est mon habit d'honneur; il
« est teint du sang des ennemis, et ces déchi-
« rures attestent mes travaux. — A la bonne
« heure; mais... — Pas de mais, milady. Je vous
« conduis ce soir à la comédie comme me voilà.
« Je me place, avec vous, aux premières loges, et
« si quelque mirliflor s'avise de me regarder de
« travers, je lui ferai voir de quel bois je me
« chauffe. — Non, Thomas, vous ne vous don-
« nerez pas ce ridicule. Mon ami, mon bon ami,
« habillez-vous convenablement; faites encore
« cela pour moi, je vous en prie », et ce sourire si doux et si persuasif achève de vaincre mon oncle. « Allons donc, puisqu'il faut vouloir tout
« ce que vous voulez, lui dit-il. Mais, ventrebleu,

« je ne changerai ces honorables guenilles que
« contre un habit des plus somptueux, et puisque
« vous voulez du luxe, je vous jeterai de la pou-
« dre aux yeux. Qu'on m'aille chercher un tail-
« leur. Mon mari l'est, monsieur, reprend la cou-
« turière. — Hé bien, va me chercher ton mari.
« — Je vous prendrai mesure aussi bien que lui, et
« vous n'avez qu'à me dire votre goût — Habit,
« veste et culotte de drap écarlate. — C'est bien
« éclatant, murmurait Fanny. — Oui, madame,
« de l'écarlate, et de la première qualité. Ah!
« vous voulez que je me pare... Doublure de satin
« blanc... — Mais nous sommes en été. — C'est
« égal. Un galon d'or à la bourgogne, de quatre
« doigts de largeur. — Cela sera d'un poids in-
« supportable. — C'est égal, milady. De l'or, de
« l'or partout. Un chapeau à plumet, bordé du
« plus beau point d'Espagne. — Mais, mon ami,
« il me semble avoir lu que les gentilshommes
« seuls ont le droit, en France, de porter le plu-
« met. — C'est égal. D'ailleurs, comme je ne con-
« nais pas mon père, je peux me supposer noble
« ainsi que roturier, et puis j'aurai une épée, je
« sais m'en servir, et je prouverai ma noblesse à
« quiconque me la contestera, en lui crevant le
« ventre à la minute. — Joli moyen! — Il n'en est
« pas de plus sûr. Allons, voilà qui est arrangé,
« dit-il à la couturière. Que tout cela soit prêt
« pour six heures. — Mais, monsieur, il en est trois.

« — Que tout cela soit prêt pour six heures. —
« Mais, monsieur... — Pas de raisons, et qu'on
« se mette à l'ouvrage. Réfléchissez donc, mon
« ami, dit la jolie anglaise. Ce que vous deman-
« dez est impossible. — Je paierai le double, le
« triple, milady; mais je veux être servi au com-
« mandement. Qu'on y mette trente ouvriers s'il
« le faut. Vous serez obéi, monsieur, reprend la
« couturière, à qui une façon payée triple faisait
« ouvrir les oreilles. — A six heures, donc? — A
« six heures. — Et le trousseau de milady aussi?
« — De milady aussi. » Mon oncle, en reconnaissance, prend un énorme gobelet, l'emplit d'eau-de-
vie, et veut faire avaler le contenu, et peut-être
le contenant, à la couturière. Elle se défend, il
insiste; elle s'obstine, il s'emporte. Milady lui
représente qu'il ne faut pas enivrer les gens, quand
on veut qu'ils agissent avec célérité. Thomas se
rend à cette raison; la couturière s'esquive, et
court procéder à la métamorphose de Fanny et
de son compagnon d'aventures.

Le commissaire rentre avec un effet sur Hambourg, tiré par une des meilleurs maisons de
Dunkerque. Cet effet rappelle à Fanny ce qu'elle
n'aurait pas oublié, si son imagination n'avait
été travaillée dans tous les sens à la fois; c'est
qu'il ne restait pas un écu, et que les commandes
faites monteraient à plus de cent louis. « C'est
« égal, dit mon oncle. Il faut que milord arrive.

« Envoyez-lui ce brinborion de papier, et pen-
« dant qu'on fait nos habits, je vais courir la ville,
« et chercher de quoi les payer. »

Fanny était délicate. Elle souffrait d'avance des brusqueries qu'il faudrait éprouver, si mon oncle ne trouvait pas de fonds; un jour perdu pour l'amour lui semblait plus dur encore. Elle se flattait intérieurement que les ouvriers ne résisteraient pas à son esprit conciliant, et qu'elle les déterminerait à attendre la vente du vaisseau anglais. Cela était assez incertain; mais, comme l'avait très-bien observé mon oncle, il fallait que le cher lord arrivât, et promptement. La lettre de change fut donc enfermée dans le paquet, et le paquet porté à la poste.

Mon oncle sort, et cherche son prêteur. Il ne savait pas son nom, et il avait beau demander un usurier, on lui répondait toujours : Duquel parlez-vous? il y en a tant ici! En effet, c'est une espèce de petit Paris que Dunkerque. On y trouve tous les vices de la capitale, avec la morgue stupide de l'opulence; l'impudeur d'une banqueroute qu'on prépare; un luxe au-dessus de ses facultés; un baragouin mi-français, mi-flamand, qui rappelle le langage du faubourg Saint-Marceau; des graces épaisses; que sais-je encore... et tout cela en quantité... On y trouve aussi des négocians qui honorent leur profession, quelques hommes d'esprit, quelques autres d'un jugement solide, trois ou quatre jolies femmes, cinq à six vraiment aimables, et c'est beaucoup pour une petite ville.

Revenons à mon oncle. Il courait donc, cherchant son usurier qu'il ne trouvait pas. Il courut, cherchant le premier huissier-priseur, espèce d'animal vorace qu'on trouve facilement partout. Habitué à faire les choses en grand, il demanda à celui-ci dix mille francs, qu'il reprendrait, avec les intérêts, sur le produit de la prise.

Un huissier-priseur prête facilement, tout le monde le sait; mais avec connaissance de cause, et l'extérieur de mon oncle ne promettait pas d'hypothèque bien solide. On n'ignorait pas qu'il fût capitaine de prise; mais les scellés étaient sur le vaisseau; les marchandises pouvaient être avariées, détériorées, et un homme dont tout le mérite est en spéculations, doit spéculer juste. Pour cela il faut tout prévoir, et l'huissier prévit qu'il n'était pas prudent d'exposer ses fonds. Il éconduisit très-poliment mon oncle, qui sortit en l'envoyant au diable, et qui alla répéter sa demande à quatre ou cinq négocians, chez lesquels il reçut aussi des politesses et des refus très-positifs.

Cependant il fallait que milady fût habillée, et qu'elle eût de l'argent à sa disposition. Mon oncle avait bien dîné, et il pouvait coucher sous le portique de la paroisse, ou sur le fascinage de la jetée... Mais milady, morbleu, milady!... l'exposer aux brusqueries d'un maître d'auberge, d'une lingère, d'une couturière! cette idée était révoltante, insoutenable.

Il y avait deux heures qu'il vaguait par les rues, en se rongeant la main gauche, se froissant de l'autre le sein droit, et jurant, ah!... comme devait jurer mon oncle. Il passa devant un cabaret, d'où partaient des éclats de rire, et les chants aigres de cinq à six gosiers éraillés. C'étaient ses camarades, qui n'avaient pas sauvé de ladys, qui étaient sans soucis, et qui déposaient gaiement, au fond d'un broc de forte bierre, l'oubli de leurs peines passées.

Mon oncle entre, et tout le monde se lève. On lui passe la *cannette* d'étain, on lui présente la *tartine* de beurre salé, et la tranche de fromage de Hollande. « Ce n'est pas de cela qu'il « s'agit, répond Thomas. Avez-vous de l'argent, « vous autres? — Pas le sou, capitaine; mais nous « avons trouvé un brave homme qui nous hé- « berge à crédit, jusqu'à ce que nous touchions « nos parts. Veux-tu, dit mon oncle au cabare- « tier, héberger aussi milady et moi aux mêmes « conditions? — Pourquoi pas, mon officier? — « Voyons où tu logeras cette femme incompa- « rable. » C'était un taudis en mansarde, où l'on entrait en se ployant en deux; où il n'y avait qu'une mauvaise couchette, deux matelas plus mauvais encore, un poêle de fonte sur lequel on faisait le gargotage, et une odeur de fumée de pipe à faire reculer un allemand. Mon oncle descend sans dire un mot, il vide une canette d'un trait (on jure avec plus d'aisance quand on a le gosier humecté), et il s'écrie : « C'est de « l'argent qu'il me faut, il m'en faut sacrebleu ! « il m'en faut à tout prix ! Nous avons, à cent toi-« ses d'ici, l'Océan à parcourir, et les Anglais à « dépouiller. Venez avec moi. Demandons une « barque au capitaine de port; des fusils au com-« mandant de la place. Partons pour la dune ; « enlevons la caisse de l'amiral anglais ; parta-« geons-là, sans que l'amirauté et les huissiers-pri-« seurs s'en mêlent, et que je ne me présente « devant milady que les poches pleines d'or. » Il parlait à des héros qui ne se souciaient pas de se faire casser la gueule sans nécessité, et qui trouvaient fort agréable la vie qu'ils menaient à Dunkerque. Ils se récrièrent sur l'extravagance du projet, qui, en effet, était fou. Ils entreprirent d'en dissuader Thomas, qui trouva leurs raisons détestables, leur tourna les talons, et s'achemina vers l'auberge de Fanny, le désespoir dans l'ame.

Il ouvre d'un coup de pied la porte de milady étonnée. « Madame, lui dit-il, je ne peux plus « rien pour vous ; vous êtes sans ressources, et « je viens vous proposer de finir à l'anglaise. Pre-« nez mon bras; je vais vous mener sur le quai « de la Corderie; je vous jeterai à l'eau, je m'y « jeterai après vous, et demain, quand on ou-« vrira l'écluse, nous irons partager la sépulture « de tant de grands hommes de mer, qu'ont

« mangés des merlans que nous avons peut-être
« mangés à notre tour. »

Tant qu'on aime, on tient à la vie. La proposition de se noyer, de compagnie, parut aussi déplacée à Fanny, que celle d'aller enlever la caisse de l'amiral anglais avait été jugée extravagante par les braves du cabaret à bierre. D'ailleurs, pendant l'absence de Thomas, les affaires avaient changé de face. Le commissaire ne prêtait pas d'argent; cet article excepté, tout était au service de Fanny. Il avait représenté au maître d'auberge qu'il était de son intérêt de ne pas mécontenter ses hôtes; que mon oncle jetait tout par les fenêtres, et que quand il palperait ses fonds, il n'examinerait seulement par son mémoire. Un commissaire de la marine est un personnage important à Dunkerque, et il a nécessairement beaucoup d'ascendant sur un aubergiste. Il avait facilement obtenu de celui-ci, pour le capitaine Thomas et sa compagne, ce que le gargotier avait fait de lui-même pour l'équipage. Il ne restait qu'à composer avec la couturière et la lingère, et, si elles ne voulaient pas entendre raison, Fanny se décidait à garder la chambre, ce qui était plus raisonnable que le coup de tête qu'avait imaginé mon oncle.

Rassuré sur les premiers besoins de milady, Thomas reprit goût à la vie, et il se fit apporter un bol de punch : il fallait passer le temps à quelque chose, en attendant le linge et les habits. Il en buvait de fréquentes rasades, pour éviter, disait-il, l'oisiveté. Or, comme il ne savait que boire et se battre, il fallait, pour s'occuper, qu'il bût quand il ne se battait pas.

La jeune femme ne savait qu'aimer ; elle ne pouvait parler tendresse à Seymour : il fallait donc lui écrire pour n'être pas désœuvrée. Elle avait rempli deux, trois, quatre pages, lorsque la lingère et la couturière parurent.

La tendre émotion dont Fanny s'était pénétrée en écrivant, avait répandu sur sa figure, dans ses manières, dans son ton de voix, un charme, des graces naïves, une expression douce auxquels rien ne pouvait résister. Dès les premiers mots, les ouvrières, sans défense, déposèrent leurs paquets sur des fauteuils, et s'estimèrent heureuses de pouvoir obliger une femme aussi intéressante.

Mon oncle ébahi, ouvrait de grands yeux. Depuis qu'il connaissait Fanny, il éprouvait que le vrai mérite, joint aux qualités aimables, est un aimant qui attire tout, et il ne concevait pas que deux femmes, mieux élevées que lui, eussent autant de sensibilité. Le chien d'amour-propre !... Il n'est pas de goujat qui ne se croie intérieurement l'homme par excellence... Mon porteur d'eau accepterait le consulat.... j'espère qu'on ne le lui offrira point.

CHAPITRE II.

Mon oncle va à la comédie.

« Ah çà, mesdames, puisque vous êtes si bé-
« névoles, vous prendrez un verre de punch. —
« Ah, monsieur !... — Il est doux; il n'y a que
« deux tiers de rhum », et Thomas versait, et
ces dames, qui, par décence, ne buvaient pas
d'eau-de-vie, s'étaient armées chacune d'un verre
à pied, et attendaient respectueusement que
Fanny levât les yeux sur elles pour la saluer.
Thomas, étranger au cérémonial, continuait de
boire, en examinant l'intérieur des paquets. Il
y trouva ce qu'avait demandé milady. C'était
beaucoup, mais cela ne lui suffisait pas. Il retournait tout, et cherchait l'habit galonné qu'on
lui avait aussi promis pour le soir, et qu'il gril-
lait d'endosser, depuis qu'il avait renoncé à la
fantaisie de se noyer. La couturière, vidant son
verre, et s'essuyant les lèvres du revers de la
main, lui dit qu'elle avait cru remplir ses intentions en servant milady la première, et que, d'a-
près le peu de temps qu'on avait eu, il n'avait
été possible que de faufiler son habit. « — Je le
« mettrai faufilé.. Et où irez-vous, dit Fanny ? —
« — A la comédie. — Quelle idée ! — Je veux faire
« connaissance avec le capitaine Sabord. — Mais
« monsieur, reprend la couturière... — Quoi ? —

« Le collet n'est pas monté. — J'irai sans collet.
« — Vous savez que je ne suis pas chapelière,
« et... — J'irai sans chapeau. Vous vous montrez
« notre amie; allez me chercher l'habit tel qu'il
« est, et ne vous inquiétez pas du reste. » La
« couturière balançait... « Hé, sacredieu! je vous
« en prie. » Le moyen de résister à cette manière
de prier! La couturière part pour aller chercher
l'habit.

« Vous ne croyez pas, monsieur, lui dit Fanny,
« que je vous accompagne dans le costume gro-
« tesque que vous allez prendre. — Aimez-vous
« mieux celui-ci, milady? — Ni l'un ni l'autre,
« en vérité. D'ailleurs j'ai un violent mal de tête,
« et vous permettrez que je reste ici. — Qu'appe-
« lez-vous, permettre! ordonnez, aujourd'hui,
« demain, dans cent ans. Thomas est, et ne doit
« être que votre très-humble serviteur. J'irai seul
« à la comédie, et je vais vous faire monter une
« rôtie au vin, avec la bigarade, la canelle, la
« muscade... — Non, non, j'écrirai; cela vaudra
« mieux. — J'en doute. Je n'ai jamais ouï-dire
« qu'une écritoire guérit le mal de tête. Au reste,
« ce sera comme il vous plaira. »

La couturière, qui demeurait à deux pas, arrive avec l'habit tant désiré. Mon oncle arrache ses guenilles, ouvre la croisée, et les jette dans la rue. Par respect pour milady, il passe sur le carré, il enfourche la culotte à jarretières d'or, et il n'a pas de boucles à jarretières. Il boutonne les côtés sur ses bas noirs drapés, et avec la manche de sa chemise bleue, il essuie ses gros souliers ferrés. Il endosse la veste, qu'il boutonne de la ceinture au menton, pour cacher ladite chemise. Il a enfin l'habit sur le corps. Il gagne le milieu de la salle, il se promène, il se pavane, il s'arrête devant une glace. Le col de la chemise dépassait le haut de l'habit; il prend, par le bas, un rideau de taffetas jonquille; le déchire d'un bout à l'autre; fait, du morceau, cinq à six tours qui lui masquent le menton et la moitié des joues, ce qui est très-joli aujourd'hui, ce qui était et qui sera toujours ridicule, quand les hommes ne voudront pas gâter les formes que leur a données la nature.

Pendant que mon oncle faisait sa toilette, Fanny continuait avec douceur ses observations, et mon oncle ne répondait pas, buvait toujours, et copieusement. Il n'était pas ivre; mais il se trouvait au point où l'on veut fortement, et où l'on est sourd aux remontrances. Il refusa même obstinément de se laver le visage et les mains, parce qu'il voulait, disait-il, conserver au moins ces marques glorieuses de ses exploits. Il descend, il prend une fille-servante pour le conduire. En le voyant ainsi fagoté, elle part d'un éclat de rire. Mon oncle lui alonge un coup de pied au cul, si bien conditionné, que les larmes succèdent aux ris, et il la fait marcher devant lui.

Ils arrivent à la porte du spectacle. Mon oncle

entre comme un trait. On l'arrête, et on lui demande son billet : il ne sait ce qu'on veut lui dire. L'ambassadrice d'Espagne, qu'il avait quelquefois conduite à l'Opéra ou ailleurs, entrait partout sans payer, parce que partout elle avait des loges à l'année, et mon oncle croyait fermement que les comédiens jouaient la comédie pour rien, ce qui est assez généralement vrai aujourd'hui.

Mais aussi, pourquoi vingt théâtres à Paris, tandis qu'il y en avait cinq, lorsque la population était plus nombreuse et l'argent plus commun? Pourquoi tels ou tels théâtres sont-ils en faillite régulièrement deux fois chaque année, si ce n'est parce qu'il y en a deux tiers de trop? Pourquoi n'abroge-t-on pas une loi qui paraît favoriser l'industrie, et qui perd totalement l'art, en ôtant, à ceux qui le cultivent, leurs moyens d'existence? Pourquoi de prétendus artistes ne reprendraient-ils pas l'art mécanique qui les faisait vivre honnêtement, au lieu de faire des dettes et d'inspirer le dégoût? Pourquoi la classe laborieuse continuerait-elle à se démoraliser devant des tréteaux, si pourtant du côté du moral il reste quelque chose à perdre? Pourquoi le petit nombre de gens aisés et occupés ne se concentrerait-il pas à la République, à l'Opéra, aux Italiens et à Feydeau? Les vrais artistes, attachés à ces théâtres, vivraient, sinon dans l'opulence, du moins dans une aisance indispensable à la culture des arts. Pourquoi..................

Pourquoi ?. . . . . Hé, allez vous promener. On ferait vingt volumes du chapitre des *pourquoi*.

Mon oncle n'avait pas de billet; il demande où cela se trouve ; on lui montre le bureau. Il passe la main à la chatière : « Quelle place veut mon-
« sieur ? — Une première, morbleu ! — La voilà :
« trente sous. — Comment, trente sous ! — Vous
« n'avez donc pas lu l'affiche ? — Je ne sais pas
« lire. Mon billet, et foi de corsaire, je paierai
« demain. — Pas de crédit ici, monsieur. — Hé,
« mille tonnerres, voilà bien des simagrées. Y
« a-t-il un orfèvre sur cette place? — Oui, mon-
« sieur, à deux pas, la troisième porte à gauche. »
Et voilà Thomas parti.

Il entre, il arrive, il trouve le *bourgeois* : « Di-
« tes donc, papa, coupez-moi pour trente sous
« de galon, et comptez-moi ma somme. » L'or-
fèvre, étonné, regarde et ne répond pas. Mon oncle, impatienté, arrache tout le galon d'un devant de son habit ; qui ne tient, vous le savez, qu'au premier fil. « Finissons, vieux reître. Je n'ai pas
« de temps à perdre ici. Donnez-moi la valeur
« de ce bout de dorure. » L'orfèvre donne douze francs de ce qui en valait quarante, et mon oncle, enchanté, revient au bureau, prend son billet d'une main, sa monnaie de l'autre, monte, fier comme un paon, et se campe au balcon avec un sérieux imperturbable.

Son habit dégalonné d'un côté, la doublure

faufilée, qui, au moindre mouvement, faisait le
soufflet avec le dessus; ses cheveux noirs, gras et
mêlés, sa figure barbouillée; ses mains crasseuses
qu'il étendait sur le bord de sa loge, pour qu'on
vît bien la richesse de ses paremens, tout cela
excitait le rire général et les huées du parterre,
toujours plus insolent ou plus juste que le reste
des spectateurs. Mon oncle persuadé, et cela
était vrai, que personne n'était mis aussi riche-
ment que lui, ne s'imagina point qu'il pût être
l'objet de ce tintamare. Il n'eût pas manqué de
sauter dans le parterre, et de cogner nos Flamands, qui, pour être aussi railleurs que d'autres, ne laissent point, parfois, de faire rire, partout ailleurs qu'en Flandres.

On commença l'ouverture de l'*Amoureux
de quinze ans*. La musique a vieilli; mais le
poème est dicté par les graces, qui sont toujours
jeunes. Mon oncle, qui n'avait rien de commun
avec les graces, ni avec l'esprit, s'ennuya dès la
seconde scène, et lâcha un vigoureux coup de
sifflet. *A bas le siffleur*, cria le parterre, qui veut
avoir seul le droit de siffler, et qui applaudit, par
habitude, à Dunkerque, l'*Amoureux de quinze
ans*, parce qu'il est du bon ton de faire partout
ce qu'on fait à Paris.

Mon oncle, révolté de l'apostrophe, se lève
brusquement; tourne son postérieur vers l'assemblée, prend, sous chaque main, un pan de son
habit, et recommence à siffler du haut et du

bas. Les Flamands (1), qui ne diffèrent des autres hommes que par les goûts et les habitudes, mais qui sont très-hommes d'ailleurs, à ce qu'assurent leurs femmes, et ceux qui peuvent démêler leurs qualités sous des formes qui ne sont pas toujours heureuses, les Flamands furent indignés de la double explosion; ils sortirent en foule, et marchèrent droit au balcon. Mon oncle, que rien n'intimidait, arracha une banquette, et jura qu'il assommerait le premier qui l'approcherait.

La ville était commandée alors par monsieur de Chaulieu, bon officier, homme aimable, et généralement aimé. Il sortit de sa loge, prévint la tragédie qui allait commencer, calma les esprits irrités, passa au foyer, et envoya chercher mon oncle par son capitaine des portes. Thomas répondit qu'il n'avait rien à démêler avec le commandant; qu'il était au spectacle pour son argent, et qu'il avait acheté à la porte le droit de siffler et d'applaudir. Le capitaine des portes appuya son invitation de la présence de six grenadiers d'Auvergne, qu'il fit entrer au balcon, la baïonnette basse. Mon oncle répliqua que le régiment d'Auvergne n'assassinait personne; qu'il verrait le soir les six grenadiers, l'épée à la main, si cela

---

(1) Je peins ici les Flamands tels qu'ils étaient il y a quarante ou cinquante ans. Il est aujourd'hui peu de villes aussi brillantes et d'une société aussi agréable que Dunkerque, au petit accent près, qui perce de temps en temps.

les amusait; mais qu'il ne sortirait point qu'il n'eût vu le capitaine *Sabord.*

La Giberne, caporal à deux chevrons, et commandant de la troupe, releva sa moustache : « Veux-tu sortir, dit-il à mon oncle? Non, f..., « répond fièrement Thomas. Feu! reprend la Gi- « berne. » A ce mot, les femmes s'enveloppent dans leurs capuchons, ou dans le *riding-coat* de leur *attentif.* Un grand nombre de ces dames se sauve dans les corridors. Une d'elles, froissée contre un mur, accouche sur la place; deux autres sur les escaliers. Les maris, les amans, les frères, les cousins, les nouveaux-nés, les accouchées, tous crient à la fois; on se plaint, on jure en français, en flamand. La salle de spectacle de Dunkerque ressemble à la fois à la tour de Babel et à l'arche de Noé.

La Giberne, qui ne connaissait que sa consigne, avait répété le fatal commandement. Ses grenadiers, très-braves gens, répugnaient à tuer de sang-froid un homme aussi brave qu'eux. Monsieur de Chaulieu avait eu le temps d'accourir. Il entra au balcon, et sans employer d'autre arme que cet esprit conciliant auquel on n'opposait rien, il détermina mon oncle à sortir et à le suivre.

Il lui parla avec une raison si persuasive; la sévérité qu'il fut contraint de déployer était tempérée par tant d'amabilité, que le grossier, l'indomptable Thomas convint qu'il avait eu tort, demanda excuse au commandant, qui lui pardonna en faveur de ses exploits maritimes, et qui lui conseilla de retourner de suite à son auberge. C'est ce qu'allait faire mon oncle, sans une nouvelle scène qui se préparait, qu'il ne prévoyait pas, ni vous non plus.

Le mari de la couturière était absent lorsque sa femme vint prendre l'habit pour le porter à Thomas; il était rentré, lorsqu'elle rentra à son tour, et il trouva très-mauvais qu'elle eût livré, sans argent, pour dix-huit cents francs d'effets. Sa femme eut beau lui représenter que le capitaine Thomas avait voulu absolument aller à la comédie, et qu'on ne pouvait rien refuser à milady; le tailleur, qui avait une mauvaise tête, ou qui, peut-être, avait pris lui-même les marchandises à crédit, sortit pour aller au spectacle recevoir de l'argent, ou reprendre l'habit. Milady avait reçu des robes pour cinq à six cents francs; ainsi le drap écarlate, le satin blanc, le galon à la bourgogne étaient l'objet principal, et il n'est pas étonnant que le tailleur s'occupât d'abord de celui-ci.

Le calme était à peu près rétabli au spectacle. Monsieur de Chaulieu avait tout prévu, ou il avait tout cru prévoir, et on attendait la continuation de *l'Amoureux de quinze ans*. Il est difficile de peindre les passions, et de n'en pas ressentir les effets. La jeune actrice qui jouait Lindor, éprouvait des besoins secrets. Elle était lorgnée, depuis long-temps, par un jeune Flamand, dont les joues rosées et l'embonpoint faisaient plaisir à voir. Une mère cruelle, ou plutôt avare, empêchait les jeunes gens de s'approcher. Leurs soupirs battaient l'air, et leur unique jouissance était de se voir de quarante pas.

Dès les premiers momens du tumulte, la maman avait perdu connaissance : les vieilles femmes veulent toujours se rendre intéressantes, diront les médisans. On ne prenait pas garde à celle-ci, et, heureusement, pour son amour-propre, elle était évanouie *tout de bon*. Le jeune dunkerquois, bien tendre, était par conséquent bien timide. Cependant une voix intérieure lui disait : Saute sur le théâtre; prends monsieur Lindor sous le bras. Il résistera, insiste; il cédera; conduis-le alors... où tu pourras.

Mon petit Flamand avait obéi, à la lettre, à la voix intérieure, et au moment où toutes les oreilles s'ouvraient, où tous les yeux se fixaient sur la scène, monsieur le baron ou monsieur le marquis... ma foi, je ne sais pas trop lequel... l'un des deux vint annoncer avec les trois révérences d'usage, qu'on ne pourrait continuer, parce que monsieur Lindor, qui devait jouer aussi, dans la seconde pièce, mademoiselle Toinette, était morte, ou disparue.

La maman ne pouvait pas être éternellement évanouie, quoique personne ne la secourût. Elle revint à elle, quand monsieur le baron ou monsieur le marquis annonça la disparution de sa fille. Elle s'avança sur la scène, enlaidie et vieillie par les gonflemens d'une poitrine desséchée, et par les pleurs qui coulaient de ses yeux éraillés; elle adressa au public un discours pathétique, souvent interrompu par des sanglots; enfin, elle déchira, avec une sorte de dignité, un bonnet qu'elle s'était fait d'un lambeau de la tunique de Zacharie, plus un mantelet coupé dans un vieux jupon de Chimène, deux rôles que sa fille jouait avec distinction. Monsieur de Chaulieu craignit que ce nouveau genre de ridicule n'occasionât de nouveaux troubles, et il ordonna définitivement de baisser le rideau.

Mon oncle avait promis de ne pas rentrer au spectacle. Incapable de manquer à sa parole, il se promenait, en long et en large, en dehors de la porte battante. Il voulait payer à boire aux grenadiers qui l'avaient épargné, et percer à jour la Giberne, qui avait ordonné de faire feu sur lui. Voilà où en étaient les choses, lorsque le tailleur arriva.

Il se rencontra nez à nez avec mon oncle : « Mon argent, ou mon habit! — Ni l'un ni l'autre. « — Hé bien, des coups. — Tu les recevras », et mon oncle jette son tailleur dans un baquet de braise allumée, qui servait à échauffer les bouts des doigts de l'homme de confiance qui veillait à la recette. Le tailleur se relève avec le feu au derrière; mon oncle lui applique une taloche sur l'oreille, qui envoie d'un côté le chapeau et la perruque, et qui jette le propriétaire en travers d'une porte du parterre. Un de ses pieds s'accroche au seuil; il chancèle, il tombe, il roule au milieu des spectateurs, qui se pressent pour éviter le feu que le tailleur porte avec lui. L'habit sec d'un huissier, qui ne se range pas assez vite, s'enflamme; l'incendie se communique à la perruque de laine d'un vieux avocat, et de proche en proche, et de perruque en toupet, de toupet en perruque, en cinq minutes la superficie du parterre offre exactement la perspective d'un superbe feu d'artifice chinois. Les mains, les basques des habits, les mouchoirs, couvrent, pressent, compriment toutes les chevelures naturelles, ou d'emprunt : vains efforts! Deux cents Dunkerquois vont être rasés jusqu'à la racine, et leurs hurlemens attestent leur douleur et leurs regrets.

Monsieur de Chaulieu, étourdi lui-même de ce nouvel incident, mais conservant toujours une sorte de présence d'esprit, fait amener, sur l'avant-scène, la pompe, qui est toujours prête derrière les coulisses, et le tuyau, habilement dirigé, arrose successivement les chefs brûlés, dépouillés, pelés des bons Dunkerquois.

Cependant le tailleur, oubliant qu'il avait perdu le derrière de son habit et les fonds de sa culotte, ne pensa, après l'incendie, qu'à son galon à la bourgogne; et il demanda justice à monsieur le bourgmestre, qui, par esprit d'économie, laissait sa place de droit à sa femme; et occupait ordinairement un coin du parterre. Jaloux, comme tous les gens de robe, de l'autorité militaire, il saisit, avec empressement, l'occasion d'amener un conflit de jurisdiction. Il s'empara de l'affaire pour tracasser le commandant, et furieux contre mon oncle, qui était cause que son manteau, sa cravatte, sa perruque à trois marteaux étaient en charbons, que sa figure et sa poitrine étaient couvertes de cloches, il commença, dans le parterre même, à informer criminellement. Il ordonna que Thomas serait constitué prisonnier, et son procès fait et parfait, pour avoir trompé un honnête ouvrier, interrompu le spectacle, fait accoucher trois femmes, brûlé le cul de son créancier, et par suite les meilleures têtes de la ville.

Le bailli, dont la femme avait perdu, dans la mêlée, son faux chignon, ses fausses dents, ses fausses hanches et ses faux tétons, dont les manchettes à trois rangs et les falbalas avaient été déchirés, qui s'était montrée dans son état naturel, et qui était humiliée, désolée, désespérée, le bailli s'unit au bourgmestre, et il fut arrêté, entre eux, que Thomas serait une victime immolée à tant d'amours-propres blessés.

Les deux magistrats demandèrent main-forte au commandant. Celui-ci, à qui leurs petites tracasseries les avaient rendus désagréables, se retira avec son état-major, en leur répondant que la partie civile avait ses limiers ordinaires, et que les soldats d'Auvergne n'étaient point des recors.

Pendant que le bourgmestre et le bailli cherchent cinq à six de leurs gredins, le tailleur ameute trente ou quarante têtes brûlées du parterre. Tous tombent sur Thomas, inébranlable à sa porte, et riant du mal qu'il avait fait. L'un tire une manche de l'habit faufilé; l'autre un devant de veste; un troisième, la moitié de la culotte; un quatrième, le reste, et, avant qu'il puisse se reconnaître, mon pauvre oncle, naguère si brillant, se trouve réduit à ses bas drapés, à ses gros souliers, et à sa chemise bleue.

C'est peu de chose qu'un héros en chemise. Celui-ci, très-embarrassé de sa personne, avançait, reculait, balotté par la foule qui sortait de toutes parts. Il se trouva enfin porté au milieu de la place publique, où bientôt il demeura abandonné à ses réflexions, et au vent du nord, qui soulevait alternativement le devant et le derrière de sa chemise.

On le cherchait partout; on passait à peu de distance de lui, sans se douter que ce pauvre matelot, immobile sur un pavé, fût l'homme brillant qui avait causé tant de tumulte. Vous êtes étonné sans doute de l'immobilité de mon oncle : je vais vous en dire le motif. Il attendait de pied ferme monsieur de la Giberne, et la disgrace qu'il venait d'éprouver avait singulièrement ajouté à l'acrimonie de ses humeurs. Au défaut de la Giberne, il se fût battu avec le premier qu'il aurait rencontré.

La salle de spectacle totalement évacuée, le caporal s'en retournait avec son détachement. Il traversait la place sans penser davantage à mon oncle. Celui-ci s'avance, le jaret tendu, les épaules hautes, la chemise en l'air, et défie énergiquement le caporal. La Giberne, très-discipliné, répond froidement qu'il doit reconduire sa troupe à la caserne, et qu'il verra après. Mon oncle suit, s'arrête au coin de la rue du Sud, et dit à son homme : Je t'attends.

En effet, la Giberne arrive, cinq minutes après, son sabre au côté, et un autre sous son habit. Il frappe sur l'épaule de son adversaire, sans lui dire un mot; ils marchent sur la même ligne, ils gagnent l'esplanade, ils se mettent en garde.

Thomas, très-habile à la pointe, ne connaissait pas l'espadon. Trop loyal pour chercher son avantage, et disputer sur le choix des armes, il attaque avec impétuosité. Il lève le bras, en menace, d'un coup terrible, le crâne chauve de la Giberne; la Giberne se fend, entre droit, et lui passe son sabre au travers du corps. Mon oncle infortuné tombe; le caporal le relève, le charge sur son épaule, le porte à l'hôpital de la marine, le laisse entre les mains des infirmiers, et revient tranquillement se mettre dans son lit.

Voyez un peu à quoi tiennent les plus hautes

destinées. Une ligne plus haut, ou plus bas; une ligne à droite, une ligne à gauche, et le foie, le cœur, la poitrine, ou le poumon était perforé. Thomas perdait la vie, et vous la suite de cet ouvrage inimitable. Quel malheur pour la postérité! Rassurez-vous, lecteur, sur le sort de ce grand homme; sa blessure n'est pas mortelle, et nous arriverons à la fin du quatrième volume, si vous avez le courage de lire jusqu'au bout.

CHAPITRE III.

Mon oncle part de Dunkerque.

Il était onze heures du soir, et Fanny n'avait pas compté les momens. Elle avait écrit, écrit... écrit... c'était toujours la même chose; mais se lasse-t-on de dire *j'aime* à qui ne se lasse pas de l'entendre?

A onze heures cependant, certaine fatigue dans les doigts, sa bougie qui finissait, et un bruit assez fort sur l'escalier, lui firent remarquer la longue absence de mon oncle, et la déterminèrent à tirer le cordon de la sonnette.

Une fille monte, et après elle l'inexorable tailleur, qui venait reprendre le reste des effets livrés. Après le tailleur, paraît l'usurier, à qui on a dit que mon oncle est tué, et qui tremble pour son argent. Après l'usurier, entre le maître d'auberge, qui croit aussi Thomas mort, qui sait que

Fanny n'a rien à prétendre dans sa succession, et qui vient l'inviter à chercher un autre gîte.

Le tailleur, flamand renforcé, demande brutalement ce que sa femme a apporté. Fanny ne répond rien ; elle passe derrière ses rideaux, se déshabille, reprend ses misérables habits, revient, fait un paquet du reste, le présente au tailleur en lui adressant un coup d'œil suppliant et douloureux. Le tailleur la fixe ; elle est belle, la douleur l'embellit encore ; l'extrême modération ajoute à ses charmes. Elle tient toujours le paquet ; elle a le bras étendu ; le tailleur ne pense pas à avancer le sien. Il la regarde ; il ne peut que la regarder. Une larme de Fanny achève sa victoire. — « Mais vraiment, me paierez-vous ? — « Je ne sais pas, monsieur. — Que vous me payiez « ou non, je ne vous laisserai pas nue. Gardez « tout cela, et que j'emporte le plaisir d'une « bonne action. » Il sort.

L'usurier prend le ton patelin, familier à ces messieurs ; il apprend à Fanny l'accident arrivé à mon oncle ; il exprime ses craintes sur les suites que peut avoir, pour lui, cette mort prématurée. A cette nouvelle inattendue, la jeune femme verse des larmes en abondance. Elle avait démêlé les qualités de mon oncle, sous une enveloppe grossière et ridicule ; elle tenait à lui par ces qualités mêmes et par la reconnaissance ; sa mort la laissait seule, sur une terre étrangère, sans appui, sans ressources. Il fallait huit jours au moins pour recevoir des nouvelles de Seymour, et il était incertain qu'il pût la tirer de sa triste situation. Que de raisons qui justifiaient ses larmes! Elle eut cependant la force de répondre à l'usurier qu'elle avait disposé de ses fonds, qu'elle en était bien fâchée; mais que les héritiers de mon oncle ne pourraient se dispenser d'acquitter une dette, avouée par lui, et que, plus tard, elle espérait trouver les moyens de le dédommager. Il n'y avait rien à répliquer à cela : ce n'était pas Fanny qui devait. L'usurier se retira donc assez poliment, et c'est ce qu'il pouvait faire de mieux.

Restait le maître d'auberge, qui avait décidément pris son parti, et que rien ne put abattre; les prières, les larmes de la jeune dame ne produisirent aucun effet. Il lui notifia qu'elle eût à sortir à l'instant même de sa maison. « Hé! où « irai-je, à l'heure qu'il est? — Parbleu, où vous « voudrez. Que m'importe, à moi? — Me voilà « donc en proie à ce que la misère entraîne de « maux et d'humiliations! — Allons, allons, point « de phrases », et il la poussait par les épaules, et Fanny, le visage caché dans ses deux mains, se retirait en sanglottant, lorsque le commissaire de la marine parut.

Le chirurgien-major de l'hôpital lui avait fait part des hauts faits de la Giberne, et il venait offrir ses services à milady. Il fut révolté de la dureté du maître d'auberge, et l'état touchant de la jeune infortunée ne lui permit plus de consulter son intérêt, qu'il mettait toujours avant ses plaisirs. Il lui offrit son bras, la conduisit au *Chapeau-Rouge*, ordonna qu'on ne la laissât manquer de rien, et répondit de sa dépense. Il la laissa, rassurée sur son sort actuel, sur la vie de son ami Thomas, et il fut rejoindre une société brillante avec qui il soupait sur la place d'Armes.

Le cœur plein des charmes de milady, la tête exaltée par ses malheurs, par la douceur inaltérable qu'elle y opposait, il peignit, en traits de feu, la position de cette femme intéressante, dont on n'avait parlé encore que comme d'une aventurière. Tout ce qui est extraordinaire saisit, frappe, entraîne ; en un instant les esprits se tournèrent en sa faveur, et on passa subitement de l'indifférence, ou peut-être du mépris, à l'intérêt le plus vif. Dès le lendemain, des femmes de la première distinction allèrent voir Fanny ; leur maison, leur table, leur garde-robe, leur bourse même, elles offrirent tout. Fanny ne demanda que leur protection ; elle obtint leur amitié, et fut, dès ce moment, la merveille du jour. On la vantait, on la recherchait, on se l'arrachait.

Ce calme doux, cette satisfaction intérieure que font naître des préférences, des caresses qu'on ne doit qu'à soi, ne l'empêchaient point de s'occuper de mon oncle. Elle allait le voir ; elle le recommandait aux chirurgiens, aux infirmiers ; elle le consola quand il put l'entendre, et elle répondait à celles qui lui observaient que ces démarches n'étaient point dans les usages de France, que la reconnaissance est de tous les pays, et qu'elle ne pouvait trop faire pour un jeune homme à qui elle devait l'espérance de revoir son cher Seymour, et tous les services qu'il avait pu lui rendre.

Quand on sut qu'il était jeune, et, ce qui vaut mieux, joli garçon, on s'intéressa aussi vivement à lui. Ces dames ne l'allaient pas voir. Elles tenaient rigoureusement aux bienséances, et la plupart des jolies femmes ne tiennent guère qu'à cela; mais on lui envoyait des gelées, des biscuits, des confitures, du vin de liqueur, du linge fin. On demanda, et on obtint qu'il fût mis et traité dans une chambre à part.

Cependant le commissaire, dont le cœur et la tête se réfroidissaient par degrés, se souvint qu'il avait répondu de la dépense de Fanny, et, vous le savez, il tenait à l'espèce : à quelque chose malheur est bon. Il ne trouva pas de moyen plus honnête pour dégager sa parole, que de mettre mon oncle en état de payer lui-même. Il pressa donc l'amirauté de vendre la prise anglaise, et la vente fut enfin arrêtée et fixée à un jour très-prochain.

Revenons au jeune Seymour, que nous avons laissé à Oxford, livré à ce que le désespoir a d'affreux. Séparé de Fanny, qui seule lui faisait aimer la vie, il voulut au moins se rapprocher de quelqu'un à qui il pût en parler, et avec qui il pût confondre ses regrets et ses larmes. Il était retourné à Londres, et tous les jours il voyait le bon père Thompson. Le vieux lord Seymour et le ministre employaient, tour à tour, les caresses et l'autorité pour le ployer à leurs vues. Il se montrait inébranlable à leurs sollicitations; il opposait le respect à leurs menaces, et, le soir, il se rendait, à pied, à une taverne éloignée, où l'attendait le bon père.

Un jour, Seymour arrive à son ordinaire. Il trouve Tompson se promenant à grands pas dans la chambre; il se frottait les mains, son visage rayonnait de joie : « Elle est retrouvée, elle est « retrouvée », s'écria-t-il, dès qu'il vit le jeune lord, et il lui jeta les bras au cou, et il l'inonda de ses larmes. Il avait reçu le matin la lettre de sa fille. Il la tira de son sein, la baisa, et la donna à lire à l'impatient et tendre Seymour : vous en savez le contenu.

« Je pars demain pour Hambourg, dit le jeune
« lord, en pleurant de joie à son tour. Je vais
« rejoindre, consoler, aimer la triste Fanny ;
« mais, mon père, je suis mineur encore, et je
« ne saurais abuser de la générosité d'un jeune
« homme, à qui je n'ai rendu qu'un service bien
« ordinaire. » Thompson comptait sur le cœur, sur la probité de Seymour. Cependant il n'avait osé se flatter qu'il portât l'attachement jusqu'à s'expatrier pour se réunir à sa fille. Il pressa son gendre sur son sein. « J'ai mille livres sterling

« en argent comptant, lui dit-il. — C'est assez,
« donnez-les-moi. Je vous laisserai des lettres
« pour les fermiers de ma mère; vous les leur
« ferez parvenir quand je serai sur le continent.
« J'en obtiendrai des avances, et je vous rem-
« bourserai. — Non, milord, non, mon fils, vous
« ne me rendrez rien. C'est la dot de Fanny.
« Allez, et soyez heureux autant que vous mé-
« ritez de l'être. »

Toutes les dispositions furent faites dans la soirée et dans la nuit. Seymour, pour écarter tout soupçon, rentra d'assez bonne heure ; mais le vieux Dick courait d'un côté, le père Thompson d'un autre. Au point du jour, le jeune homme se déroba de l'hôtel, se rendit sur le bord de la Tamise, et monta sur un vaisseau hambourgeois qui partait à la marée suivante. Le bon père resta avec lui jusqu'au moment si désiré et si craint à la fois. Les adieux furent déchirans : Thompson était vieux ; il ne comptait plus revoir son gendre, ni sa fille. « Du moins, dit-il, quand
« le vaisseau fut sous voiles, et qu'il fallut en
« sortir, du moins je laisse ce dépôt entre les
« mains d'un honnête homme, et le ciel protége
« les gens de bien. »

Le peu de temps qu'on avait mis aux préparatifs du voyage, n'avait pas permis de penser à tout : on avait oublié l'article essentiel. Seymour ne pouvait entrer en France, sans un passeport du cabinet de Versailles. Il s'exposait à être vu et

traité comme un espion du gouvernement anglais.
Il en fit la réflexion, quand son cœur, un peu reposé, permit à sa tête d'agir. Il sentit le danger auquel il allait s'exposer, et il ne vit d'autre moyen de l'éviter, que d'écrire à Fanny de venir le joindre à Hambourg. Ce moyen entraînait des inconvéniens épouvantables, des longueurs, de l'ennui ; et puis une femme jeune, belle, dont la santé pouvait être altérée par le malheur, entreprendre seule ce voyage !... Seymour ne savait à quoi se déterminer.

Quand il eut perdu de vue les côtes d'Angleterre, il se confia à son capitaine qui n'était pas amoureux, et qui voyait les choses de sang-froid. Contre tant de traverses imaginaires, il indiqua un parti très-simple : c'était de prendre la poste à Hambourg, et de courir jour et nuit jusqu'à Furnes, dernière place des états autrichiens, en Brabant. Cette ville n'est qu'à quatre lieues de Dunkerque ; en deux heures, Fanny pouvait y joindre son époux, et ils iraient delà... où ils voudraient.

C'était la douzième journée depuis que la jeune lady avait écrit, et elle ne recevait point de nouvelles. Le jour où sa lettre était parvenue à son père, avait été employé à tant de choses, qu'on n'avait pas trouvé le moment de répondre. Thompson avait écrit le lendemain du départ de milord ; mais la malle de Hambourg avait été retenue par le vent contraire.

Fanny se désolait, et ne prévoyait que des malheurs; son père mort, son époux inconstant, ou victime de l'autorité paternelle... Elle pleurait auprès du lit de mon oncle, parce qu'elle pleurait là plus librement qu'ailleurs, lorsqu'on vint lui dire qu'une femme de campagne demandait à lui parler.

La guerre avec l'Autriche avait rompu les communications entre Furnes et Dunkerque. Les femmes seules allaient et venaient librement. Seymour s'était arrêté à l'extrême frontière, entre les deux villes, et il avait mis dans sa chaise de poste une paysanne, qui devait en descendre à cent pas de la barrière, entrer à Dunkerque avec un panier d'œufs à son bras, et remettre un billet et un paquet à l'aimable et sensible épouse.

Fanny descend avec assez d'indifférence pour voir ce qu'on lui veut. Elle reçoit le billet; elle ouvre, elle lit... Son œil s'anime, ses joues se colorent, et ses mains s'élèvent vers le ciel. Elle remonte, embrasse mon oncle étonné, laisse sur sa table de nuit le paquet que lui a remis la villageoise; elle redescend, elle court, elle vole, elle aperçoit la chaise de son époux; elle redouble de vitesse, elle s'élance, elle monte, les chevaux partent... elle est dans les bras de Seymour.

Les malheurs passés ne sont plus qu'un vain songe, dont le souvenir s'évanouit aux premiers rayons du soleil. Nos jeunes gens puisent une nouvelle vie au sein de la paix et du bonheur.

Mon oncle n'avait rien compris à la précipitation, au silence, au délire de Fanny. Il était resté assis sur son lit, il réfléchissait à tout cela... autant que Thomas pouvait réfléchir, et il conclut qu'elle était devenue folle. « Allons, dit-il,
« on vend demain mon vaisseau ; je paierai à la
« pauvre femme une pension dans quelque coin :
« voilà le dernier service que je puisse lui rendre. »

Après ce raisonnement, qui prouvait, sinon sa pénétration, du moins son bon cœur, il prend le paquet qui était sur sa table de nuit ; il l'examine dans tous les sens ; il rompt le cachet... c'est de l'or. Il compte... précisément la somme qu'il a donnée à milady, et qu'elle a envoyée à Seymour. « D'où diable lui vient cet argent-là ?
« Aurait-elle fait quelque folie avec ce commis-
« saire, ou avec... Fi donc, fi donc, Thomas !
« Point de semblables idées... Mais d'où diable
« lui vient cet argent ? »

Il appelle son infirmier : « Tiens, voilà une gui-
« née, cours toute la ville ; trouve-moi milady,
« et amène-la-moi ici. Je suis choqué qu'elle em-
« prunte à tout autre que moi. Ne suis-je pas son
« plus ancien ami ? »

L'infirmier trotte sans s'arrêter ; il va dans les meilleures maisons ; il se met tout en eau pour gagner sa guinée, et il ne peut rien apprendre de relatif à milady : elle était sortie de la ville par le chemin le plus court, et sans prendre congé de personne. De sa disparution, et des recherches de l'infirmier, vinrent les inductions les plus absurdes. Le commissaire de la marine l'avait cachée dans sa petite maison de Rosenthal, selon les unes; les autres voulaient que le bourgmestre l'eût retirée dans sa brasserie, et mille autres sottises du même genre; mais il faut que les femmes parlent, et la plupart de celles-ci parlaient avec connaissance de cause de la petite maison du commissaire, et des sacs de houblon du bourgmestre.

« Allons, dit Thomas, ouï le rapport de son « infirmier, j'ai deviné juste; elle est devenue « folle, et elle est allée se noyer. Que Dieu lui « fasse paix et miséricorde, si toutefois il y en « a un, comme le prétend ma mère. »

Il passa la plus grande partie de la journée en commentaires et en regrets sur la fin tragique de Fanny, et il en revenait toujours à ce diable d'argent. Il voyait clairement qu'elle avait voulu payer ses dettes avant que de mourir; mais il ne concevait pas comment elle avait acquis cet or. Une lettre, qu'on lui apporta sur le soir, termina ses inquiétudes, et son infirmier, qui était devenu son factotum et son secrétaire, l'instruisit du contenu.

C'était le jeune Seymour qui le remerciait, avec la chaleur du sentiment, de ce qu'il avait fait pour sa femme, et qui lui racontait, en deux pages, ce que vous venez de lire en douze. Ce n'est pas ma faute; n'est pas concis qui veut.

Quand Thomas sut que Fanny était réunie à Seymour, qu'ils avaient à leur disposition une somme assez considérable, et qu'ils attendaient d'Angleterre des remises plus fortes encore, il sauta de son lit, et dansa par la chambre, en chantant, et en battant la mesure sur ses fesses. Il rit, il déraisonna pendant deux heures, et quand il fut las de rire, de bavarder, de danser et de chanter, il se recoucha, et s'occupa sérieusement de lui. Il pensa qu'un homme, possesseur de quatre mille francs, ne devait pas coucher à l'hôpital comme un gredin; il fit venir un fiacre, et ordonna qu'on le conduisît au Chapeau-Rouge, dont le maître lui avait, disait-il, gagné le cœur par ses procédés honnêtes envers milady.

Son premier soin fut de demander l'état de ce qu'elle devait : Seymour avait fait payer l'aubergiste. Il envoya chercher la couturière et la lingère : elles étaient également soldées. « Quel
« diable d'homme! il ne m'a pas laissé la moindre
« jouissance. Ah ça! ma mie, dit-il à la couturière,
« j'espère au moins que j'aurai mon habit, puis-
« qu'il est payé avec le reste. Le voilà, monsieur,
« dit la couturière, en dénouant une toile verte.
« — A la bonne heure : j'aime qu'on aille droit
« en affaires. »

Le mari avait eu du temps pour coudre et parfaire ce brillant et malencontreux habit. Il l'avait pendu dans sa boutique, espérant le vendre à quelque comédien; mais comme ces messieurs, ainsi que les auteurs, sont toujours brouillés avec l'argent comptant, et que le seul mot *crédit* donnait des crispations au tailleur, l'habit était resté pendu dans la boutique, et c'est ce qui fit que mon oncle le retrouva.

Enchanté des évènemens de la journée, et n'ayant plus à penser qu'à lui, Thomas se fit apporter un bouillon, coupé d'une bouteille de vin de Bordeaux; il fit bassiner son lit avec du sucre; il se coucha, et ronfla bientôt du sommeil des simples ou des justes.

Le lendemain, et c'était le grand jour, vers les dix heures du matin, Thomas envoya chercher son carrosse, et se rendit sur le port pour être présent à la levée des scellés, et savoir, à peu près, à quoi monterait sa petite fortune. Sa blessure n'était pas fermée encore; son chirurgien, très-exact depuis qu'il était sorti de l'hôpital, et dans une passe à payer de bons honoraires, son chirurgien avait improuvé cette démarche. *Ce que femme veut, Dieu le veut*, dit le proverbe. Ce que voulait mon oncle, tout l'Olympe le voulait. Il avait répondu que personne, comme lui, ne pouvait juger de l'état de sa santé; qu'il se trouvait bien, et qu'il voulait être à la vente. Le chirurgien savait déja qu'on ne gagnait rien à le contredire; peut-être, en le laissant partir, comptait-il intérieurement sur une rechute, et quelle moisson si cela durait seulement six mois! Un chirurgien à réputation prend douze sous par visite à Dunkerque, et deux visites par jour, pendant cent quatre-vingt deux jours et demi, voyez où cela mène.

Les camarades de mon oncle étaient, pour la première fois sortis, de leur côté, du cabaret à bierre. Ils y avaient passé quinze jours à table ou sous la table, étrangers à tout ce qui se passait hors de la bienheureuse enceinte. Ils ignoraient l'accident arrivé à leur chef, et son habit galonné, et sa pâleur, et les bandes qui lui serraient le corps, donnèrent lieu à des explications, à des félicitations, qui se prolongèrent jusqu'à l'arrivée de messieurs de l'amirauté. On entra dans le vaisseau, et on procéda à la vente, au comptant, de cinq mille pièces de toiles très-belles, très-bien conservées, et du bâtiment, qui n'était pas très-mauvais.

Pendant cette vente, qui dura deux jours, et à laquelle mon oncle assista constamment dans son carrosse, il prit tant de bouillons coupés, et ses camarades tant de genièvre, qu'ils ne surent ni les uns, ni les autres, ce qu'on avait fait. Ils n'en crurent pas moins avoir veillé de très-près à leurs intérêts : c'est ainsi que voient la plupart des hommes.

Malgré la négligence des propriétaires, l'infidélité du garde des scellés, la rapacité de l'huissier-priseur, les frais de procès-verbaux et de vacations des juges de l'amirauté, et le gaspillage de tous, mon oncle eut, pour sa part, quarante-deux mille livres, qui lui furent délivrées sur sa décharge par devant notaire, moins le montant du billet fait au profit de l'usurier, que celui-ci avait eu grand soin de faire solder, et qui le fut, sans réflexion sur l'énormité de l'intérêt, parce qu'où chacun fait ses affaires, on ne conteste jamais.

Comme rien, après la nature et la jeunesse, n'influe autant sur une guérison totale, qu'une somme bien rondelette, et d'heureuses dispositions à s'en servir, mon oncle, après huit jours de propriété, se trouva assez fort pour congédier son chirurgien et sa garde, et après avoir complété sa garde-robe, s'être coiffé du chapeau à plumet, avoir ceint l'épée à monture d'argent, il se disposa à sortir pour aller faire l'agréable à la parade.

Monsieur de Chaulieu avait pressenti que l'époque de son rétablissement serait celle de quelque nouvelle sottise. Ses exploits, à Yarmouth, étaient publiés par tous les journaux, et il avait débuté, à Dunkerque, à peu près comme en pays ennemi. Il y avait tout à craindre d'un pareil hôte, et tout à gagner à se défaire de lui; mais on doit des ménagements à un brave quel qu'il soit, et le moyen le plus sûr de faire rester celui-ci, c'était de lui ordonner de partir.

Monsieur de Chaulieu, instruit à la minute de ses actions, et même de ses projets, qu'il ne dissimulait jamais, se rendit au Chapeau-Rouge, au moment où Thomas allait sortir de sa chambre. Il le félicita sur son retour à la santé, sur ses richesses, sur sa bonne mine, sur son air martial, sur la manière généreuse dont il en avait usé envers milady; il flatta, il caressa, tour à tour, tous les genres de vanité; vieux moyen, mais qui réussit toujours près du plus sot, comme avec le plus spirituel. Hé! tous les hommes ne vivent-ils pas d'encens? Il n'y a pas jusqu'à ma cuisinière *Pierrette*, qui ne sourie quand je lui dis qu'elle m'a fait une bonne sauce.

Vous sentez que mon oncle, flatté de la visite d'un maréchal de camp, cordon rouge, plus flatté encore des choses obligeantes qu'on lui adressait, était disposé à recevoir favorablement toute espèce de proposition. L'adroit commandant se garda bien d'en faire aucune; il se contenta d'insinuer qu'il était étonnant qu'un homme comme mon oncle perdît son temps dans une petite ville; qu'il était fait pour briller à Paris, y faire valoir ses services, et en obtenir la récompense.

Il n'en fallait pas davantage pour allumer l'imagination de Thomas. Il achète, à l'instant même, une chaise et une malle. Il met dans l'une ses effets, il monte dans l'autre, après avoir garni les coffres et les poches de son argent, d'une bouteille de rhum, et d'une paire de pistolets à deux coups, et le voilà sur la route de Saint-Omer, savourant, par avance, l'importance du rôle qu'il va jouer à Paris.

Il a de quoi vivre tranquille et heureux, et il cherche ce qui ôte à jamais tout cela. Il est ignorant et inepte, et il prétend à tout. Pauvre Thomas! il ne sait pas que le mérite même prépare sa chute par son élévation. Que de Thomas dans ce monde!

CHAPITRE IV.

Mon oncle tranche du grand seigneur.

Il allait jour et nuit; il payait ses guides comme un prince, et, en trente-six heures, il fut rendu à la porte Saint-Martin. Là, son postillon lui demanda où il descendait. « Où tu voudras, pourvu « que je sois au mieux. » Les maîtres-d'hôtels-garnis donnent pour boire à ceux qui leur procurent certaines pratiques; le postillon de mon oncle se trouvait bien d'en mener à l'hôtel Grange-Batelière, et, bonne ou mauvaise, ce fut à cette auberge que mon oncle descendit. Heureusement pour lui, et malheureusement pour sa bourse, elle était digne d'un duc et pair.

L'habit galonné, le chapeau à plumet, et sept à huit sacs pleins d'or et d'argent, valurent d'abord à mon oncle la plus haute considération. « Quel appartement veut monsieur le marquis.

« — Le plus beau. — Quel souper? — Le meil-
« leur. » On l'introduit à un premier de cent
écus par mois, et on le sert à un louis par repas.

Restait à remplir, avant que de se coucher, une
formalité, sur laquelle mon oncle ne comptait pas.
La police de Paris a la manie de vouloir connaître tous ceux qui arrivent, et, selon l'usage,
le premier garçon se présente, le registre à la
main. « Monsieur le marquis veut-il bien écrire
« son nom? — Je n'écris jamais. — J'écrirai pour
« lui, s'il l'ordonne. — A la bonne heure. —
« Quel nom, s'il vous plaît? — Thomas. — Mais
« le nom de famille... » Ici mon oncle est très-
embarrassé; il se mord les lèvres un moment...
« Hé, parbleu, Thomas, marquis de la Thomas-
« sière. Ah.... à propos d'écrire... tu m'auras un
« homme intelligent, qui me serve à la fois de
« valet de chambre et de secrétaire. Je n'aime
« pas à me mêler de mes affaires; cela me fatigue
« la tête. — J'ai ce qu'il vous faut, monsieur le
« marquis.

« Allons, dit mon oncle en se couchant, me
« voilà marquis sans m'en douter. J'en soutien-
« drai la dignité du mieux qu'il me sera possible.
« Après tout, je ne serai pas le premier faquin
« qu'on aura respecté pour son argent. »

Le lendemain, d'assez bonne heure, on lui présente un jeune homme bien tourné, d'une figure
agréable, d'un caractère franc et gai. Il plut
d'abord à mon oncle: « Combien veux-tu gagner?

« — Ce qu'il vous plaira, monsieur le marquis.
« — Voilà comme j'aime qu'on me réponde.
« Reste avec moi, et tu seras content. » Le jeune homme fait une profonde révérence. « Avance
« un fauteuil, et viens t'asseoir près de mon lit...
« plus près que cela... plus près encore... point
« de respect, je t'en dispense... bon... écoute, à
« présent. Je ne suis marquis que de la façon
« du garçon d'auberge. Je suis un pauvre diable
« qui ai rossé les Anglais, et qui veux manger
« agréablement ma part de cinq mille pièces de
« toile que je leur ai prises ; mais puisque je me
« trouve anobli, sans m'en douter, je resterai
« noble, et je continuerai à m'appeler monsieur
« de la Thomassière pour les autres. Pour toi,
« je serai toujours Thomas, parce qu'il me faut
« un camarade, et j'aime autant que tu le sois
« qu'un autre. Voilà un article réglé. Quant à la
« manière de jouer mon rôle de marquis, et de
« me divertir, je ferai ce que tu me conseilleras,
« parce que je t'avoue que je n'y entends rien.
« Allons parle à ton tour. »

Le jeune homme était le fils d'un huissier de Pontoise, qui avait volé son père, qui s'était engagé, qui avait déserté, qui s'était fait mauvais comédien, ensuite plus mauvais auteur, puis rat-de-cave, puis maître à danser, puis espion de police, et qui, pour dernière ressource, cherchait des dupes de tous côtés. Il était entré chez mon oncle, avec l'intention de lui voler son argent, et de disparaître. Sa franchise lui gagna le cœur, et il se borna à l'intention, très-honnête pour lui, de l'aider à expédier promptement son magot. Voilà de la probité pour un fripon. Il a la parole.

« Puisque monsieur le marquis me permet...
« — Thomas, je te dis. — Puisque monsieur
« Thomas... — Thomas tout court. — Puisque
« Thomas veut bien s'en rapporter à moi... — A
« la bonne heure. — Je lui ferai observer que le
« titre de son camarade qu'il me donne, m'auto-
« risant à l'accompagner partout... — C'est comme
« je l'entends. — Il lui faut un domestique pour
« faire l'appartement, soigner son linge, le coif-
« fer, l'habiller, et répondre en notre absence.
« — Bien. — Plus, un petit laquais joliment ha-
« billé pour les commissions du matin, et monter
« derrière le carrose. — Bien. — Un carrosse de
« remise, au mois. — Bien. — Une maîtresse. —
« Je n'aime pas les femmes. — Il faut avoir l'air
« de les aimer, et d'en avoir besoin; c'est le bon
« ton. — Et ça coûte-t-il cher une maîtresse? —
« Mais... pour trente louis par mois, je vous au-
« rai une femme que vous pourrez avouer. —
« Voilà de l'argent bien mal employé, et jus-
« que-là je ne trouve rien de bien divertissant.
« Voyons enfin comment tu m'amuseras, car il
« faut que tu m'amuses.

« Le matin, nous allons, dans votre carrosse,
« aux Champs-Élysées, ou au bois de Boulogne.
« Nous nous promenons une heure à pied... —

« Ah! — Nous déjeunons... — Oui, avec un jam-
« boneau, ou une côte de bœuf. — Nous reve-
« nons chez vous; vous faites la grande toilette...
« — C'est fatiguant cela. — Et nous allons à
« l'hôtel d'Angleterre... — Quoi faire? — Jouer
« jusqu'à l'heure du dîner. — Ah, oui, au *pan-*
« *dour*, par exemple, aux *petits paquets*. — Fi
« donc! au *creps*, au *pharaon*, au *trente et qua-*
« *rante*. — Je ne sais pas ces jeux-là. — Je vous
« les apprendrai. C'est une science très-utile, et,
« si, par hasard, on se ruine, on a la ressource de
« se faire banquier, et de ruiner les autres à son
« tour. — Je n'entends pas trop ce que tu dis
« là... Après le jeu, voyons? — Nous venons
« nous mettre à table... — Et nous dînons bien.
« — Après dîner, le spectacle; après le spectacle
« vous allez souper et coucher chez madame. —
« Madame qui? — Votre maîtresse. — Ah! il faut
« que je couche avec elle? — Sans cela elle croi-
« rait que vous la méprisez. — Qu'importe,
« pourvu que je la paie? — Mais alors elle vous
« donnerait un ridicule dans le monde. Elle insi-
« nuerait que les Anglais vous ont privé... vous
« savez bien? — Non, mais c'est égal. Allons, je
« coucherai avec madame pour éviter le ridicule.
« Et le lendemain? — Variété de plaisirs. Ver-
« sailles, Fontainebleau, Saint-Cloud, vous offri-
« ront des jouissances nouvelles. — Et de bonnes
« auberges? — Excellentes. Ah! j'oubliais... —
« Qu'est-ce que c'est? — Vous ne pouvez vous

« montrer deux jours de suite avec votre habit ga-
« lonné. — Il est tout neuf. — Il sent la province.
« Il vous faut deux robes de chambre ici, et deux
« chez madame; quatre déshabillés du matin;
« cinq à six habits complets, brodés en argent
« ou en soie; une montre à répétition avec une
« poignée de breloques; un solitaire au petit
« doigt; une boîte d'or... — Je ne *prise* pas, je
« fume. — Vous y mettrez du café en poudre;
« mais il faut la boîte d'or. Sur le dessus un
« portrait de femme, que vous ne connaîtrez pas,
« que vous aurez acheté rue Saint-Honoré, et
« qui sera entouré de brillans. — Ah ça, du train
« dont tu y vas, je n'aurai pas d'argent pour six
« mois. — Je ne vous propose pourtant que
« l'exact nécessaire. Que diriez-vous si je vous
« parlais d'un hôtel, de chevaux anglais, d'une
« meute, de piqueurs, d'une petite maison,
« d'une... — Hé, je t'enverrais au diable. — Vous
« voyez que je suis modéré, et si vous voulez pa-
« raître à la cour... — Si je le veux? je le crois.
« Ne faut-il pas que je demande le commande-
« ment d'un vaisseau de ligne? — En ce cas, je
« ne puis rien rabattre. — A la vérité, quand on
« a mangé son dernier louis, il est indifférent
« d'avoir joui six mois ou six ans, comme il est
« égal, le jour qu'on meurt, d'avoir vécu cent
« ans, ou de n'en avoir vécu que trente. — D'ail-
« leurs, quand on veut se ruiner, il est avanta-
« geux de le faire dans sa jeunesse. — Oui, on a

IV.

« le temps de recommencer sa fortune. Définiti-
« vement je crois que tu as raison. Allons, prends
« de l'or dans tes poches, et vois à arranger tout
« cela... Ah! encore un mot. Il faut penser à
« tout avant que de se ruiner. Tu iras dans la rue
« des Prêtres; tu demanderas madame Riboulard,
« la femme du sergent du guet, et tu me l'amè-
« neras. — Et que voulez-vous faire de cette
« femme-là? — Écoute, mon ami; je ne suis pas
« fier, quoique je sois marquis. Je t'avoue tout
« naturellement que cette femme-là est ma mère,
« et je veux lui faire du bien pendant que j'ai
« de l'argent. — Mais, monsieur, il n'est pas
« du bon ton d'avouer de tels parens. — Com-
« ment t'appelles-tu? — Robin, pour vous servir.
« — Hé bien, monsieur Robin, quand il vous ar-
« rivera de me donner de semblables conseils, je
« vous f... par la fenêtre. — Pardon, monsieur;
« point d'humeur pour une bagatelle. Je vais
« vous chercher madame Riboulard, puisque vous
« le voulez ainsi. ».

Robin sort. Mon oncle se fait apporter des pipes et du tabac haché, un saucisson et du vin
blanc. Il mange, il fume, il boit pendant trois
heures consécutives, et, ne sachant plus que faire,
il se plante devant une croisée ouverte, et il
siffle tous les airs anglais et français qui lui passent par la tête.

Un jeune seigneur qui logeait au dessous, et
qui avait la fibre irascible, se trouva incommodé

du sifflement prolongé de mon oncle, et l'envoya prier poliment de se taire. Mon oncle ne répondit rien au valet de chambre, ne se tourna seulement pas de son côté, leva les épaules, et continua de siffler.

« Apporte-moi mon cor, Germain, dit le jeune « seigneur; que j'en donne à tout assourdir, et « que je couvre cet ennuyeux siffleur. » Germain ouvre aussi une croisée, présente l'instrument, qui résonne aussitôt, et d'un faux à faire fuir tous les chats du quartier. Mon oncle se hâte de se retirer; il se sauve dans son salon, dans son boudoir, dans un arrière-cabinet; il ferme toutes les portes sur lui, et le son aigu et discordant du cor le suit et le fatigue partout. Vingt fois il est sur le point d'aller étriller le corneur, et vingt fois il est retenu par la crainte de compromettre sa noblesse, en se comportant comme un goujat. Il tire toutes les sonnettes, et sonne à tout casser. Trois ou quatre garçons arrivent : « Allez « dire à cet homme qui corne ici-dessous, qu'il « me rompt la tête, et que je lui conseille de « finir. » Les garçons rendent le message sous des formes plus honnêtes; monsieur le comte leur répond flegmatiquement : « Chacun est maî- « tre chez soi », et il se remet à corner.

Mon oncle savait qu'un marquis doit repousser l'injure par l'épée; mais il avait ouï dire aussi qu'il mettait les rieurs de son côté, en ripostant à un trait piquant par un trait d'esprit : il en imagina un à sa manière. Il ordonna qu'on fit monter à l'instant trois porteurs d'eau : « Voilà trois livres, « mes amis ; laissez-moi vos sceaux ; vous reviendrez dans une heure. » Il passe dans son antichambre, prend le manche d'un long houssoir, attache à un bout la corde de sa malle, à l'extrémité de la corde une épingle noire pliée en deux, et à la pointe de l'épingle, le reste de son saucisson. Il vide les six sceaux par la chambre, s'assied sur son lit, et y reste, avec un sérieux imperturbable, son manche de houssoir à la main.

Monsieur le comte cornait toujours. Bientôt l'eau filtra à travers le plafond ; quelques gouttes qui lui tombèrent sur la tête, poudrée à blanc, lui firent quitter son cor, et attirèrent son attention. Il voit cette pluie artificielle devenir plus forte ; se convertir en orage. Au bout de cinq minutes, c'est la cascade de St-Cloud. Le comte, étourdi de cette inondation subite, ramassait avec Germain ses plus beaux habits, qu'on avait mis à l'air sur des fauteuils. Trempé jusqu'à la peau, il prenait à la hâte une veste d'une façon, une culotte d'une autre ; sur sa tête un chapeau à plumet ; sous un bras l'épée d'acier d'Angleterre ; sous l'autre la robe de chambre à fleurs d'argent, et il courait, de pièce en pièce, pour soustraire ses effets au torrent qui s'étendait partout. Furieux, et ne sachant plus que faire, il prit le parti de jeter tout par les fenêtres, et monta chez mon oncle, pour apprendre la cause de cet étrange évènement.

Il le trouve dans la même position : « Il est
« bien extraordinaire, monsieur le marquis, bien
« inconcevable qu'un homme de qualité se per-
« mette..... — Monsieur, chacun est maître chez
« soi. Vous donnez du cor ; moi, je pêche.

« Monsieur le marquis, reprit le maître de l'hô-
« tel, que Germain venait d'avertir, on est maître
« chez soi, mais à certaines conditions. Je ne
« vous ai pas donné le droit de pêche dans mes
« domaines, et vous voudrez bien n'y plus pêcher
« à l'avenir. Prenez la peine de descendre, et
« voyez dans quel état vous avez mis mes meu-
« bles. »

C'était comme s'il eût parlé à un mur. Mon
oncle, l'œil constamment fixé sur sa ligne, n'a-
vait pas l'air de s'apercevoir qu'il y eût quelqu'un
avec lui. Tout à coup la corde de cette ligne est
entraînée rapidement dans différens coins de la
chambre : Thomas, étonné, tire et enlève....quoi ?
une alose, un saumon, une carpe ? c'est un rat
d'eau qui s'est trouvé pris dans un des seaux,
et que l'odeur du saucisson a attiré. A la vue de l'a-
nimal, le rire prend à mon oncle ; il se communique au comte, au maître d'auberge, à Germain. On ne boude plus, on ne s'en veut plus.
On convient gaiement que le comte renoncera à
son cor, Thomas à la pêche, et qu'il paiera le
dégât, s'il s'en trouve, après que les meubles seront secs.

Cette historiette courut tout l'hôtel. Elle passa

dans les hôtels voisins, sur le boulevard, au marais, au faubourg Saint-Jacques. La Gazette de France, toujours remplie de présentations, de deuils de cour, et d'autres choses aussi importantes, ne dédaigna point de la recueillir. On la chanta sur le Pont-Neuf, dans les carrefours (le théâtre du Vaudeville n'existait point encore). Enfin, pendant vingt-quatre heures, tout Paris ne s'occupa que de mon oncle.

Le calme était à peine rétabli, que monsieur Robin parut, suivi d'un cortége nombreux. Il voulait paraître laisser à mon oncle le plaisir du choix, qu'il était bien sûr de diriger à son gré, et il s'était arrangé d'avance avec les vendeurs, qui lui abandonnaient un profit honnête. C'étaient des tailleurs, des bijoutiers, des laquais, des loueurs de carrosses, des marchands de dentelles, chargés de mille choses précieuses, et enfin une petite fille de quinze ans environ, très-déguenillée, et pourtant très-jolie, que Robin avait eu beaucoup de peine à trouver. Bien que mon oncle n'aimât pas les femmes, il remarqua d'abord celle-ci : le sexe ne perd jamais entièrement ses droits, et il demanda ce que c'était. « C'est votre « sœur, lui dit Robin à l'oreille. Ma sœur ! re- « prend mon oncle tout haut ; je ne savais pas « que j'en eusse une ; mais puisque cela est ainsi, « qu'on donne un fauteuil à ma sœur. Vous au- « tres, qui venez ici me gagner ou m'attraper « mon argent, vous resterez debout, et dans le « respect. »

Il s'entretint long-temps avec mademoiselle Suzanne, qu'il ne connaissait pas, parce que Rosalie l'avait mise au monde à la campagne; parce qu'on l'avait laissée trois ans en nourrice; parce qu'elle en avait passé quatre autres à l'hôpital d'Étampes, où sa nourrice, qu'on ne payait pas, l'avait enfin placée; parce que lui Thomas était sorti très-jeune des foyers maternels; enfin, parce que la petite, dont madame Riboulard ne voulait pas faire une *Rosalie*, était passée de l'hôpital chez une couturière, à qui le vieux ladre ne voulait rien donner, et envers qui, par cette raison, on avait engagé Suzanne à douze années de travail gratuit. Elle apprit, à son frère le marquis, la mort de madame leur mère; la prise de possession du mobilier et de l'argent comptant par Riboulard, et sa nomination à la tutelle de sa fille, qui, par cette autre raison, manquait de tout; et s'en retournait avec une paire de soufflets, quand elle allait demander un écu. « Suzanne, lui
« dit mon oncle, retourne chez ta couturière. Dis-
« lui que monsieur de la Thomassière veut lui
« parler à l'instant, et qu'elle ait à te suivre. Va,
« mon enfant, tu seras contente de moi.

« Ah ! monsieur, reprit un jeune homme de
« vingt ans, à peu près, elle ne vous a pas tout dit.
« Sa maîtresse ne lui apprend presque rien, la
« traite comme une servante, et la laisse mourir
« de faim. — Cela est-il vrai, Suzanne ? — Mon
« frère, je n'osais vous le dire. — Reste ici, et

« que ta couturière aille au diable.—Mais je suis
« engagée....—Qu'elle vienne te réclamer, et je
« lui ferai voir le cas que je fais de pareils enga-
« gemens. Mais, dis-moi un peu, quel est ce gentil
« jeune homme qui vient de prendre ton parti?
« —C'est mon amoureux, mon frère.—Ah! c'est
« ton amoureux. Pour le mariage, ou pour au-
« trement?—Nous nous marierons dès que nous
« le pourrons; nous en avons grande envie, par-
« ce que nous sommes bien sages.—Et en atten-
« dant?....—Il me nourrit en partie de ses épar-
« gnes.—Diable! c'est donc un honnête garçon?
« — Oh! oui, bien honnête.—Et que fait-il?—Il
« est écrivain public sous le charnier des Inno-
« cens.—C'est un état, ça! Approche, luron. On
« dit que tu veux être mon beau-frère?— Ah!
« monsieur, si j'osais..... — Veux-tu être mon
« beau-frère?—S'il m'était permis d'aspirer....—
« Oui, ou non, veux-tu être mon beau-frère?—
« Hé, sans doute, monsieur....—Touche là, c'est
« une affaire finie. — Mais mon père, mais le
« sien....—Qu'est-ce que c'est, qu'est-ce que c'est?
« Sont-ce vos pères qui se marient? C'est vous;
« c'est moi qui paie la dot, et qui consens. Que
« ces pères-là s'aillent promener. Robin, va-t-en
« chez Riboulard. Dis-lui que je suis revenu d'An-
« gleterre, et que j'ai onze pouces de plus que
« quand je l'ai si bien étrillé. Dis-lui que je lui
« pardonne le mal qu'il nous a fait, à Suzanne
« et à moi, à condition qu'il te remettra, à l'in-

« stant, ce qui revient à la future du bien de sa
« mère; sinon, que j'irai lui rendre visite. Tu di-
« ras à l'autre père, que je donne quatre mille
« francs à son fils, pour faire barbouiller sa bou-
« tique à neuf, et établir sa marmite, et tu leur
« enjoindras à tous deux de ne plus se mêler de
« cette affaire-là. — Mais, monsieur, vous ou-
« bliez....— Quoi?—Que voilà dix personnes qui
« attendent.—Traite avec eux, qu'ils fournissent,
« paie, et qu'ils me laissent en repos. Dis donc,
« beau-frère, comment t'appelles-tu?—Il s'appelle
« Vernier. C'est un joli nom, n'est-ce pas, mon
« frère ? — Vernier, voilà vingt-cinq louis. Va
« acheter quelque chose à ta femme, car elle est
« à prendre avec des pincettes, et ne faites pas
« de sottises en route. Vous reviendrez tous deux
« dîner avec moi. » Et la petite Suzanne prend
le bras de son amoureux, et ils s'en vont riant,
s'embrassant, sautant et chantant.

Mon oncle resté seul, et fatigué des belles
choses qu'il avait conçues et dites, s'humecta la
bouche d'une seconde bouteille de vin blanc, et
d'un petit pain d'une livre. Il prit ensuite son
épée et son chapeau à plumet, et fut se promener deux heures sur le boulevard. Malgré son air
hétéroclite, les femmes le regardaient en dessous; les hommes souriaient de sa tournure, et
les carrosses se rangeaient, parce qu'il avait pris
le milieu du pavé, et qu'il ne se détournait ja-

mais, en dépit des *gare, gare donc*, mille fois répétés.

En rentrant à l'hôtel, il trouva, dans la cour, un homme de très-mince apparence, et qui attendait là, parce que son extérieur lui avait fait interdire l'entrée des appartemens. Il avait de mauvais souliers, des bas crottés, un habit noir complet, usé et jauni par les ans, une perruque à boudins, qui paraissait faite avec du chien-dent, et la moitié d'un chapeau sous le bras. Il aborda, avec vingt révérences, mon oncle, qui lui demanda brusquement ce qu'il voulait. « — Je suis
« le père Vernier...—Qu'est-ce que cela me fait, à
« moi?—Qui viens....—T'opposer au mariage?—
« Y donner mon consentement ; vous remercier
« et.... — Chercher le présent de noces? Tiens,
« voilà vingt écus, va t'habiller, et que je ne te
« revoie plus : ma sœur n'épouse que son mari. »

Le bon homme s'en allait en essuyant une larme arrachée par ce propos humiliant. Mon oncle lui vit passer un vieux mouchoir à tabac sur ses yeux éraillés, et il sentit certaine émotion.... « Habit noir, reviens ici. Après tout, tu
« vas être le beau-père de Suzanne. J'ai eu tort
« de te rudoyer, et je t'en demande pardon. Al-
« lons, entre, brave homme, et tu te mettras à
« table avec nous. Ah! te voilà, Robin. Hé bien,
« que t'a dit le vieux Riboulard? — Il m'a remis
« ce papier. — Lis-moi cela. »

C'était le consentement, en bonne forme, du sergent, qu'il ne donnait pourtant que sous la condition expresse qu'il jouirait, sa vie durant, des biens de feue sa femme, et qui n'offrait en dot à Suzanne que ses bénédictions. « Ah! le
« vieux coquin! il l'a échappé il y a cinq ou six
« ans; mais je vois bien qu'il faut en finir, et je
« vais l'expédier. — Mais, monsieur, reprend
« Robin....— Le faire périr sous le bâton.— Tuer
« de sang-froid.... — Je suis en colère. — Un vieil-
« lard sans défense! — Hé, que n'a-t-il trente ans
« de moins! — Vous, vainqueur sur la terre et
« sur l'onde, vous, souiller votre gloire par une
« telle action! — Tu te moques de moi! où se-
« rait l'avantage de la force, si on n'en abusait
« pas selon ses passions, ou son intérêt? — Les
« voies juridiques, continue le père Vernier,
« sont plus sûres et plus douces. — Es-tu procu-
« reur, toi? — Je ne suis que clerc d'huissier,
« monsieur; mais j'entends les affaires.—Puisque
« tu les entends, termine-moi celle-ci dans les
« vingt-quatre heures. — Ah! monsieur, que de-
« mandez-vous là? Il faut présenter requête pour
« obtenir permission d'assigner; délivrer assigna-
« tion pour la prochaine audience; voir remettre
« sa cause deux ou trois fois au moins; recevoir
« signification d'appel, après avoir gagné en pre-
« mière instance, et plaider enfin au parlement.
« — Jusqu'à la mort de Riboulard, n'est-ce pas?
« Allons, allons; je vais terminer ce procès-là

« dans un tour de main. — Mais songez donc,
« monsieur, que c'est le père de votre sœur! —
« Pourquoi un Riboulard est-il père? — Mais,
« monsieur.... — Plus de raisons, monsieur Ro-
« bin. Donne-moi le manche de ma ligne à pê-
« cher, et partons. »

Il partait en effet, armé d'un bâton de huit pieds, quand la petite sœur rentra avec son amoureux. Elle était si jolie avec son bonnet rond et son ruban rose, son déshabillé de *cirsakas*, et ses petits souliers jonquille, que mon oncle s'arrêta un instant pour la regarder. Ce n'était point la nature embellie par l'art; c'était la nature dégagée des mauvaises herbes qui l'étouffent, et parée de sa propre beauté. Suzanne, mise au fait en deux mots par Robin, adressa à Thomas des choses si tendres et si persuasives; elle pleura de si bonne grace; elle l'embrassa si à propos, que mon oncle jeta le manche de sa ligne à trente pas, ordonna qu'on servît, et se mit à table avec tout son monde.

On y régla les préparatifs du mariage, qui, avec une dispense de bans, ne pouvait se faire que dans dix jours, au grand mécontentement de mon oncle: il aurait voulu terminer le soir même. Ne pouvant mieux faire, il arrêta que Suzanne, qui n'avait plus d'asile, logerait à l'hôtel; que le jeune Vernier y mangerait jusqu'à son mariage, et son père quand on l'inviterait. On mangea bien, on but mieux, on rit, on chanta.

Suzanne parla, au hasard, de l'Opéra, qu'elle n'avait jamais vu, et elle en parla avec enthousiasme. Rien de si beau que ce qu'on ne connaît pas, et Thomas, qui s'attachait véritablement à la petite personne, lui promit de l'y mener le soir même, et Suzanne de se frotter les menottes, en riant, sous sa serviette, et Vernier de lui dire à l'oreille qu'il prendrait un *parterre*.

« Mais, monsieur, reprit Robin, dont les plans
« se trouvaient dérangés, madame doit aller aux
« Italiens. — Qu'elle vienne à l'Opéra. — Quelle
« dame, poursuivit Suzanne ? — C'est une femme
« de louage que Robin m'a procurée, que je paie
« fort cher, et qui s'imagine que je courrai après
« elle. Qu'elle gagne son argent, et qu'elle trotte.
« — Mais, monsieur, dit encore Robin...... —
« Voyons, finiras-tu ? — Mademoiselle, toute jolie
« qu'elle est, ne peut se montrer aux premières
« loges en déshabillé. — Pourquoi cela ? n'est-elle
« pas ma sœur ? n'aura-t-elle pas payé sa place ?
« ne serai-je pas avec elle ? qui oserait lui dire
« quelque chose ? — Mademoiselle, interrompit le
« jeune Vernier, n'est pas riche ; ses habits sont
« simples, mais propres, et on ne doit rougir
« que de se mettre au-dessus de son état. —
« *Bravo !* beau-frère, tu es un garçon de bon sens,
« et je vois que je serai toujours ton ami. Allons,
« Robin le bavard, du café, des liqueurs, de
« l'eau-de-vie, mes pipes, et du tabac. »

Pendant que mon oncle digérait, en fumant,

que le père Vernier dormait sur la table, et que les jeunes gens causaient dans l'embrasure d'une croisée, les fournisseurs arrivèrent à la file. Dans six heures de temps, on avait procuré à mon oncle tout ce qui donne l'extérieur d'un homme d'importance, et quand il eut, sur le corps, son habit de drap d'argent brodé en or sur toutes les tailles, il ressembla à bien d'autres, dont tout le mérite est dans leur couverture.

L'ensemble des emplètes montait à dix mille francs environ, sur lesquels le modeste Robin ne gagnait guère que cinquante louis. Mon oncle, en se faisant lire les articles, se récriait sur les prix de quelques-uns; mais son *factotum*, versé dans la connaissance du cœur humain, lui ferma la bouche par une galanterie à laquelle Thomas ne s'attendait pas. Il lui présenta une pipe en or, dans un étui plat de galuchat vert, sur lequel était un camée, fait à la hâte, représentant le château forcé par mon oncle, et, dans l'éloignement, un vaisseau après lequel il courait dans sa chaloupe. Monsieur le marquis jeta les bras au cou de Robin, l'embrassa très-cordialement, et ne marchanda plus.

Mon oncle, enchanté de sa pipe d'or, l'emplit et la vida deux fois, après quoi il présenta à Suzanne son poignet couvert d'un gand blanc; de l'autre main, il soulevait la basque gauche de son habit d'argent, et il traversa la cour avec sa sœur, en se donnant tous les grands airs que sa mémoire put lui fournir; enfin, il lui donna la droite dans son carrosse, et ordonna, emphatiquement à son cocher, de toucher à l'Opéra.

Robin qui pensait à tout, avait pris les devants. Il était allé d'abord prévenir madame que monsieur ne voulait point aller aux Italiens, et que si elle avait envie d'avancer ses affaires, il fallait, avec un homme comme mon oncle, qu'elle fît les premiers pas. Il était venu, de-là, à l'Opéra, louer une loge très-étroite, bien sûr que Suzanne laisserait le devant à son frère le marquis. Son intention était de l'empêcher de se mettre en évidence, et, dans tous les cas, il comptait lui jeter sur les épaules un riche mantelet noir dont il s'était muni. Quel homme précieux que ce Robin, s'il eût eu des mœurs et de la probité! Ah! on ne peut pas tout avoir, et, aujourd'hui, on se passe plus aisément de ces bagatelles-là que d'autre chose.

Le remise arrive; le nouveau laquais ouvre la portière; Robin présente la main au marquis et à sa sœur. Le drôle avait endossé l'habit de velours aux trois couleurs. « Ah! ah! monsieur Ro-
« bin, vous ne vous êtes pas oublié. — Ma foi,
« monsieur, vous m'avez élevé au rang de votre
« camarade, et si je suis loin de vous par le mé-
« rite, j'ai voulu m'en rapprocher un peu par le
« costume. — Allons, je te passe l'habit de ve-
« lours. Marche devant, et conduis-nous.

« Quelle diable de loge as-tu prise là? — C'est

« la seule qui restât à louer. — Hé! comment
« veux-tu qu'on voie mon bel habit? — Vous
« vous mettrez sur le devant. — Et ma sœur,
« maître faquin? La prends-tu pour ma servante?
« Passez là, mademoiselle; vous, monsieur Ro-
« bin, mettez-vous derrière, et moi, je vais éta-
« ler ma broderie au balcon. »

Robin se hâta de tirer de sa poche le mantelet
noir, et le présenta d'un air tout-à-fait gracieux.
« Je te remercie de tes attentions; mais made-
« moiselle ne mettra pas cela. Les manteaux et
« les mantelets ne conviennent qu'aux bossus, et
« je veux que la petite fille paraisse avec tous
« ses avantages. — Mais, monsieur... — Paix! —
« Permettez... — Paix! paix donc! » Et Robin se
tut, de peur que mon oncle ne donnât un spectacle dans sa loge, avant celui qui allait commencer.

L'occupation du parterre qui attend, est d'examiner les femmes. Dès que Susanne, jolie comme
les amours, faite comme les graces, parut sur
le devant de la loge, un murmure général d'ap-
probation se fit entendre. Elle rougit, et baissa
les yeux. On avait loué ses agrémens; on applaudit à sa modestie. Toutes les mains partirent à
la fois, et personne ne s'aperçut qu'elle eût un
bonnet rond et un déshabillé de cirsakas. Les
craintes de Robin se dissipèrent, et mon oncle,
debout au balcon, criait à tue-tête : « C'est ma
« sœur, enfans. Pas vrai, qu'elle est jolie? »

Malheureusement ces mots heureux se perdirent dans les applaudissemens.

Le spectacle commença. Suzanne, qui n'avait pas d'idée de l'Opéra, était tout yeux et tout oreilles; mon oncle se partageait entre Armide et Suzanne, et on n'ouvrait pas une porte que Robin ne cherchât madame, qu'il ne découvrait nulle part, et qui, pourtant, devait être arrivée. Il l'aperçut enfin aux troisièmes, dans le négligé le plus agaçant. Il fut joindre mon oncle, et lui dit qu'il allait le présenter.

En montant les degrés, en longeant les corridors, il instruisait le marquis de la manière dont il fallait aborder madame, pour se conformer à l'usage. Il lui dicta presque le compliment qu'il fallait lui adresser, pour être encore selon l'usage. Mon oncle ne l'écoutait pas, et chantonnait en se balançant sur la pointe du pied : *Malgré la bataille qu'on donne demain, ça, faisons ripaille, charmante Catin*, etc. Robin, humilié du peu de cas qu'on faisait de ses avis, se pinçait les lèvres. Il mit monsieur auprès de madame, et se retira.

Mon oncle ne savait pas faire de complimens; il savait moins encore faire l'amour. Il s'assit, tout rondement, à côté de madame, qui, pour se donner le temps de voir venir, jouait de la prunelle et de l'éventail. Il lui prit le menton, lui fit lever la tête, et la regarda un moment; il lui ôta ses gants, examina ses mains, et jeta un coup d'œil sur sa gorge à peu près découverte.

« Voyons la jambe, à présent.—Comment, mon-
« sieur, le premier mot que vous m'adressez,
« est une insulte! — Je t'insulte, parce que je
« veux connaître mes propriétés? Allons, voyons
« cette jambe. —Mais, monsieur, vous êtes d'une
« grossièreté... — Je me suis engagé à te payer,
« et pas du tout à être poli; tu t'es engagée, toi,
« à te ployer à mes fantaisies. Je suis assez con-
« tent de ce que j'ai vu; voyons le reste.—Mais
« quelle horrible manière de faire l'amour? —
« Je ne t'aime pas, la fille, et je ne t'aimerai ja-
« mais. Je te prends, parce qu'un marquis doit
« avoir une maîtresse, et je veux savoir ce que
« j'ai pris. — Mais à l'Opéra, dans une loge!...
« vous êtes d'une pétulance, d'une tyrannie, vous
« autres seigneurs... », et madame, qui voulait
affecter un reste de décence, enfila une kirielle
de grands mots, dont l'effet lui parut admirable,
car mon oncle l'écoutait attentivement, et avait
cessé de parler, et même d'agir.

Ce n'étaient pas ces grands mots qui opéraient
sur la raison de Thomas; c'étaient des souvenirs
éloignés, des idées confuses, de l'incertitude...
Il prit encore madame par le menton, lui fit encore lever la tête, et l'embrassa sur les deux
joues : « Comment, c'est toi, ma pauvre Louison?
« —Je m'appelle d'Armence, monsieur.—Allons,
« pas de grimaces. Que diable, tu n'as pas oublié
« tes cordeliers de la rue des Prêtres, ni ton dia-
« blotin, ni ton officier recruteur, ni les dix

« écus que tu as donnés au fifre qu'il a enrôlé
« chez toi. » Louison fixe mon oncle à son tour;
elle retrouve les premiers traits de son enfance;
elle applaudit aux changemens heureux que son
physique a éprouvés. Exclamations, reconnaissance, transports, félicitations, tout est prodi-
gué; cela ne finissait point.

« Ah! ça, dis-moi un peu comment tu es de-
« venu marquis? — Comme toi femme de qualité.
« — Mais c'est que tu n'en as que l'extérieur. —
« Comme toi, celui de la décence. — Au reste, je
« suis bien aise de te revoir. — Et moi aussi, et
« puisqu'il faut que j'aie une maîtresse, j'aime
« mieux te voir, dans mon garde-meuble, qu'une
« autre. Je te trouvais très-bien autrefois, et tu
« n'es pas encore très-mal. »

En effet, Louison n'avait que vingt-six ans;
elle était moins jolie, mais plus belle. A la vérité,
elle devait quelque chose à l'art; mais c'était superbe pour un marquis de hasard. Elle était re-
venue à cette classe d'hommes, parce que les
filles n'ont qu'un moment pour faire fortune; que
Louison ne l'avait pas saisi, et qu'elle était trop
heureuse que Robin, qui en était fatigué, lui pro-
curât des *passades*, dont elle partageait le produit avec lui.

Thomas, très-neuf en amour, éprouvait certains mouvemens de curiosité. Il n'écoutait plus
les plaintes, ni le désespoir d'Armide; sa vivacité
ne s'accordait pas avec le maintien qu'on exige

au théâtre, ni les délais avec son caractère. Il proposa à Louison d'aller prendre l'air; il ordonna à Robin, en passant, de reconduire sa sœur à l'hôtel, de la respecter comme un autre lui-même, et il monta, avec sa belle, dans le premier fiacre qui se trouva.

Madame d'Armence, qui comptait vraiment avoir un seigneur provincial à *plumer*, avait tout disposé pour donner d'elle une certaine idée. Sa chambre, la seule qu'elle possédât, était frottée à neuf, ses fauteuils battus, ses flambeaux de cuivre passés au blanc d'Espagne, et chargés de bougies; sa *bonne* avait mis le tablier blanc, et le traiteur du coin avait préparé un très-joli souper, qu'on lui avait payé *d'avance*, avec l'argent qu'avait fourni Robin.

« Sais-tu, dit mon oncle en entrant, que tu
« n'as pas l'air de la veuve d'un ambassadeur?
« C'est un taudis que ça. — N'est-il pas vrai,
« mon ami? Mais tu me logeras convenablement.
« —Bah! —Tu paieras mes dettes?—En vérité!
« —Tu m'avanceras six mois?—Compte la-dessus.
« — Et je te serai fidelle... — Comme à ton am-
« bassadeur. — Ah! mon ami, mon petit ami,
« mon bon ami, que penses-tu là, que me dis-tu
« là?... Il y a de quoi me faire mourir. —Ce sont
« tes affaires. Allons, pas de phrases, et fais
« monter le souper. »

C'étaient des entremêts, des fruits, des confitures, des glaces, du vin de liqueur... « Hé! d'Ar-

« mence, je ne commence jamais par le dessert.
« — Mais, mon ami, je te sers un ambigu : c'est
« un souper de seigneur. — Oui ? hé! bien fais-
« moi souper en matelot. — Quand on soupe trop
« copieusement... — On dort mieux. — Tu comptes
« donc dormir? — Parbleu, n'est-ce pas pour cela
« qu'on se couche? — Tu es bien novice, mon
« ami. — Je ne te ferai pas le même reproche. »
Vous voyez qu'à beaucoup d'autres talens, mon
oncle joignait quelquefois celui de l'épigramme.

En décrotant un aloyau et une longe de veau
qu'il s'était fait monter, en les arrosant fréquemment
d'un vieux vin de Bordeaux, en répondant
aux agaceries et aux caresses de Louison,
la curiosité de mon oncle se changea en certaine
velléité fortement prononcée, et comme il cédait
à ses appétits de tous les genres, il se leva
brusquement, jeta son habit sur un fauteuil, et,
dans un tour de main, il fut déshabillé. « Allons,
« la fille, à moi. Plus vite que cela, ou je déchire
« robe et jupons. Voyons si la chose vaut
« les sottises qu'elle fait faire à la plupart des
« hommes. Est-ce là tout, reprit-il quand il eût
« fini? — Oui, mon ami. — Ma foi, c'est bien bête.
« — Et le plaisir de recommencer?... — Ah! On
« recommence? — Oui mon ami. — Recommençons... »

« Oh ça, mais c'est toujours la même chose.
« — Oui, mon ami. — Et ce sera la même chose
« dans six mois, dans dix ans? — Oui, mon ami.

« — En ce cas, restons-en où nous en sommes ;
« me voilà guéri pour la vie. C'est un singulier
« corps que monsieur Robin, ajoutait-il en se
« rhabillant. Vous verrez que pour plaire à mon-
« sieur Robin, je jouerai au cheval de poste, et
« que je paierai après avoir eu toute la peine !
« Cela serait plaisant. —Hé ! mon ami, que fais-tu
« là?—Tu le vois bien.—Que vas-tu faire ?—M'en
« aller. — Voilà la première fois que j'essuie un
« un pareil affront. — Il y a commencement à
« tout, » et mon oncle avait pris son chapeau et
son épée, et il avait la main sur le loquet.

D'Armence, qui voit sa proie prête à lui
échapper, essaie d'abord le désespoir : c'est le
cheval de bataille des femmes. Celle-ci crie, elle
sanglotte, elle s'arrache les cheveux, elle prend
un couteau pour se percer le sein. Thomas la
regarde faire, et lui rit au nez. Furieuse, elle re-
devient Louison ; elle tempête, elle jure, elle
prend mon oncle au collet, et proteste qu'il
paiera le souper et le mois. Mon oncle prétend
qu'il a gagné le souper ; mais il convient qu'il a
promis salaire, et il ajoute qu'il va s'exécuter.
« Trente louis par mois, font bien vingt-quatre
« livres par jour ; vingt-quatre livres par jour,
« font bien vingt sous par heure. Or, j'en ai passé
« deux et demie avec toi, voilà six francs ; rends-
« moi mon reste. » A-t-on jamais payé une fille
de pareilles raisons ? Louison ne répondit à celles-
ci, qu'en imprimant ses ongles dans les deux joues

du persifleur. Le marquis, furieux à son tour, la prit sous son bras, lui appliqua vingt ou trente claques sur les fesses, la jeta sur son lit, prit la bonne par une oreille, l'obligea à l'éclairer poliment jusque dans la rue, et regagna son hôtel à pied, parce qu'à une heure du matin, on ne trouve plus de voitures

Vous conclurez de ceci, si vous daignez réfléchir, que tout homme a sa portion de raison, qui le guide toujours bien, quand il veut l'écouter. Mon oncle sentait qu'une fille énerve le corps et dégrade l'ame : un philosophe l'eût dit.

CHAPITRE V.

Mon oncle trouve un ami.

En rentrant à l'hôtel, le marquis fut étonné de voir encore de la lumière chez lui. Il lui semblait que sa sœur devait être couchée depuis long-temps, à moins, pourtant, qu'elle ne fût malade, ou qu'il ne lui fût arrivé quelque chose d'extraordinaire. Il s'imagina d'abord que le souper avait aussi opéré sur Vernier, et qu'il cherchait à anticiper sur les droits du mariage, « auquel « cas, disait mon oncle, je n'ai rien à objecter; « pourvu, toutefois, que cela plaise à Suzon, ce « qui m'étonnerait un peu, et ce qu'il faut savoir; « car enfin, ajoutait-il, en montant sur la pointe « du pied, qu'importe qu'ils commencent huit

« jours plutôt, ou huit jours plus tard, puisqu'ab-
« solument ils veulent voir ce que c'est. » Il ouvrit bien doucement la première porte; il écouta
à celle de la seconde chambre, et il entendit
qu'on discutait assez vivement. Il prêta l'oreille
et reconnut la voix de Robin.

Monsieur Robin n'était-il pas devenu amoureux
de Suzanne ? Ne cherchait-il pas à insinuer que
son futur était un petit sot, dont elle ne ferait
jamais rien ? Ne prétendait-il pas être infiniment
plus aimable ? Ne croyait-il pas le prouver,
en prenant certaines libertés que Suzanne re-
primait autant que possible? Enfin, quand mon
oncle commença à écouter, ne lui offrait-il pas
crûment de la mettre sur le grand pied avec l'argent même de son frère, qu'il menait, disait-il,
par le nez.

A peine l'expression injurieuse est-elle lâchée,
que voilà Thomas qui ouvre la porte, qui empoigne les pincettes, qui tombe sur monsieur
Robin, qui le fait sauter sur la table, de la table
sur les chaises, des chaises sur le lit, et du lit
par terre, où il se met à genoux, et demande
grace; voilà la sensible Suzanne qui intercède
pour lui; voilà monsieur le comte qui s'est réveillé en sursaut, qui passe sa robe de chambre,
et qui monte les escaliers quatre à quatre. « Quoi,
« monsieur le marquis, allez-vous pêcher encore ?
« — Non, monsieur, je chasse », et mon oncle
entre dans le détail des griefs qu'il a contre Ro-

bin, et Robin se tait, et Suzon tremble, et le comte rit.

Thomas, que rien ne dérangeait de son objet principal, ordonna à Robin, dès que le comte fut sorti, de mettre bas l'habit de velours, et Robin obéit. Mon oncle fouilla dans les poches, et Robin protesta que les cinquante louis qui s'y trouvaient, étaient le fruit de ses épargnes, et mon oncle les mit dans sa cassette, et Robin insista, et mon oncle jura que s'il ajoutait un mot, il allait le porter chez le commissaire du quartier, dont il devait être connu, et Robin frisonna depuis les pieds jusqu'à la tête, et mon oncle lui fit ses derniers adieux avec un coup de pied au cul, qui le poussa jusqu'à l'escalier.

« Allons, Suzanne, couche-toi, tu as besoin de
« te reposer. — Et vous, mon frère ? — Je vais me
« mettre dans le lit destiné à ce drôle. — Mais
« vous serez mal. — Cela ne te regarde pas. —
« Mais si... — Si tu raisonnes, je vais coucher sur
« ce sopha. — Bonsoir donc, mon frère. — Bon-
« soir, ma petite. Ah! combien Vernier gagne-t-il
« par jour avec ses écritures ? — Mais, trois livres,
« quatre francs. — Je lui en donnerai douze, et
« vous resterez avec moi jusqu'à ce que je sois
« ruiné. Il ne me trompera pas, il ne me volera
« pas, lui; il me donnera de bons conseils que je
« ne suivrai point; mais il n'y aura pas de sa
« faute, et quelque chose qui m'arrive, je ne m'en
« prendrai qu'à moi. »

En effet, le lendemain Vernier s'installa à l'hôtel, et tel est l'ascendant de la probité, qu'il disait franchement ce qu'il pensait à mon oncle, sans qu'il s'en fâchât jamais. Il lui représenta d'abord qu'il était ridicule de s'être fait marquis, et Thomas répondit qu'il s'en prît au garçon d'auberge. Vernier ajoutait qu'il était plus déraisonnable encore d'afficher un luxe qu'il ne pouvait soutenir long-temps, et Thomas répliquait que c'était le seul moyen qu'il eût de se faire valoir. Vernier terminait ses observations en disant qu'avec ce que possédait encore mon oncle, il pouvait apprendre et suivre une profession lucrative, qui lui assurerait un avenir heureux, et mon oncle lui protestait qu'il n'était point de métier qui valût celui de corsaire; qu'il savait celui-là à fond, et qu'il pouvait facilement s'enrichir et se ruiner une fois tous les ans, ce qui était infiniment préférable à une vie sédentaire et uniforme.

Vernier gagna pourtant sur lui qu'il congédierait un de ses domestiques; qu'il quitterait l'appartement de cent écus par mois, et qu'il mangerait à six francs par tête, ce qui fut exécuté à la grande satisfaction de Suzanne; mais ses caresses, et les sages réflexions de Vernier, ne purent déterminer Thomas à se défaire de son carrosse, de ses habits brodés et de ses bijoux. Il courait tous les coins de Paris, pour le plaisir de courir, et il recommandait expressément à son cocher d'avoir

toujours une roue au milieu du ruisseau. « On
« m'a assez éclaboussé, disait-il ; il est juste que
« j'éclabousse à mon tour. »

On le voyait, le même jour, visiter le château
de Versailles, où on ne prenait pas garde à lui ;
la machine de Marly, à laquelle il n'entendait
rien ; manger une matelotte à la Grenouillère ; se
promener aux tuileries ; bâiller dans les salles de
la bibliothèque du roi, et dans ses cabinets d'histoire
naturelle ; présenter la main à toutes les
femmes, en montant et en descendant les escaliers ;
s'enfermer dans un méchant cabaret pour
y fumer une ou deux pipes ; dîner comme s'il
n'eût pas déjeuné ; dormir au spectacle, et s'enivrer
le soir en famille, « parce que, disait-il,
« je fais toute la journée le marquis pour les
« autres, et il est juste que j'aie au moins la soi-
« rée à moi. »

Au bout de huit jours, il s'ennuya tout-à-fait
de son marquisat. Il n'osait pas en convenir.
Vernier le voyait aisément, et il espérait devoir
au dégoût ce qu'on avait refusé à ses réflexions.
Suzanne et lui se concertaient là-dessus, et lorsque
Thomas les croyait tout à leurs amours,
c'est de lui seul qu'ils s'occupaient. « Il faut es-
« sayer quelque chose de nouveau, dit le mar-
« quis au futur beau-frère. Ce fripon de Robin
« m'a parlé de l'hôtel d'Angleterre ; prenons de
« l'argent, et voyons si le jeu m'amusera. » Vernier
lui représenta que rien de ce qu'avait pro-

posé Robin, ne pouvait être bon, ni raisonnable ; que le jeu est une passion basse qui enflamme la tête et dessèche le cœur ; qu'un honnête homme, qui a la faiblesse de fréquenter ces sortes de maisons, rougirait d'y être reconnu...
« — Personne ne m'y reconnaîtra, et puis je ne
« suis pas fier, moi ; je ne rougis de rien. Allons
« jouer, je le veux. »

L'assemblée était brillante. « Tu vois bien qu'il
« y a beaucoup d'honnêtes gens ici. — Vous les
« connaîtrez tout à l'heure. — Vois-tu ces piles
« d'or en face du banquier? — Elles sont là pour
« amorcer les dupes. Monsieur le marquis, dit
« un homme galonné à mon oncle, prêtez-moi
« un louis, je n'ai pas encore dîné. — D'où sais-tu
« que je suis marquis? — Peut-on se tromper à
« votre mise, à votre bonne mine, à votre figure
« distinguée? Prêtez-moi un louis; je vous le re-
« mettrai demain. — En voilà deux, mon bon
« ami; va dîner, et bon appétit. — Connaissez-
« vous cet honnête homme-là, reprit Vernier? —
« Non ; mais c'est un aimable garçon, qui m'a
« dit de jolies choses, et qui n'a pas dîné. — Il
« n'y a que cela de vrai dans ce qu'il vous a dit.
« C'est un escroc qui a vu que vous n'êtes pas
« au courant, et qui va se moquer de vous en
« mangeant votre argent. — Tu me contredis
« dans tout ce que je fais. — Vous me l'avez per-
« mis. — Mais tu abuses de la permission. » Vernier se tut.

Mon oncle regarda quelque temps, suivit les coups, et comprit bientôt la marche du jeu. Il tira quelques louis, perdit, gagna, reperdit encore. Sa tête se monta, par degrés; il joua l'or à poignées, et vida ses poches en un instant. « Va « me chercher de l'argent, dit-il à Vernier. » Vernier sortit, et ne revint pas. Mon oncle, fatigué d'attendre, se promenait en long et en large; il frappait du pied, il tempêtait; chacun était occupé, on ne l'écoutait pas. Un garçon de chambre faisait la ronde, des cartes à marquer à la main, et des épingles sur la manche; il frappa sur l'épaule de Thomas : « Vous avez perdu votre « argent ? — En as-tu à me prêter ? — Oui, si « vous avez des gages. — Parbleu ! ma montre, « ma bague, ma boîte d'or. — Venez par ici », et monsieur *de la chambre* fait passer mon oncle dans un petit cabinet.

Thomas tire sa montre et sa bague. Il cherche en vain sa tabatière : on la lui a volée. Il fait un carrillon infernal; il jure qu'il va fouiller dans toutes les poches, et que, s'il ne retrouve pas sa tabatière, il se paiera sur la banque. Il allait le faire comme il le disait; mais la porte, par où il est entré dans le cabinet, est fermée, et le garçon est disparu. Il veut enfoncer cette porte ; elle est en chêne, et de trois pouces d'épaisseur. Aux coups redoublés de mon oncle, un petit guichet grillé s'ouvre, et un autre monsieur lui dit flegmatiquement : « Les tapageurs n'entrent

« point ici. — Hé, f... les voleurs y entrent bien.

« — Du moins, ils ne dérangent pas la partie. »
Le guichet se referme; mon oncle recommence à jurer, et, comme il voit que cela ne le mène à rien, il reprend sa montre et sa bague, descend un escalier dérobé qu'il rencontre devant lui; cherche et retrouve celui par où il est d'abord entré. Il monte, il frappe, décidé à ravoir sa tabatière, à quelque prix que ce soit. Encore une porte de chêne, encore un guichet, encore même harangue du flegmatique monsieur. Mon oncle sort en se donnant des soufflets; il monte dans son carrosse, et arrive chez lui, violet de colère, et blasphémant à faire écrouler l'hôtel.

« Sacredieu, monsieur Vernier, ce n'est pas
« ainsi qu'on se conduit! Vous me laissez là
« comme une bouteille vide, au lieu de m'ap-
« porter de l'argent? — Vous l'auriez perdu,
« monsieur. — Hé! n'est-il pas à moi, monsieur?
« — Sans difficulté, monsieur. Vous pouvez le
« jeter par la fenêtre; mais je ne dois pas vous
« y aider. » La réponse froide de Vernier faisait impression. Tantôt Thomas le regardait d'un air assez tranquille; l'instant d'après, sa figure s'animait de nouveau; il rougissait, il pâlissait alternativement... Enfin, il se jeta dans ses bras: « Oui,
« sacrebleu, tu es un brave garçon; je l'ai dit, et
« je le répète, tu seras toujours mon ami. »

Un calme profond succéda à la tempête. Suzanne mêlait à la conversation quelques mots inspirés par l'intérêt le plus vrai ; mon oncle, sur qui Vernier prenait toujours plus d'empire, l'écoutait avec une sorte de déférence. Il était debout, ses mains dans ses poches, et il en tira un papier qu'il ne connaissait pas : « Qu'est-ce que « c'est que ça, dit-il à Vernier ? » Vernier lut : *Quand on ne prend pas de tabac, on n'a pas besoin de tabatière.* « Je crois que mon voleur se « moque encore de moi. — Bien d'autres s'en « moqueront, monsieur : c'est toujours ce qui « arrive à ceux qui répandent sans discernement. « — Sais-tu, Vernier, que je ne me suis pas amusé « là du tout ? — Je le crois. — J'avais un volcan « dans la tête. Tiens, me voilà revenu des filles « et du jeu, et toutes réflexions faites, il n'est qu'un « plaisir vrai ; c'est celui de la table. — Hé bien, « monsieur, soupons. — Tope. »

Après le souper, mon oncle alluma sa pipe d'or, et fut faire un tour à sa cassette. Il comptait ses espèces en fumant ; elles diminuaient d'une manière sensible, et, de temps en temps, il branlait la tête. « Après tout, dit-il, l'argent est « fait pour rouler. A moi, Vernier. Tu te maries « demain ; et je te réponds que je ne ferai pas « de sottises de la journée ; je vous la donne « tout entière. Voilà les quatre mille livres que « je t'ai promises, à toi, et en voilà quatre mille « autres pour Suzanne. — Je ne les prendrai pas, « monsieur. — Pourquoi cela, monsieur ? — Parce « qu'avec la moitié de cette somme, et une honnête

« industrie, nous pouvons vivre commodément.
« — Et moi, monsieur, je veux faire du bien à
« ma sœur. — Elle pense comme moi, monsieur.
« — Hé, où diable avez-vous appris à penser
« comme cela? Savez-vous que vous êtes des gens
« rares? Écoute, Suzon : je pouvais jouer une
« seconde, une troisième fois, et, sans les con-
« seils du beau-frère, je l'aurais fait sans doute.
« Ces coquins-là m'auraient gagné bien au-delà
« de ce que je t'offre, et je place si bien cet ar-
« gent! Ne me refuse pas, ma bonne petite, ne
« fais pas de peine à ton frère Thomas. » Suzanne
et Vernier se défendaient encore. « Prenez, leur
« cria mon oncle, ou je retourne à l'hôtel d'An-
« gleterre; et puis, mes amis, un soldat n'est
« pas toujours heureux. J'aurai, peut-être, besoin
« de vous, et vous m'aiderez à votre tour. » Ces
dernières raisons l'emportèrent sur la délicatesse
de Vernier. Sa future et lui embrassèrent tendrement mon oncle, qui s'occupa aussitôt du festin
de noces.

Il voulait qu'il fût superbe; qu'il y eût quatre
services; qu'on dînât aux bougies; qu'on eût un
orchestre à l'antichambre, et que, faute d'amis
ou de connaissances, ce qui revient au même
aujourd'hui, on invitât les premiers qu'on ren-
contrerait dans la rue. Après le dîner, il voulait
un bal, un buffet magnifiquement garni; il voulait... que ne voulait-il pas? Vernier déclara que
cet étalage lui paraissait inutile et déplacé, et

prouverait seulement sa vanité à des convives qui, ne le connaissant point, ne rendraient pas justice à son cœur. Thomas soutint qu'il ne pouvait marier sa sœur sans pompe, et il protesta qu'il n'en démordrait point. Vernier lui promit d'ordonner tout dès le matin.

Dès le matin, mon oncle mit ce qu'il avait de plus beau, et Suzanne aussi : c'était le déshabillé de cirsakas. « Comment, beau-frère, tu « n'as pas fait faire une robe à ta femme ! — « Voilà, monsieur, la plus belle parure d'une « mariée quand elle est digne de la porter », et il montrait à Thomas la fleur blanche attachée derrière le bonnet de Suzon. « Mais cet homme-« là est d'une opiniâtreté... ma sœur se marier, « mise comme une couturière ! — Mais vous savez « qu'elle l'est, monsieur. — Et ce qui me fait en-« rager, c'est qu'il a toujours raison. Ah çà, j'es-« père, au moins, que tu quitteras ta redingote « grise, et que tu prendras cet habit que je n'ai « pas mis encore. — Non, monsieur. — Et pour-« quoi cela, monsieur? — Je ne mettrai pas, au-« jourd'hui, un habit que je n'oserais pas porter « demain. » — Allez au diable, l'un et l'autre, et « mariez-vous comme vous l'entendrez ! »

Alors arrive le père Vernier, qui s'était habillé assez proprement à la friperie, avec l'argent de mon oncle. Il était accompagné d'un vieux sergent de marine, et du premier garçon de la Buvette du Châtelet. Mon oncle demanda ce que

voulaient les deux derniers. On lui répondit qu'il fallait des témoins, et qu'on avait invité d'anciens amis de la famille. Il prit la main au sergent, et lui demanda s'il avait fait la guerre. « Treize cam-
« pagnes, répondit celui-ci. — Sur terre ? — Et
« sur mer. — Tu es mon homme. Tu te mettras
« à table à côté de moi, et nous parlerons métier. »

On partit pour l'église, mon oncle, sa sœur, le père Vernier et le sergent, dans le remise ; le futur et le garçon buvetier dans un fiacre. Sur la route, et pendant la messe, on commença l'histoire des campagnes. Le sergent était un brave homme ; il contait chaudement, et mon oncle l'écoutait avec plaisir. Il l'interrompit, cependant, au moment du *conjungo*. L'air satisfait et modeste des époux, ce que cette cérémonie a d'auguste, quand elle consacre les désirs du cœur, l'exhortation simple et touchante du prêtre, remuèrent le cœur de Thomas. Il surprit une larme qu'il se hâta d'essuyer, en détournant la tête : il eût été au désespoir que son sergent le vît pleurer.

En remontant en carrosse, il commença, à son tour, le récit de ses exploits ; il continua en descendant ; il finit pendant le déjeuner, et alors les dissertations sur l'art militaire ; les fautes des généraux relevées ; des projets sûrs pour améliorer notre marine, pour abaisser l'Angleterre ; des réflexions sur la manie des gens en place de donner tout à l'intrigue, et de négliger le mérite, occupèrent tellement le sergent et mon oncle, que l'heure du dîner vint sans qu'ils s'en fussent aperçus. On leur annonça qu'ils étaient servis.

En entrant dans la salle à manger, Thomas fit une mine à faire trembler tout un équipage anglais. La table ordinaire, six couverts, un potage et deux entrées ! Vernier s'attendait à l'explosion : elle fut terrible. En homme habile, il lui laissa un libre cours, et ne répliqua pas un mot. « Que
« prétendiez-vous, monsieur, quand mon oncle
« eut fini ? Honorer votre sœur ? elle trouve
« tout dans votre amitié. Vous amuser ? je vous
« ai procuré la compagnie d'un homme qui ne
« vous a pas permis encore de compter les momens.
« Faire un bon repas ? vous aurez le double de
« ce qu'il nous fallait. Jouir, enfin, de vous-même ?
« c'est avec de vrais amis qu'on retrouve son
« cœur, et non au milieu d'une foule d'inconnus
« qui nous eût également gênés. Vous voyez,
« monsieur, que j'ai rempli tous vos vœux, et
« je vous ai ménagé cent louis. Je ne vois pas
« qu'il y ait là de quoi vous mettre en colère. »
Mon oncle tira le sergent à l'écart : « Ne va pas
« croire, au moins, que cet homme-là me mène.
« Je suis le maître, corbleu ! et je le serai tou-
« jours ; mais je suis juste, et quand il n'a pas
« tort, il faut bien que je lui cède. Allons, enfans,
« à table. »

Tout ce qu'avait prédit Vernier arriva. Quand Thomas ne parlait pas *bataille,* il parlait vins avec

23.

le buvetier; quand il n'avait rien à dire, il regardait sa sœur, et s'applaudissait, intérieurement, de son ouvrage. En mangeant comme un ogre, en buvant comme un trou, il écoutait les deux Vernier, qui avaient des connaissances, et qui avaient donné à la conversation un tour amusant et instructif : « Ma foi, s'écria-t-il tout d'un coup,
« je crois que le bonheur est au milieu des hon-
« nêtes gens. Et surtout auprès d'une épouse ai-
« mable, reprit le jeune homme, en embrassant
« la sienne. — Ah, par exemple, tu ne me pren-
« dras pas par là. — Vous ne croyez donc pas,
« mon frère, qu'il y ait des femmes aimantes et
« sages ? — Je n'en ai encore trouvé que deux
« que je respecte infiniment, milady et toi; mais
« je suis jeune, et j'en pourrai rencontrer une
« troisième... — Que vous épouserez, mon frère?
« — Non, le diable m'emporte. Ne me parlez
« pas de ce métier-là. »

Mon oncle rumina, toute la nuit, aux scènes douces qui avaient rempli sa journée. « Si ce chien
« de garçon d'auberge ne s'était pas ingéré de
« me créer marquis, disait-il en se tournant et en
« se retournant dans son lit, je vivrais paisible-
« ment comme ces gens-là, et je m'enivrerais sans
« craindre de gâter mes habits. Vivre paisible-
« ment, reprenait-il l'instant d'après ! je crois le
« repos aussi ennuyeux que mon marquisat.
« Parlez-moi d'un vaisseau qu'on commande,
« qu'on dirige, à son gré, sur l'immensité de

« l'Océan ; d'une place qu'on prend, d'une gar-
« nison qu'on passe au fil de l'épée ; d'une ville
« qu'on pille, qu'on brûle ; d'une île où on trans-
« porte son butin et ses esclaves ; où on s'établit,
« où on se fait roi... Ah çà ! quand je serai roi,
« qu'est-ce que je ferai ? La guerre à mes voisins.
« Je les détruirai, je les soumettrai... Et quand
« j'aurai tout soumis ? Je me battrai avec les san-
« gliers et avec les loups... Et quand il n'y aura
« plus de sangliers et de loups ?... Quand il n'y
« en aura plus ?... Oh ! alors, je commencerai à
« être vieux, et je n'aurai plus besoin que de ma
« bouteille. Voilà qui est décidé : aujourd'hui
« même, je demande un vaisseau au ministre de
« la marine. »

Et voilà mon oncle, fatigué d'être marquis, qui veut se faire roi, et qui ne voit au bout de la perspective que sa bouteille qu'il tenait déjà, et qu'il était le maître de ne pas quitter. Que de gens ont fait de ces rêves-là, qui n'ont abouti à rien ! Combien d'autres, après avoir été tout, sont retombés à côté de leur bouteille ! Combien attendent la culbute, et ne savent où ils tomberont !

Vernier combattait de tout son pouvoir ce nouveau projet de mon oncle. Il épuisa ce qu'il avait d'éloquence à peindre les avantages d'une vie obscure et aisée. Aux douceurs du lien conjugal et d'une utile activité, Thomas opposait ses brillantes et sanglantes chimères, et aux raisonnemens les plus convaincans, son opiniâtreté. Pour dernière ressource, Vernier fit l'énumération des difficultés insurmontables qui s'opposaient aux vues de monsieur le marquis. Il fallait faire des preuves rigoureuses pour être admis dans la marine royale ; on ne donnait un vaisseau qu'à un officier consommé, et il était aussi impossible à mon oncle de prouver sa noblesse, que la plus simple connaissance en marine. D'ailleurs, les grands, de ce *temps-là*, donnaient tout à la faveur ou à l'intrigue ; mon oncle était inconnu, et incapable de faire sa cour. Il l'était moins encore d'employer cette patience, cette adresse qui tenaient lieu, dans ce *temps-là*, de talens et de probité. Vernier conclut enfin que, loin d'accueillir sa demande, le ministre le prendrait pour un visionnaire, et le congédierait, peut-être, avec mépris. Piqué de ce dernier mot, et fatigué de la longueur du sermon, mon oncle lui répliqua sèchement qu'il n'entendait rien à la partie militaire, et il lui conseilla d'aller écrire ses *lettres* et *placets*. Vernier le remercia de ce qu'il voulait bien le rendre à lui-même ; il l'assura qu'il le trouverait toujours prêt à lui marquer sa reconnaissance, et jamais à approuver des folies. Il prit sa femme sous le bras, embrassa l'officier de marine royale, qui s'y prêta d'assez mauvaise grace, et partit, en le priant de ne point oublier qu'on doit des ménagemens aux gens en place, lors même qu'on croit avoir à se plaindre d'eux.

Mon oncle partit aussi de son côté, paré comme une *châsse*, et poudré à blanc. Son laquais, à qui il avait fait endosser l'habit rouge galonné, se crut aussitôt un personnage, se rengorgea derrière le carrosse, regarda les piétons avec dédain, et dit, avec insolence, au suisse du ministre, que monsieur le marquis voulait voir monseigneur. Comme un valet impertinent ne peut appartenir qu'à un maître de la plus haute importance, le suisse laissa passer, quoiqu'il ne fût pas l'heure où monseigneur donnait audience. Monseigneur, qui vit un inconnu, brodé de la tête aux pieds, traverser sa cour, suivi d'un laquais doré comme un calice, le prit pour le gouverneur de quelque île sous le vent; il s'avança jusqu'à la porte de son cabinet, rendit à mon oncle une de ses révérences, et lui fit avancer un siége.

Bien que Thomas fût présomptueux et hardi, un tête à tête avec le substitut du roi, les marques de considération qu'il en recevait, l'embarrassèrent, cependant, jusqu'à un certain point. Le ministre le fixa, et semblait l'inviter à parler. Thomas perdit contenance, et ne sonna mot : il ne savait par où commencer. Son air gauche et neuf confirma monseigneur dans l'opinion qu'il avait d'abord conçue de mon oncle. Il crut devoir mettre à son aise un homme, étranger aux usages, et habitué à vivre avec des Nègres. Il fit donc le premier pas. « A qui, monsieur, ai-je

« l'honneur de parler ? — Au marquis de la Tho-
« massière. — Au marquis ?... — De la Thomas-
« sière, je vous dis. — Je ne connais point votre
« maison. — Hôtel Grange-Batelière. — Plaît-il,
« monsieur ? — Êtes-vous sourd, monseigneur ?
« — Non, monsieur, et... — Je vous ai dit mon
« nom et ma demeure ; voilà qui est fini. — Savez-
« vous à qui vous parlez ? — Comment ! n'êtes-
« vous pas le ministre de la marine ? — Vous pa-
« raissez l'oublier. — Je ne vous entends pas,
« monseigneur. — Tant pis pour vous, monsieur.
« Au fait : que voulez-vous ? — Un vaisseau de
« cent canons. — A commander ? — Parbleu ! —
« Monsieur est donc dans la marine ? — Oh ! que
« de questions ! » Et mon oncle, qui s'est parfaitement remis, raconte son évasion d'Yarmouth ; et les hauts faits que vous avez lus. Le ministre, qui, dès le commencement de la narration, voit à quel homme il a affaire, prend, tout à coup, un air froid et distrait, écoute à peine le narrateur, et joue avec son épagneul. « Savez-vous, monsei-
« gneur, qu'un homme comme moi mérite votre
« attention, et que, lorsqu'il vous parle, vous
« pourriez laisser votre chien de côté ? — Savez-
« vous, mon ami, que l'argent que vous avez
« gagné est fort au-dessus de ce que vous pou-
« viez prétendre ; que vous n'avez rien à atten-
« dre du roi ; qu'il ne vous convient pas de dé-
« ranger ses ministres pour leur débiter des
« fadaises, et que je vous conseille de vous retirer

« doucement, très-doucement, si vous voulez
« que j'oublie votre impertinence. — Si vous
« voulez que j'oublie la vôtre, je vous conseille,
« moi... — Faquin, taisez-vous, et sortez. — Ni
« l'un, ni l'autre. — Ah ! c'est trop fort. » Le ministre appelle, et fait mettre mon oncle dehors
par dix ou douze valets, qui ne lui donnent pas
le temps de se reconnaître, qui le portent dans
sa voiture, et qui le consignent à la porte.

« Hé bien ! disait Thomas, en retournant chez
« lui, ce chien de Vernier ne m'a-t-il pas prédit
« tout ce qui m'arrive ? C'est un homme d'une
« grande capacité que Vernier, et, ma foi, c'est
« lui seul qu'il faut croire. Au diable le ministre,
« mon marquisat et ma royauté. Je vais me faire
« bourgeois, c'est plus facile. » Avec mon oncle,
une résolution prise était aussitôt exécutée. Il
congédie son valet et le remise ; il envoie chercher un fripier et un bijoutier ; il leur vend mille
écus ce qui lui a coûté 10,000 francs ; il paie son
hôte, fait venir un fiacre, y porte 14,000 francs
qui lui restent, et va dîner chez le beau-frère,
avec qui il voulait, à toute force, se raccommoder.

Vernier comptait un peu sur cette visite. Il
avait oublié la manière dure avec laquelle Thomas l'avait éconduit ; il le reçut avec cordialité,
et applaudit sincèrement aux résolutions sensées
qu'il avait prises. Vous pensez bien que l'orgueil
blessé ne permit pas à mon oncle de raconter
exactement ce qui s'était passé chez le ministre :

bien des gens, plus modestes que mon oncle, ne conviendraient pas qu'on les ait mis à la porte. Thomas dit, vaguement, qu'on avait rejeté sa demande ; que ce refus le dégoûtait tout-à-fait des grandeurs, et, devenu docile par sa disgrace, il se prêta aveuglément à tout ce que voulut Vernier. Il consentit à prendre des leçons de lecture et d'écriture ; il promit qu'il irait en apprentissage chez un maître bonnetier voisin, et on convint qu'on arrêterait, dans l'après-dîner, un logement convenable et en bon air, c'est-à-dire, très-élevé, où on vivrait ensemble, et qu'on paierait en commun. Rien de tout cela n'était du goût de mon oncle, comme vous pouvez le croire. Il lui venait mille objections à l'esprit ; mais humilié de la scène du matin, et presque converti à la raison, il se contentait de soupirer. Il se taisait, et Vernier et sa femme se regardaient d'un air qui voulait dire : *Enfin, nous en ferons quelque chose.*

Le logement choisi, Vernier y mit aussitôt les ouvriers. Il ne voulait pas qu'il fût beau ; mais il fallait qu'il fût propre. Il fallait surtout ne pas perdre de temps avec un homme comme Thomas, qui, à chaque instant, pouvait lui échapper. Il recommanda donc la plus grande diligence, et, pendant qu'on se mit en devoir de le satisfaire, il mena mon oncle à sa boutique des Innocens, et lui donna une première leçon. Thomas, qui ne se souciait pas d'apprendre, et qui n'osait pas le dire, se promettait de dégoûter son maître, en marquant une inaptitude qu'il n'avait pas. Le maître, qui le devinait, et qui voulait qu'il apprît, opposait, à l'obstination de Thomas, une persévérance désespérante. Ils passèrent deux heures à batailler ainsi, et l'écolier, après avoir bâillé soixante et quelques fois, prétexta la nécessité d'aller prendre à l'hôtel son linge et deux habits fort propres qu'il s'était réservés, afin, disait-il, de ne plus retourner là, et d'être tout-à-fait à ses études. Vernier le laissa partir, bien certain qu'il reviendrait cette fois. Il avait confié son argent à sa sœur, et Thomas, comme un autre, ne pouvait rien faire sans cela.

Il finissait ses paquets, lorsqu'il reçut une visite qu'il n'attendait pas, et qui ne l'inquiéta guère, quoiqu'elle fût faite pour l'alarmer. Quelle était cette visite? C'est ce que je ne vous dirai qu'au chapitre suivant, parce que celui-ci me paraît assez long.

CHAPITRE VI.

Catastrophe.

Louison devait en vouloir à mon oncle, qui l'avait brusquée, dédaignée, claquée, quittée, et qui, pis est, ne l'avait pas payée. Robin avait sur le cœur les coups de pincette, et le regret de n'avoir pas aidé son marquis à se ruiner jusqu'au bout. La vengeance est le plaisir des ames viles, dit-on : je crois que c'est aussi une jouissance pour beaucoup de prétendus honnêtes gens. Quoi qu'il en soit, ces deux fripons s'étaient rapprochés par le besoin de nuire, et ils avaient arrangé leur plan. A force de courses et de peines, Robin avait déterré, je ne sais où, le recruteur, qui ne recrutait plus, avec qui Louison, dans les jours de sa gloire, trompait l'ambassadeur d'Espagne. L'officier, peu délicat sur le choix des moyens, entra aussitôt dans les vues de madame d'Armence.

Il s'agissait d'attraper, à Thomas, une somme assez considérable, qui devait se partager loyalement entre les associés. De toutes les manières de punir un homme, il n'en est pas de plus agréable, pour ceux qui infligent la peine, que de le mettre à contribution.

L'officier, instruit, par Louison et Robin, de la force du corps et de la violence du caractère de l'homme à qui il allait avoir affaire, prit les précautions usitées par ceux qui cherchent l'éclat de l'uniforme, sans avoir les qualités qui rendent digne de le porter. Celui-ci mit une main de papier entre sa chemise et sa veste; des pistolets en poche, et l'épée au côté, il entra bravement où était mon oncle, en observant cependant de ne pas trop s'éloigner de la porte, afin d'être toujours à portée de battre en retraite.

Thomas, comme je vous le disais, nouait son dernier paquet, et ne s'occupait pas de ce qui se

passait derrière lui. Tout à coup, il entend un homme qui tousse en grossissant son organe. Il se retourne, et voit un *quidam;* le chapeau sur l'oreille, le sourcil froncé, le jarret droit tendu, le corps effacé, une main sur la garde de son épée, et l'autre sur la crosse d'une arme à feu, qui sortait du gousset de la culotte. « A qui en
« veut cet original, dit mon oncle? — Vous ne
« me reconnaissez pas, luron?—Ma foi, si je t'ai
« connu, je ne crois pas avoir eu une *fameuse*
« connaissance. —Vous ne remettez pas l'officier
« qui vous a engagé chez madame d'Armence?—
« Hé bien! après. — Depuis six ans, vous avez
« constamment servi; depuis un an, vous êtes
« porté sur les contrôles du régiment. Je sais
« moi, que vous avez déserté à l'ennemi, et porté
« les armes contre la France. Cependant, je veux
« bien vous dispenser d'être pendu, et même de
« rejoindre le régiment qui est à Pondichéry,
« moyennant 9,000 francs que vous allez me
« compter. Voilà, monsieur Thomas, ce que je
« voulais vous dire.—Voilà ce que je te réponds :
« J'ai servi qui j'ai voulu, et tant que cela m'a
« plu; je me torche ce que tu sais bien de tes
« contrôles; fais-en autant de mon engagement,
« il n'est bon qu'à cela, et tu le sais bien. On
« ne pend que des coquins de ton espèce. Je
« n'irai point à Pondichéry; je ne te donnerai
« pas un sou, et comme tu m'as volé un louis, au
« moins, sur un mauvais habit et un vieux sabre

« rouillé, tu vas me le rendre à l'instant même,
« sinon je ferme la porte, et nous allons nous
« *peigner* comme deux jolis garçons. »

Le recruteur était venu pour escroquer de
l'argent, et non pour se battre. Déjà il regardait
derrière lui ; ce jarret droit, si bien tendu, commençait à tremblotter ; cet œil menaçant avait
perdu sa vivacité ; cet organe arrondi était devenu grêle et chevrotant. « Allons, dit mon oncle,
« le louis, ou choisis les armes, et dépêche-toi....
« Parle, maraud, ou je pisse dans le bassinet de
« tes pistolets, et je fais mieux dans le fourreau
« de ton épée. » Mon oncle, en terminant sa harangue, avait tiré ses armes de ses paquets ; sa
flamberge nue et ses doubles canons étaient étalés sur une table ; il était derrière, et attendait
que le recruteur décidât ce qu'il préférait, de se
faire crever le ventre, ou de se le faire brûler :
il n'avait qu'un mot à dire.

L'officier, en balbutiant, en tremblant, reculait toujours vers la porte. Il la sentit enfin derrière lui, et retrouvant de l'agilité, en s'éloignant
du danger, il fit une volte, saisit la clé, tira la
porte, et la tenant entre-bâillée : « Je t'appren-
« drai ce soir comment on traite les déserteurs
« qui se mettent en révolte ouverte contre leurs
« officiers », et en deux sauts il est en bas de l'escalier. « Je t'apprendrai, moi, lui cria mon oncle
« par la fenêtre, comment on arrange un plat
« b..... de ton espèce, et la canaille qui lui res-

« semble. Je devais coucher chez le beau-frère;
« mais, sacrebleu! je ne reculerai pas d'une se-
« melle. Je vous attends tous de pied ferme, et,
« si vous avez un peu d'ame, nous verrons beau
« jeu. »

Le recruteur fut trouver monsieur Agobert,
chef suprême de la clique, qui ne servit jamais
dans aucun corps, qui portait l'uniforme de tous,
et qui obtint la croix de Saint-Louis pour s'être
promené trente ans sur le quai de la Ferraille.
Monsieur Agobert, toujours fort aise de gagner
un homme à l'état, prononça que mon oncle,
en raison de son âge, ne pouvait être considéré
comme déserteur; mais que, puisqu'il avait dix-
sept ans, il fallait, de gré ou de force, lui faire ra-
tifier son engagement, à moins qu'il n'aimât
mieux payer la somme demandée, sur laquelle
Louison et Robin, étrangers au service du roi,
ne devaient avoir aucune prétention, et qui serait partagée entre lui Agobert, et l'officier recruteur.

En conséquence de ce nouvel arrangement,
par lequel deux fripons en volaient deux autres,
monsieur Agobert commanda, pour le soir, une
escouade du guet. Par une fatalité singulière,
monsieur Riboulard était de service ce jour-là.
Il reçut l'ordre d'enlever, mort ou vif, mon oncle
et sa caisse. Quelle journée pour Riboulard! il
allait être à l'abri des incursions de Thomas, qui
pouvait, d'un moment à l'autre, venir, ainsi

qu'il l'avait promis, terminer le procès intenté sur la succession de Rosalie. Il comptait bien, en outre, se payer, par ses mains, du sou pour livre, au moins, de la somme confisquée.

Pendant que Riboulard arrangeait, avec ses gens, un plan d'attaque ; qu'ils cherchaient les moyens de se saisir du proscrit, sans exposer leurs personnes ; qu'ils dérouillaient les batteries de leurs fusils ; qu'ils aiguisaient, sur le pavé, le bout de leurs baïonnettes ; qu'ils garnissaient leurs gibernes de cartouches, et, qu'enfin, ils mettaient des pierres neuves à leurs armes, le lieutenant de police agissait de son côté contre mon oncle. Il avait reçu une lettre du ministre de la marine, qui le priait de mettre à Bicêtre un homme sans aveu, qui était venu l'insulter jusque dans son cabinet. L'épître se terminait par le nom et l'adresse du coupable.

Le lieutenant de police, jaloux de complaire au ministre, avait expédié l'ordre, et, l'inspecteur qui en était chargé, ayant appris que Thomas était homme à échiner tous les mouchards de Paris, avait jugé à propos de prendre main-forte. Il vint aussi commander Riboulard, car il faut que vous sachiez que le guet était aux ordres de tout le monde.

Appuyé de cette seconde autorité, bien plus respectable que la première, Riboulard était rayonnant de joie. Il ne doutait pas du succès : il avait vingt-cinq braves, dont quatre avaient servi dans les troupes du pape, et trois dans celles de l'abbé de Stavelot.

Mon oncle, qui ne manquait pas d'une espèce de jugement, avait conclu, des dernières paroles du recruteur, qu'il devait s'attendre à quelque algarade pour le soir, et il se sentait l'imagination chatouillée. « Il y a long-temps, disait-il, que je « ne me suis battu. Il est bon de se tenir en ha-« leine, et châtier des fripons est un exercice « utile, autant qu'honorable. Si, pourtant, je suis « tué.... hé bien! je serai dispensé d'apprendre à « lire, et à faire des bas; ainsi, de toutes façons, « je ne peux que gagner à me battre. »

Ses premières mesures eurent pour objet de se soustraire aux sollicitations de Vernier, qui n'eût pas manqué de le contrecarrer dans cette circonstance. Il pria donc son hôte de lui dire, s'il se présentait, que monsieur le marquis était sorti avec le reste de ses effets, et qu'il n'avait pas reparu à l'hôtel. Il ajouta que son intention était d'y coucher encore cette nuit, pour des raisons particulières, et il procéda de suite à des dispositions dignes de Marlborough, celui qu'on a cru avilir par la plus stupide des chansons, qui n'a fait tort qu'à ceux qui l'ont chantée.

L'argent est le nerf de la guerre. Mon oncle avait encore trente-six francs dans sa poche. C'est plus qu'il n'en fallait pour se mettre en défense. La première chose à faire, quand on est menacé d'un siége, c'est de fournir la place de munitions de guerre et de bouche : deux pains de six livres, quatre langues fourrées, douze bouteilles de vin, deux livres de poudre, trois livres de balles, des pierres à feu, un tourne-vis, un tire-bourre, un vilebrequin, sont achetés et classés dans le salon. La seconde chose à faire, quand la place est avitaillée, c'est d'en défendre les approches : mon oncle traîne, sur les marches supérieures de l'escalier, un secrétaire et un buffet, qu'il place en manière de chevaux-de-frise. Il perce, avec son vilebrequin, plusieurs trous à sa porte d'entrée, et se ménage les moyens de faire feu sur les assaillans, sans se découvrir encore. Il ferme cette porte, et la barricade avec son bois de lit. Il lève un des carreaux de sa salle à manger, sur la ligne qui menait droit à son salon. Il enterre les deux tiers de sa poudre bien bourrée dans une boîte à thé. Il en fait une traînée qui va du salon à sa mine. Il recharge la boîte de fer-blanc du carreau qu'il a enlevé ; le carreau de quatre paires de chenets qu'il trouve dans ses différentes pièces. Il place des bougies allumées dans tous ses bras de cheminée, et, après avoir tout prévu pour la défense, il pense aux moyens de retraite. Il ouvre une croisée de son arrière-cabinet, qui donnait sur le jardin ; il noue ses draps ensemble, attache l'un des bouts au montant du châssis, et envoie le reste flotter dehors, au gré du vent. Descendu dans le jardin, Thomas ne serait plus embarrassé : les murs étaient treillagés, et il avait appris, en se sauvant de chez milord, son colonel, à grimper et à sauter comme un écureuil.

Ces préparatifs ne s'étaient pas faits sans un certain bruit; mais depuis que mon oncle s'était prêté aux vues économiques de Vernier, il n'avait plus personne au-dessus de lui. Le premier, qu'il avait occupé, était encore vide ; monsieur le comte était à l'Opéra ; Germain chez sa maîtresse, et le maître de l'hôtel, comme chacun le sait, a son logement à cent cinquante pas du corps-de-logis.

Il était alors dix heures du soir, et mon oncle, n'ayant plus rien à faire, se mit à table, et soupa avec la plus grande tranquillité, un pistolet à droite, et l'autre à gauche de son assiette.

Il en était à sa troisième bouteille, lorsqu'il entendit frapper doucement à la porte cochère : il était bon qu'il eût l'oreille à tout. La légèreté du coup, à onze heures et demie, le lui rendit suspect. Il mit habit bas, retroussa les manches de sa chemise jusqu'aux épaules, prit un pistolet de chaque main, et fut coller son nez aux *meurtrières* qu'il avait faites à la porte de sa salle à manger.

Il ne s'était pas trompé: c'étaient monsieur Riboulard et sa suite, qui, habitués à opérer à la sourdine, et ne voulant pas donner l'éveil, avaient frappé de manière à n'être entendus que du portier, et de ceux qui avaient intérêt à tout entendre. A peine la porte fut-elle entr'ouverte, que le détachement se glissa dans la cour, et monsieur Riboulard ordonna, *de par le roi*, au concierge, étonné, de le conduire à l'appartement de monsieur de la Thomassière.

Au nom de Louis *le Bien-Aimé*, on ne savait qu'obéir. Le portier, le bonnet sous le bras, et la lanterne à la main, marche en avant des vingt-cinq braves. En traversant la cour, Riboulard voit, à travers les jalousies, trente bougies allumées. Il s'imagine que mon oncle a rassemblé aussi un corps d'armée, et quelque envie qu'il ait de se débarrasser de lui pour jamais, l'amour de lui-même parle plus haut que son animosité. Arrivé au bas de l'escalier, il invite le caporal à prendre la tête de la colonne, parce qu'il voulait, disait-il, contenir les fuyards, s'il pouvait s'en rencontrer dans un corps aussi distingué. Le caporal, qui a déjà pris la queue du détachement, observe qu'il est à son poste, et qu'il ne lui conviendrait pas de marcher avant son commandant. « Je vous en prie, monsieur, disait Ri- « boulard, je connais votre capacité. Je n'en fe- « rai rien, monsieur, répondait le caporal ; la « place d'honneur vous appartient », et mon oncle, l'oreille au trou, entendait le colloque, et riait dans sa barbe.

Riboulard, ne pouvant persuader le sous-commandant, se fortifia d'un trait copieux de bonne eau-de-vie, qu'il portait toujours en poche dans les grandes occasions. Il s'arrêta un moment pour donner aux *spiritueux* le temps de faire leur effet, et quand il se sentit la tête brouillée, et exaltée, à la fois, par le rogome et la soif du butin, il poussa devant lui le portier, qui ne se souciait pas de se mêler de cette affaire, et qu'il faisait avancer, en lui piquant les fesses avec le bout de sa hallebarde.

Déja on a monté la moitié des degrés; déja Riboulard, toujours placé, en serre-file, derrière le malheureux concierge, a prêté vingt fois l'oreille, et, à peu près rassuré par le profond silence qui règne dans l'appartement, il oublie ses soixante-huit ans, et il ne pense plus qu'aux richesses qu'il croit conquérir sans danger, et dont il rendra compte... comme il lui plaira.

Sa sécurité est augmentée encore par l'aspect des gros meubles qui obstruent l'escalier. Il ose penser que mon oncle a peur, et il ordonne, d'un ton ferme, à ses gens de jeter par-dessus la rampe, le secrétaire et le buffet. A peine a-t-on porté la main sur les chevaux-de-frise de Thomas, que quatre coups de feu partent ensemble. L'innocent portier a la cuisse cassée; un soldat du guet est tué sur la place; Riboulard, que l'explosion inattendue a subitement *dégrisé*, se renverse sur le soldat qui le suit, celui-ci sur un autre, et tous roulent, pêle-mêle, jusqu'au bas des degrés.

Le bruit des pistolets, celui des fusils qui s'entre-choquent, les cris du portier blessé, ceux des soldats qui cherchent à se tirer de dessous leurs camarades, jettent l'alarme dans l'hôtel. Le maître, persuadé que tout le guet rassemblé ne forcerait pas mon oncle, et qu'il mettrait plutôt le feu à la maison que de se rendre, court au poste le plus voisin des gardes-françaises. Les locataires se mettent à leurs croisées, tous descendent dans la cour. On s'informe, on s'agite, on consulte. Riboulard, sans chapeau et sans perruque, monte sur un banc, et exhorte les assistans à prêter main-forte à l'exécution des ordres du roi. A cette invitation, les assistans retournent chacun chez soi. Thomas a rechargé ses armes, bu trois coups, allumé sa pipe, et il a repris son poste.

Vernier, le bon Vernier, très-inquiet de ne pas voir son beau-frère rentré à minuit, s'arrache péniblement des bras de sa tendre Suzanne. Il arrive à l'hôtel; il trouve tout ouvert, il avance. il apprend de Riboulard même la cause de ce tumulte; il voit le portier gissant provisoirement sur un tas de fumier, à côté de lui le soldat mort, et il s'éloigne en pleurant sur un forcené, dont la perte lui paraît inévitable.

Alors douze gardes-françaises entrent dans la cour au pas redoublé. Leur commandant demande à Riboulard l'exhibition de son ordre. Riboulard exhibe celui de la police. Le garde-française répond que les faits de police ne le concernent point, et il fait faire un *à droite* à sa troupe. Riboulard court après lui; lui raconte prolixement l'entrevue de mon oncle et du ministre, et lui fait observer que l'ordre est donné à la réquisition de monseigneur le ministre de la marine, ce qui rend ce fait compétent de toutes les troupes de France. Le garde-française fait faire un *à gauche* à la sienne, et la met en bataille.

Il s'avance ensuite sous les croisées de mon oncle, et le somme fièrement d'ouvrir ses portes, s'il ne veut s'exposer à être fusillé sur la place. Au lieu de la porte, Thomas ouvre une croisée; coiffe l'orateur du contenu d'un pot... très-amplement fourni, et se retire lestement. « Plus de « quartier, s'écrie le militaire, outré de rage ! « *Garde à vous... en joue... feu !...* » Et voilà les vitres criblées de balles, et deux glaces magnifiques en canelle. « *Par file à gauche, en avant,* « *marche !* reprend le garde française », et il monte l'escalier avec intrépidité. Mon oncle fait une seconde décharge. Trois soldats aux gardes tombent; les autres sautent par-dessus le secrétaire et le buffet. Ils frappent à grands coups de crosse sur la première porte, et Thomas n'a pas eu le temps de recharger.

Dès qu'il voit sa porte ébranlée et prête à céder, il se retire dans son salon, et, armé d'une pince rouge, il attend, avec son sang-froid ordinaire, le moment de faire jouer sa mine, et ce moment n'a que la durée d'un éclair : à peine un passage est ouvert, et les gardes-françaises se précipitent la baïonnette en avant.

Riboulard, qui s'est persuadé que mon oncle doit infailliblement succomber, que l'affaire est finie, et qu'il ne reste qu'à mettre la main sur le coffre-fort, Riboulard s'est coulé, sur les coudes et les genoux, entre les jambes des gardes-françaises, par qui il craint d'être prévenu ; il a pris la tête du détachement ; il se dispose à inventorier, à son profit, les effets de Thomas, pendant que les autres vont l'expédier ; il cherche, de l'œil, les armoires. Mon oncle le reconnaît : « A toi, « vieux coquin, lui crie-t-il ! » et il met le feu à la traînée. Les chenets volent ; ils brisent les hommes et les meubles ; la porte, son chambranle et une partie du mur, s'écroulent sur les assaillans. Riboulard, qui enjambait la mine à l'instant de l'explosion, est perpendiculairement coupé en deux, depuis *le scrotum* jusqu'à *l'occiput*; tous les gardes-françaises sont blessés grièvement, et Thomas recharge ses pistolets, en continuant de fumer sa pipe.

Cependant, ce vacarme épouvantable attirait, de toutes parts, une foule de curieux, et de patrouilles du guet, et de troupes réglées. Celles du guet voulaient entourer la maison, pour que le coupable ne pût s'évader, et conseillaient aux autres de recommencer l'assaut. Les gardes-suisses et françaises demandaient des échelles pour monter à toutes les croisées à la fois, bien sûrs de prendre ainsi ou de tuer un homme qui ne pourrait faire face de tous les côtés. On court au dépôt pour les incendies, et monsieur le comte, qui, après le spectacle, a été souper chez certaine femme de robe, dont le mari est en vacances, rentre avec son grison Germain.

Il s'étonne, il s'informe à son tour. Il apprend les évènemens incroyables de la nuit. Il était lieutenant des mousquetaires, et les hommes de courage aiment ceux qui leur ressemblent. Le comte se décide aussitôt. Il entre chez lui, prend un bonnet blanc, une serviette et un couteau à gaîne; il monte chez mon oncle, lui parle, dès la la première porte, pour éviter un *quiproquo*, arrive jusqu'à lui, déclare que, dans dix minutes, vingt échelles vont être plantées, et sa superbe défense inutile. Il le presse, il le conjure de sauver un brave, dont la valeur ne devait être funeste qu'aux ennemis de l'état. Thomas voulait, disait-il, brûler encore quelques amorces avant de penser à la retraite, qu'il convenait pourtant, avoir préparée. Le comte lui réplique qu'il est beau d'avoir résisté seul à quarante hommes; mais qu'il y en a deux cents dans la cour, qu'il est encore une sorte d'honneur à leur échapper, et qu'il n'y a pas un moment à perdre. Thomas se rend enfin. Il enfonce le bonnet sur ses oreilles; fait un tablier de sa serviette; passe le couteau dans la ceinture, y fourre aussi ses pistolets, marche vers l'arrière cabinet, et le comte descend chez lui.

A peine mon oncle est-il accroché à ses draps,

qu'un piquet de soixante hommes défile, et se range dans le jardin. Thomas, toujours maître de sa tête, tire ses quatre coups en l'air, jette ses pistolets dans le cabinet, et se laisse glisser à terre. Il court au commandant, il joue la frayeur, il s'applaudit d'être échappé à la décharge qu'il vient d'essuyer à bout portant. Il engage la troupe, d'un ton patelin, à être sur ses gardes, parce que l'enragé de là-haut a encore quarante coups à tirer. En se plaignant, en se félicitant, en conseillant, il file le long de la ligne, il gagne la cour. Un grenadier suisse lui allonge un coup de bourrade, en lui disant : « Ranche-toi de là, « fouti carcotier ; pas de pourchois ici. » Mon oncle se le tient pour bien dit; il se retire au milieu des curieux qu'on tenait sur les derrières ; il pousse, il se fait jour du côté de la rue ; il se dégage de la foule, marche au petit pas jusqu'au boulevard, tourne le coin, prend sa course, arrive chez Vernier, qui croit voir un fantôme, qui le tâte de la tête aux pieds, et qui donne des larmes de joie à cette espèce de résurrection.

Cependant les échelles sont plantées là-bas, et les grenadiers montent de toutes parts, le fusil en bandoulière, et la hache à la main. Les jalousies, les châssis volent en éclats, et les assiégeans entrent en foule. Ils commencent un feu roulant sur les armoires, sur le coffre au bois, sur les alcoves, sur tout ce que mon oncle peut avoir transformé en citadelle. Ils percent, de leurs baïonnettes, les courte-pointes et les matelas; ils courent de chambre en chambre, et portent la destruction avec eux. Ils furètent enfin le cabinet : les draps, attachés à la fenêtre, constatent l'émigration. On se répand dans l'hôtel; on fait ouvrir toutes les portes; on commence des perquisitions rigoureuses, et bientôt on perd de vue l'objet principal. Les Suisses, qui se sont chargés de visiter les caves, s'y enivrent et s'y endorment. Les gardes-françaises houspillent l'hôtelière, les filles d'auberge, les *locatrices*, qui toutes crient au viol, de manière à n'être entendues de personne. Les soldats du guet se garnissent les poches. Le temps s'écoule, les corps-de-garde restent vides, les filous et les amans s'emparent du pavé; enfin, le résultat de cette nuit étonnante, c'est, qu'à l'exception des morts, des battus et des volés, chacun a eu du plaisir, chacun a fait ses affaires, ce qui arrive, parfois, dans les petites révolutions, ainsi que dans les grandes.

CHAPITRE VII.

Mon oncle se fait capucin.

La surprise dissipée, la joie calmée, il fallut parler raison. « Hé bien, monsieur, dit Vernier « à mon oncle, quel parti allez vous prendre? — « Ma foi, je n'en sais rien. — Si vous m'aviez « confié votre démêlé avec le recruteur, ce qui

« s'est passé entre vous et le ministre, je vous
« aurais donné des conseils; je vous aurais soustrait
« aux recherches, et on aurait, peut-être, trouvé
« des protecteurs faits pour arranger cette affaire.
« — Je l'ai arrangée tout seul. — Mais, pensez
« donc à ce que vous dites. Vous avez résisté
« aux ordres du roi... — Pourquoi en donne-t-il
« de semblables? — Vous avez tué votre beau-
« père... — C'était un vieux coquin. — Et vingt
« autres... — Qui n'avaient que faire de se mêler
« de cela. — Et savez-vous où cela mène? — Je
« ne m'en inquiète guère. — A être rompu vif. »

Un homme courageux brave la mort les armes à la main; mais l'idée de la roue est faite pour glacer les plus déterminés, et Thomas pâlit aux derniers mots de Vernier. Celui-ci profita de l'impression qu'il venait de produire. Il peignit ce supplice avec des couleurs si fortes et si vraies, que la constance de mon oncle l'abandonna tout-à-fait. Ce n'est plus cet homme terrible qui, deux heures avant, faisait tout trembler; c'est un faible enfant, aussi incapable de se déterminer que de résister à l'impulsion qu'on voudra lui donner.

Vernier lui représenta que le maître, dont l'hôtel avait servi de théâtre à la guerre, savait qu'il avait de l'argent; qu'il ne manquerait pas de chercher un dédommagement aux pertes énormes qu'il venait d'essuyer; qu'à cet effet, il donnerait à la police tous les renseignemens nécessaires; qu'il indiquerait tous les parens et les amis qui pourraient donner retraite au dévastateur de sa maison; et, qu'en conséquence, il lui était impossible de garder mon oncle chez lui. Mon oncle, assis sur ses talons, les coudes sur ses genoux, et le menton sur ses deux mains, écoutait tout, et ne répondait plus. Vernier proposa différens moyens, que mon oncle n'admit ni ne rejeta. Vernier le laissa à ses réflexions, et discuta, avec sa jolie femme, les avantages et les inconvéniens des différens partis qui s'offraient à son imagination.

Il voulait envoyer Thomas en Hollande, à Dantzick, à Saint-Domingue, où son argent, qu'il avait heureusement exporté de l'hôtel, lui donnerait des moyens d'existence, et où le souvenir de ses fautes passées le rendrait, peut-être, économe et laborieux. Suzanne, qui avait autant de jugement que de gentillesse, prévoyait que toutes les autorités se ligueraient contre son frère; qu'il serait proscrit partout; que partout ses manières et son langage le feraient remarquer, et qu'il serait arrêté avant que d'être aux frontières. Elle conclut, qu'il fallait le cacher pendant la vivacité des premières recherches, sauf à se déterminer ensuite, selon les circonstances.

Vernier se rendit à l'avis de sa femme, et il ne resta plus qu'une difficulté : c'était de savoir où on le cacherait. Le père Vernier et le vieux sergent étaient des amis sûrs; mais ils avaient paru à l'hôtel, et leur condescendance pouvait les compromettre, et hâter la perte de Thomas.

Le grand sérieux avec lequel les jeunes époux cherchaient des moyens rassurans, ajouta au découragement du vainqueur, désespéré de l'être. Le jour commençait à pointer, et déja il croyait voir entrer, chez sa sœur, ceux qui avaient échappé à sa furie; il voyait, plus loin, un cachot noir et infect, la mine rébarbative des juges, et, au fond du tableau, la redoutable barre de fer. Cette effrayante perspective rendit quelque ressort à son imagination éteinte; il s'occupa enfin de lui, et nomma, d'une voix faible, sa marraine de la rue Jean-Saint-Denis, celle qui lui donnait, dans son enfance, des pommes de terre, qu'il ne mangeait pas toujours.

Vernier, qui aimait beaucoup mon oncle, mais qui tenait singulièrement aux douceurs dont il jouissait près de sa petite femme, Vernier, dont l'inquiétude augmentait à chaque instant, saisit aussitôt cette idée. Mon oncle avait encore le bonnet blanc, le tablier et le coûteau à gaîne. Suzanne lui couvre le visage de poudre; lui met une tourtière sous le bras; l'embrasse, et respire enfin en liberté, en le voyant, de sa fenêtre, marcher vers un asile sûr, et s'éloigner de son paisible domicile.

La mère Madeleine vivait encore. Elle était vieille et piailleuse; mais bonne diablesse au fond.

Elle avait déja ouvert sa boutique, et étalé, aux amateurs, une falourde et trois choux, lorsque Vernier et mon oncle l'abordèrent. Elle pleura, quand elle sut que ce grand jeune homme était son filleul; elle ouvrit ses yeux éraillés, quand il lui demanda un coin de son grenier; elle rit, quand il lui mit un double louis dans la main.

Pour empêcher dame Madeleine de parler du filleul aux commères du voisinage, il fallait nécéssairement la mettre dans la confidence. Vernier lui parla de manière à s'assurer de sa discrétion, et il la quitta, persuadée qu'un mot pouvait faire rompre mon oncle, et que le bon Dieu la punirait, tôt ou tard, de l'avoir dit.

Madeleine logeait, en effet, dans un petit grenier, qu'il fallait que Thomas partageât avec elle; mais, d'après son indifférence pour les femmes, et l'âge beaucoup plus que canonique de la marraine, il ne pouvait rien résulter du voisinage. Les méchans esprits n'auraient même pu en médire.

Dans le courant de la journée, Vernier porta, petit à petit, dans le galetas, ce qui pouvait en rendre le séjour supportable, un peu de vin, un peu d'eau-de-vie, un peu de tabac. A chaque voyage, il renouvelait, à Madeleine, l'injonction de se taire, et à Thomas, celle de ne pas sortir du taudis. Quand l'ordre des journées y fut, à peu près, établi, il cessa d'y venir, de peur de se faire remarquer.

Cependant, le combat de mon oncle faisait un bruit de tous les diables; on en parla même à la cour. Le ministre était furieux de son évasion; le lieutenant de police, du mépris de son autorité; le maréchal de Biron, de la mort de ses gardes-françaises; le châtelet, de ne pas tenir le délinquant; les colporteurs, de ne pouvoir crier son arrêt de mort; maître Samson, de ne pouvoir faire son office.

Ainsi que l'avait pensé Suzanne, le signalement de Thomas fut envoyé à tous les procureurs du roi, à toutes les maréchaussées, à tous les commissaires de la marine, à tous les commandans de place, à tous les pousse-culs, à tous les gouverneurs des colonies, à tous les ambassadeurs près les puissances étrangères, et même à nos consuls en Barbarie. Le roi, qui ne se mêlait jamais de ses affaires, et qui attachait une grande importance à celle-ci, parce qu'on lui avait monté la tête, le roi de France, parbleu, jura, la main, non pas sur l'évangile, mais sur le sein de madame de Pompadour, qu'il aurait raison de Thomas.

Thomas bravait, de son grenier, les rois, les ministres et les agens subalternes. Couché, la nuit, sur la paille, fumant, le jour, quand il était seul, buvant avec Madeleine, quand elle pouvait quitter la boutique, perdant insensiblement les impressions sinistres qui l'avaient d'abord agité, il ne faisait des vœux que pour obtenir, de Vernier, un supplément de liquides proportionné à son estomac et à ses habitudes. Vernier, qui n'était pas très-sûr du beau-frère quand il était de sang-froid, résistait à ses instances; il lui refusait même de l'argent, et Thomas, que la soif rendait industrieux, imagina de déterminer Madeleine à mettre son *casaquin* des dimanches au Mont-de-Piété, « afin, disait-il, que je puisse « boire, puisqu'il ne me reste que ce plaisir-là. » Il était bien sûr que Vernier finirait par payer l'écot, et Madeleine, qui aimait à siroter, trouva aussi son compte à complaire au filleul.

Il but donc, le cher filleul, et si bien, qu'il sentit un violent désir de humer le grand air, et d'exercer ses jambes engourdies. Madeleine, à qui le vin avait donné de l'esprit, lui parla, à peu près, comme l'avait fait la gouvernante des savoyards, à une époque moins grave à la vérité. Il avait répondu, à Marguerite, qu'il aimait autant être enfermé à Bicêtre que dans son galetas; qu'il aimait autant être rompu une heure en public, que de l'être toute sa vie dans une mansarde, où il ne pouvait se tenir debout. Il enfila l'escalier, et Madeleine, dont l'esprit ne pouvait le suivre, et dont le corps aviné était devenu immobile, le regarda aller, en poussant un profond soupir.

Les Champs-Elysées sont à deux pas de la rue Jean-Saint-Denis. C'était un dimanche, il faisait beau; cette promenade devait être couverte de monde, et ce fut celle que mon oncle choisit, d'après le proverbe : *Plus on est de fous, plus on rit.*

Il n'avait pas fait deux tours, qu'une pente irrésistible l'entraîna du côté des cafés, et il se trouva, nez à nez, avec Vernier et Suzanne, qui se régalaient conjugalement de la bouteille de bierre et de la douzaine d'échaudés.

A son aspect, Suzanne jeta un cri perçant ; Vernier demeura pétrifié. Thomas prit un tabouret, s'assit, vida la bouteille d'un trait, e demanda un bol de punch. Suzanne prétendait qu'il n'avait que trop bu ; Vernier prétendit qu'il fallait l'achever, le mettre dans un fiacre, et le porter chez lui. Le bol fut servi ; mais, cette fois, la prévoyance de Vernier se trouva en défaut. Thomas après avoir bu le punch, à peu près à lui seul, se leva, et alla se perdre dans la foule, d'un pas ferme et assuré.

On ne voit pas, avec indifférence, un frère, un bienfaiteur chercher, de gaîté de cœur, des dangers dont on a pris tant de peine à le garantir. On ne pense pas, sans effroi, aux suites que peut avoir sa folle imprudence, et au déshonneur qui doit en rejaillir sur une famille innocente. Les pauvres jeunes gens ne fermèrent pas l'œil de la nuit ; ils se parlèrent peu, et ils pensèrent, chacun de son côté, à ce qu'on pourrait faire pour contenir un homme qui voulait absolument être rompu.

Suzanne se lève de grand matin, et sans s'ouvrir à son mari, qui n'était pas dévot, elle fut consulter son confesseur, en qui sa mère, de pieuse mémoire, lui avait toujours dit qu'elle devait avoir une confiance sans bornes.

Ce confesseur, le révérend père *Esprit de Tinchebrai*, capucin indigne (1), de la rue Saint-Honoré, jouissait de la plus haute considération auprès du sexe, et, sans doute, il la méritait. Il ne s'informait jamais de ce que les petites filles faisaient quand elles étaient seules; il ne demandait pas même aux petites femmes *si leurs maris ne semaient pas le bon grain sur la pierre*. Il était un des flambeaux de l'ordre, lisant couramment son bréviaire, sachant à merveille que *panis* veut dire du pain, *vinum* du vin, *Deus* Dieu, et c'est tout ce qu'il faut savoir pour opérer une consécration. C'était, en outre, un théologien ergoté, qui embarrassait les plus subtils par la manière adroite dont il se rendait inintelligible, et, quant à l'éloquence de la chaire, personne ne pouvait lui en *remontrer*; témoin ce sermon fameux qu'il composa pour les capucines de la place Vendôme, qui fit tant de bruit dans le temps, et dont, peut-être, vous ne connaissez pas seulement l'exorde, que je vais vous transcrire, pour vous donner une idée du tout.

---

(1) Les capucins prennent humblement la qualité d'*indigne*, comme les papes s'intitulent *serviteurs des serviteurs* de Dieu. Ces *serviteurs-là* étaient souverains, et les *indignes* ont confessé des rois, et, par conséquent, gouverné des royaumes.

« Tant et tant de fois vous m'avez demandé,
« illustres amazones, que je vinsse dans votre
« benin couvent, flanqué de toutes parts de bas-
« tions et de guérites, comme une Sion inexpu-
« gnable, pour alimenter vos ames virginales du
« pain doucereux de la parole évangélique, qu'en-
« fin *je suis venu, j'ai vu, j'ai vaincu.* Je suis
« venu combattre, avec le glaive spirituel, les sa-
« trapes infernaux et le père frauduleux du men-
« songe; j'ai vu l'excellence de vos esprits, qui
« découvrent le talon des pensées les plus sublimes
« avant qu'elles aient montré le nez, et j'ai vaincu
« ma modestie, qui m'empêchait de paraître de-
« vant le parlement voilé de vos révérences cloî-
« trées. Puissai-je surgir, sans naufrage, au port
« désiré de vos flamboyantes approbations!

« Avant d'entrer en matière, faisons un petit
« compliment à Marie, l'étoile poussinière du ciel,
« le protocole de toutes perfections, cet océan
« de graces, cette vertu sainte et flottante sur la
« mer du monde, dont le Saint-Esprit fut le pi-
« lote, et l'ange Gabriel le garde-marine, quand
« il lui dit : *Ave Maria.* »

Le reste du discours est au moins de la même force, et les talens du père Esprit ne se bornaient pas à la prédication. Il était auteur de deux ouvrages dont nous ne pouvons trop recommander la méditation aux fidèles : *la Tabatière de la grace, pour faire éternuer vers le sauveur,* et la *Seringue spirituelle, pour l'ame constipée en dévotion.*

Le révérend père n'eut pas plutôt entendu le récit de sa pénitente, que touché de ses anxiétés, il forma le projet d'attirer à Dieu un pécheur enfoncé dans *la sentine du vice.* Il dit à Suzanne, dans son style séraphique, qu'il ne m'appartient pas de vouloir imiter, qu'aucune des actions de mon oncle ne portant l'empreinte de la bassesse, et n'étant que l'effet des passions, il ne fallait, peut-être, pour en faire un second saint Augustin, que lui mettre sous les yeux des exemples salutaires ; que puisqu'il avait la force requise pour porter la sainte besace, il se chargeait de le faire admettre au noviciat ; que la règle lui défendant de sortir de l'année, et nul profane n'ayant le droit de souiller, de ses perquisitions, l'intérieur d'un monastère, il y serait en sûreté; que si, au bout de l'an, le bienheureux saint François lui refusait ses graces, il serait le maître de rentrer dans le monde, qui l'aurait peut-être oublié; qu'enfin, pour peu qu'il eût de raison, il sentirait que, quand on est brouillé avec le roi et la justice, il ne reste d'asile que dans les bras de Dieu.

Suzanne tombait d'accord de tout cela. Mais comment proposer à un homme comme Thomas de se faire capucin? Il eût été plus facile de lui persuader d'aller attaquer seul et prendre Gilbraltar. Sa révérence répliqua que le Dieu des miséricordes autorisait, quelquefois, une sainte violence. « *Compelle intrare*, dit le psalmiste ; *for-*

« *cez-le d'entrer*. Qu'il entre donc, et je me charge
« du reste. »

Suzanne rendit compte à Vernier de sa conversation avec le père Esprit, et Vernier trouva son idée excellente. Il n'entrait pas dans ses projets de mettre son beau-frère dans un cloître, pour hériter de son vivant; il était même persuadé que jamais il ne prononcerait ses vœux; mais ne fît-on que le dérober aux recherches, pendant quelques mois, c'était gagner beaucoup. La difficulté se bornait à savoir comment on *forcerait Thomas d'entrer*.

Vernier était sage, prudent; mais il n'avait pas l'esprit inventif. Suzanne, modeste, candide, était femme pourtant, et vive ce sexe pour les expédiens! Elle ne dit que deux mots, et Vernier court chez cinq à six apothicaires. Il rapporte six grains d'opium; les fait dissoudre dans deux bouteilles de bon Bordeaux. Il en met une dans chaque poche, et va rendre visite au beau-frère. Il lui fait une légère réprimande sur son escapade de la veille; il lui propose de faire venir à dîner. Thomas accepte, on se met à table. Vernier se ménage, Thomas se livre; l'opium fait son effet. Un fiacre attendait à la porte; on y couche mon oncle, on part, on arrive aux Capucins. On descend le néophite; on le déshabille; on lui coupe les cheveux; on le passe dans la robe de bure; on le ceint du fameux cordon; on lui chausse les sandales; on le porte dans une cellule écartée;

on l'enferme à deux verroux, et on se retire.

Les vapeurs de l'opium se dissipent. Thomas étend les bras; il ouvre les yeux. Un prie-dieu en chêne, un grand crucifix d'érable, une tête de mort frappent ses premiers regards; il se met sur son séant. Sa robe, son cordon, ses sandales, sa tête rasée ajoutent à son étonnement. Il saute de son grabat, empoigne le dieu de bois, et frappe à grands coups à la porte. La porte s'ouvre; vingt religieux, un cierge allumé à la main, entrent en silence, environnent Thomas interdit, et psalmodient un *Miserere*. On lui présente la tête de mort, on la lui fait baiser; on le remet sur son lit, on le couvre du drap mortuaire, et on psalmodie un *De profundis*. L'imagination de Thomas se frappe; il regarde avec des yeux égarés; il écoute sans rien entendre. Le père gardien l'engage, en nasillant, à se recommander au Très-Haut; il lui annonce que, depuis huit jours, il est condamné, et que la léthargie, dont il sort, vient de l'effet terrible qu'à produit sur lui l'*audition* de son jugement. Thomas proteste, avec bonhomie, qu'il ne se souvient de rien de tout cela. Preuve nouvelle de la violence du choc, à ce qu'assure sa révérence, et elle ajoute qu'il sera exécuté dans la journée, à moins qu'il n'accepte la condition à laquelle le roi, dans sa clémence, a attaché sa grace : c'est de se faire capucin, et d'édifier le monde, après l'avoir scandalisé par ses excès, et on a tellement compté sur sa vocation, qu'on a répondu de lui au roi, et qu'on l'a revêtu d'avance du saint habit de l'ordre. « Allons donc, dit Thomas, en soupirant, « soyons capucin puisqu'il le faut; mais sacredieu, « je ne croyais pas finir par là. »

Les pères indignes se recrutaient déja difficilement, et le fils du moindre bourgeois eût rougi de s'aggréger à un corps sale, puant et ignare. En conséquence, le serviteur des serviteurs avait accordé aux capucins, dans sa sollicitude paternelle, un bref, qui dispensait des épreuves du noviciat les sujets dont la ferveur ne pourrait supporter un an d'attente. Comme la réponse de mon oncle annonçait une ferveur extraordinaire, le père Esprit lui proposa de se faire l'application du bref, et, à l'instant même, le père gardien reçut les vœux de Thomas, sous le nom de *frère Ange, de Paris*.

Ce n'était pas précisément ainsi que la chose avait été arrangée entre Suzanne et son confesseur; mais on n'a qu'un moment pour ramener la brebis égarée, et quand il s'offre, il faut le saisir. Quel est le chrétien, attaché à l'honneur de la religion, qui condamnerait cette fraude pieuse?

On caressa beaucoup le frère Ange; on le flatta; on le fit bien manger et bien boire; on le laissa jurer le reste de la journée, et le lendemain, à l'issue des matines, on le mit en route, avec un compagnon, le bâton à la main, le capuchon sur les yeux, et la robe retroussée sur les côtés, avec des bretelles de cuir.

Vernier, curieux d'apprendre le résultat du stratagême, avait fait semblant d'écouter une messe, pour se glisser de l'église chez le gardien. Il apprend que son beau-frère se rend au couvent d'Arras, sous la conduite d'un père pieux et adroit, et que la famille peut disposer des biens de celui qui vient de mourir au monde, après, toutefois, avoir fait une aumône au couvent. A quoi eussent servi les représentations de Vernier? Thomas était *encapucinaillé*, et, comme l'observa, très-spirituellement, Pilate, de patibulaire mémoire, *ce qui est dit, est dit*.

Robin avait appris à Thomas à faire le marquis; le père Séraphin apprenait au frère Ange à faire le capucin. Le long de la grande route, il le faisait parler du nez; il lui montrait les roulemens d'yeux, les révérences avec les mains croisées sur la poitrine; il lui enseignait l'usage du chapelet; il lui répétait plusieurs mots mystiques, qui ont la vertu d'arracher aux paysans la miche de pain, le quartier de lard, et, quelquefois, la poularde fine; enfin, quand on rencontrait une chapelle, le père Séraphin y disait une messe blanche, c'est-à-dire, une messe pour rire, et la faisait servir par le frère Ange, auquel il soufflait les *répons*.

Le frère Ange s'impatientait, bâillait, trépignait, et, de temps en temps s'écriait, : « Hé! va « te faire f..., père Séraphin », et le père Séraphin ne faisait pas semblant de l'entendre.

On logeait dans toutes les *capucinières* de la route, et les pères indignes, prévenus, par l'acolyte de mon oncle, de la bizarrerie de son caractère, et de la nécessité de l'amadouer encore, le fêtaient à l'envi, l'abreuvaient à gogo, et priaient pour qu'il persévérât dans le chemin de la grace.

Mais, à Arras, les choses changèrent tout-à-fait. Le père Séraphin avait étudié, à fond, le nouveau frère, et il conseilla au gardien de prendre d'abord sur lui un empire absolu, s'il voulait l'empêcher de compromettre *la dignité de l'ordre*. Le gardien, profond observateur, s'aperçut, dans la journée même, que le père Séraphin ne l'avait pas trompé, et que le frère Ange n'avait du capucin que l'habit. Il essaya d'abord la voie des remontrances, dont le frère Ange se moqua complètement.

En servant la messe, il faisait des mines au célébrant, qui se tournait au *dominus vobiscum*; aux vêpres, il chantait le verset quand on entonnait l'antienne; il dérobait, au réfectoire, les rations de vin qu'il pouvait attraper; il manquait à toutes les révérences; il jurait toujours par-ci, par-là, et, quand on l'envoyait à la quête pour vingt-quatre heures, il restait huit jours dehors, parce qu'il n'aimait pas le couvent, et les paysans le choyaient, parce qu'il était luron, et qu'il ne cajolait pas leurs femmes ; aussi rentrait-il à la *capucinière*, chargé de denrées de toute espèce. Souvent la besace ne suffisait pas, et il se faisait alors, pompeusement, précéder de deux ou trois ânes qui ployaient sous le faix, et qu'il chassait devant lui avec une grace toute particulière.

Ces récoltes abondantes adoucissaient l'acrimonie des humeurs des bons pères. On ne pouvait, sans outrager la Providence, sévir contre l'organe dont Dieu se servait pour faire pleuvoir sa manne; on ne pouvait non plus tolérer absolument les déportemens du frère. Pour tout concilier, on lui infligeait des pénitences douces, comme de l'envoyer à genoux, les bras en croix, au milieu du jardin, pendant que les autres dînaient, et frère Ange allait faire diète au cabaret, avec l'argent que Vernier lui envoyait, quand il en avait besoin, et les bons pères n'avaient pas l'air de s'en apercevoir.

Un évènement remarquable, un très-grand évènement, un évènement de la plus haute importance précipita la perte du frère Ange : le père provincial de la province d'Artois était mort, et il était question de lui donner un successeur.

Déja les gros bonnets de l'ordre se rassemblaient de trente lieues à la ronde ; déja le jour de la tenue du chapitre était fixé; la salle des élections préparée; les intrigues, les cabales en activité.

Mais, mon très-cher frère et très-patient lecteur, ces intrigues, ces cabales ne ressemblent pas à celles des gens du monde, qui sollicitent ouvertement, et qui cherchent à nuire à leurs rivaux. Ici, le hasard, ou plutôt la sainte Providence décide seule en faveur du candidat, et c'est cette Providence avec qui on cherchait à s'entendre.

Tâchons de nous entendre nous-mêmes, et expliquons, dans toute son étendue, le mode d'élection, que mon pauvre oncle ne connaissait pas plus que vous, et dont il eut le malheur de rire. Peut-être, hélas! rirez-vous vous-même, quand je vous dirai que tout tenait à un pou... Oui, monsieur ou madame, peut-être bien mademoiselle, tout tenait à un pou qui s'appelle *le pou séraphique*.

La cloche a sonné. Tous les pères sont rassemblés autour d'une grande table, couverte de papier blanc. Les frères, qui n'ont droit à aucune dignité, sont humblement rangés en cercle derrière les révérences. On chante le *Veni creator*. On s'assied.

Chaque père tire un peigne de sa manche; chacun se peigne la barbe sur la table; une nuée de poux couvre le papier.

Aussitôt toutes les lunettes sont braquées; on cherche, on examine, on conteste, on commente longuement, gravement, et quand le pou le plus gros, le plus gras, le plus appétissant est tiré de la multitude, et proclamé *pou séraphique*, les autres, soigneusement enveloppés dans le papier, sont brûlés dans l'encensoir, et la fumée de leur graisse offerte en holocauste au seigneur.

Celui dont la barbe a eu l'honneur de produire et d'élever le saint pou, est nommé *provéditeur*, ou, si vous l'aimez mieux, président du chapitre, et, comme il est de la faible humanité de courir après les grandeurs, aucun père ne s'était peigné depuis le commencement de la maladie du provincial indigne; aucun ne s'était même gratté, et, au contraire, chacun avait soigné, alimenté, engraissé les insectes aimables à qui il pouvait devoir la prééminence d'un moment : première cabale.

La cérémonie préliminaire terminée, on procède à l'élection. On marque, scrupuleusement, le milieu, le juste milieu de la table. On y place, avec respect, le pou séraphique, qui va manifester les décrets célestes. Tous les pères ont le menton appuyé sur les bords de la table, et la barbe étendue en éventail. On attend, dans le silence et le recueillement, qu'il plaise au pou de se choisir une retraite, et le prédestiné, dont la barbe a recueilli ce trésor, est à l'instant promu au grade éminent de provincial. Que d'efforts pour l'attirer, ce pou bénévole ! L'huile de poisson, le cambouis, et ce qu'il y a de plus odorant, a, dès le matin, humecté, parfumé, graissé les barbes des bons pères : seconde cabale.

Le nouveau provincial entonne un *Te Deum*, les subordonnés font *chorus*, et le tout se termine par un grand dîner, où on boit, à la santé des bienfaiteurs de l'ordre, les vins excellens qu'ils ont envoyés pour la fête.

Dès le commencement des opérations mystiques, frère Ange avait ri de ce rire qui annonce le mépris des choses les plus respectables. On lui avait passé les juremens, le cabaret, l'ivresse, le défaut de soumission; mais rire du pou séraphique! c'est ce que capucin n'a jamais pardonné, c'est ce qu'il ne pardonnera jamais. Comme la dissimulation est une des vertus du cloître, on ne laissa rien percer de l'indignation générale qu'avait excitée le frère Ange.

Il était à peine endormi, qu'il fut réveillé en sursaut. On le saisit par les quatre membres; on le lie malgré ses efforts; on le bâillonne pour étouffer ses cris; on le prend, on le transporte dans une partie du couvent, où il n'a jamais pénétré; on lève une grande pierre; on lui passe une longue corde sous les bras; on dit, sur lui, les prières des agonisans; on le descend dans un trou de soixante pieds de profondeur, et on remet la pierre en lui disant: *Vade in pace*, c'est-à-dire, allez en paix, à un homme qu'on envoie au diable.

Le frère Chrysostôme fut chargé d'avoir soin de lui, et ces soins devaient se borner, tous les jours, à une demi-livre de pain et une pinte d'eau, jusqu'à ce qu'il plût au Seigneur d'appeler le frère Ange à lui. On écrivit à Vernier qu'il était mort subitement, ce qui était vrai dans un certain sens, appelé par les moines *restriction mentale*.

Cependant Chrysostôme, hypocrite consommé, n'était pas au fond plus capucin que mon oncle. Il avait été flibustier, hussard, et la conformité de goûts et d'habitudes lui avait donné de l'amitié pour Thomas. Il lui faisait faire bonne chère, lui fournissait du tabac à fumer, de la paille fraîche, de temps en temps, et une robe neuve quand la sienne était usée. Il aurait pu instruire Vernier de la position désagréable de son ami; mais ils n'étaient pas plus savans l'un que l'autre. Il eût fallu que Chrysostôme se confiât à quelqu'un; la moindre indiscrétion le perdait lui-même, et il craignait le *vade in pace*. Il aurait pu faciliter l'évasion du pauvre captif; mais il eût fallu fuir avec lui, et il se trouvait bien d'être capucin. Il se borna donc à de bons offices, qui ne pouvaient le compromettre, et à tromper l'ennui du patient, en lui faisant espérer que les bons pères se relâcheraient tôt ou tard. Il savait, de reste, que les dévots sont persévérans dans la vengeance, comme dans l'ignorance, l'intolérance, l'arrogance, la bombance et la concupiscence.

Laissons mon oncle dans son trou, dont il ne peut sortir sans ma permission. Pour diversifier vos plaisirs, allez oublier sa tristesse aux genoux de votre maîtresse, et puisse, enfin, l'enchanteresse, souriant, avec gentillesse, à votre noble hardiesse, encourager votre tendresse, passer d'amour à la faiblesse, et perpétuer votre ivresse!

QUATRIÈME PARTIE.

CHAPITRE PREMIER.

Un mot sur votre serviteur.

Depuis assez long-temps, très-respectable lecteur, je vous parle de mon oncle. Il est temps que je surmonte la modestie qui, jusqu'à présent, m'a tenu derrière le rideau. Je vais me mettre en évidence, et vous entretenir de moi.

Vernier, époux attentif, complaisant, et, qui plus est, amoureux, quittait rarement sa femme, parce qu'il était jaloux. Pardonnez-lui ce défaut : il n'eut jamais que celui-là. Suzanne, très-sage, avant et après son mariage, était passionnée pour son mari. C'était un petit démon, qu'il trouvait sans cesse sur son chemin, qui l'agaçait, le lutinait, le violentait le jour, et qui recommençait la nuit : c'est une terrible chose qu'une femme sage pour un mari. Monsieur Vernier était sur les dents; mais au bout de quelques années, il recueillit le fruit de tant de travaux. Je fus remis dans ses bras par dame Catherine, sage-femme experte, qui venait d'estropier ma mère, ce qui fut cause que je suis fils unique, à moins pourtant que mon père ne m'ait fait, par-ci, par-là, quelque petit frère, ce que je ne crois pas, ni vous non plus, d'après la connaissance que nous avons de son caractère et de sa moralité.

Suzanne, femme *d'un homme de lettres*, possédait son Jean-Jacques. Elle ne me confia point à des mains mercenaires. J'eus le bonheur de sucer son joli sein, et comme le bien-être de la maison avait été considérablement augmenté par la prise d'habit de mon oncle, et par la succession que Riboulard avait cessé de contester après sa mort, l'ordinaire était bon, le lait de ma mère excellent, et je poussais comme un champignon.

A peine eus-je l'âge de la parole, qu'on s'occupa sérieusement à développer mon intelligence, et les trois premiers volumes de cet incomparable ouvrage vous ont sans doute convaincu qu'on n'a pas perdu ses peines. On ne me fit, dans ma première enfance, aucun de ces contes de sorciers, de revenans, qui affectent des cerveaux faibles encore, et qui laissent des traces qui durent quelquefois toute la vie. Cependant, comme il fallait m'endormir avec quelque chose, ma mère me racontait les hauts faits de mon oncle, qu'elle appelait des extravagances, et qui me paraissaient, à moi, des choses merveilleuses ; aussi, pendant quelques années, je ne jouais qu'à *mon oncle Thomas*. J'avais des sabres de bois, des pistolets de paille; j'abattais des châteaux de cartes; je prenais des vaisseaux, faits avec des coquilles de noix; j'avais une poupée que j'appelais *lady Seymour*, que j'habillais, que je déshabillais, que je baisais, et à qui je faisais manger de ma bouillie.

A six ans je savais lire; à douze ans j'étais un petit monsieur présentable partout, et mon père me conduisait partout avec lui. Depuis long-temps il avait quitté son charnier. L'état de sa fortune lui avait permis de se produire dans le monde, et il était d'abord devenu secrétaire d'un conseiller au parlement, qu'il quitta, parce qu'il devint amoureux de ma mère. Il entra successivement chez un président, chez l'archevêque, chez le chancelier, qu'il quitta encore pour la même raison. Il se fit marchand épicier, et il vendit son fonds, parce qu'en achetant pour deux sous de fromage, on avait le droit de dire des douceurs à l'épicière. Il acheta une bonne ferme, qu'il revendit encore, parce que le seigneur du village prétendait au droit de cuissage, de markette, ou de prélibation. C'était un droit charmant, imaginé dans le temps des croisades, qui autorisait le seigneur à coucher, la première nuit des noces, avec leurs vassales roturières. Il y avait long-temps que ma mère n'avait plus de prémices à offrir au seigneur; mais enfin, elle s'établissait sur ses domaines, et une première nuit est toujours jolie avec une jolie femme. Pour terminer des contestations désagréables, très-désagréables pour un mari, mon père s'esquiva, avec sa tourterelle, de cette pépinière à cocus, et il se pourvut, à Paris, d'un office d'huissier, qu'il garda, parce qu'il n'avait que moi de clerc, et que la clientelle ne pénétrait pas au-delà de l'étude.

J'avais dix-huit ans, et ma mère commençait à ne plus donner d'inquiétude à mon père, lorsqu'on pensa à mon avancement. Le fils d'un recors peut se borner à être huissier; celui d'un huissier doit être au moins procureur. On me mit chez le plus habile et le plus renommé de ces messieurs, et, au bout de deux ans, mes chers parens se flattaient que la fille de quelque tanneur ou de quelque marchand de vin, serait enchantée de s'aggréger à la robe, et trop heureuse de payer ma charge. Ces espérances étaient fondées : j'entendais les affaires, j'avais de la figure, et les dimanches on rassemblait, à la maison paternelle, les demoiselles sur qui on pouvait avoir des vues. J'étais au mieux avec elles toutes. On jouait aux petits jeux innocens; on se donnait des gages; on s'embrassait, et la soirée se terminait, ordinairement, par le récit de quelques-unes des aventures de mon oncle, que je contais avec un charme qui forçait l'attention. Quelquefois on riait, quelquefois on s'apitoyait; souvent une larme était accordée à la mémoire du défunt, par ma mère, par moi, et même par mon auditoire.

Le résultat de ces soirées, fut une convention formelle, entre mon père et celui de mademoiselle Félicité, de nous marier quand j'aurais l'âge requis pour enfiler la robe, moyennant soixante mille francs que paierait le papa de la future, pour le petit plaisir de voir sa fille procureuse. Le 14 juillet 1789, qui n'arriva qu'à son tour, mais d'une manière assez étourdissante, dérangea singulièrement tous ces projets. Le parlement tomba, et entraîna dans sa chute les procureurs et les procureuses. Mademoiselle Félicité, qui était née pour un état brillant, fut mariée au président de son *district*; et comme ils avaient cinquante mille écus à eux deux, ils furent guillotinés trois ans après, sous le prétexte qu'ils entretenaient des intelligences avec *Pitt* et *Cobourg*, qu'ils ne connaissaient pas plus que vous, si, toutefois, vous ne les connaissez point.

Pour moi, qui n'étais pas fou de la demoiselle, je me consolai facilement de sa perte, et je suivis l'exemple des habitués du palais. Tous les clercs, sans exception, devinrent avoués, défenseurs officieux, ou juges aux dépens de qui il appartiendrait, ce qui fait que les pauvres plaideurs perdent, tous les jours, des causes excellentes. A la vérité, ils en gagnent quelquefois de détestables, et c'est une compensation. Au reste, nous allons avoir un code civil, et qui sera bon, car il y a douze ans qu'on en parle.

J'allais donc tous les jours plaider, en frac gris et en queue, ce qui ne donne pas une grande majesté aux tribunaux ; mais ce qui est très-commode pour ceux de mes confrères qui ne gagnent pas de quoi s'acheter une robe. Comme je n'étais pas un *Chauveau*, un *Julienne*, un *Bellart*, mes honoraires ne montaient pas bien haut. En récompense, l'étude de mon père était devenue excellente, parce qu'où la plupart des procureurs et des avocats sont des ânes, il faut bien que les huisssiers fassent les écritures.

Nous vivions dans la plus grande aisance. Mon père faisait souvent des placemens considérables. La guerre, qui venait de s'allumer, dans presque toute l'Europe, la suppression de la noblesse, des moines, des rois, du bon dieu, de la probité, de la piété filiale, de la fidélité des époux ; l'établissement de la liberté, de l'égalité, de l'ignorance, du vandalisme, de l'agiotage, de l'usure, de l'impudence, du cynisme et de la misère publique, n'empêchaient pas les hommes de plaider, et nous les aidions à se ruiner tout-à-fait, en faisant, pour un nouvel ordre de choses, des vœux qui commencent à se réaliser.

Un soir, je lisais les lois anciennes, en attendant les nouvelles ; mon père minutait un exploit, et ma mère trempait la soupe pour dix ou douze de ses *égaux* qui mouraient de faim, et qui lui baisaient les pieds, en recevant son potage, lorsqu'on sonna fortement à la porte. Ma mère, timorée, trembla pour sa tête : la meilleure, alors, ne tenait à rien. La mode de mourir dans son lit était passée ; celle de finir en public avait été reçue avec beaucoup de facilité, et paraissait ne déplaire à personne, car personne ne disait rien. Les craintes de ma mère, qui ne se piquait plus de suivre les modes, augmentèrent, en voyant entrer un chenapan de cinq pieds dix pouces, taillé en Hercule, basané, sale, en guenilles, portant un grand sabre, attaché par-dessus son épaule, avec une corde, garnie, devant et derrière, de deux ou trois douzaines d'oreilles d'hommes. Il sauta sur la soupe, en mangea la moitié, et nous le laissâmes faire, parce que nous avions peur. A boire ! dit-il d'une voix terrible, et mon père se hâta de lui présenter une bouteille de vin. Il vida la bouteille d'un trait, s'essuya la bouche, et embrassa vigoureusement ma mère. Mon père, mû par un reste de jalousie, avait envie d'éclater. Il se contint cependant, parce qu'on rendait tous les jours beaucoup, mais beaucoup de lois ; qu'on pouvait, patriotiquement, avoir décrété, ce soir-là, la communauté des femmes avec celle des autres propriétés, et que son égal paraissait un homme à lui rompre les bras, s'il faisait le récalcitrant. Nous le regardions avec des yeux effarés, et nous ne sonnions mot. « Sa-

« crédieu! s'écria-t-il, vous ne voulez pas me re-
« connaître! je suis donc bien changé. » On s'approche, on regarde, on doute ; l'homme basané
termine nos incertitudes, en déchirant sa chemise du col à la ceinture, et en nous montrant
la cicatrice de la botte de longueur que lui avait
poussée la Giberne. C'est Thomas, dit ma mère,
et elle tombe en faiblesse ; c'est Thomas, reprend
mon père, et il s'évanouit ; c'est mon oncle, re-
prens-je à mon tour, et je perds connaissance, et
revenant à nous : « Hé ! par quelle aventure, mon
« frère ?... Par quel heureux hasard, monsieur ?..
« Comment se peut-il, oncle fameux ?..... Parlez,
« expliquez, racontez... criâmes-nous tous trois
« ensemble », et Thomas raconta sommairement
ce que vous allez lire.

Le frère Chrysostôme ne fut pas plutôt informé
de la suppression des moines, qu'il crut devoir
gagner, du côté du patriotisme, ce qu'il perdait
de celui de la besace. Il jette le froc aux orties,
court à la commune renier Jésus-Christ, et dénoncer les pères indignes qui violaient quelquefois le vœu de pauvreté, assez souvent celui de
chasteté, et qui se permettaient d'enterrer les
gens tout vifs. Aussitôt, un savetier somme le
conseil de la commune d'arrêter que le frère
Chrysostôme a bien mérité de la patrie, et l'arrêté est consigné sur le registre. Le savetier
somme la commune d'aller, à l'instant même, délivrer le frère Ange, et la commune se met en

branle, suivie du savetier, de ses confrères, des aboyeurs de l'assemblée populacière, des garçons bouchers, et de leurs chiens. On déterre mon oncle, étonné de revoir le grand jour. On lui rend les honneurs dus à une victime du despotisme ; on chasse une partie des bons pères, pendant que le vindicatif Thomas assomme l'autre, et le procureur-syndic s'installe, préalablement, dans la maison, avec une femme qu'il avait volée à un gentilhomme, et qu'il tenait en réquisition pour ses menus plaisirs.

La Sapho d'Arras, car il y a une Sapho partout, fit dans la journée un poème en vers, intitulé : *Les infortunes de Thomas*. Il fut lu le soir au spectacle, et couvert d'applaudissemens. Il était, en effet, très-bien écrit. Sapho en devint plus chère à ses coteries, et s'éloigna un peu davantage de son mari, de ses enfans et de son ménage, dont elle ne se souciait guère, selon l'usage des femmes auteurs.

Sapho fut couronnée pour avoir fait des vers ; le savetier pour sa motion patriotique ; Thomas pour avoir assommé cinq à six capucins, dont l'aristocratie monacale ne pouvait paraître douteuse ; et, comme il déclara vouloir revenir à Paris, la commune lui donna un bon de dix louis à prendre sur un certain baron qui se tenait fort tranquille ; qui avait repris son nom de famille, supprimé sa livrée ; qui régalait la canaille, son égale, mais qui devait payer, parce qu'il était baron.

Le premier soin de Thomas, en arrivant dans la capitale, avait été de chercher son beau-frère, qu'il ne trouvait nulle part, et qu'il aurait rencontré, sans le connaître, car, trente ans de plus sur la figure d'un homme, ne laissent pas de la changer un peu. Il se décida à prendre la piste de Vernier, et à le suivre jusqu'en Amérique, ou en Laponie, s'il le fallait. Il passa donc, de l'humble boutique d'écrivain, chez l'ex-conseiller, qui l'envoya chez l'ex-président, qui ne put rien lui dire de Vernier, parce qu'on lui avait coupé le cou la veille; mais un domestique, qui avait dénoncé son maître, pour avoir sa montre et sa bague, renvoya Thomas à l'ex-archevêque, qui était émigré, dont la femme de charge indiqua l'ex-chancelier, qui était mort, dont le portier, président de son comité révolutionnaire, donna l'adresse du magasin d'épiceries, dont le propriétaire venait d'être *lanterné*, pour avoir accaparé de l'eau-de-vie, que les *lanterneurs* aiment beaucoup, ce qui fut cause que mon oncle s'adressa à la fruitière du coin.

Celle-ci avait conservé une idée confuse du domaine qu'avait acheté Vernier. Elle nomma *Isigny* au lieu de *Savigny*, ce qui fut cause encore que mon oncle voyagea en Normandie, où il parcourut tous les villages en *i*, d'où il revint à Paris, et de là à *Passy*, *Poissi*, *Neuilli*, *Chilli*, *Bondi*, *Suci*, *Baubigny*, *Chevilli*, *Issi*, *Grigni*, *Boissi*, *Gisi*, *Gentilli*, et enfin *Savigny*, où il apprit ce que je vous ai déja dit.

Il n'est pas difficile de trouver un huissier à Paris : aussi mon oncle vint-il chez nous en droite ligne. Il ne paraissait pas aussi aisé de vivre pendant un an que durèrent ces recherches ; mais comme le bien des *conspirateurs*, des *suspects*, des *modérés*, était devenu le patrimoine des patriotes *purs*, mon oncle entrait dans toutes les maisons d'apparence, et les propriétaires étaient conspirateurs ou modérés, selon que leur table était plus ou moins bonne, leur bourse plus ou moins garnie.

Après les premiers épanchemens, mon père, qui n'était ni *lanterneur*, ni *sabreur*, ni *guillotineur*, ni *dénonciateur*, ni *voleur*, ni même *agioteur*, et qui avait la plus forte envie d'éloigner de chez lui, le baudrier garni d'oreilles, et le grand homme qui le portait, mon père se mit aussitôt à son secrétaire, et rédigea le compte des sommes qu'il devait à mon oncle, avec les intérêts des intérêts de trente ans. Le résultat de ce compte était notre ruine absolue. Mon père pouvait profiter du droit de prescription ; il pouvait, au moins, rembourser en assignats, comme tant de fripons ; mais il était resté pur au milieu de la corruption générale.

Pendant qu'il calculait, ma mère faisait ses efforts pour dégoûter mon oncle de son costume et de son baudrier ; mais sa longue captivité l'avait aigri ; les années avaient roidi son caractère, et il n'était plus possible de lui rien faire changer à ce qu'il avait résolu. Ces oreilles étaient celles des moines qu'il avait rencontrés, et autant il en rencontrait, autant d'oreilles à bas. Il en avait fait le vœu, et corbleu, il se promettait de tenir celui-là. Pour le costume, c'était celui des patriotes par excellence. C'est à ce costume qu'il devait l'amitié de Marat, de Robespierre, et de tant d'autres qui lui prenaient familièrement la main. « Mais, mon frère, vous croyez donc que « ces gens-là vous aiment ?—Pas du tout. Ils n'ai- « ment personne ; mais ils ont besoin de moi, et « je les flatte, parce que j'ai besoin d'eux. C'est « cela, reprit mon père. En révolution, chacun « travaille pour son compte, et brise ensuite l'in- « strument dont il s'est servi. — J'entends bien « aussi ne travailler que pour moi, et sacrebleu, « ou ne me brisera point. — Je le désire, mon- « sieur. — Moi, j'en suis sûr. J'irai à la fortune « par un chemin où ces plats coquins-là ne me « suivront pas.—Et lequel, monsieur ?—Celui de « l'honneur. Je suis toujours Thomas, et j'ai en- « core du courage et des bras. — Hé, monsieur, « pourquoi vous exposer de gaieté de cœur, pour- « suivit mon père, en présentant son bordereau « à mon oncle ? voilà plus qu'il ne vous faut, « pour vivre dans l'abondance. — Qu'est-ce que

« c'est que cela?—L'état des sommes que je vous
« dois. — A combien cela monte-t-il? — A cin-
« quante-deux mille livres. — Et que te restera-
« t-il?—Rien.—Rien, f.....! » et Thomas déchire
le bordereau, et en jette les morceaux au nez
de mon père. « Apprends, beau-frère, qu'on
« peut couper les oreilles des moines, dévaliser
« les Anglais, et laisser de quoi vivre à sa sœur
« et à son mari. Tu me donneras douze mille
« francs dans les vingt-quatre heures; c'est plus
« qu'il ne me faut pour me faire tuer, ou gagner
« un million. Je t'abandonne le reste, et grand
« bien te fasse. » Mon père ne répondit rien.
Mon oncle l'entraîna chez un notaire, à qui, d'a-
bord, il fit peur aussi; mais qui l'embrassa cor-
dialement, quand il eût démêlé l'ame de la fange
qui l'obstruait. L'acte de renonciation fut dressé
et signé aussitôt, à la grande satisfaction des
parties.

J'avais contracté, dès ma naissance, l'habitude
d'admirer Thomas. Ce désintéressement, mêlé
d'une sorte de grandeur burlesque, me subjugua
tout-à-fait. Peut-être l'extraordinaire a-t-il le droit
de plaire à la jeunesse; peut-être y avait-il entre
nous des rapports que l'éducation avait adoucis
en moi. Quoi qu'il en fût, je commençai à négliger le palais, et je vouai, à mon oncle, un attachement à toute épreuve, parce que je trouvais
un plaisir indicible à l'entendre, et que son langage héroïco-barbare m'inspirait, en m'échauffant

la tête, une sorte de mépris pour le papier-marqué.

Ainsi sont faits les hommes. On quitte une femme aimable pour le premier minois chiffonné qui vous trompe, et se moque de vous; un état paisible et sûr, pour la gloire, qu'on n'aborde qu'à coups de canon; on réalise une fortune solide, et on se ruine en prêtant son argent à trente-six pour cent par an ; on dédaigne la maison de ses pères, et on en sort sans savoir si on trouvera un abri.

CHAPITRE II.

Je deviens aussi un petit héros.

Mon oncle dînait chez nous pour la dernière fois. Il avait reçu son argent, et il partait le lendemain. Lorsqu'il entra, mon père était à ses affaires, et ma mère à la cuisine. Thomas me parlait de ses grandes vues, avec cet enthousiasme que donne le pressentiment des succès. En l'écoutant, ma figure s'animait, mon sang bouillonnait, et, dans un moment dont je ne fus pas maître, je tirai son grand sabre. Il cessa de parler, me regarda fixement, et me tâta le poulx : « Tu « es né pour la guerre, reprit-il, et non pour moisir dans un cabinet. N'es-tu pas honteux de te « battre, à coups de plume, pour un peu de mau-« vais papier, tandis qu'il ne faut qu'une campa-

« gne pour t'enrichir et te rendre fameux? Il est
« temps de quitter les jupons de ta mère. Envoie
« au diable l'écritoire et l'écriture, et prends-moi
« un sabre et une paire de pistolets : voilà ce qui
« sied à un jeune homme. Mais une écritoire,
« corbleu! une écritoire! fi donc! »

Cette ouverture était trop de mon goût pour
que je n'y répondisse pas comme mon oncle le
désirait. Il fut arrêté, entre nous, que je serais
aussi un grand homme; qu'il me ferait inscrire
sur son passe-port; que j'irais le joindre à la diligence ; que nous partirions ensemble, et que
nous aurions grand soin, pendant la journée, de
ne pas nous laisser pénétrer par mon père, qui
n'eût pas manqué de mettre obstacle à ma célébrité.

Quand je ne fus plus soutenu par la présence
de mon oncle, je sentis des remords. J'allais
quitter, en fugitif, de bons parens, qui ne respiraient que pour moi; je les livrais à de continuelles inquiétudes ; si j'étais tué, ce qui ne me
paraissait pas impossible, ils finiraient leur carrière dans la douleur et l'abandon. Mais aussi si
je me distinguais, si je parvenais aux premiers
grades, si ma réputation et mes richesses embellissaient leurs derniers jours, combien ils s'applaudiraient que je ne les eusse pas consultés!
Cette considération l'emporta sur les autres, et
cela devait être : elle s'accordait avec mon penchant. Je passai une partie de la nuit à écrire, à

mon père, une lettre bien tendre, bien respectueuse, que je laissai sur ma table, et je m'amusai à bâtir des *châteaux en Espagne* jusqu'au lever du soleil, dont mon impatience hâtait le retour.

Je me levai; je sortis sans bruit. Je joignis mon oncle à l'heure indiquée, et nous montâmes dans la diligence. Nos compagnons de route regardaient Thomas avec un étonnement mêlé de terreur; personne ne parlait. Thomas seul faisait les frais de la conversation. Il interrogeait tout le monde d'un ton tranchant; on ne lui répondait que oui ou non, prononcé d'un air de déférence. Il se jetait ensuite dans la politique; il débitait, là-dessus, toutes les billevesées qui lui passaient par la tête, et plus il disait d'extravagances, plus on lui témoignait d'égards : on le prenait pour un agent du gouvernement.

Nous arrivâmes à Calais le troisième jour, et nous nous établîmes chez monsieur Meurice, qui tient une auberge très-jolie, très-propre, qui est plein de complaisance pour les voyageurs, qui les sert bien, et ne les rançonne pas.

Comme, pendant la guerre, personne, à Calais, n'a rien à faire, pas même du hareng, on s'y promène sur une grande place, où on gobe, à la fois, les nouvelles et les trente-deux airs de vent. L'arrivée de mon oncle, dont les goutteux du pays se rappelaient les premières aventures, fit sur cette place autant de bruit que la bise, et les armateurs, les constructeurs, les matelots et les curieux vinrent en foule nous faire des propositions. Mon oncle leur répondit qu'il savait arranger ses affaires lui-même, et qu'il les priait de le laisser tranquille.

Dès l'après-dîner, il s'occupa de son armement. Il me mena sur le port. Pendant que j'admirais la mer, que je voyais pour la première fois; que je faisais, sur l'instabilité de l'onde, des réflexions que je me gardais bien de communiquer à mon oncle, il courait partout, et examinait tout, depuis le *long-pont* jusqu'à la *portelette*. « J'ai notre af-« faire, me dit-il. » C'était une longue barque, mince, légère, taillée pour la course, et dans laquelle soixante hommes pouvaient tenir debout et serrés. Mon oncle parla, marchanda, jura, acheta et paya la barque. Il y fit mettre un mât, une voile et des avirons, et il pensa à faire son équipage.

Comme une dévote est difficile sur le choix d'un directeur; une prude, sur celui d'un amant; un petit-maître, sur celui d'un tailleur; un protégé, sur celui d'une place; un agioteur, sur le poids des louis; tel mon oncle observait, scrutait, épluchait les sujets qu'il se proposait d'associer à sa gloire. Il courait les cabarets avec un sac de 1200 francs dans son chapeau; il faisait boire, il donnait de l'argent, il enrôlait ceux qui lui convenaient, et il n'enrôlait que des jeunes gens. Il ne voulait pas d'hommes mariés, parce qu'il prétendait qu'on se bat mal quand on pense à sa femme et à ses enfans, et je crois qu'il avait raison. Il refusait encore les jeunes gens qui avaient quelque aisance, parce que l'aisance, disait-il, fait tenir à la vie, et qu'au contraire, un gueux, à qui elle est à charge, l'expose volontiers, et il avait encore raison.

Avec sa façon de voir, il n'avait trouvé que vingt hommes, et cela ne suffisait point; mais, avec son génie inventif, il se mit bientôt au complet. Il embaucha quarante soldats des plus braves de la garnison, à qui il persuada que le suivre ce n'était pas déserter : en effet, servir sur terre, servir sur mer, c'est toujours servir. Cependant, comme les chefs auraient fort bien pu n'être pas de cet avis, on prit une petite précaution pour tromper leur vigilance. On convint, que le jour du départ, ces soldats sortiraient de la ville, sous le prétexte d'aller manger *del cren bouli* (1), au petit Courgain; qu'ils fileraient de là vers le rivage de la mer, où on les prendrait à bord.

Il fut question ensuite de trouver un capitaine qui voulût bien se borner à commander la manœuvre, pendant que mon oncle dirigerait les opérations. Chacun a son petit amour-propre, et aucun des capitaines de Calais ne voulait ser-

---

(1) Excellent laitage qu'on ne sait préparer qu'à Calais. On en vient manger de Londres, de Pétersbourg et de Pékin.

vir en sous-ordre. M. Meurice, toujours obligeant, nous tira d'embarras. Il nous amena un certain Mimi-Duboc, qui n'était pas capitaine, qui n'était pas non plus simple matelot, qui savait le métier à fond, qui était brave, qui buvait sec, qui paraissait digne, à tous égards, de seconder mon oncle, et qui consentit à n'être que l'instrument de sa gloire, moyennant vingt louis comptant, et quatre parts de matelot dans les prises.

Il ne restait plus qu'à s'occuper des munitions de guerre et de bouche, et ces deux articles furent bientôt réglés. Comme on trouve à bord des vaisseaux anglais, des canons, des fusils, de la poudre, des boulets et des balles, mon oncle jugea inutile de se munir de tout cela. Soixante bouts de fleurets bien affilés, et de vingt pouces de longueur, montés de manches de bois, composèrent tout notre arsenal. Comme les vaisseaux anglais sont encore abondamment pourvus de vivres, les emplettes, en ce genre, se bornèrent à un baril d'eau-de-vie de soixante pintes, et à un sac de soixante livres de biscuit. Le bâtiment de mon oncle, tout équipé et prêt à mettre en mer, lui revenait à quatre mille francs.

On commença par rire beaucoup, à Calais, de ces préparatifs, et quand on fut las de rire, on finit par murmurer. Les gens qui ont la manie de se mêler de tout, représentèrent au commandant de la place qu'il était de son devoir d'empêcher la jeunesse calésienne de suivre un fou à la boucherie. Bientôt toute la ville fit *chorus*, à l'exception des vingt jeunes gens, que mon oncle tenait toujours entre deux vins ou entre deux bières, et qui ne doutaient de rien.

Cependant le citoyen commandant se crut obligé de céder à ces clameurs générales, et il vint voir mon oncle. Ce n'est pas qu'il s'embarrassât beaucoup de ce que deviendrait cette brillante jeunesse ; mais on est bien aise de complaire à ses concitoyens. Aux premiers mots du commandant, mon oncle tira, d'une moitié de mouchoir bleu, un papier, dont il n'avait pas encore parlé. « Tiens, frère et ami, dit-il à l'offi-
« cier, voilà de quoi te casser le nez. » C'était un ordre en bonne forme, à toutes les autorités civiles et militaires, de laisser le citoyen Thomas, sans-culotte éprouvé, maître absolu de diriger ses entreprises contre les ennemis de l'État, et de lui fournir, à sa première réquisition, les secours de tout genre dont il aurait besoin, et ce, à peine de destitution pour les contrevenans, et signé *Robespierre*.

Mon oncle ne s'était pas fait lire ce papier, et il n'en connaissait le contenu qu'en général. Le commandant avait prétendu le mener, et ce fut lui qui mena le commandant. Il me fit écrire les noms des quarante soldats que nous avions embauchés, et il *requit* qu'ils lui fussent envoyés à l'instant. L'officier salua profondément le protégé du citoyen Robespierre, et sortit. Un quart-d'heure après, les quarante braves entrèrent. Thomas les établit à discrétion chez monsieur Meurice, et il ne fut plus question de *cren bouli*.

Je n'aurais pas été fâché que le commandant fût parvenu à déjouer les projets de mon oncle. Il me paraissait difficile, autant que dangereux, d'attaquer et de prendre des vaisseaux avec des bouts de fleuret. Je crois même que je n'aurais pas été fâché de rester à terre tout-à-fait : l'approche du moment critique avait singulièrement affaibli ma passion pour la gloire. Mais, comment déclarer cela à mon oncle ! Le neveu de Thomas avoir peur ! Il était homme à me faire sauter la tête d'un coup de pistolet, et j'aimai autant courir le risque de le recevoir de la main d'un Anglais.

Depuis huit jours que nous étions à Calais, mon oncle allait régulièrement, matin et soir, examiner, du rempart, les bâtimens anglais qui croisaient à la rade, pour enlever, au passage, deux pauvres corsaires qu'on équipait dans le port. Jusque alors, il n'avait découvert, avec sa *longue-vue*, que quelques *cutters*, quelques *sloops* de dix à douze canons, et il retournait à son auberge avec humeur. Ce jour-là, c'était un vendredi matin, les bâtimens légers étaient disparus, et remplacés par une frégate de trente canons. Mon oncle fit un saut, se frotta les mains, m'embrassa, et me passa sa lunette : « Hé bien ! qu'en
« dis-tu ? — Superbe vaisseau, mon oncle ! — Il
« est à nous. Allons, à bord. »

Je tremblais de tous mes membres. Heureusement la joie très-active de Thomas ne lui permit pas de s'en apercevoir. Il court, il *requiert* le tambour du poste du Hâvre de le suivre ; il parcourt les rues au son de la caisse, et ordonne, à ses enrôlés, de se rassembler à l'instant chez M. Meurice. Il ouvre le garde-manger ; il porte sur la table de la cuisine un pâté d'Amiens, une dinde de Périgueux, un quartier de veau rôti, et un fromage de Hollande. Il tire de la broche un gigot et six poulets ; de dessus les fourneaux, un haricot de mouton et douze pigeons en compote. Il fait monter, de la cave, une feuillette de Bordeaux et un panier de cinquante bouteilles de Champagne. On met le couteau dans les viandes ; on dresse la feuillette ; on la défonce ; on y puise à plein verre ; on fait sauter les bouchons de Champagne ; on fait sauter les bouteilles vides ; on attaque les pleines ; on boit, on mange tout en riant, en chantant, en jurant, en gambadant.

Pour le dessert, Thomas fait apporter un chaudron, dans lequel il verse vingt pintes d'eau-de-vie ; il y mêle deux livres de poudre à canon, qu'il délaie avec ses mains noires et décharnées. On avale ce breuvage infernal, on s'en barbouille la figure aux cris de *vive la république !* les têtes se *volcanisent ;* mon oncle saisit le moment, il paie, prend le reste de son argent, et on part bras dessus, bras dessous, pour aller soutenir l'honneur du pavillon français.

J'avais remarqué, avec étonnement, que mon oncle ne buvait pas, ou qu'il buvait peu. Je remarquai, avec plus d'étonnement encore, qu'il paraissait calme et réfléchi. Je jugeai dès lors qu'il avait les qualités nécessaires pour bien commander. Pour moi, qui avais senti le besoin de me *volcaniser* comme les autres, je m'étais donné *le coup de toupet*, et je me crus digne alors de marcher sur les traces du grand homme.

Fanchon-la-Poussière, la femme du port la plus laide et la plus connue, nous suivait en tournant ses petits yeux et en faisant danser ses grosses mamelles : « Hé, mé Diu, monsieur Tho-
« mas, où qu'ous allez ? — Guerroyer, f... —
« Est-ce qu'ous ne voyez pon c'te frégate ? — Je
« vais la prendre. — S'embarquer un vinderdi !
« — Je m'en f... — Ous serez coulé bas, monsieur
« Thomas. — Je m'en f... laisse-moi tranquille,
« et vá au diable. »

Nous descendons dans notre barque, la voile est tendue, les rames secondent le vent, nous sortons du port à la vue des habitans étonnés, qui, de la jetée, nous disent le dernier adieu. Nous étions debout, pressés, pouvant à peine résister au roulis, et portant chacun notre fleuret à la ceinture. Mimi-Duboc tenait la barre du gouvernail ; mon oncle était à l'avant, presque nu, le corps et la figure couverts de poil, la tête chargée d'un énorme bonnet de peau d'ourson, l'air terrible, et le porte-voix à la main.

Quand nous eûmes dépassé le Fort-Rouge, Thomas fit carguer la voile, et donna l'ordre. « On « va nous hêler de la frégate, je répondrai. Nous « essuierons le feu des batteries de bas-bord; on « nous manquera. Pendant qu'on rechargera, ou « que la frégate virera pour nous envoyer sa vo- « lée de tribord, nous aborderons, nous entre- « rons par les sabords; vous poignarderez tout. « Mon neveu, Duboc et moi, nous courrons à la « sainte-barbe, et nous verrons après. Allons, f..., « hisse la voile, et en avant. En avant ! répé- « tâmes-nous tous à la fois. » Et au bout d'un quart-d'heure, nous nous trouvâmes à la portée du canon.

Les Anglais avaient braqué leurs lunettes sur nous, et nous laissaient approcher. Il y avait si peu d'apparence que soixante hommes, sans armes, osassent attaquer un bâtiment de cette force, que, peut-être, ils nous prirent d'abord pour une barque de cartel. Cependant ils étaient sur leurs gardes, et nous apercevions distinctement les canonniers à leurs pièces. « *Qui vive!* « nous crie un officier anglais. *France!* répond « Thomas, d'une voix de Stentor. — Que voulez- « vous ? — Vous prendre. » A l'instant, la volée de bas-bord part, et ne nous manque pas, comme se l'était persuadé mon oncle. Le mât, la voile, et une partie de l'avant sont emportés ; neuf hommes coupés en deux, et un boulet de sept nous a percés à l'eau. « A bord, Duboc, à bord

« de l'Anglais », criait mon oncle, et il bouchait le trou du boulet avec une jambe qui se trouva sous sa main, et nous jetions les morts à la mer, et nous vidions l'eau avec nos bonnets.

La frégate était en panne, elle avait peu de voiles dehors, la manœuvre n'était pas facile. Cependant nous avancions à force de rames, et elle voulut virer de bord, pour faire feu de ses autres batteries. Duboc fit la même manœuvre, et se tint constamment à bas-bord de l'ennemi. Ses canonniers rechargeaient à la hâte, mais nous étions déjà à demi-portée du pistolet. Nous essuyâmes encore une décharge de mousqueterie, qui nous tua trois hommes, et en blessa six légèrement. Nous nous trouvâmes alors sous la courbe du vaisseau, par conséquent hors d'atteinte, et nous sautâmes à l'abordage. Thomas entra le premier par un sabord, et reçut un coup de hache d'armes, qui lui abattit le nez et la moitié d'une joue : il n'en fut que plus terrible. Il renversait tout avec son poignard ; Duboc faisait des merveilles, et, tout en jouant de mon fleuret, je les suivais de très-près, car je ne savais pas où était la sainte-barbe.

Elle était gardée par quatre hommes, qui n'avaient, selon l'usage, qu'un sabre à la main. Ils demandèrent la vie. Le sang de Thomas coulait ; il les poignarda tous les quatre. Nos gens avaient *balayé* les entreponts, et il se crut maître du vaisseau : il était loin de son compte. On n'avait tué que les canonniers, quelques charpentiers, le cuisinier et le chirurgien, car on tuait tout ce qui se présentait. Il restait sur le pont, et dans les manœuvres, cent cinquante hommes au moins. Ils avaient fermé les écoutilles sur nous, et paraissaient se disposer à faire voile pour l'Angleterre. Nous nous trouvions prisonniers sous les ponts, au sein même de la victoire. Thomas, enragé de ce contre-temps, cria au capitaine anglais qu'il voulait parlementer. On *parlementa*, comme on le peut, à travers des planches de trois pouces. « Apprends, chien d'anglais, dit mon « oncle, que des gens comme nous ne se laissent « pas mener en prison. Je te donne cinq minutes « pour mettre bas les armes. Si tu refuses, je « mets le feu aux poudres, et nous sautons tous « ensemble. » L'Anglais, aussi brave que mon oncle, lui cria, à son tour, qu'il s'en f...tait. Thomas, exaspéré par cette réponse, enfonça, à coups de hache, la porte de la sainte-barbe, défonça un baril de poudre, et courut prendre une mèche aux batteries.

Notre héroïsme, à nous subalternes, n'était pas tout-à-fait si vigoureux que le sien. Nous trouvions qu'il n'y avait pas de comparaison entre les désagrémens de la prison et les inconvéniens du saut qu'il voulait nous faire faire. Moi, je n'osais rien dire ; mais nos gens se jetèrent sur lui, lui arrachèrent la mèche, et l'un d'eux fut la jeter à l'extrémité de l'entrepont. Thomas ne se connaissait plus ; il les traita de lâches, et tomba sur eux à grands coups de fleuret. Il en avait tué deux, et continuait de manière à pouvoir, dans peu de momens, sauter en liberté. On le saisit, on le désarma, et on le lia fortement à la tige du grand mât. J'avais l'air de le défendre, et je recommandais tout bas, à nos gens, de bien serrer les nœuds : je me sentais, pour le saut, une aversion de tous les diables. A présent que je pense, de sang froid, à la fureur de mon oncle, je ne conçois point comment elle ne l'a pas suffoqué, ou comment ses blasphèmes n'ont pas fait abîmer le vaisseau.

La confusion, le bruit, inséparable de pareils évènemens, n'avaient pas permis d'entendre les cris de quelques malheureux renfermés dans la cale. Duboc crut, le premier, distinguer quelques mots ; il prêta l'oreille. On lui parla français, et il ouvrit aussitôt. C'était quinze de nos compatriotes qui avaient entendu la contestation de mon oncle avec son équipage, et que la peur de sauter avait rendus blêmes, *comme des clercs au sortir du carême.*

Ils nous racontèrent qu'ils étaient partis du Hâvre, avec soixante-trois mille livres *écus*, pour aller prendre, à Hambourg, un chargement en blé. C'était dans le bon temps où on nous distribuait, *patriotiquement*, deux onces de pain de fèves ou de chenevis par jour, qu'il fallait attendre, à la porte du boulanger, depuis onze heures du soir jusqu'à sept heures du matin : c'était de l'ordure bien achetée. Le farinier du Hâvre avait été pris la veille par la frégate; les Anglais avaient fait passer, à leur bord, les hommes et les espèces, et avaient coulé le bâtiment, qui n'était bon qu'à les embarrasser dans leur croisière. A la vérité, les négocians du Hâvre auraient pu ne pas hasarder leur métal, et prendre des lettres de change sur Hambourg; mais comment faire connaître aux espions du citoyen Robespierre, qu'on avait soixante-trois mille livres *écus*, sans s'exposer à perdre soixante-trois mille têtes, si on les avait eues ?

Pendant qu'ils nous faisaient ce récit, qui ne nous intéressait guère, un autre incident renouvela mes terreurs. On avait jeté, sans réflexion, la mèche qu'on avait ôtée à mon oncle, sur les fagots souffrés qu'on lance allumés dans les manœuvres de l'ennemi, pour faciliter les abordages. Une fumée épaise, et jaune, remplit tout à coup l'entrepont, et la flamme se manifesta à la proue du bâtiment. Il était facile encore de l'éteindre; mais il fallait de l'eau, et comment en puiser sans se mettre à découvert, et recevoir, d'en haut, des coups de fusil à bout portant ? Nous étions tous dans la désolation, et je vis Thomas sourire.

Nous délibérions en désordre, et une autre scène se jouait sur le pont. Dès que les Anglais se virent enveloppés par la fumée, qui sortait des sabords, ils ne doutèrent plus que mon oncle n'eût exécuté, en partie, la menace qu'il leur avait faite. Ils n'aimaient pas la grillade plus que nous ; ils frémirent à leur tour, et sommèrent, brusquement, leur capitaine de se rendre. Le monsieur s'entêta aussi, et on fit en haut ce que nous avions fait en bas : on lia le capitaine anglais, on ouvrit les écoutilles, et on nous cria qu'on se rendait.

Nous étions bien sûrs que mon oncle, que le hasard rendait vainqueur, ne penserait plus à faire le saut périlleux.

On le détacha avec des marques de respect, et on lui demanda pardon d'avoir voulu le sauver malgré lui. Il avait autre chose à faire que de répondre à des complimens. Il ordonna aux Anglais de descendre l'un après l'autre, et de déposer leurs fusils à ses pieds. A mesure qu'ils obéissaient, nos gens s'armaient. Duboc faisait prendre aux prisonniers des sceaux et des *mops*. En cinq minutes, il ne resta plus de traces de feu, et les Anglais allèrent dans la cale remplacer ceux que nous avions délivrés ; *un clou chasse l'autre*. Ce fut alors que, passant de l'extrême inquiétude à l'excès de la joie, nous montâmes sur ce pont, où nous ne devions paraître que pour y recevoir des fers.

Le premier soin de mon oncle fut de couper les cordes qui retenaient le capitaine anglais. Il lui serra la main, et lui fit prendre un verre de rhum : « Tu es un homme, toi, et j'aime les bra-

« ves gens. Prends ta chaloupe, quatre de tes
« matelots, et retourne en Angleterre. J'espère
« que nous nous rencontrerons quelque jour, à
« forces égales, et, sacredieu, nous aurons le
« plaisir de brûler quelques amorces ensemble. »

Après le départ du capitaine, Duboc mit le cap sur Calais. Nous en étions éloignés de deux lieues au moins, et nous ne restions plus que trente-neuf en état d'agir. Les quinze que nous avions délivrés, faisaient un total de cinquante-quatre hommes. Il en fallait cent vingt, au moins, pour le seul service des batteries, et nous avions plus de cent prisonniers à garder. Mon oncle sentit bien que ce n'était pas le moment de faire le gentil, et il fit laisser le pavillon britannique, pour ne pas attirer sur nous les croiseurs anglais qui étaient dans la Manche. S'il aimait à se battre, il aimait bien autant à garder ce qu'il avait pris.

Pendant que nous marchions, à pleines voiles, Thomas fit apporter, sur le pont, la caisse aux soixante-trois mille livres, pour éviter, disait-il, l'entremise du juge de paix. En effet, les vingt-quatre heures n'étaient pas révolues, depuis que le vaisseau Normand avait été pris par la frégate, et les premiers propriétaires étaient fondés à réclamer leurs fonds. J'en fis l'observation, moi homme de loi, et, pour prévenir toutes difficultés, il fut résolu qu'en arrivant à Calais, j'écrirais au nom de mon oncle, au citoyen Robespierre, que des gens qui ne savent pas manger du pain de fèves et de chenevis, sont infailliblement des aristocrates, et que leur argent était partagé entre les bons sans-culottes qui l'avaient repris aux Anglais.

En conséquence, chaque homme reçut comptant quinze cents francs en belles espèces sonnantes. Duboc en palpa six mille, et moi, en qualité d'écrivain et de conseil privé du capitaine, les trois mille qui restaient. Nos quinze Normands, qui ne s'étaient point battus, eurent, pour leur part, la permission de se faire tuer avec nous à la première occasion, et mon oncle, d'un désintéressement tout particulier, se contenta, pour la sienne, de la frégate toute équipée, et pourvue de vivres pour trois mois : ce qui ne valait guère que cinq cent mille livres. On murmura un peu; mais il répondit que son vaisseau serait toujours ouvert aux braves qui voudraient voguer, avec lui, à la fortune, et il proposa de se brûler la cervelle, sur l'heure, avec ceux à qui ses arrangemens ne conviendraient pas. Un matelot, un soldat, qui gagne quinze cents livres en deux heures, n'y regarde pas de si près. Tout le monde se tut, et nous mouillâmes sous le canon du Fort-Rouge, le pavillon anglais renversé, et le tricolor flottant glorieusement à la vue du port. La jetée était couverte de ces mêmes habitans qui, quatre heures avant, nous traitaient d'insensés. Les chapeaux étaient en l'air; on nous saluait; on nous tendait les bras :

voilà les hommes! toujours tournés au soleil levant.

CHAPITRE III.

Grandes tentatives.

Duboc fit les signaux d'usage pour faire arriver les *lamaneurs*. Mon oncle mit ses prisonniers dans les barques; il y descendit avec moi, et l'élite de son monde; il ne laissa, pour veiller sur le bâtiment, que Duboc et les quinze matelots, qui, n'ayant rien partagé, auraient pu jaser sur l'irrégularité de la confiscation et du partage. Nous fîmes notre entrée triomphante aux acclamations générales. Fanchon-la-Poussière nous embrassa, monsieur Meurice nous embrassa, de jolies dames même nous embrassèrent; c'était à qui nous embrasserait. Nous reçûmes les félicitations des autorités constituées, de la garnison, des affiliés aux jacobins, et des comédiens, ou soi-disant tels, les unes en prose, les autres en mauvais vers. Le juge de paix témoigna quelque envie d'aller inventoriser notre prise. Mon oncle lui dit sèchement qu'il ne lui croyait pas le pied marin; qu'il pourrait tomber à l'eau, et qu'il lui conseillait de renoncer à la fantaisie de faire le juge en pleine mer. L'homme de plume se tint pour bien averti.

En réjouissance de sa victoire, Thomas ordonna les apprêts d'une fête magnifique. Deux cents couverts sur la place, servis par monsieur Meurice; un amphithéâtre pour un orchestre conduit par monsieur Senlis; un bal, *non paré*, dirigé par monsieur Ventrouillac; tout le monde admis, indistinctement, à sauter sur le pavé, à boire et à manger une partie des huit mille livres que mon oncle portait dans sa ceinture, et si nos convives ne furent pas composés de la meilleure compagnie de Calais, c'était au moins la plus sautante et la mieux mangeante. Il en coûta mille écus à mon oncle; mais cette prodigalité apparente favorisait de vastes projets, dont il s'occupait déja, et, le soir même, il enrôla cinquante soldats et vingt-deux matelots, dont les sœurs et les maîtresses se seraient, je crois, enrôlées aussi; mais Thomas n'était pas amateur.

Le lendemain il fit imprimer, par monsieur Mauri, des affiches dont il me dicta la minute dans son style ordinaire, et dont il m'ordonna d'aller tapisser les murs de Dunkerque et de Boulogne. C'était une invitation à la belle jeunesse de se joindre au *fameux* Thomas, *exterminateur des Anglais et des moines*. Tel fut le titre qu'il prit dès lors, et que la postérité, toujours juste, lui conservera sans doute.

Sa grande réputation, ses écus lâchés à propos, et l'espoir d'une fortune brillante, me procurèrent beaucoup plus de monde que je n'en voulais. Fidèle aux instructions de mon oncle, je ne pris que des hommes éprouvés, célibataires, et dans la misère jusqu'aux oreilles. En moins de dix jours, nous eûmes une collection précieuse des plus grands vauriens du pays, composée de cent matelots, de cent cinquante canonniers de terre ou de marine, et de cent cinquante fusiliers. C'était beaucoup trop pour une frégate de trente canons ; mais mon oncle avait une façon de combattre qui éclaircissait diablement les rangs.

Pendant que je lui organisais une armée, il s'occupait des moyens de la faire exister, et de la vêtir à peu de frais. Comme il n'avait plus d'argent, il mit en réquisition les lits, les garde-mangers et les caves des meilleures maisons, parce qu'il voulait que ses hommes fussent bien. Comme ils étaient déguenillés, il mit en réquisition tous les draps qui se trouvèrent dans la ville. Il requit tous les manchons et toutes les peaux de mademoiselle Lecat, pour faire des bonnets ; toutes les toiles de monsieur Brullé, pour faire des chemises, et tous les cuirs de monsieur Dupuis, pour faire des souliers. Comme le citoyen Robespierre avait persuadé à ses égaux qu'ils étaient trop heureux de donner ce qu'ils avaient, et ce qu'ils n'avaient pas, à ceux qui se battaient pour lui, les réquisitions de mon oncle n'éprouvèrent pas la moindre contradiction.

Mais comme il n'y a que deux marchands de drap à Calais, et qu'ils ne sont pas infiniment fournis, mon oncle fut obligé de donner, à ses différens corps, des uniformes différens. Il mit ses canonniers en blanc, ses matelots en rose, et ses fusiliers en citron. Pour lui, il se fit habiller d'une *carmagnole* noire complète, parsemée de têtes de mort blanches, et d'os en sautoir ; avec cela, une moustache qui prenait des bajoues et qui montait jusqu'à l'œil ; un large emplâtre noir qui lui couvrait le nez et l'autre moitié de la figure, et il ne ressemblait pas mal au devant d'autel d'une messe de *requiem*.

Pendant que les tailleurs, les cordonniers, les fourreurs, les lingères travaillaient pour le grand *réquisiteur*, monsieur Lavaquerie lui faisait, à coups de hache, une figure de la liberté, qui lui ressemblait parfaitement, car la liberté d'alors n'était pas belle, et une jolie, mais très-jolie marchande de modes lui brodait, sur un superbe pavillon, *Égalité*, *Fraternité*, en caractères de quatorze pouces. Elle avait senti quelque répugnance à travailler pour mon oncle ; mais elle s'était bien gardée d'en rien laisser paraître, parce qu'elle craignait qu'après avoir requis son taffetas, il ne la mît elle-même en réquisition, et franchement, en sa place, je n'y aurais pas manqué.

Quand tout fut prêt, mon oncle me fit écrire et porter, à tous ses fournisseurs, des *bons* payables par le receveur du district, qui paya ou ne paya point. Il assembla sa troupe en grand costume ; il lui fit une harangue, dans laquelle il s'embrouilla, et où personne ne comprit rien, ni lui non plus; mais sa péroraison fit un effet du diable. Il gesticula, il hurla, il fit tournoyer son sabre sur sa tête, et il répéta trente ou quarante fois la *kirielle* de ses gros jurons, qui valaient mieux que les meilleures phrases. On se mit en marche; on défila devant les habitans, enchantés, malgré leur patriotisme, d'être débarrassés de nous et de nos réquisitions; on prit le pavillon chez mademoiselle Roubier, qui le présenta d'une main timide. Pour n'être pas requise, elle était restée en bonnet de nuit, et n'en était pas moins jolie.

On enleva tous les rubans qui se trouvèrent chez madame Hede; on en chamarra la statue de la liberté; on la porta, en chantant *la Marseillaise*, à bord d'une chaloupe; l'armée s'embarqua dans vingt autres, et on vogua vers la frégate. Les charpentiers détachèrent et jetèrent à l'eau une Diane fort bien faite, et on jucha en sa place la Liberté, qui, dès ce moment, donna son nom à la frégate.

Ceux qui nous avaient amenés, marquèrent la plus grande envie de faire, à bord, l'inauguration de la nouvelle sainte; mais mon oncle ne connaissait plus les gens dont il n'avait plus besoin : il fit déployer les voiles, et renvoya les Calaisiens à Calais.

Un enragé, qui en commande cinq cents, a des précautions à prendre, si toutefois il en est de rassurantes contre de pareils hommes. Mon oncle fit ce qu'il put pour assurer l'inviolabilité de sa personne et l'exactitude du service. Il procéda, d'abord, aux promotions.

« Nous sommes tous libres et égaux; mais « vous m'obéirez, dit-il, parce que je le veux « ainsi. » Il se nomma donc général des troupes présentes et à venir; il nomma Duboc amiral des vaisseaux pris et à prendre, et moi, agent général de plume de la flotte et de l'armée de terre. Ces premières nominations passèrent sans difficulté. Mon oncle voulut nommer aussi les officiers subalternes; l'équipage jeta les hauts cris, et prétendit, à l'instar des troupes de la république, choisir ses capitaines, ses lieutenans, ses sergens et ses caporaux. Tout ne va pas toujours au gré d'un commandant, et le plus opiniâtre, quand il est seul de son avis, est obligé de céder. Mon oncle céda donc, et l'équipage fit des choix assez mauvais, selon l'usage; mais Thomas trouva, sur-le-champ, un moyen qui remédiait à cela. Voyez l'article 3 du réglement qui suit.

Les officiers reçus, les escouades formées, et les postes assignés, le serment d'obéissance, le serment de vaincre ou mourir, le serment de ne rien détourner du butin, tous les sermens possibles qui ne coûtent rien à des brigands, et que, parfois, les gens timides prêtent assez facilement, furent proférés à haute et intelligible voix, et on s'occupa de la confection d'un réglement en vingt articles, que j'écrivais sur le bas du beaupré, à mesure que le génie créateur de mon oncle les enfantait. Les voici tels qu'ils sortirent de son cerveau, à quelques mots près, que je jugeai convenable de rectifier.

1° Le général Thomas a seul le droit d'imaginer et d'ordonner les expéditions.

2° Le conseil de guerre, composé de l'amiral, de l'agent de plume et des capitaines, a le droit de représentation ; mais le général Thomas n'en fera toujours qu'à sa tête.

3° Le général cassera les officiers qui feront mal leur devoir, et il nommera à leur place.

4° Quiconque refusera d'obéir, ou portera la main sur un de ses supérieurs, sera fusillé aussitôt. Hors le service, les injures sont tolérées.

5° Quiconque, au cri de *branlebas*, ne se rendra pas à son poste, sera fusillé.

6° Quiconque reculera au feu, ou à l'arme blanche, sera abandonné sur la prochaine côte, avec un jupon au derrière et une quenouille au côté.

7° Mais comme la loi doit également récompenser et punir, celui qui sautera le premier à l'abordage, aura double part.

8° Celui qui arrachera le pavillon ennemi, aura triple part.

9° Celui qui tuera le commandant ennemi, aura quadruple part.

10° L'amiral aura le cinquantième net dans toutes les prises.

11° L'agent de plume aura le centième.

12° Le général ne veut rien pour lui; mais il prélèvera ce qu'il jugera nécessaire à l'entretien des vaisseaux et aux frais des entreprises.

Pour l'exécution des six précédens articles, le butin sera fidèlement déposé, par chacun, au pied du grand mât.

13° Les blessés curables seront soignés et traités aux frais de l'équipage. Les blessés à mort, seront jetés à l'eau.

14° Et, comme il est dû une indemnité aux estropiés, on recevra, savoir : pour deux jambes emportées, mille écus.

15° Pour les deux bras, six mille francs.

16° Pour la tête, rien.

17° Quand les prisonniers seront en trop grand nombre, et le vaisseau trop loin des côtes, ils seront décimés, et sur dix on en jettera neuf à la mer.

18° Il faut penser à tout. Quand, parmi les prisonniers, il se trouvera une femme qui conviendra à l'équipage, on s'arrangera à l'amiable avec elle, et par tour.

19° Si elle accorde des préférences, injurieuses aux autres braves, il leur sera permis de violer.

20° Si, enfin, elle excite des différends dans le vaisseau, on la noiera pour en finir.

Ce joli petit code, propre à nous faire tous pendre, si nous tombions au pouvoir de quelque peuple civilisé que ce fût, causa un enthousiasme général, et la joie fut portée à son comble; quand mon oncle eut déclaré qu'il allait faire voile pour l'Amérique. « Chacun, dit-il, travaille pour son « compte particulier, en ayant l'air de ne s'oc- « cuper que des autres. Nous ferons, ouverte- « ment, ce qu'on fait ailleurs sous le manteau « de la fourberie. Soyons indépendans ; pillons « toutes les nations, puisque toutes les nations, « sont liguées contre la nôtre; pillons encore « quand la paix sera faite ; pillons, frères et amis, « jusqu'à ce que nous soyons tous gorgés d'or. » Jugez combien ce discours devait plaire à des hommes grossiers, pleins d'ardeur, à qui de fortes passions donnaient des désirs effrénés, qui ne s'effrayaient ni des dangers, ni des hasards, ni des travaux, lorsqu'ils voyaient pour issue la fortune ou la mort, et qui ne connaissaient que deux extrêmes, l'opulence et la misère ! J'avoue que j'étais, quelquefois, honteux de me trouver en pareille compagnie; mais le sort en était jeté.

Nous rencontrâmes, vers Cherbourg, deux corsaires nantais de dix-huit et de vingt canons. On se parla selon l'usage, et nous ne pensions à rien, lorsque mon oncle invita les capitaines à venir à son bord. Il leur fit d'abord servir des rafraîchissemens; il leur fit voir notre bâtiment dans tous les détails; il leur fit passer la troupe en revue; il fit briller l'argent déja pris sur les Anglais; il fit sonner, plus haut encore, des espérances qui n'étaient pas tout-à-fait chimériques; enfin, il déclara qu'il ne concevait point comment d'honnêtes gens, comme eux, se battaient pour enrichir des armateurs qui recueillaient et dissipaient, dans la mollesse, les fruits de leurs exploits. Les capitaines convenaient de cette vérité. Ils paraissaient envier le sort de mon oncle; mais ils ne se décidaient à rien. Le punch, adroitement employé, fut le négociateur qui termina l'affaire.

Les capitaines étaient rendus; mais cela ne suffisait pas. Ils ne pouvaient rien que de l'assentiment de leurs équipages, et la majorité n'est pas disposée, partout, au vol et au brigandage. Ils retournèrent sur leur bord; ils vantèrent la bravoure, l'intelligence, les forces et la sagesse des projets de Thomas; ils s'étendirent sur les avantages qu'il y aurait à faire, avec lui, cause commune; ils appuyèrent sur la facilité d'échapper aux poursuites dans des parages, où la métropole ne pouvait pas même calmer la guerre civile, qui dévorait nos colonies. Il n'était pas nécessaire de se mettre en frais d'éloquence avec des gens dignes, à tous égards, du titre de corsaires, et qui ne demandaient pas mieux que de se laisser persuader. En une demi-heure le traité fut conclu, et mon oncle se trouva chef d'une escadre de trois vaisseaux neufs, bons voiliers, qui portaient soixante huit-pièces d'artillerie, et mille hommes en état de faire tête à une armée.

Le pavillon amiral arboré sur *la Liberté*, nous sortîmes de la Manche, et nous marchâmes de conserve jusqu'à la hauteur de Lisbonne, toujours sous pavillon anglais, pour éviter, avec les coalisés, des affaires meurtrières et inutiles : un des principes de mon oncle, était qu'il ne faut jamais se battre où il n'y a que des coups à gagner.

En entrant dans le grand océan, nous essuyâmes une bourrasque, dont je ferais une tempête horrible si je voulais, et que je vous décrirais tout comme un autre ; mais vous savez par cœur toutes les tempêtes possibles, et je vous dirai, simplement, que le *Phénix* et l'*Hirondelle*, nos deux vaisseaux nantais, se trouvèrent tellement écartés, que mon oncle ordonna de faire voile vers les Açores, rendez-vous convenu en cas d'évènement.

Ces îles appartiennent au Portugal, devenu province d'Angleterre, et avec qui, par conséquent, nous étions en guerre aussi. Il n'était pas prudent d'en approcher de trop près ; mais mon oncle, persuadé que les Portugais d'aujourd'hui sont les cadets indignes des Portugais d'Albuquerque, osa mouiller à demi-portée du canon de Tercère, la plus considérable de ces îles, où le gouverneur général fait sa résidence. Duboc et lui parlaient fort bien anglais. Ils eurent l'effronterie de descendre à terre, après avoir pris des uniformes de marine anglaise, et les papiers de l'ex-capitaine, qui étaient restés dans les armoires. Je fis ce que je pus pour détourner mon oncle de ce dessein : « Tais-toi, morveux, me

« dit-il. Si tu continues ainsi, tu ne feras jamais
« rien de grand, et, pour l'honneur de la famille,
« je serai obligé de te lâcher dans quelqu'île dé-
« serte, où tu ne feras la guerre qu'aux tortues
« et aux pigeons ramiers. » Il était homme à le
faire comme il le disait. Je ne répliquai point, et
je l'abandonnai à sa bonne ou mauvaise fortune.
Ils entrèrent à Angra, capitale de l'île, en faisant
les agréables. Les factionnaires portèrent les armes à l'uniforme anglais, et le sergent, commandant le poste, se chargea de conduire ces messieurs chez le gouverneur. C'était un bon homme
que ce gouverneur, à qui on avait donné le commandement des Açores, comme on donnait autrefois en France, un bénéfice simple ou une
compagnie d'invalides. Tout le monde sait que
ces emplois n'obligeaient à rien, qu'à en manger
les émolumens, ce qui n'est pas difficile, et le
gouvernement des Açores, assez négligées par la
cour de Lisbonne, parce que leur proximité de
l'Europe les garantit de toute insulte, pouvait
être considéré comme une honorable retraite.

La figure du seigneur Almagrida, le gouverneur en question, se dérida à la vue de deux
des protecteurs du Portugal. Cependant, comme
un homme en place ne doit pas se livrer inconsidérément, les papiers furent scrupuleusement
examinés, et, à la suite de l'examen, les prétendus officiers anglais furent comblés de caresses.
Une bagatelle avait pourtant embarrassé mon-

sieur Almagrida : c'est que la commission du roi Georges ordonnait, au capitaine Hunter, de passer trois mois en croisière dans la Manche, et il y a un peu loin de la Manche aux Açores. Mon oncle répondit à cette observation, que la tempête, qu'on avait sentie à Tercère, soufflait nord-nord-est, depuis six semaines, dans le Pas-de-Calais; que, malgré l'habileté de ses manœuvres, ses vaisseaux avaient cédé à l'impulsion du vent; qu'il avait été forcé de se jeter dans la grande mer à la vue d'une flotte de cent soixante vaisseaux de guerre français, sortis du port de Saint-Valery, et qu'il rendait grace à la tourmente qui lui procurait l'honneur de la connaissance du seigneur Almagrida, dont la réputation s'étend au-delà des tropiques.

Quand mon oncle parla de cent soixante vaisseaux de ligne sortis de Saint-Valery, d'où il ne sort que des pêcheurs, Duboc donna un grand coup de talon sur un cor aigu et calleux que portait le narrateur depuis vingt ans. Thomas fit un saut de trente pouces de haut; Almagrida lui approcha un fauteuil, et, ignorant en géographie, ignorant en marine, ignorant même en tactique, mais grand connaisseur en chocolat, grand amateur de pain béni, grand partisan des dominicains, du rosaire, de la sainte inquisition et du roi d'Angleterre, il écouta, la bouche béante et d'un air d'admiration, toutes les niaiseries qu'il plut à mon oncle de lui débiter.

Après les explications préliminaires, vinrent les épanchemens, les élans d'amitié, les confidences réciproques, très-sincères de la part du Portugais. Il offrit à mon oncle des rafraîchissemens et du bétail qui furent acceptés sans façon, portés à bord, et reçus par ceux de nos matelots de Calais et de Boulogne, qui baragouinaient un peu d'anglais, et qui trompèrent aisément des Portugais, qui ne connaissaient que le *god dam* qu'on leur répétait à tort et à travers.

Le seigneur Almagrida fit, aux officiers anglais, l'honneur de les prier à dîner; madame la gouvernante leur fit l'honneur de leur présenter sa main à baiser; mademoiselle Almagrida leur fit l'honneur de jouer des castagnettes; ils eurent l'honneur de boire et de manger de tout, et, à la fin de tous ces honneurs, mon oncle renvoya Duboc à bord, après lui avoir fait sa leçon.

A l'issue du dîner, Thomas proposa au gouverneur un petit tour de promenade dans sa ville d'Angra, parce que, disait-il, l'exercice lui était indispensable pour la digestion; mais parce qu'au fait, il était bien aise de reconnaître le fort et le faible de la place. Le vieux seigneur portugais, qui eût été au désespoir qu'un officier de marine anglaise eût une indigestion à Angra, lui fit faire trois ou quatre fois le tour des remparts. Des fortifications démantelées, une garnison de cinq cents hommes, à qui dix ans de séjour avait donné le droit de bourgeoisie, et qui vivaient très-bourgeoisement, un arsenal à peu près vide, mais un bon fort, défendu par une batterie formidable, voilà ce que vit mon oncle.

On ne se promène pas sans causer, et Almagrida s'arrêtait à chaque instant, et expliquait, dans tous leurs détails, les projets qu'il avait formés pour mettre sa place sur un pied respectable. Ici il devait élever un bastion; là une redoute; plus loin une demi-lune, et les bras ne lui manqueraient pas, parce qu'il avait cinq cents prisonniers français. L'amiral Nelson les avait déposés à Tercère, lorsqu'il reçut l'ordre de se rendre en diligence dans la Méditerranée, et il est tout simple que des prisonniers gagnent le pain qu'on leur donne. La difficulté était de garnir d'artillerie les ouvrages qu'on allait élever, et en tirer du Portugal, et convertir le grand turc, étaient aussi aisés l'un que l'autre.

Quel trait de lumière que cette ouverture, pour un homme qui tirait parti de tout! Mon oncle offrit, avec empressement et cordialité, au seigneur Almagrida, douze pièces de canon et deux cents mousquets qu'il avait pris à bord d'un corsaire français, qu'il avait coulé bas, parce qu'il l'embarrassait. Monsieur Almagrida parut comblé de cette offre, et mon oncle n'en remit l'exécution que jusqu'à l'arrivée de deux vaisseaux qui composaient le reste de sa flotille, que le dernier coup de vent avait séparés de lui, et qui portaient le cadeau dont il comptait faire hommage à la couronne de Portugal. La vérité, c'est que maître Thomas voulait rassembler toutes ses forces avant que de rien entreprendre.

L'*Hirondelle* et le *Phénix* furent deux jours sans paraître, et Thomas fut hébergé et logé au gouvernement. On le régala, le premier jour, d'une grand'messe, chantée par le père inquisiteur; d'une excommunication fulminée contre les Français qui font la guerre au pape; d'un sermon d'une heure et demie, et d'une procession pour attirer la bénédiction du ciel sur les armes portugaises. Aux talens que vous reconnaissez déja à mon oncle, il en réunit un dont vous ne l'auriez pas cru capable, celui de prendre l'esprit du moment. Il se mit à genoux à l'élévation; il n'arracha point de la chaire le bon moine qui l'excommuniait; il ne dormit point pendant la prédication, et il suivit, sans rire et sans jurer, le bon Dieu qu'on promena dans tous les recoins de la ville; mais il se promettait, intérieurement, de prendre sa revanche de l'ennui auquel il voulait bien se soumettre, et, surtout, d'apprendre à vivre au père inquisiteur.

Le lendemain, il y eut gala au gouvernement. Madame la gouvernante y parut décorée d'une garniture de diamans, que son cousin, vice-roi du Brésil, lui avait envoyée. Mon oncle, placé à côté d'elle, ne s'aperçut plus qu'elle était vieille, borgne et boiteuse; il ne vit que ses bijoux, qu'il convoitait avec ardeur. La dame fit honneur à ses charmes du feu qu'elle remarqua dans les yeux de son convive. Il lui manquait, à la vérité, la moitié du visage; il n'était pas très-poli; mais il était très-vigoureux, et madame Almagrida ne trouvait pas, quand elle voulait, l'occasion de tromper son époux. Celle-ci lui parut précieuse, et elle crut devoir encourager la timidité de l'officier anglais. Elle lui appliqua cinq à six coups de genoux des plus énergiques, que Thomas lui rendit très-exactement; elle se plaignit de l'excessive chaleur; elle se leva de table; regarda tendrement mon oncle de l'œil qui lui restait, et sortit. Thomas s'éclipsa à son tour : il ne voulait pas perdre de vue la garniture de diamans. Le seigneur Almagrida parlait du jugement dernier avec le père inquisiteur; la signora, sa fille, écoutait un jeune dominicain qui lui expliquait le mystère de l'immaculée conception; les autres n'avaient pas d'intérêt à voir ce qui se passait, et mon oncle arriva au cabinet de toilette de madame la gouvernante, sans que personne eût remarqué sa disparution.

Madame avait déjà détaché une partie de ses diamans, qui faisaient un très-bel effet à table; mais qui devaient être très-incommodes à un certain jeu que vous connaissez bien. Mon oncle l'aida à se débarrasser de la pièce d'estomac, et la serra, avec le reste, dans une armoire qu'il remarqua parfaitement. Madame continua à se plaindre de la chaleur, et Thomas lui coupa ses lacets; madame prétendit qu'un maringouin lui piquait le dos, et Thomas, en le cherchant par devant et par derrière, découvrit des ruines qui auraient fait reculer un amateur déterminé; mais, je vous l'ai dit, il avait l'esprit du moment, et il baisa tendrement ces reliques, en pensant à la bienheureuse armoire. Déja madame comptait sur son dessert; le cœur lui battait, son œil unique mourait, et elle se laissait aller sur sa chaise longue, lorsqu'on appela le capitaine Hunter de tous les coins de la maison. Le capitaine, enchanté de se voir tiré d'affaire, laissa madame à son désordre et à ses regrets. Il entra dans la salle à manger, où il trouva l'amiral Duboc, qui venait lui annoncer qu'on avait signalé le *Phénix* et l'*Hirondelle*.

Aussitôt mon oncle prit congé de monsieur le gouverneur; il le remercia des marques d'amitié dont il l'avait comblé; il l'engagea à se défier des corsaires français qui, disait-on, croisaient dans ces parages, et ils se séparèrent les meilleurs amis du monde.

Thomas revint à bord; attendit nos deux Nantais; assembla tous les officiers; convint avec eux de la marche et des détails des opérations; et les trois bâtimens entrèrent dans le port, après avoir salué, de trois décharges d'artillerie, le roi de Portugal et l'ami Almagrida.

L'affaire était engagée, et il n'y avait plus moyen de reculer. Il fallait, pour réussir, du courage, et on n'en manquait pas; il fallait y joindre beaucoup d'adresse et d'accord. La moindre gaucherie dévoilait nos aventuriers; la batterie portugaise les coulait bas, presqu'à bout portant, et le danger de l'entreprise les rendit souples et soumis au moindre commandement.

On débarqua, de l'*Hirondelle*, douze pièces de fort calibre, une certaine quantité de gargousses, de boulets et de mitraille; deux cents hommes, les poches pleines de cartouches, descendirent, portant chacun un fusil; deux cents autres, armés de poignards cachés, devaient suivre en désordre, avec l'air seulement de la curiosité.

Dès que monsieur Almagrida eut aperçu ces premières dispositions des croisées de la salle, où il faisait la sieste, il envoya poliment, à mon oncle, cinquante Portugais pour traîner le canon. Les affûts de marine ne sont pas très-roulans, et monsieur le gouverneur n'entendait pas que ses bons amis, les Anglais, se fatiguassent en lui rendant un bon office.

Les Portugais eurent la bonté de tirer eux-mêmes les pièces. En avant, marchaient mon oncle et l'amiral Duboc. Derrière, les deux cents fusiliers; enfin les curieux, aux poignards, se répandirent dans toutes les rues, en gagnant vers les différentes portes de la ville. Trente de ces messieurs entrèrent, avec un air bête, dans la redoute même qui commandait le port.

Ils demandèrent, d'un ton de bonhomie, la permission de jouir du point de vue, qui, en effet, est superbe, et cette permission leur fut accordée avec plus de bonhomie encore.

Cependant le cortége s'avançait vers la grande place où est situé l'arsenal. L'ami Almagrida ne prévoyait pas que mon oncle mettrait autant de pompe à une chose aussi simple; mais, incapable de demeurer en reste d'honnêtetés envers les sujets de sa majesté britannique, il fit battre la générale, et mit en bataille, sur la place, toute sa troupe, que Thomas croyait surprendre dans ses casernes. De toutes les politesses d'Almagrida, celle-ci fut la seule qui lui déplût. Il regardait Duboc d'un air qui voulait dire : Qu'est-ce que tout ceci va devenir?

En effet, sa position était critique. Il se trouvait, à la vérité, au cœur de la place, avec du canon et deux cents hommes bien armés; mais il allait avoir en tête cinq cents Portugais qui pouvaient diablement l'embarrasser, pour peu qu'ils voulussent se défendre. Il résolut aussitôt de les étonner, et de les battre avant qu'ils pussent se reconnaître.

Pendant que sa troupe défilait et se mettait en bataille, le drapeau portugais se courbait devant le pavillon britannique; les tambours battaient aux champs; Almagrida s'avançait d'un air amical; la sécurité était entière : « Garde à vous, en « joue, feu, crie mon oncle! » Les canons, les mousquets, tout part de trente pas. Chacun a ajusté son homme ; la moitié des Portugais tombe; la baïonnette disperse le reste. Ils jettent leurs armes, ils fuient, et vont se faire poignarder par les curieux, à qui la majestueuse lenteur de la marche a donné le temps de se mettre en mesure. Au bruit de la décharge générale, ceux qui s'étaient introduits dans la redoute, expédient les canonniers sans défense, et enclouent les canons. Almagrida est arrêté par mon oncle lui-même, qui, en reconnaissance de la manière noble dont il exerçait l'hospitalité, se contente de le faire garder, aux arrêts, chez lui.

C'est beaucoup pour la gloire, que de prendre une ville sans perdre un seul homme; mais ce n'est rien pour la fortune, et c'est de ce dernier article qu'on s'occupa sérieusement pendant quatre heures consécutives. Les Portugais, ne prévoyant aucun péril, n'avaient caché ni leur or, ni leurs bijoux, et la récolte fut aussi abondante qu'on pouvait l'espérer d'une île qui ne produit que du blé, du vin et du bétail; mais qui vend ses denrées, fort cher, aux Antilles, qui en manquent. Les palais, les maisons, les couvents, les sacristies, les huttes même furent scrupuleusement visitées, et on n'y laissa que le linge, les meubles et les batteries de cuisine, dont on n'avait que faire. Les objets précieux furent portés, amoncelés sur la grande place, et confiés aux soins d'une garde de cinquante hommes. Tout se passa avec un ordre étonnant de la part de corsaires. On ne brûla que vingt-deux maisons, et encore fut-ce parce qu'il fallait d'abord occuper les Portugais; on ne viola que quinze filles, parce que les autres se prêtèrent de bonne grace; on ne tua plus personne, parce que c'était inutile; mais mon oncle, incapable de manquer à son vœu, se fit amener le père inquisiteur et dix-huit dominicains à qui il coupa les oreilles avec beaucoup de dextérité. Il garda le prieur pour en faire son cuisinier; il donna le procureur à Duboc; il les envoya à bord, avec dix-neuf religieuses, toutes neuves, qu'il avait fait mettre à part pour l'usage de ceux qui n'avaient pas participé à la fête; enfin, il renvoya les autres au couvent chanter des grand'messes, et excommunier les Français tant que bon leur semblerait.

Quand ces premiers soins furent remplis, et qu'on put s'occuper des autres, on délivra, avec appareil, les prisonniers que l'ami Almagrida comptait employer à la construction de ses épaulemens et de sa demi-lune; on força les prisons de l'inquisition et celles de la justice séculière; on proposa à cinq cents cinquante hommes, rendus au grand air, de courir la fortune et la gloire de leurs libérateurs, en se soumettant aux réglemens de la société. Le plus grand nombre s'y décida avec joie; la minorité n'osa pas dire non, et ils furent, à l'instant, agrégés au corps, et armés avec les fusils des Portugais.

Comme il n'était pas prudent de séjourner longtemps à Angra, on embarqua, avec précipitation, un demi-million en lingots, vaisselle, or monnayé, diamans et marchandises. Duboc fut chargé de surveiller l'opération, et mon oncle, qui n'oubliait rien, alla faire une dernière visite à l'ami Almagrida. Il en reçut des reproches sanglans qu'il n'écouta point, et il fut droit à certaine armoire, que vous n'avez probablement pas oubliée non plus. Les bijoux étaient disparus; mais mon oncle pria si poliment madame la gouvernante de lui faire l'honneur de lui dire ce qu'ils étaient devenus; il ajouta, d'une manière si engageante, qu'il serait au désespoir d'avoir l'honneur de lui donner la torture, pour la faire parler, qu'elle lui présenta l'écrin tant désiré, les larmes aux yeux, et les quatre membres agités d'un tremblement épouvantable. Thomas le vida, garnit ses poches, l'intérieur de son pantalon et de sa chemise, et, en rentrant à son bord, il déclara que la flotille étant abondamment pourvue de tout, il ne réclamait rien du butin, et il me fit cacher, sous une planche que je levai adroitement dans sa chambre, les bijoux de madame Almagrida, qui valaient au moins deux cent mille francs. Le trait n'était pas honnête, et je le lui dis : « Va, « me répondit-il, les bénéfices doivent être en « proportion du grade et de la capacité. Ton « Alexandre, dont tu me parles tant, partageait-« il avec ses soldats les royaumes qu'il volait? Je

« trompe les miens, parce que je n'en suis pas
« sûr, et je ne vois pas d'autre différence de ton
« grand homme à moi. »

CHAPITRE IV.

Suite de succès.

Un grand homme, quel qu'il soit, ne pense pas
à tout, et voilà en quoi il ressemble aux sots,
que la ressemblance dédommage. Mon oncle n'avait pas pensé qu'à peu de distance de Tercère,
sont les îles Saint-Michel, Flores, du Pic, *et cætera*; que ces îles, sans être très-pourvues de
troupes, pouvaient rassembler en un jour, et
mettre en mer assez de monde pour lui donner
du fil à retordre. Il ne savait pas que les vaisseaux anglais vont, communément, faire de l'eau
à Saint-Michel; il n'avait pas prévu davantage
que sa triple décharge, dont les sujets de sa majesté britannique n'honorent jamais personne,
ne manquerait pas de donner l'éveil. Très-heureusement on avait mis la ville d'Angra dans l'impossibilité de seconder les ennemis extérieurs.

L'armée de mon oncle étant augmentée d'un
tiers, il était tout simple d'augmenter aussi le
nombre de ses vaisseaux. Il trouva, dans le port,
deux pirogues qu'il confisqua encore à son profit. Indépendamment de l'avantage de monter,
sans frais, et de pouvoir ainsi employer utile-

ment tout son monde, ce genre de bâtiment lui convenait singulièrement, pour les entreprises qui exigent de l'adresse et des précautions. Ils sont propres, surtout, à des surprises : vous en jugerez quand je vous aurai dit ce que c'est qu'une pirogue.

C'est une demi-galère, longue de quatre-vingt-dix pieds, et large de seize à dix-huit vers le milieu. Elle porte, ordinairement, cent vingt hommes, et nage à voiles, et à trente-six, quarante, et quarante-quatre avirons. Quand le vent est contraire, ou qu'on craint d'être aperçu de l'ennemi, on couche les deux mâts sur des chandeliers, ou fourches de fer, plantées au milieu du bâtiment. Il ne tire que deux pieds d'eau, ce qui permet de longer les côtes, et même de tirer la pirogue à terre, si l'on est poursuivi trop vivement.

Comme la valeur des nouveaux engagés n'était pas éprouvée encore, mon oncle les incorpora, par tiers, dans ses vieilles bandes, et il commit une autre imprudence; ce fut de procéder, dans le port même d'Angra, à cette organisation, qu'on pouvait faire, en pleine mer, avec plus de temps, à la vérité, mais sans le moindre inconvénient. Cette opération prit une partie de la nuit, et quand on voulut appareiller, on fut frappé de la vue de deux fanaux, qui parurent à très-peu de distance du port. On prit les lunettes de nuit, et on reconnut, aux signaux, des vaisseaux ennemis. On se repentit alors d'avoir encloué la batterie de la redoute; on proposa d'y monter du canon de nos frégates, et nous étions en état de soutenir un siége long et meurtrier; mais on observa que l'opiniâtreté même de la défense, ne servirait qu'à nous attirer de nouveaux ennemis sur les bras, et que l'issue ne pouvait être que funeste. Une garnison égorgée, une ville pillée, des maisons brûlées, des religieuses violées, des oreilles coupées, c'était plus qu'il n'en fallait pour autoriser des représailles, qui ne nous promettaient rien d'amusant. Mon oncle ne changea donc rien à ses premières dispositions. Il se contenta de mettre tous ses vaisseaux en travers, pour défendre l'entrée du port, si on essayait de la forcer. Nous passâmes le reste de la nuit, sous les armes, et Thomas attendit le jour, pour voir à qui il avait affaire, et savoir à quoi se déterminer.

Le soleil parut enfin, et nous vîmes, avec une forte inquiétude, deux vaisseaux anglais de soixante-quatorze, et cinq pirogues portugaises. Le cas était épineux. Mon oncle assembla son conseil de guerre, et demanda ce qu'on croyait devoir faire. Les uns voulaient parlementer, et tâcher de surprendre un des deux vaisseaux pendant la conférence; d'autres voulaient qu'on proposât de rendre le butin fait à Tercère, à condition qu'on nous laisserait la liberté de sortir du port, et de gagner la haute mer; pour moi, je pensais que nous serions trop heureux qu'on voulût bien nous recevoir prisonniers de guerre, et nous traiter en conséquence. Mon oncle rompit brusquement la séance, en disant que le premier avis serait bon, s'il était praticable, et, en effet, on ne parlemente pas avec une flotte. On fait venir le chef à son bord, et les bâtimens restent bloqués, jusqu'à l'acceptation ou le rejet de la capitulation proposée. Mon oncle ajouta, que la seconde proposition était indigne de braves gens. « J'aime mieux, poursuit-il, rendre « l'ame, que le butin que nous avons fait. Que « chacun se rende à son poste, et se prépare à « parlementer à coups de fusil. Je ne me dissi- « mule pas le péril ; mais redoutez l'ignominie et « la misère ; redoutez les traitemens barbares que « vous réservent les ennemis, et, pour y échap- « per, combattons. Du courage, et un feu d'en- « fer, f.....; je ne connais, je ne veux connaître « que cela. » Aussitôt, le rhum circule à pleins brocs, les cœurs se raniment, et on sort du port d'Angra, résigné à tous les évènemens.

La frégate *la Liberté* marchait entre l'*Hirondelle* et *le Phénix*, et une pirogue était à chaque aile. Nous formions une ligne serrée, et nous paraissions présenter à l'ennemi un combat réglé, où la supériorité de son artillerie lui assurait l'avantage. Les Anglais imitèrent notre manœuvre. Les deux vaisseaux se serrèrent, les pirogues portugaises s'étendirent circulairement sur les côtés, pour qu'aucun de nous ne pût échapper. Chacun gardait son feu, et attendait le moment. Nous avançâmes ainsi jusqu'à demi-portée du canon, sans que, de part ni d'autre, on eût brûlé une amorce.

Tout à coup, mon oncle change de direction. Il présente l'avant, et cingle droit entre les deux vaisseaux anglais. *Le Phénix* et l'*Hirondelle* font le même mouvement, pour passer en dehors, l'un à droite, l'autre à gauche des deux bâtimens ennemis, et nos pirogues s'accollent chacune à un nantais, dont l'élévation les garantissait de l'artillerie.

Les Anglais jugèrent notre dessein, et ils ne purent s'y opposer, parce que nous avions le vent. Ils se rapprochèrent davantage, espérant nous couler tous les trois. Nous avions toutes nos voiles dehors; notre monde était disposé sur les deux côtés de *la Liberté*. Pas un homme au canon; tout était sur les ponts, sur les gaillards, dans les hunes, le fusil à la main, et deux forts pistolets à la ceinture. Mon oncle, au pied de son grand mât, encourageait ses gens, et leur recommandait de tirer juste.

Nous passâmes enfin, et nous essuyâmes, de bas-bord et de tribord, deux décharges terribles qui emportèrent notre beaupré et notre mât de misaine. Nous reçûmes cinq boulets à l'eau; mais notre mousqueterie joua si vivement, et avec tant de bonheur; les équipages de l'*Hirondelle* et du *Phénix* nous secondèrent si bien, en longeant les flancs extérieurs des deux vaisseaux ennemis, que leurs ponts furent, en un instant, jonchés de morts. Nous les avions dépassés d'une portée de mousquet, qu'ils n'avaient fait aucun mouvement pour nous suivre. Nous étions cependant dans un état déplorable. L'*Hirondelle* avait perdu son grand mât ; *le Phénix* avait ses manœuvres hachées ; deux cents de nos gens étaient tués ou hors de combat ; mais les Anglais avaient perdu la moitié de leur monde. Notre intrépidité les avait découragés, notre bonheur fit le reste.

Nous vîmes les deux vaisseaux entrer dans le port d'Angra. Les pirogues portugaises n'avaient pris aucune part au combat, et s'y étaient réfugiées les premières. Maîtres, alors, de la route que nous voudrions tenir, nous tournâmes vers les Antilles, et nous avançâmes lentement, en réparant, de notre mieux, nos gréemens et la carcasse de *la Liberté*. On travailla, pendant trente-six heures, à pomper, sur cette frégate, l'eau qui nous gagnait sensiblement. Nous en eûmes jusqu'à trente-deux pouces dans la cale. Nos religieuses y étaient descendues, et priaient Dieu de les soustraire, par une prompte noyade, aux plaisirs illicites qui leur étaient réservés. Leur ferveur ne fit ni chaud, ni froid. Les trous des boulets furent enfin bouchés, et, dès le troisième jour, nous voguâmes, avec assez de facilité.

Quand ceux qui se portaient bien furent rassurés sur leur existence, on s'occupa des blessés. Mon oncle n'avait pas de chirurgien à son bord, parce qu'il l'avait oublié, ou parce qu'il se croyait invulnérable. C'est moi qui, *le Pharmacien français* à la main, exerçais la médecine, comme tant d'autres, aux dépens de qui il appartenait. En récompense, les Nantais avaient deux jeunes gens qui coupaient très-joliment un bras et une jambe. Ils coupèrent tant, et je médicamentai si bien nos blessés, qu'il n'en guérit aucun. Ils laissèrent leur part à des camarades qui les regrettèrent peu, qui oublièrent promptement les dangers qu'ils avaient courus, et on ne pensa plus qu'à se divertir. Nos nonnettes furent fêtées amplement, et trouvèrent fort bon, ce qui leur causait tant d'effroi. Elles se plaignaient seulement de la quantité, et on leur répondait : *Abondance de biens ne nuit pas;* ce qui n'est pas toujours vrai.

Mon oncle avait dessein de gagner Saint-Domingue ou la Martinique, afin d'y mettre ses vaisseaux en carène, et d'y faire rafraîchir ses équipages ; mais, l'homme propose, et Dieu dispose, dit le proverbe. Un petit navire, chargé de sucre, que nous prîmes à soixante lieues des Antilles, dérangea ce projet. Le capitaine nous apprit que tout était en combustion dans les îles françaises ; que les habitations étaient détruites ; que les noirs et les blancs s'y égorgeaient. Il était fort égal à mon oncle que les nègres fussent libres ou esclaves, et qu'ils rendissent ou non à leurs maîtres le mal qu'ils en avaient reçu ; mais il voulait quelques semaines de repos, et il n'en pouvait attendre dans des lieux, où il faudrait nécessairement épouser un des deux partis. Il résolut donc d'aller à Saint-Thomas, où il se proposait de jouir de tous les avantages de la neutralité.

Cette île, une des dernières au nord des Antilles, appartient aux Danois. Son terrain sablonneux est peu propre à la culture, et elle ne doit son opulence qu'à un port excellent, qui peut contenir cinquante gros vaisseaux. Il est très-fréquenté par les corsaires, qui, pour éviter les droits exorbitans qu'on exige d'eux dans les établissemens anglais et français, viennent y vendre leurs marchandises. Il sert aussi d'asile, en temps de guerre, à tous les bâtimens marchands ; il est, enfin, l'entrepôt d'une foule d'échanges, qu'on ne peut faire ailleurs avec autant de bénéfice et de facilité.

L'indiscrétion d'un des matelots, pris à bord du petit sucrier, changea encore une partie de ce plan. Cet homme parla d'une flotte de trente voiles qui devait sortir, au premier jour, de Port-Royal de la Jamaïque, sous l'escorte de quatre vaisseaux de ligne et de deux frégates. Tout le monde connaît la richesse des cargaisons de la compagnie des Indes anglaises. Celles de la Jamaïque sont composées d'indigo, de sucre, de café, de cochenille, et des denrées les plus précieuses d'Amérique. Il n'en fallait pas tant pour allumer la cupidité de mon oncle et de ses gens; mais, comment attaquer des forces aussi supérieures? Les vaisseaux de la compagnie seuls, du port de huit cents tonneaux, et de quarante à cinquante pièces de canon, étaient plus que suffisans pour écraser notre flotille. La ruse pouvait réussir, et c'est à quoi mon oncle se détermina. Il mit nos trois vaisseaux en sûreté dans le port de Saint-Thomas; il laissa le soin des affaires générales à un conseil d'administration, composé de Duboc tout seul; il me recommanda particulièrement ses diamans; il mit sur nos deux pirogues des vivres, trois cents hommes choisis et bien armés, et il partit, en nous disant que, s'il ne reparaissait pas dans quinze jours, nous pouvions le croire tué, et agir en conséquence.

Je n'étais pas fâché de faire trève à mes exploits; nos gens en étaient plus aises encore. Il fallut rendre, en pays neutre, la liberté à nos religieuses; mais cela coûta peu: elles rechignaient toujours, et puis, on en était las. On se jeta à corps perdu dans les négresses et dans les cabarets. Une partie du butin, fait à Tercère, circula parmi les Danois; mais tout le monde était frais, gaillard, dispos, et prêt à rentrer en danse.

Pour moi, qui préfère le blanc au noir, et qui ne trouve aucun plaisir à laisser ma raison au fond d'une bouteille, j'avais distingué la petite sœur Léonore, brune de dix-huit ans, aux formes séduisantes, d'une figure angélique, et d'un caractère excellent. Elle avait subi le sort commun, et je ne pouvais lui en faire un crime : Lucrèce, elle-même, y eût passé. Je n'avais pas même osé essayer de la soustraire à ces attentats multipliés : le réglement était formel, et, à la moindre altercation, entre l'équipage et moi, mon oncle l'eût fait noyer impitoyablement. Je souffrais beaucoup; mais je tenais à sa conservation. Enfin, je lui fis, à Saint-Thomas, des propositions qu'elle écouta favorablement. Elle n'avait jamais aimé; mes mœurs douces la déterminèrent. Je m'assurai, par serment, qu'on m'en laisserait la propriété absolue, et je la pris, comme on prend tous les jours, une veuve de plusieurs maris.

Dubourg, le capitaine de l'*Hirondelle*, se dégoûta encore des négresses, et se maria publiquement à une anglaise, qui avait eu aussi, mais très-volontairement, un très-grand nombre de maris. Ce qu'il lui dit, en sortant du temple, mérite d'être rapporté. « Je ne demande pas compte « du passé, vous n'étiez pas à moi; mais si vous « me manquez à l'avenir, celui-ci (en frappant « sur le canon de son fusil) ne vous manquera « pas. »

Onze jours s'étaient écoulés depuis le départ de mon oncle. Le douzième, deux vaisseaux anglais vinrent amarrer à côté des nôtres. Amis et ennemis vivent à Saint-Thomas, en assez bonne intelligence, parce que le gouvernement sait faire respecter sa neutralité. Nous étions fort insouciants sur le compte de ces nouveaux voisins, et nous continuions à fumer et à rire, lorsque nous vîmes sortir, de ces bâtimens, mon oncle et tous ses gens. « Bonne nouvelle, bonne nouvelle, « nous cria-t-il; deux millions, au moins ! » Ce fut là son bonjour.

Aussitôt des cris de joie s'élèvent de toutes parts. On court, on s'empresse, c'est à qui embrassera le premier le général Thomas. On l'enlève, on le porte au cabaret, on fait servir un magnifique festin, on boit, on s'enivre, et Thomas, en faisant raison à tous, raconte les détails de son expédition.

Il était parti avec un vent frais; il avait laissé, à sa droite, l'île des Crabes, et courait trois lieues à l'heure à la vue de Porto-Ricco. Le lendemain, il se trouva à une lieue de Saona, petite île, au sud des possessions espagnoles de Saint-Domingue. Il comptait arriver, à la fin du jour, à la hauteur de la partie française de cette île; mais une escadrille espagnole, qui croisait continuellement dans ces parages, pour intercepter les contrebandiers, se montra tout à coup derrière lui, à la pointe de l'Espada, et lui donna la chasse. Thomas n'était pas en force, et la victoire ne lui aurait pas valu une piastre. Il força donc de voiles et de rames; mais l'ennemi gagnait considérablement sur lui, et il ne lui resta d'autre ressource, que de se jeter sur la côte espagnole même.

Couvert par l'île de Saona, il entra dans la rivière de Quibo, ploya ses voiles, baissa ses mâts, tira ses pirogues dans des mangles, plantes marines assez élevées, qui croissent en abondance aux deux côtés de l'embouchure de cette rivière. Il en fit arracher une certaine quantité, dont il couvrit les pirogues et les hommes qui les montaient, et on attendit en silence, et en enrageant, qu'il fût nuit pour se remettre en mer.

On avait passé ainsi une partie de la journée, lorsqu'une des vedettes, qu'on avait placées dans l'eau et les mangles jusqu'au cou, se replia, et dit avoir vu une pirogue, qui venait de s'arrêter pour parler à un homme à cheval, et qui paraissait descendre la rivière. Thomas fit rentrer ses védettes à bord, jeta à l'eau les mangles qui les couvraient, et que le soleil avait déja desséchées ; il en arracha de fraîches, se renfonça avec son monde dans ses pirogues, et continua d'observer le plus profond silence.

Il était à présumer que le bâtiment espagnol passerait debout, et mon oncle n'avait nulle envie de l'inquiéter. Pas du tout ; cette chienne de pirogue aborda, à vingt pas au-dessus des nôtres ; l'équipage la tira à terre, et se couvrit de mangles à son tour. Thomas, qui se trouvait, par hasard, le plus près de l'ennemi, examinait tout à travers sa feuillée, et ne savait que penser de cette manœuvre. On parlait haut; mais il ne savait pas un mot d'espagnol. Un grand vaurien de moine, renégat, qu'il avait tiré des prisons de l'inquisition de Tercère, et à qui il avait laissé les oreilles, en faveur de son apostasie, se glissa à côté de lui, et lui servit d'interprète.

« S'ils entrent dans cette rivière, disait un « espagnol, il est impossible qu'ils nous décou« vrent. Il est fort heureux, continuait un autre, « qu'ils aient été vus par notre flottille.—Et plus « heureux encore qu'elle ait détaché un canot « pour en donner avis. Par saint Jacques, re« prit un troisième, tout cela n'était rien, si on « n'eût, à l'instant, expédié des courriers pour les « rivières voisines. — Il était temps que celui-ci « nous joignit ; une heure plus tard, et nous « étions en pleine mer. — Où nous aurions peut« être été rencontrés par ces enragés-là. — Je le « crois. Aussi le parti le plus sage est d'attendre « ici la nuit. Alors nous remonterons la rivière, « et, pour ne rien donner au hasard, j'enverrai « l'or à Samana. »

« Ah ! coquins, vous avez de l'or ! dit tout bas « mon oncle ; il n'ira point à Samana. » Rien n'était plus aisé que de réduire ces Espagnols à force ouverte. Il n'était pas même probable, qu'en les attaquant brusquement, ils opposassent de résistance ; mais il pouvait s'en échapper un certain nombre qui se répandrait de tous côtés, et qui donnerait l'alarme. La flottille pouvait ne s'être pas éloignée de la côte, et alors on se trouverait entre deux feux. Il fallait donc, pour avoir l'or sans s'exposer inconsidérément, surprendre et détruire jusqu'au dernier des ennemis.

Mon oncle était trop près des Espagnols, pour que l'équipage de sa pirogue pût faire le moindre mouvement sans être vu ou entendu. Son second bâtiment était à trente pas au-dessous. Il passa à l'autre bord du sien, se dégagea doucement d'entre ses branchages, se laissa glisser à terre, et se traîna sur les mains et les genoux, caché par les mangles qui l'environnaient.

Les Espagnols avaient ausssi placé une sentinelle sur le bord de l'eau, et comme on ne voit pas tout à travers les feuilles, mon oncle ne se doutait de rien. Il n'était pas à dix pas de sa pirogue, qu'un chien vint tourner autour de lui, le nez au vent et la queue en trompette. Thomas, alors, soupçonna quelque chose, et l'ennemi le plus dangereux dans le moment, c'était le chien, qui pouvait aboyer. Heureusement pour mon oncle, il ne sentait ni le nègre-marron, ni l'habitant originaire de l'Amérique, que les chiens espagnols chassent, comme les nôtres le sanglier ou le cerf. Il présenta à celui-ci un morceau de biscuit, l'animal s'approcha. Thomas le saisit par le cou, et l'étrangla sans qu'il pût jeter un cri.

Il était clair que la voie que le chien avait

tracée dans les mangles, le mènerait droit à la vedette. Il suivit cette route, en agitant les branches à droite et à gauche, pour imiter le mouvement de la queue du chien. Bientôt il distingua les deux jambes de l'Espagnol, qui était assis, son fusil à son côté. Thomas se détourna alors pour le prendre par derrière, et, le saisissant aux cheveux, il l'assomma sur la place avec le pommeau de son pistolet.

Après cette expédition, il parvint à sa seconde pirogue. Il en fit descendre l'équipage avec précaution, et dans le plus grand silence. Toujours courbé sous les mangles, on se coula lentement, et avec ordre, sur le haut du rivage, on fila derrière les rochers, et on remonta à cinquante pas au-dessus des Espagnols, qui comptaient sur la vigilance de leur sentinelle, et qui continuaient de causer assez librement.

Des réflexions très-simples avaient décidé le plan d'attaque de mon oncle. Il avait jugé que s'il était vu de l'ennemi, les fuyards remonteraient infailliblement la rivière, et il avait voulu leur couper la retraite. Si, contre toute apparence, ils fuyaient vers la mer, ils tombaient dans les mains de ceux qui étaient dans sa première pirogue, et il était difficile qu'il en échappât aucun.

Un obstacle imprévu, et impossible à prévoir, arrêta mon oncle net. La nature du terrain n'était plus la même. Il fallait marcher vingt pas à découvert, avant que de redescendre dans les mangles, et des habits rouges, blancs et noirs devaient frapper l'œil le moins attentif. Il fit faire halte à son monde; il rétrograda avec trente des plus vigoureux; retourna plus bas encore que le lieu d'où il était parti; fit arracher une quantité considérable de plantes, en fit faire trente fagots qu'on apporta à l'endroit où les autres attendaient. On délia les bottes, on les étendit, on en forma une espèce de haie, que quinze hommes de front portaient devant eux, et qui masquait la totalité de la troupe.

Si les Espagnols avaient été à découvert, ils auraient sans doute remarqué cette verdure qui semblait marcher; mais, enveloppés eux-mêmes de branchages, et environnés d'objets de la même couleur, qui, tous, se fondaient ensemble dans l'éloignement, ils ne pouvaient s'apercevoir du stratagême sans une extrême attention, qu'ils n'auraient, d'ailleurs, donnée qu'à ce qui se passait au-dessous d'eux : ils n'attendaient pas d'ennemis au-dessus.

Mon oncle et les siens descendirent donc ainsi jusqu'au bord de la rivière, et il fallut, de nouveau, avancer sur les mains et les genoux. Plus on approchait des Espagnols, plus on avait d'ardeur, et plus aussi on prenait de précautions. On se traînait sur le ventre; à peine osait-on écarter les mangles; on retenait son haleine, on s'arrêtait, on prêtait l'oreille, on avançait encore, on était trempé de sueur, excédé de fatigue, hâletant de soif. La plupart avaient les genoux et les mains déchirées; mais il y avait de l'or à dix pas, et on ne sentait ni la douleur, ni le besoin.

La pirogue fut, enfin, enveloppée de toutes parts, sans que les Espagnols pussent avoir le moindre soupçon : ils dormaient. Le signal convenu était un coup de sifflet que devait donner mon oncle. Quand il croit ses gens en mesure, le coup de sifflet part. Tous se lèvent à la fois; les branchages sont arrachés; les poignards jouent; le sang ruisselle; tout meurt, et l'or est conquis.

C'étaient des lingots pour la valeur de 300,000 francs, qu'on portait à Samana. Depuis que les Espagnols étaient en guerre avec la France, ils n'expédiaient plus de galions du continent. L'or s'embarquait, par parties, sur de petites barques qui échappaient aisément aux corsaires. On le rassemblait à Samana, à Porto-Ricco, à l'île de Cuba, et on attendait le départ de la flotte de la Jamaïque, pour le faire convoyer en Europe.

Celui que mon oncle venait de gagner fut porté à son bord; les cadavres des Espagnols furent recouverts de mangles, et les Français ne pensèrent plus qu'à s'éloigner. Le jour était à son déclin; ils remirent leurs pirogues à flot, et hissèrent leurs voiles. Ils sortirent de la rivière de Quibo, à l'entrée de la nuit, ainsi qu'ils l'avaient projeté; mais avec des richesses qu'ils n'attendaient pas, et ils avaient vengé, sans le savoir, le sang indien, sacrifié par flots à la soif de ce métal.

Pour éviter l'escadrille espagnole, qui, probablement, cherchait mon oncle sur la direction qu'il avait paru suivre, il jugea à propos de retourner à la pointe de l'Espada. Il repassa devant Porto-Ricco, et longea l'île de Saint-Domingue par Samana, le port Plata, le cap Français, et l'île de la Tortue; enfin, il arriva, sans faire de rencontres fâcheuses, à la pointe du cap de Mayesi, la partie de l'île de Cuba la plus voisine de Saint-Domingue, où la flotte de la Jamïaque devait nécessairement passer. Le bras de mer, qui sépare les deux îles, est large d'environ vingt lieues; mais les Anglais, ennemis de la France, alliés alors de l'Espagne, je ne sais pas pourquoi, devaient s'éloigner, dans le passage de ce détroit, de l'île de Saint-Domingue, et se rapprocher de celle de Cuba.

Pour ne pas se faire de querelles avec les insulaires espagnols, mon oncle avait arboré leur pavillon, en se rangeant sous ce cap de Mayesi. Tenant la mer le jour, pour observer ce qui passait dans le canal, revenant la nuit dormir en paix sous une côte escarpée, il attendit que la fortune, dont il était l'enfant gâté, je ne sais pas encore pourquoi, le comblât de nouvelles faveurs.

Le sixième jour, cette flotte, si ardemment attendue, parut comme une forêt qui couvrait l'Océan. Les quatre vaisseaux de ligne marchaient sur la droite, pour défendre le convoi du côté de Saint-Domingue; une frégate faisait l'avant-garde, et la seconde se tenait à l'arrière pour veiller sur les bâtimens qui, plus pesamment chargés, ou moins bons voiliers que les autres, auraient peine à suivre le corps de la flotte. Mon oncle cingla droit au milieu des ennemis, comme s'il fût parti de Cuba pour Porto-Ricco. Quand il approcha du centre de ces châteaux flottans, dont le moindre avait vingt pieds de bord au-dessus de ses pirogues, il fut hélé selon l'usage. Le moine renégat répondit qu'ils étaient Espagnols, et qu'ils allaient charger du coton à Porto-Ricco. On leur demanda pourquoi leurs équipages étaient si nombreux? Le moine répondit que c'était pour se défendre contre des corsaires français, qui avaient pillé les Portugais et les Espagnols de Saint-Domingue, et qui s'étaient, disait-on, retirés à la Tortue.

L'officier qui commandait le convoi, avait, en effet, rencontré l'escadrille espagnole, qui avait donné la chasse à mon oncle. Il en avait appris les détails du coup de main de Quibo, et, comme il laissait peu de forces maritimes dans les possessions anglaises, il crut de l'intérêt du commerce, de détruire, en passant, un ennemi qui pouvait se fortifier chaque jour. Il fit signal à la frégate de l'arrière de se porter sur la Tortue, de chercher, de combattre les corsaires, et de rejoindre, dans la grande mer, le convoi, qui ne marchait pas, à beaucoup près, comme un bâtiment léger.

Cette réponse du renégat, faite au hasard, servit singulièrement mon oncle. Si cette frégate eût conservé sa position, il lui eût été impossible de rien entreprendre. Son éloignement lui rendit l'espérance. Cependant, il ne pouvait rien tenter que la nuit : cette quantité de voiles marche à la vérité à une certaine distance; mais elles ne se perdent pas de vue, et sont toujours à portée de se secourir.

Il fallait un prétexte à mon oncle pour passer le reste du jour au centre des Anglais, et il n'en avait pas. Il ralentit donc sa marche; il se laissa gagner par la queue du convoi, et, au risque de se faire chavirer, il embarrassa les mâts de ses deux pirogues dans les beauprés de deux des derniers vaisseaux de la compagnie. Les pilotes anglais, en riant de la mal adresse des prétendus Espagnols, changèrent la barre du gouvernail, et, malgré cette attention dictée par l'humanité, les mâts des pirogues furent emportés net : c'était tout ce qu'on désirait. Aussitôt on quitte les avirons, et on se porte, en foule, avec l'empressement de gens intéressés à réparer le dommage ; on se presse, on s'embarrasse ; on fait tomber une partie des rames à la mer; on rattache un mât; on l'attache mal; on le démonte pour le remonter encore. On gagne du temps, la nuit approche, et, après deux heures employées à mettre les pirogues hors d'état de se mouvoir, on a réussi au point d'avoir véritablement besoin de secours. La loyauté et la valeur sont inséparables. Les Anglais jettent, d'eux-mêmes, des cordes pour amarrer les pirogues, et les remorquer jusqu'à la sortie du canal de Saint-Domingue.

Déja la nuit est close. Mon oncle distribue, dans toutes les poches, les lingots pris à Quibo, et il fait percer ses pirogues par le fond. L'eau entre en abondance. « Nous périssons, crie le « renégat; le choc que nos bâtimens ont reçu, « en a disjoint toutes les parties. » Aussitôt les Anglais tirent les pirogues sous leur bord, nos aventuriers sautent après les manœuvres, avec les cris et le désordre de gens qui paraissaient trembler pour leur vie. Les Anglais, de bonne foi, leur prêtent la main; les pirogues coulent bas; mais cent cinquante Français sont sur chacun des ponts ennemis, et, bien supérieurs en nombre, ils s'emparent des deux vaisseaux sans répandre une goutte de sang.

Les Anglais, ni personne, n'auraient imaginé que trois cents hommes, montés sur deux misérables barques, osassent attaquer une flotte qui portait cinq mille matelots ou soldats, et quinze cents pièces d'artillerie. Le genre des barques, d'ailleurs, avait ajouté à leur sécurité : les Espagnols et les Portugais sont les seuls qui se servent de pirogues. Aussi, quand on leur mit le pistolet sur la gorge, leur surprise fut telle qu'ils ne pensèrent pas à se défendre.

Le premier soin de mon oncle, après avoir mis ses Anglais aux fers, fut de carguer ses voiles pour rester en place, et donner, au gros de la flotte, le temps de s'éloigner. Il passa la nuit ainsi, et, au point du jour, ne voyant plus d'ennemis, il prit la route la plus droite pour Saint-Thomas, fier de deux prises qui assuraient douze mille francs, au moins, au dernier de ses gens.

Mon oncle avait des signaux à lui, inintelligibles même pour la marine républicaine. De son côté, il n'entendait rien à ceux des Anglais, et il ne se doutait pas de la destination de la frégate qui s'était détachée de la flotte. Cependant il fallait qu'il repassât devant la Tortue, et, à la hauteur de cette île, il rencontra cette frégate, qui, n'ayant pu joindre les corsaires français, faisait force de voiles pour rejoindre son convoi. Mon oncle n'avait pas la moindre envie de perdre le temps à brûler de la poudre : il fallut pourtant en passer par-là.

La frégate reconnut bientôt les deux bâtimens de la Jamaïque, et, ne concevant rien à la route qu'elle leur voyait tenir, elle s'approcha de très-près. Mon oncle l'avertit, par une volée de canon, que l'indigo et la cochenille avaient changé de maîtres. L'Anglais riposta bravement, et mon oncle fit signal de la mettre entre deux feux, et de l'aborder. On se canonna long-temps avant que de pouvoir jeter les grappins. Les deux prises de mon oncle étaient percées pour quarante canons, et n'en portaient que trente; mais notre artillerie était bien supérieure à celle de la frégate, et quoiqu'assez mal servie, parce que presque tous nos canonniers étaient restés à Saint-Thomas, on se battait de si près, que la plupart de nos boulets portaient dans le corps du bâtiment ennemi. Il était aussi fort, en hommes, que nos deux vaisseaux, et il se défendait en désespéré; mais un tiers de son équipage était employé au canon, ce qui donnait encore, à notre mousqueterie, un avantage réel. L'anglais perdait beaucoup de monde; ses manœuvres étaient endommagées, et il ne pensait pas à se rendre. Cependant, son feu faiblissait, et Thomas, l'opiniâtre Thomas, écumant de fureur, fit un dernier effort pour aborder, et il réussit. Il sauta, le premier, à bord, la hache au poing, et courut au capitaine qui, d'un front calme, attendait la mort à son poste. Il allait frapper... Quelle fut sa surprise! il reconnut ce même officier qu'il avait pris à la vue de Calais, à qui il avait rendu la liberté, et dont le nom et les papiers l'avaient aidé à surprendre Angra. Aussitôt il lui fait un rempart de son corps, et il ordonne à ses gens, enragés d'une aussi longue résistance, mais toujours dociles à sa voix, de cesser le carnage. Hunter est vaincu une seconde fois; mais il a succombé en héros, et sa défaite même l'honore.

Il ne pouvait s'empêcher d'être sensible aux procédés de mon oncle. Cependant l'humeur inséparable d'un évènement aussi triste, une sorte d'orgueil national, qui n'abandonne jamais les Anglais, lui arrachèrent des propos piquans. Il donna à entendre que Thomas ne devait la victoire, qu'à la supériorité de ses forces. « Recommen-
« çons, lui dit, fièrement, celui-ci. Je vous donne
« ma parole d'honneur qu'un seul de mes vais-
« seaux combattra, et que je n'y mettrai pas plus
« de monde qu'il ne vous en reste. Vous venez
« de me sauver la vie, lui répondit Hunter en
« s'adoucissant, et je serais un lâche d'attenter à
« la vôtre. — Allez donc, vous êtes libre une se-
« conde fois. Prenez avec vous les Anglais que
« je tiens prisonniers; réparez votre frégate, et
« retrouvez-moi un jour où vous ne me devrez
« rien.

« J'aime beaucoup cet homme-là, ajouta mon
« oncle en se tournant vers les siens. Il se bat
« aussi bien que moi; mais il n'est pas heureux. »

Il faut vous faire faire connaissance avec ce capitaine Hunter. Trente ans, la beauté d'Adonis, la force d'Hercule, la valeur, l'expérience de Ruiter, de Duguai-Trouin, et une fortune constante, quand il n'avait pas affaire à mon oncle, lui avaient valu l'estime de sa nation, qui ne la prodigue point, et le cœur et la main d'une femme charmante, qui s'était mariée, à peu près, comme Seymour et Fanny. Nous y reviendrons, je vous le promets.

De la Tortue à Saint-Thomas, il n'arriva rien qui méritât l'attention d'un auditoire aussi respectable que celui devant lequel parlait mon oncle. Aussi abrégea-t-il son récit, qui fut suivi d'applaudissemens, dont la vivacité alla jusqu'à la frénésie. Dans le premier enthousiasme, on le pria, on le supplia de garder l'or qu'il avait pris à Quibo. Il accepta tout bêtement, en s'engageant à ne rien prendre pour les frais de sa première expédition. Je le crois bien, parbleu : nous avions de quoi tenir la mer trois mois, sans compter les provisions de guerre et de bouche, prises à bord des deux vaisseaux anglais.

CHAPITRE V.

Établissement à l'île de Fernandès.

Pendant qu'on vendait nos marchandises à Saint-Thomas, moins cher qu'en Europe sans doute, mais avec célérité et au comptant, je disais à mon oncle, sur qui je n'avais pas autant d'ascendant que mon père, mais qui m'écoutait parfois, que les cinq cent mille francs qu'il possédait devaient suffire aux vœux d'un homme de cinquante ans; qu'en y ajoutant le produit de la vente de la *Liberté*, bien réparée et abondamment pourvue de tout, il se trouverait un des riches particuliers de France. J'avais bien mes raisons pour lui parler ainsi. J'étais possesseur d'environ cinquante mille francs ; je m'attachais tous les jours davantage à la petite sœur Léonore, et l'amour éteint le goût des aventures.

Mon oncle, qui n'était pas amoureux, opposait à mes raisonnemens, qu'on n'a qu'une veine avec la fortune, et qu'il fallait la pousser quand elle se présentait. Il assurait que sa veine, à lui, ne faisait que commencer. Il ne visait à rien moins qu'à sept à huit millions, et voilà comment il comptait en disposer : « Comme je bois et que
« je fatigue beaucoup, il ne me reste guère que
« dix ans à vivre. Je dépenserai cinq cent mille
« francs par an, et je mourrai à la fin de la dixième
« année, sans soucis et sans regrets. Tu ajouteras
« le fond de mon coffre-fort à ce qui se trouvera
« dans le tien, et... — Mais, mon oncle, si vous
« vivez quinze ans encore ? — Cela ne se peut
« pas. — Mais si cela arrive ? — Quand je n'aurai
« plus d'argent, je me brûlerai la cervelle. —
« Quel raisonnement insensé ! — Mais je crois,
« le diable me brûle, que ce petit drôle-là veut
« faire le docteur comme son père ! Qu'on se
« taise, morbleu ! — Encore un mot, par grace !
« — Allons, voyons ce mot. — Vous ne vous
« souciez pas de retourner en France ? — Non.
« L'air de ce pays-là ne vaut rien à ceux qui ont

« de l'argent. — Vous ne voulez pas non plus
« aborder aux colonies françaises ? — Non. Je ne
« me soucie pas de me battre pour des mots. —
« Les établissemens anglais, espagnols, portu-
« gais et hollandais nous sont fermés : vous n'a-
« vez de port libre que celui de Saint-Thomas,
« et vous n'y reviendrez pas trois fois. — Pour-
« quoi cela, monsieur ? — Parce que le mal que
« vous avez fait, et que vous allez faire encore
« aux nations ennemies, les liguera toutes contre
« vous. — Tant mieux. — Tant pis. Des flottes
« formidables vous attendront quand vous croirez
« entrer ici, ou vous y bloqueront quand vous y
« serez. Ne serait-il pas plus simple, puisque
« vous êtes possédé du démon des combats, de
« vous établir dans quelque île, de vous y for-
« tifier, et d'y vivre, dans les temps de crise,
« avec les magasins que vous aurez formés ? —
« Tu as raison, pardieu ! Tu me rappelles un rêve
« que je fis la veille d'un certain jour où j'allai
« demander, au ministre de la marine, le com-
« mandement d'un vaisseau qu'il me refusa : tu
« n'étais pas au monde alors. Je m'imaginais être
« roi, et pendant les trente ans que j'ai vécu
« comme une taupe, enterré dans une *capuci-*
« *nière*, rien n'était, en effet, plus songe que ce
« songe-là. Je peux le réaliser aujourd'hui. Je me
« ferai roi de mon île. Qu'en dis-tu ? — Un mo-
« ment, mon oncle ; il faudra changer le mot. —
« Il sonne pourtant bien. — Mais il blesse furieu-

« sement l'oreille de nos Français. — Il est vrai
« qu'il a vieilli, et ces gens-là aiment beaucoup
« la nouveauté. Comment m'appellerai-je donc ?
« — Mais je ne sais pas trop... — Protecteur ? —
« C'est usé comme le papier-monnaie. — Dicta-
« teur ? — On dit que Robespierre prétend l'être,
« et je ne veux pas ressembler à cet homme-là :
« il ne doit un moment de célébrité, qu'à la stu-
« peur des Parisiens et à la nullité absolue de
« ses collègues. — Grand Gouvernant ? — Fi donc !
« ça n'a pas d'harmonie. — Grand Régulateur ? —
« Oui, celui-là remplit assez bien la bouche.
« Voyons à présent quelle île je *régulariserai.* »

J'ouvre l'Histoire générale des Voyages. Je cherche, je compulse, j'examine, je réfléchis. Voilà l'agent de plume arbitre du royaume qu'on va fonder, et émule d'Idomenée, fondateur de Salente ; de Didon, fondatrice de Carthage ; de Romulus, de Théodore de Corse, et de tous les fondateurs qui n'ont dû leur réputation qu'aux succès de leur postérité. Je trouve beaucoup d'îles désertes dans les *Bermudes* ; plus encore parmi celles de *Bahama* ; j'en trouvais même entre la Jamaïque et Saint-Domingue, entre Saint-Domingue et Porto-Ricco ; mais tout cela est situé sur le retour ordinaire d'Amérique en Europe, et je voulais nicher mon oncle dans un coin du globe, où il fallût le venir chercher de très-loin, et faire, par conséquent, des frais d'armement considérables qu'on ne renouvelle pas tous les jours.

Je voulais encore une situation telle, que les ennemis ne pussent trouver, dans les environs, de secours d'aucun genre, et qu'ils s'en retournassent, après avoir brûlé leur poudre et mangé la moitié de leur biscuit, ou qu'ils finissent par se manger eux-mêmes. Les îles de la mer du Sud me parurent réunir tous ces avantages, et, après avoir balancé entre celles des *Amis*, *de la Société* et de *Fernandès*, je me décidai pour la dernière, moins éloignée que les autres, à la vérité, mais plus convenable sous tous les rapports, parce qu'elle est placée à deux cents lieues du *Chili*, et à une distance considérable du centre du commerce de l'Amérique.

L'île de Fernandès appartient aux Anglais, à ce qu'ils disent, et ils n'y ont pas plus de droits que sur cinquante autres, où ils n'ont point d'établissemens, et où ils n'entendent pas que personne s'établisse : semblables, en cela, au chien du jardinier, qui garde les choux dont il ne mange pas. Cette île est très-petite ; elle convenait donc à un très-petit roi et à une très-petite population. Le terrain en est très-mauvais. Hé! que faisait cela à de très-honnêtes gens qui ne comptaient y vivre que de l'industrie d'autrui. Elle n'a qu'une rivière. Il ne la fallait pas si large pour contenir nos vaisseaux. Elle est partout bordée de rochers ; elle en est plus facile à défendre. Il fut donc résolu que mon oncle serait grand régulateur de l'île de Fernandès.

Comme il fallait couvrir l'ambition du nouveau potentat de motifs d'utilité générale je passai deux jours à composer un discours raisonné qui aurait fait honneur même à Gerbier. Deux autres jours, je me cassai la tête pour le faire entrer dans celle de mon oncle; mais il avait la mémoire ingrate et le débit d'un président d'assemblée *populacière*. Semblable aux souverains du plus haut parage, il prit le parti d'expliquer ses vues par l'organe de son chancelier. Je lus, et je lus bien; je fis valoir ma marchandise, et, à la fin de ma péroraison, tout le monde cria : *A Fernandès! à Fernandès!*

La petite sœur Léonore était enchantée de cet arrangement. Il était clair que, lorsque nous aurions pris une certaine assiette, la partie des écritures s'étendrait; qu'il ne serait plus question pour moi de voyages; que je toucherais également mes parts, sans être exposé aux vicissitudes de l'onde et de la fortune. C'était charmant pour la petite sœur et pour moi. Notre bonheur commun ne pouvait être traversé que par un siége; mais celui de Troie a duré dix ans; celui de Candie autant, et, dans dix ans, on a le temps de se retourner. D'ailleurs, on a bien levé le siége de Malte en 1565, et celui de Gibraltar en 1778. Pourquoi ne leverait-on pas aussi celui de l'île de Fernandès ?

Il n'y avait plus qu'une difficulté, c'était de faire approuver à mon oncle notre association.

Dubourg était dans le même embarras. Embarquer nos femmes, sans prévenir le général, c'était les exposer : il pouvait leur faire un mauvais parti en mer. Les cacher à bord était impossible : on ne met pas une femme dans sa poche. Le plus court était de s'expliquer avant le départ, et il n'y avait plus de temps à perdre : nos vaisseaux allaient appareiller.

Je connaissais mon digne oncle. Le heurter était le moyen le plus sûr de ne pas réussir : j'usai donc d'adresse. Je le conduisis à l'auberge où j'avais logé ma bonne petite sœur. Elle était plus jolie encore sous les habits *mondains* que je lui avais donnés; mais mon oncle ne prit pas garde à cela. On ne faisait rien de lui que le verre à la main, et je fis monter quelques bouteilles de Madère. Léonore lui versait souvent ; elle lui marquait du respect et de l'estime ; elle avait soin de charger sa pipe; elle lui présentait l'alumette, et Thomas, à la fin, parut flatté de ses attentions. « Elle
« a l'air bonne enfant, ta nonnette ? — Oui, mon
« oncle; ce serait dommage de la laisser ici. —
« Il faut payer son passage à Tercère par le pre-
« mier vaisseau. — Vous voulez donc qu'elle ren-
« tre dans son couvent, vous qui détestez les
« moines?—Tu as raison. Qu'elle reste ici, et qu'elle
« y vive de l'argent que tu lui laisseras.— Mais,
« mon oncle, mon cher oncle, quand cet argent
« sera mangé ? — Monsieur le drôle, vous m'a-
« vez l'air d'être amoureux. — C'est bien pardon-

« nable, mon cher oncle. — Fi ! l'amour gâte un
« homme de guerre. — Mais je ne suis que votre
« homme de plume. — Tu as encore raison.
« Voyons, raisonnons. Si tu embarques cette mor-
« veuse-là, elle sera encore plus exposée en mer
« qu'ici sans le sou, et tu connais le réglement,
« puisque c'est toi qui l'as fait. — Oh ! ils m'ont
« tous promis, par serment, de la respecter. —
« Sermens d'ivrognes que cela, mon garçon. A
« la première velléité ils ne s'en souviendront
« plus... Ah ! sacredieu, il me vient une idée. —
« Voyons-là, mon cher oncle. — Achète-moi un
« demi-quarteron de négresses bien condition-
« nées, et jette-les à bord. Tu les mettras en
« avant de ta Léonore, à peu près, comme on
« oppose un paravent au vent de bise, qui se
« glisse partout. — Vous me permettez donc d'em-
« barquer ma petite aussi ? — Il le faut bien, co-
« quin, puisque cela vous fait plaisir. »

Monsieur Dubourg s'y prit, lui, d'une toute
autre manière. Il déclara, brusquement, à mon
oncle qu'il était marié, et qu'il entendait que sa
femme le suivît. « C'est juste, dit Thomas ; mais
« si nos lurons en ont envie ? — Je casserai la
« tête au premier qui l'approchera. — Alors je
« ferai noyer madame Dubourg. — Je la défendrai,
« corbleu ! — Contre moi ? — Contre le diable !
« —Monsieur Dubourg ! —monsieur Thomas ! —
« D'un ton plus bas, s'il vous plaît. — C'est le
« mien, sacredieu, et je me moque de quiconque

« y trouve à dire. » Mon oncle saute sur ses pistolets; Dubourg sur les siens. On se jette entre eux, on les sépare. On idolâtrait mon oncle, et on allait faire un mauvais parti à son adversaire. Thomas, incapable de le souffrir, prend bravement sa défense; l'adversaire, que rien ne touche, sort en jurant qu'il n'en fera qu'à sa tête, et qu'il aura raison du général à la première occasion : heureusement madame Dubourg arrangea l'affaire.

Elle aimait passionnément son mari le jour des épousailles ; mais, fidelle à son goût pour la variété, elle avait offert, au bout de la quinzaine, son cœur et ses charmes à un jeune commis de la douane. On ne part pas pour la terre de Feu, sans se faire de longs et tendres adieux. Ceux-ci furent tellement prolongés, que Dubourg, qui cherchait madame pour la conduire à bord, la surprit avec son commis dans une position qui n'était pas équivoque. Aussi fidèle à ses promesses qu'elle était légère dans les siennes, il lui fit sauter la cervelle, et vint s'embarquer avec le plus grand sang-froid.

Il est loisible, par tout pays, à un époux de tuer sa femme surprise *flagrante delicto*. On informe pourtant, ne fût-ce que pour s'assurer des circonstances. Le gouverneur pouvait donc faire arrêter monsieur Dubourg; mais il connaissait tant de cocus en Amérique, ainsi qu'en Europe, qui vivent parfaitement bien avec leurs femmes et leurs amis, qu'il crut la vivacité du cocu Dubourg tout-à-fait particulière aux cocus corsaires. Or, comme les corsaires ont peu de rapports avec les cocus de la bonne société, le gouverneur ne craignit pas que l'exemple gagnât. Il se contenta, pour la forme, de faire barbouiller quelques carrés de papier, quand nous fûmes en pleine mer.

Dubourg ne pensait plus à son altercation avec mon oncle; mais mon oncle ne l'avait pas oublié : il était devenu rancuneux chez les capucins. Dès le second jour de navigation, il trouva que le capitaine n'avait pas obéi assez promptement à certains signaux. En vertu de l'article 3 du réglement, il le destitua; donna à son second le commandement de son vaisseau, et le laissa dans une des îles des Vierges, avec un fusil, un quarteron de poudre et une livre de plomb. Voilà qui vous prouve que, parmi les corsaires, ainsi que dans les États civilisés, il ne faut jamais se brouiller avec ses supérieurs, fusent-ils bêtes, ou taquins comme un Thomas, un baourd, et tant de gens en place, que je nommerai, peut-être... quand ils n'y seront plus.

Pour moi, je m'aperçus, le troisième jour, que mon oncle avait eu raison de me dire que les sermens de notre équipage étaient des sermens d'ivrognes. Ces messieurs se ruèrent sur mes négresses, qui, heureusement, étaient d'une complexion et d'une encolure à tenir tête à une armée. Ma petite sœur dut, à cet expédient, la plus entière tranquillité. Cependant, elle garda ma chambre de peur d'accident. J'avais tout son amour, mon oncle tous ses soins ; nous étions tous contens.

Le général Thomas n'était pas homme à traverser, sans faire des siennes, la moitié des mers connues. Cependant, comme vous pouvez être né avec des inclinations pacifiques, ce qui ne prouve rien contre vous, même en temps de révolution, car, enfin, a le diable au corps qui peut; comme donc il est possible que vous n'ayez pas les inclinations guerrières, je vous ferai grace des mille et un combats que nous soutînmes des Antilles à la mer du Sud, et qui, véritablement, se ressemblent tous : c'est toujours de la poudre brûlée, des hommes égorgés, et, pour dernier résultat, des vainqueurs et des vaincus, à peu près aussi à plaindre les uns que les autres. Je vous dirai sommairement que nous forçâmes, en passant, l'île de la Barbade, colonie anglaise, dont tous les forts furent emportés en cinq jours, l'épée à la main ; que nous chargeâmes un de nos vaisseaux de la Jamaïque, de cent pièces de canon, d'une portion convenable de poudre et de boulets; du produit du pillage, de trois cent cinquante Anglais de tous métiers, et de deux cent soixante Anglaises des plus jolies. Vous trouverez, peut-être, étrange que mon oncle, qui n'aimait pas les femmes, en fît une aussi ample provision; mais il voulait que ses gens s'amusassent à Fernandès, et il était bien aise de favoriser le goût le plus général.

Après avoir pourvu à l'agréable, il pensa à l'utile. Dès que nous eûmes doublé le cap de Horn, il fit ses dispositions pour attaquer le Chili. Sur une immense étendue de côtes, les Espagnols n'ont de peuplades que Baldivia, la Conception, Valparayso et la Sérena. Ces habitations, défendues par cinq cents soldats seulement, sont séparées des autres colonies par un désert de quatre-vingts lieues ; par conséquent, rien de plus facile que de fournir, abondamment, Fernandès du bétail, des grains, et des vins excellens que ce fertile pays produit presque sans culture. Il a aussi des mines, qui n'étaient pas à dédaigner pour des corsaires, quoiqu'elles ne rendent guère que cinq millions par an. Mais cet or se travaille à Saint-Jago, situé à quarante lieues dans les terres, d'où le bruit de notre débarquement le ferait sans doute exporter à travers les Cordillières, où il serait impossible de le suivre. On remit donc les expéditions purement métalliques à un autre temps. Chacun de nous, d'ailleurs, avait autant d'or qu'il en pouvait porter.

De douze cents hommes qui restaient à mon oncle, il en descendit onze cents à la Conception, vers le centre des bourgades espagnoles. Il divisa son armée en six petits corps, qui se répandirent de différens côtés, que la terreur précéda, et devant qui tout prit la fuite. Les Espagnols se réfugiaient dans l'intérieur, avec ce qu'ils avaient de plus précieux, et ils abandonnaient à nos gens, ce qu'ils avaient ordre de prendre et de conduire à bord. Dès le septième jour, des convois considérables arrivèrent sans interruption, conduits, traînés ou portés par les Espagnols qu'on avait pu prendre. Ils tombaient de lassitude, ou succombaient à la violence des mauvais traitemens. Ils demandaient grace : on fut impitoyable pour eux, comme ils l'avaient été envers les Indiens, dont ils ont exterminé la race.

Le vingtième jour, nous partîmes avec nos cinq vaisseaux tellement chargés, que le moindre coup de vent devait les submerger : depuis longtemps Thomas nous avait appris à ne rien craindre. Le trentième jour, nous mouillâmes, enfin, à l'entrée de cette rivière de l'île de Fernandès que nous allions vivifier. Mon oncle se jeta à la nage pour aborder plutôt, et contempla, avec une joie avide toutes les parties de ses nouveaux domaines.

Les relations des voyageurs sont souvent infidelles, ou du moins inexactes. Nous reconnûmes, avec satisfaction, que loin d'avoir été trompés par nos livres, la réalité passait nos espérances. La rivière, dont le mouillage est excellent, traverse les deux tiers de l'île, du levant au couchant. Elle est très-poissonneuse, et c'est une ressource pour les jours maigres. Les monticules, dont le pays est couvert, sont peuplés de chèvres sauvages ; autre ressource pour ceux qui aiment la chasse. La température du climat est délicieuse ; avantage réel pour celles de nos dames qui avaient la poitrine délicate. Pas un animal dangereux, hors nous ; enfin, deux rochers isolés, l'un au nord, l'autre au midi, couronnés chacun par une assez vaste plate-forme, placés exprès sur le bord de la mer, et dominant les parties accessibles de l'île, offraient des forteresses, toutes faites, à des gens, dont pas un, n'était en état de tracer une parallèle. La difficulté était d'y monter du canon ; mais mon oncle avait pris trois cent cinquante Anglais pour quelque chose.

Après deux jours de repos, passés à bord ou à terre, on s'occupa avec ardeur de tous les objets qui devaient assurer la consistance, la durée et l'agrément de l'honnête société. Chacun travailla, d'après les connaissances qu'il avait ou qu'il n'avait pas ; mais, enfin, chacun *mit la main à la pâte*, depuis le grand régulateur jusqu'au dernier soldat. Tel l'empereur de la Chine ne dédaigne pas, pour encourager l'agriculture, de tracer lui-même un sillon.

CHAPITRE VI.

Magnifique ville bâtie. Constitution sublime de la composition de mon oncle.

Nous commençâmes par débarquer le bétail, tellement entassé qu'il était menacé d'une suffocation générale. Je prétendais, moi, qui me mêlais un peu de tout, qu'il fallait parquer nos vaches, nos moutons et nos bœufs. Il me semblait qu'ils fumeraient ainsi, alternativement, les pâturages qui sont dans les vallées; qu'ainsi ils trouveraient, dans tous les temps, une nourriture abondante; que les ayant toujours à notre portée, on ferait des élèves; on métamorphoserait, à volonté, les jeunes taureaux en bœufs, et qu'il serait facile, dans tous les temps, de choisir les plus gras pour la table de son excellence le grand régulateur, et celle de son neveu, qui avait droit de faire bombance, parce que, partout, les souverains bourrent leur famille, d'autant plus aisément que c'est toujours le public qui paie. Mon cher oncle me demanda si je comptais transformer des héros en garçons bouchers. Il m'objecta que la mer formait un parc naturel, autour de l'île, et que, sans se donner tant de peines inutiles, quand il aurait besoin d'un bouillon, il prendrait son fusil, et jeterait bas le premier animal qui se présenterait. Je répliquai que si une cinquantaine de nos messieurs avaient envie d'un bouillon le même jour, et se le procuraient de la même manière, l'île serait dépeuplée en moins d'une décade. Ce raisonnement valait bien mes premières observations ; mais les grands hommes tiennent d'autant plus à leurs idées, qu'elles doivent être meilleures, et nos bêtes allèrent paître et fumer où bon leur sembla.

A tous seigneurs tous honneurs. Ce que nous avions de charpentiers, de menuisiers et de maçons, s'occupa d'abord du palais du grand régulateur. On choisit un endroit riant, sur le bord de la rivière, précisément entre les deux rochers, dont on comptait faire deux forteresses, et, comme les grands tiennent au chef, les subalternes aux grands, et les petits aux subalternes, chacun choisit autour des jalons, qui indiquaient déja le sanctuaire de la puissance, un emplacement plus ou moins près et plus ou moins grand, selon le degré d'élévation ou de faveur du personnage. Un jardinier traça des rues, non de ces vilaines rues droites qui permettent de découvrir d'un bout à l'autre d'une ville; mais de ces jolies petites rues tortueuses, où on ne voit pas à trente pas; où l'œil n'est pas fatigué par l'uniformité régulière des objets, et où on marche deux heures, sur soi-même, sans jamais s'en apercevoir. A présent qu'on perfectionne tout, j'espère qu'on rebâtira Paris sur le modèle des jardins anglais. Alors les rues Saint-Honoré, de Richelieu, du Cherche-

Midi, de la Chaussée-d'Antin, du Temple et autres, offriront chacune cinq à six culs-de-sac, ce qui sera fort agréable aux rouliers, aux cochers de fiacre, aux piétons qui craignent les cabriolets; ce qui facilitera la circulation de l'air et la propreté du sol; ce qui ajoutera à l'obscurité, que les beautés sur le retour aiment tant; à la sûreté de nuit, etc., etc. Si cette idée est adoptée, je demande le brevet d'invention.

La ville nouvelle fut commencée et finie en quinze jours. Vous jugerez de sa magnificence par la description du palais du grand régulateur, qui dominait sur les autres édifices, comme le Capitole sur Rome. Quatre gros arbres, de trente pieds de tronc, formaient quatre angles égaux, et représentaient autant de colonnes de je ne sais quel ordre. A la naissance des grosses branches, coupées en fourches, étaient appuyées quatre pièces de bois; sur ces pièces de bois, des perches légères qui traversaient tout l'édifice à six pouces de distance; pardessus le tout, des feuilles de palmier, attachées ensemble avec des lianes; voilà pour la couverture. Les intervalles, d'une colonne à l'autre, étaient remplis par de mêmes branches, proprement recrépies en terre grasse; voilà pour les murailles. Du côté du midi, une porte faite à coups de hache; voilà pour la sûreté. Nous avions parmi nos Anglais un architecte qui ne manquait pas de goût; je voulais qu'il ornât l'édifice de pilastres, de corniches, de compartimens, de

culs-de-lampe : « Tais-toi, me dit mon oncle, qui
« avait du bon sens. Je commanderai à ces gens-
« là, parce que je suis le seul capable de les con-
« duire ; mais je ne veux pas qu'ils m'accusent
« d'un vain orgueil que je n'ai pas. »

En conséquence, l'ameublement fut analogue
au reste. Au milieu du palais était suspendu le
hamac, qu'on montait et descendait à volonté,
avec des poulies attachées aux quatre colonnes ;
sous le hamac, une table grossière, et deux
bancs ; enfin, une armoire assez grande pour contenir trois chemises bleues, trois mouchoirs de
poche, une paire de pistolets, et une livre de tabac
haché.

Les magasins publics où on serra les blés, les
vins, les sucres, les cafés, les rums, les viandes
salées, le biscuit, n'étaient pas tout-à-fait si recherchés ; mais tout y était rangé dans un désordre
pittoresque, et, à peu près, à l'abri de l'humidité.

Le bâtiment nommé le *grand Sérail*, fut celui
qui demanda le plus de temps, parce que la décence et l'agrément particulier de chacun exigeaient que chacune de ces dames eût une chambre de six pieds de long au moins, sur quatre
de large. Or, comme elles étaient deux cent
soixante, il fallut faire deux cent soixante cloisons. Heureusement le bâtiment, long de mille
quarante pieds, n'en avait que six de profondeur,
sans quoi il y aurait eu de quoi faire reculer les
architectes les plus opiniâtres du monde policé.

Éclairés par l'expérience, nous ajoutâmes quelques mois plus tard, au grand sérail, une vaste maison qui fut nommée l'*Inattaquable*, parce qu'il était défendu aux hommes d'y entrer. Elle servait de retraite aux femmes grosses de huit mois, aux femmes en couches et aux nourrices. Vous voyez qu'on favorisait la population à Fernandès ainsi qu'ailleurs.

Comme nous n'avions que le nombre de hamacs nécessaires pour nous, maîtres et seigneurs, ces dames eurent la bonté de se faire de jolis petits lits de feuilles de palmier, assez larges pour recevoir un amateur. Elles se prêtèrent même à cueillir de ces feuilles, autant qu'il en fallait, pour les couvertures. Il est vrai qu'elles en furent priées, de manière à ne pouvoir refuser, et, en reconnaissance de leur docilité et de leur patience, on leur attacha, aux pieds, des pointes de fer, qui leur donnaient la facilité de grimper aux arbres, comme des écureuils.

Elles cueillirent tant et tant de ces feuilles, qu'il n'en resta pas une sur les arbres, ni le moindre ombrage dans l'île. Restaient cependant à couvrir les cuisines publiques, les maisons communes où on devait manger, celles où on devait prendre le café, celles où on devait boire hors les heures de repas, et, enfin, l'espèce de bagne, où on devait renfermer, le soir, les esclaves anglais. Comme le génie ne connaît pas d'obstacles, on imagina finement de suppléer les feuilles par du gazon, par des voiles, par des chaloupes renversées, ce qui faisait une variété très-agréable à l'œil.

On avait fait beaucoup, sans doute; mais l'essentiel était à faire. Notre véritable richesse consistait en dix mille quintaux de poudre, qu'il fallait serrer, dans des lieux très-secs, et qui ne laissassent rien à craindre des fumeurs, ni des gargottiers. On fit creuser de vastes magasins, dans le roc vif, par les esclaves anglais. On leur fit monter ensuite trente pièces de gros calibre, sur les deux rochers dont je vous ai parlé. Point d'échafaudages, de grues, de chèvres, rien de ce qui facilite le travail : les bras, rien que les bras des vaincus. Ils étaient destinés à servir, s'user, mourir, et il y en avait d'autres, à la Grenade, à la Dominique, à Saint-Christophe.

La dernière opération à faire, était d'empêcher qu'on ne vînt, inopinément, nous rendre visite. Un petit fort, sur chaque rive de la rivière, à son embouchure, aurait singulièrement plu à mon oncle; mais cela demandait du temps, de la capacité, et Thomas était pressé de jouir, et ne savait rien faire. On fixa les deux vaisseaux de la Jamaïque, sur quatre ancres, aux deux endroits qu'on voulait fortifier; on les rasa de leurs mâts et de leurs agrès; on mit les batteries sur les ponts, les corps-de-garde dessous, et en moins d'une journée de travail, on eut deux redoutes, qui pouvaient durer deux ans : la prévoyance de nos messieurs ne s'étendait pas si loin.

L'inauguration de la ville se fit au bruit des verres et de toute notre artillerie. Cette superbe cité fut nommée *Thomassine* ; le rocher du nord, *Thomasson* ; celui du midi, *Thomassard* ; le vaisseau de la rive gauche, *Thomassin*, et celui de la rive droite, *Thomasseau*.

Tant que l'activité avait été soutenue, dans toutes les classes, par le besoin de se loger, de pourvoir à la vie animale, au superflu, à la sûreté générale, l'ordre et l'harmonie n'avaient pas été troublés. Le moment de l'oisiveté était venu, et c'est ce que je redoutais. Nos gens ne pouvaient toujours boire, et faire ce qu'ils appelaient l'*amour*, et ils me faisaient trembler, quand je les voyais les bras croisés. Je proposai à mon oncle de faire des lois, courtes, simples, et fortes surtout. Je me rappelai ce que j'avais trouvé de mieux dans Justinien, Cujas et Bartole; j'éloignai ce qui me déplut; je fis un petit code qui me parut très-clair. J'allai aussitôt le lire à mon oncle, qui n'y comprit rien, et les bras me tombèrent, quand il me dit qu'il voulait faire lui-même une constitution. « Vous, mon oncle, vous ferez « une constitution ! — Parbleu ! tout comme un « autre. — Je crains qu'elle ne vaille rien. — Hé « bien ! j'en ferai une seconde.—Qui ne vaudra « pas mieux. —J'essaierai d'une troisième. — Qui

« ne durera pas davantage. — Savez-vous, mon-
« sieur mon neveu, que vous êtes un imperti-
« nent? — Je suis vrai, mon cher oncle. — Non, je
« dis, je n'ai pas d'esprit, c'est le chat. Allez,
« monsieur, allez tailler vos plumes, et, quand
« j'aurai rêvé deux heures à cela, vous viendrez
« écrire ce que je vous dicterai. »

Il me rappela, en effet, deux heures après.
J'entrai dans son palais, je m'assis, je tirai mon
écritoire, et j'écrivis.

Droits de l'Homme.

Chacun, ici, a le droit de vivre dans l'abondance, et sans rien faire.

Du Gouvernement.

Le général Thomas, étant proclamé grand Régulateur, réglera, et déréglera tout à volonté.

« Tu vois qu'en quatre traits de plume voilà
« mes bases posées. — Oh! c'est charmant, mon
« oncle. — Souvenez-vous, monsieur, que vous
« n'êtes que mon secrétaire : écrivez, sans ré-
« flexions, comme le journal du soir. »

Code civil et criminel.

Comme les hommes n'ont de différens, entre
eux, que parce que l'un veut avoir ce que l'autre
possède, personne, ici, n'aura rien en propre.

Comme les magistrats sont inutiles, où il n'y a pas de contestations, il n'y aura pas de magistrats ici.

Comme il ne faut ni prison, ni geoliers, ni procureurs, ni avocats, ni bourreaux, où il n'y a pas de magistrats, il n'y aura, non plus, ici, ni bourreaux, ni avocats, ni procureurs, ni geoliers, ni prisons.

« Nous voilà débarrassés, tout d'un coup, de
« ce qui embarrasse le monde connu, depuis qu'on
« le connaît. Poursuivez, Monsieur.

Mais, comme il est du devoir d'un législateur éclairé, de tout prévoir, et que je prévois tout, si, dans l'ivresse, ou de sang-froid, on s'injurie, ou on se frappe, les parties iront vider leur querelle, à coups de fusil, dans un coin de l'île, et le grand Régulateur nommera quatre témoins, qui veilleront à ce que tout se passe dans les règles.

Si quelqu'un assassine, il sera assassiné par le meilleur ami du défunt, et les assassinats ne s'étendront pas plus loin.

« Voilà, je l'espère, un code civil et criminel,
« aussi court, et aussi complet que possible, et
« tel qu'on n'en a point imaginé encore. Passons
« aux finances. »

Des Finances.

Comme le grand Régulateur n'a aucun revenu

assuré, et que des circonstances imprévues peuvent nécessiter des sacrifices, il sera établi, par moi, dans les cas extraordinaires seulement, un impôt unique et volontaire.

« Tu sens bien que si je voulais, j'imposerais,
« comme un autre, la terre, les maisons, les
« portes, les fenêtres, les cheminées, les ânes,
« les hommes, les femmes, les meubles, les voi-
« tures, le blé, la viande, le poisson, l'eau-de-vie,
« les choux, le papier, l'industrie, les grands
« chemins, la pensée, et tous les objets connus ;
« mais cela fatiguerait les cerveaux de notre bon
« peuple, qui craindrait toujours d'être en con-
« travention ; et puis il faudrait une nuée de fai-
« seurs de rôles, de percepteurs, d'exécuteurs,
« de commis, de sous-commis : la moitié de la co-
« lonie serait sans cesse occupée à vider les po-
« ches de l'autre. Non, pas de ça, Lisette. Un
« impôt unique et volontaire. — Voyons, mon
« oncle, sur quoi vous l'établissez. — Écris. »

Sur la respiration.

« —Sur la respiration ? —Ah ! ah ! ah ! tu ne t'at-
« tendais pas à celui-là, hem ? C'est un véritable
« don gratuit que mon impôt, car, enfin, celui
« qui ne voudra pas respirer, ne paiera rien.

« —Mais il me semble, mon oncle, que vous êtes
« déja en contradiction avec vous-même. — Al-
« lons donc ! Cela se pourrait, au plus, si j'avais
« fait dix mille et quelques lois. — Vous dites,
« dans un article, que personne n'aura rien en

« propre, et, maintenant, vous demandez des
« sacrifices. — Ah ! sacredieu, tu as raison. Il
« n'est pas aisé d'être législateur, et je suis
« étonné que tant de gens s'en mêlent. Tâchons
« d'accoucher d'un petit article supplémentaire
« que tu saveteras, avec le reste, du mieux que
« tu pourras. »

Article supplémentaire.

Le gouvernement s'obligeant à fournir à tous le nécessaire et le superflu, l'or et les bijoux seront emmagasinés, et chaque lot marqué du nom du propriétaire, qui sera maître de le retirer, quand il voudra aller vivre ailleurs.

« L'article est bien, pas vrai? — Ah! encore
« incohérent avec l'autre. — Va, va, nos gens n'y
« regarderont pas de si près. Voyons maintenant
« les articles réglementaires : ceci exige du déve-
« loppement. »

Des Expéditions.

Si vous voulez que le grand Régulateur vous entretienne, vous nourrise, et vous enivre de vin et d'amour, il faut lui en faciliter les moyens.

« Vois-tu! je fais aussi des préambules, moi. »

Trois cents hommes seront constamment en course, et seront remplacés, au retour, par trois cents autres.

Ils iront prendre chez les autres ce qui manquera chez nous.

De la Force armée.

Il y aura tous les jours cent trente hommes de garde.

Quatre-vingt-dix seront employés à la garde de ma personne et des forts ; le reste fera des patrouilles, et veillera à ce que nos esclaves ne coupent pas les oreilles, ou mieux que cela, à ceux de nos messieurs qui seront tombés sous les tables et sous les bancs.

A cet effet, chaque homme de garde sera tenu de conserver sa raison, et, pour cela, il ne lui sera alloué qu'une bouteille de vin pour ses vingt-quatre heures.

Mais comme il n'est pas de sacrifice qui ne mérite une indemnité, la garde descendante vivra, à discrétion, pendant les deux jours suivans.

De la Répartition des Esclaves.

Des gens comme nous ne devant rien faire, tous les travaux publics et domestiques seront à la charge des esclaves.

Le grand Régulateur en aura quatre pour son service particulier, l'amiral trois, chaque officier deux. Il en sera attaché un à six soldats ou matelots.

Soixante-dix entretiendront les forts, les armes, déblaieront, arroseront les rues, et, pour se reposer, feront la chasse aux maringouins.

Les quarante restans feront la cuisine, mal d'abord, et bien au bout de quelques jours, parce qu'ils seront battus jusqu'à ce que leurs ragoûts soient mangeables.

Comme il n'est pas de bon gouvernement sans économie, et qu'il faut, en même temps, que les esclaves vivent pour continuer à servir, il leur sera accordé une demi-livre de biscuit par jour, une heure pour pêcher ou chercher des coquillages, et l'eau de la rivière, tant qu'elle en pourra fournir.

« Ceci me conduit naturellement à traiter de
« la bonne chère, qui n'est pas l'article le moins
« important pour moi. »

De la Table.

Le grand Régulateur sera servi dans son palais, et, comme il doit représenter et traiter souvent ses hauts-officiers, ses rations solides et liquides ne sont pas fixées.

L'amiral aura, par jour, trois livres de bœuf, trois livres de porc, la moitié d'un mouton, six livres de pain, douze bouteilles de vin, et deux de rum.

Les capitaines auront moitié de cette ration.

Les autres officiers, le tiers.

Les soldats et matelots auront deux livres de viande, deux livres de pain, deux bouteilles de vin, et une demi-bouteille de rum.

On se rassemblera, au son de la cloche, dans les maisons indiquées pour les repas, selon le grade de chacun, et on sera exact, parce qu'on n'attendra personne.

Les dames mangeront chez elles, parce qu'il est bon qu'on les trouve à toute heure.

Des Cafés et Estaminets.

Après le dîner, ira prendre du café qui voudra, et autant qu'il en voudra.

Deux fois par décade, il sera délivré, pour les estaminets, huit pièces de vin de deux cents pots, qui seront bus par les matelots et soldats qui voudront s'amuser honnêtement. Là, ils trouveront des pipes et du tabac, et pourront en emporter ce qu'ils jugeront nécessaire à leur consommation.

Les officiers qui ne seront pas de service, pourront s'enivrer, tous les jours, dans un estaminet, qui ne sera ouvert que pour eux.

Des Vêtemens.

Quiconque aura son habit usé, en ira prendre un neuf au magasin.

Quiconque aura une chemise sale, l'ira troquer contre une blanche.

Comme il n'est pas de bon gouvernement qui ne cherche à tout utiliser, les habits et le linge seront faits, raccommodés et blanchis par les nourrices, et celles de nos dames dont la société ne se souciera plus.

De la Population.

Le mariage étant insupportable où il est indissoluble, et ne signifiant rien où le divorce est admis, on ne se mariera pas du tout.

Mais comme il faut des enfans pour perpétuer une colonie, et qu'il est très-amusant d'en faire quand on n'en est pas chargé, on en fera tant qu'on pourra, et les mères seules en auront soin, selon la destination que leur a donnée la nature.

La nature les destinant également pour l'homme, ces dames n'en pourront refuser aucun. Mais pour le maintien des mœurs publiques, et afin d'éviter tout conflit, le premier qui entrera chez une femme accrochera son bonnet en dehors de la porte, ce qui voudra dire à celui qui surviendrait : Passez à un autre numéro.

La faiblesse paternelle étant contraire aux progrès des enfans, les nôtres se développeront de bonne heure, parce qu'aucun ne connaîtra son père.

Aussi, dès l'âge de dix ans, les garçons seront mousses ou tambours.

Dès l'âge de huit ans, les filles sauront faire des mines et jouer de la prunelle, et à quinze ans, on en fera de petites mamans.

Ceux qui violeront un des articles de la présente constitution, librement acceptée, seront déportés sur les côtes du Chili, et leur or et leurs bijoux confisqués au profit du grand Régulateur.

Après avoir fini de me dicter cette admirable production, mon oncle, enchanté de lui-même, fit battre la générale, rassembla toute l'armée, me fit hisser en haut d'un palmier, pour qu'on m'entendît de plus loin, et m'ordonna de lire à haute et intelligible voix. Je tirai mon cahier de ma poche, je criai à tue-tête, et je ne dus être entendu que de la très-faible partie de mon auditoire : *Aures habent, et non audient.* Au reste, qu'on ait entendu ou non, qu'on ait compris ou non, la constitution de mon oncle fut reçue à l'unanimité, parce qu'elle convenait à beaucoup, que le mode de gouvernement était indifférent au plus grand nombre, et que les autres n'auraient rien gagné à dire : *Non.*

CHAPITRE V.

Désastres.

Les choses allèrent assez bien pendant quelques mois. On crevait des esclaves qu'on remplaça facilement; on exerçait si vivement, et si continuellement les dames, qu'il en mourut vingt des plus jolies, parce que les plus jolies étaient les plus exercées; on buvait du matin au soir, ou on chassait, ou on se baignait, ou on jouait à la boule ou au ballon, ou on fumait, ou on dormait : c'était charmant.

Tout annonçait que cette vie délicieuse durerait. *L'Hirondelle*, toujours en mer, et volant sur la surface de l'eau, évitait ou atteignait les meilleurs voiliers, à son choix. Les magasins regorgaient, l'abondance était partout, et tant que les Anglais et les Espagnols prendraient la peine de cultiver la terre, il ne paraissait pas possible que la colonie manquât de rien.

Pour moi, dont les goûts différaient singulièrement de ceux de ces messieurs, et qui évitais toute communication trop directe avec eux, je m'étais fait une jolie habitation, vers la source de la rivière. Ma maisonnette, ornée de mille jolis petits riens, que j'avais trouvés à bord de différentes prises, était adossée à un rocher couronné de verdure. En avant, j'avais un bocage frais, que la nature semblait avoir fait croître pour moi. Je n'avais eu qu'une cinquantaine d'arbustes à arracher, pour pratiquer des allées couvertes et solitaires. Au bout de mon bosquet coulait la rivière, étroite, peu profonde et limpide. Des poissons des plus délicats de la mer du Sud remontaient jusqu'à ma porte, et venaient mourir dans les bras de ma jolie petite sœur. Avec des semences d'Europe, j'avais fait un potager d'un côté de mon bocage; un parterre de l'autre, et dans mes jardins, sur le bord de l'eau, dans mon petit bois, dans ma maisonnette, je trouvais Léonore qui embellissait tout, et qui vivait cachée à tous les yeux.

J'avais été aidé, dans mes exploitations, par les deux esclaves qu'on m'avait donnés. L'un était peintre, l'autre médecin, par conséquent incapables de supporter des travaux violens; mais je les ménageais, je les encourageais; je partageais, avec eux, mes rations, plus que suffisantes pour ma compagne et moi. Elle les consolait; elle leur accordait ces soins délicats, ces attentions fines, seuls moyens d'un sexe faible, qu'ils finissent par rendre le plus fort; Léonore, enfin, acheva d'en faire nos amis, et n'en a pas qui veut.

J'avais trouvé et accumulé des trésors qui n'avaient tenté que moi. Des instrumens de musique, de mathématiques, de bons livres, cent choses utiles aux arts, avaient été jetés sur la plage. Je les recueillais soigneusement, et on riait du cas que je paraissais en faire. C'est avec ces ressources que nous charmions nos loisirs. Le peintre, naturellement gai, avait retrouvé sa belle humeur; le médecin, grave... comme un médecin, parlait toujours raison, et la raison plaît, assaisonnée d'un grain de folie. En riant avec le peintre, en raisonnant avec le docteur, en caressant ma Léonore, je m'occupais du bien-être et de l'agrément de tous. J'en étais aimé et béni : je ne désirais pas d'autre sort.

Mais *l'Hirondelle*, à force de prendre, prit bientôt moins, et bientôt ne prit rien.

Mais le gaspillage épuisa, en peu de temps, les provisions qui étaient dans l'île.

Mais quelques-unes des dames, qui remplacèrent les défuntes, apportèrent certaine incommodité qui circula en peu de temps, et qui donna de l'occupation et de l'importance à mon docteur.

Mais la disette et la maladie donnent de l'humeur.

Mais l'humeur porte à faire des sottises.

Mais quand les sottises sont d'une certaine force, elles violent le contrat social.

Mais mon oncle, qui tenait à l'article des confiscations, déportait exactement les coupables.

Mais, enfin, on se mit en insurrection ouverte contre lui.

Quand les ressorts d'un gouvernement, bon ou mauvais, sont rompus, il se forme autant de partis qu'il y a d'intérêts différens.

Quand aucun des partis n'entend raison, tous crient à la fois.

Quand ils ne persuadent pas avec des cris, ils entrent en fureur.

Quand ils sont en fureur, ils prennent les armes.

Quand ils ont pris les armes, ils se battent.

Quand, enfin, ils voient que le sang répandu n'améliore pas leur sort, ils se rapprochent; ils s'accordent : autant vaudrait commencer par-là.

On se battit toute une journée à Fernandès. Cent cinquante hommes furent tués ou blessés, sans que personne sût, bien précisément, pourquoi. Vingt fois, je m'étais jeté au milieu des combattans; vingt fois, j'avais fait l'orateur, et épuisé tous les lieux communs, sans y rien gagner. Le soir on eut faim; il n'y avait pas de quoi souper, et je glissai encore mon mot. « Ce « n'est pas en se tuant qu'on fait tourner la broche. » Ce mot fit tomber les armes des mains. On se demanda pardon, on s'embrassa, on se réconcilia. Mon oncle, excédé de fatigue et couvert de blessures, me consulta modestement sur ce qu'il fallait faire, et parla, pour la première fois, au nom de la société. « Ce soir, répondis-je, il « faut s'aller coucher. Qui dort soupe, et demain « nous verrons. » On me crut, on se sépara, et je regagnai ma maisonnette.

J'avais travaillé, et j'en reçus le prix. Des petits poids et des haricots, préparés par Léonore, un melon cueilli par elle, réparèrent mes forces. Nous soupâmes; nous dormîmes assez bien, pour des gens qui avaient l'esprit agité, et, le lendemain au point du jour, je me rendis devant le palais du grand Régulateur, qui avait tout déréglé, et qui ne réglait plus rien.

Tous ceux qui pouvaient se soutenir, se ras-

semblèrent autour de moi. Je les menai à ma maisonnette, et je leur fis voir mon jardin. « Si
« vous aviez fait comme moi, leur dis-je, vous
« auriez soupé hier, et vous déjeuneriez aujour-
« d'hui. L'homme est né pour travailler ; voilà
« qui le prouve. Voyons maintenant à vous tirer
« d'embarras. Vous êtes environ six cents. Prenez
« vos fusils; formez une ligne qui coupe l'île sur
« sa largeur ; avançons en chassant, tuons ce qui
« reste de ces chèvres, dont vous ne preniez que
« la peau, et dont la viande va vous paraître dé-
« licieuse. Qu'on en fasse cuire, trente ou qua-
« rante, pour le besoin du moment; qu'on sale
« le reste. Qu'on s'embarque; qu'on fasse une
« dernière tentative sur le Chili. Puisque vous
« voulez vivre indépendans, transportez ce que
« vous aurez pris, aux îles Galapes, dont le sol
« est excellent. Cultivez-le, et, en attendant que
« tout cela soit fait, mangez de la chèvre, et bu-
« vez de l'eau. Noé en buvait bien avant qu'il
« s'avisât de planter la vigne. »

Il n'y avait pas de réplique à cela; aussi ne répliqua-t-on rien. On partit pour cette battue générale, qui rendit beaucoup au-delà de ce que j'avais espéré, et on ne chercha pas les cuisiniers anglais. Les uns écorchaient le bétail, d'autres le mettaient en pièces; ceux-ci allumaient des feux, ceux-là couraient prendre des chaudières, du sel, du piment. Deux heures après, ces messieurs qui, trois jours avant, ne voulaient, du mouton, que les gigots, à qui il fallait tous les jours du pain frais, des vins de Canarie, ou de Madère, déchirèrent, à belles dents, ces chèvres dont l'idée seule leur soulevait le cœur, et furent trop heureux d'aller se désaltérer à la rivière.

J'avais pensé, la veille, à faire, dans cette rivière, ce que je venais de faire dans les montagnes; mais on ne s'était pas donné la peine d'arranger un filet. On n'avait que quelques lignes, et la pêche n'eût rien rendu.

Le jour suivant, on sala sept cents chèvres, ou environ; on emplit des futailles d'eau, hélas! rien que d'eau. On embarqua les provisions, avec cinq cents hommes, sur la *Liberté* et l'*Hirondelle*; on en laissa cent, pour défendre l'île d'un coup de main; on renvoya, sur le *Phénix*, les esclaves qui pouvaient se soulever et se venger; on garda les femmes en santé pour soigner les malades et les blessés, dont le nombre était effrayant; on mit, sur tous les forts, des chapeaux et des bonnets fichés sur des bâtons, pour ôter à l'ennemi, s'il se présentait, la connaissance de notre faiblesse. Les équipages des deux vaisseaux nous promirent, solennellement, de nous venir prendre pour nous porter aux îles de Galapes. Pour gages de leur sincérité, ils nous laissèrent leur part des richesses déposées dans les magasins; enfin, ils partirent sous les ordres de Duboc, qui n'avait pas encore commandé en chef, et qui brûlait de se signaler.

Mon oncle, blessé, se désolait de n'être pas à la tête de l'expédition; j'étais attristé du départ de mon médecin et de mon peintre; Léonore s'attristait de me voir triste; nos malades n'étaient pas plus gais; nos cent hommes d'armes avaient l'air sombre et préoccupé; les femmes soupiraient, les unes de ce qui leur était arrivé, les autres de ce qui ne leur arrivait plus. L'île était rembrunie comme la salle de fantasmagorie de Robertson.

Je trouvai pourtant le moyen d'éclaircir, petit à petit, les visages, et de dissiper le découragement. J'avais perdu mon cher docteur, et je me retrouvai le médecin en chef de la colonie. Je suivis les erremens de mon ami, et, ce qui produisit autant d'effet que les médicamens, j'établis une sorte d'abondance dans la colonie. Je fis faire des filets par les femmes, par la mienne, par ceux de nos soldats à qui j'inspirais, insensiblement, le goût du travail. On eut du poisson en quantité; on en eut de mer et d'eau douce. A la vérité, on manquait d'assaisonnemens, mais l'appétit est le meilleur de tous. A la pointe méridionale de l'île, nos pêcheurs trouvèrent quelques tortues; dès lors mes malades eurent du bouillon, et on connaît la vertu de celui de tortue, pour la maladie que je traitais. Un régim doux, une vie frugale opérèrent des prodig. On guérissait rapidement. Mes raisonnemens tout genre, étaient écoutés, et mes conseils su

On défricha le peu de terrain qui était susceptible de produire. Je donnais des graines, je dirigeais les travaux, et quarante à cinquante jardins, se formèrent sous mes yeux. L'occupation ramenait la gaieté, et adoucissait des mœurs féroces. On se rassemblait tous les soirs ; on s'amusait, sans emportement et sans aigreur; on revenait aux jouissances de la nature. On m'entendait, avec plaisir, peindre les douceurs d'une union chaste, et les charmes de la paternité. Les jeunes gens trouvaient le bonheur présent dans mes tableaux ; les hommes mûrs y devinaient des appuis pour leur vieillesse. Tous regardaient Léonore, et son air décent et satisfait achevait de persuader.

A la quantité de fonctions, dont la raison seule m'avait investi, je joignis bientôt celles du sacerdoce. Je ne prêchais pas de dogmes : je n'aurais parlé que le langage des hommes. J'annonçais une morale simple et pure; c'est à cela que se borne la révélation, et nos cœurs ne vont pas plus loin. Mes efforts furent couronnés d'un succès flatteur ; je fis onze mariages. L'île n'était plus un repaire de brigands; ses habitans, rendus à la sociabilité, devenaient des hommes estimables, et chacun était heureux, autant qu'on peut l'être, quand on manque de plusieurs choses essentielles, que l'estime de soi-même ne fait pas toujours oublier.

J'avais conçu le projet de nous réconcilier avec nos voisins, et d'acheter d'eux ce qui nous était nécessaire. Les richesses immenses, que nous possédions, pouvaient déterminer l'ennemi à traiter, et, s'il préférait la guerre, nous étions encore assez forts pour l'inquiéter.

Mon oncle avait été forcé de convenir que sa constitution ne valait pas le diable. Il avouait que j'entendais mieux que lui l'art de gouverner; mais il ajoutait que je ne savais pas me battre : il fallait bien qu'il eût sur moi quelque avantage, et je lui laissais volontiers celui-là. Cependant, comme le chien d'amour-propre perce toujours, il me contrecarrait souvent en législature, en morale, et même en médecine. Je défendais mes opinions; il s'emportait; je le laissais dire. Il jurait; je ne l'écoutais plus, car des juremens ne sont pas des raisons. Il me semblait, à moi observateur, que la médecine ne doit tendre qu'à aider une nature affaiblie; que partout la morale est une et inaltérable, et que les meilleures lois ne sont pas les plus sages, mais celles qui conviennent le mieux au peuple à qui on les destine. Une première, mais terrible attaque de goutte, confina mon critique dans son hamac, et me laissa la liberté d'opérer tout le bien que je pourrais faire.

Il y avait trois mois que nos compagnons étaient partis; nous ne comptions plus les revoir. Personne ne disait clairement ce qu'il en pensait; mais je crois qu'au fond, chacun en était bien aise. La saison était favorable, et je pensai sérieusement à députer plusieurs de nos gens vers le gouverneur du Chili. Je choisis les plus modérés et les plus intelligens; je fis équiper la plus grande des chaloupes, et j'écrivis au gouverneur une lettre que je crus propre à calmer les ressentimens. Mes ambassadeurs allaient partir, lorsqu'une flotte, de huit à neuf voiles, parut à la vue de l'île. On courut aux armes; on se mit en défense; mon oncle se fit porter, dans un fauteuil, sur le fort Thomasseau. J'étais né pour tout faire, et, ce jour-là, je fis l'aide-de-camp. Je portais, partout, les ordres que le général me donnait avec son sang-froid ordinaire. Il éprouva, enfin, que des hommes mariés, sont plus braves que d'autres, quand ils aiment leurs femmes, et qu'ils tremblent pour elles : mes onze maris ne parlaient de rien moins que de faire sauter l'île, plutôt que de se rendre. Fort heureusement, on ne fut pas contraint d'en venir à cette extrémité. On reconnut la *Liberté* et l'*Hirondelle;* on rit du danger imaginaire et des préparatifs de défense; on mit armes bas, et on fut recevoir l'amiral Duboc, qui entrait, à pleines voiles, dans la rivière.

Ce drôle-là était vraiment né avec des qualités. Il s'était formé sous mon oncle. Il avait voulu surpasser, dans une seule expédition, ce que son chef avait fait dans toute sa vie, et il avait réussi. Il revenait avec six grands vaisseaux chargés de toutes sortes de provisions. Il avait augmenté l'armée de six cents Français, délivrés en différens lieux, et il apportait cinq millions en or. Voilà, en dix lignes, le journal de son expédition.

« Abordé, de nuit, à Valparayso. Surpris les ha-
« bitans; tout passé au fil de l'épée.

« Marché de suite sur Saint-Jago. Rencontré
« et pris, sur la route, cinq millions qu'on allait
« embarquer pour Quito.

« Chargé des vivres et des vins en rentrant à
« Valparayso. Pris, dans le port, deux vaisseaux
« sur leur lest.

« Doublé la terre de feu. Rentré dans l'océan
« méridional. Fait trois descentes au Brésil.
« Chargé les vaisseaux pris à Valparayso. Délivré
« soixante Français.

« Remonté vers les Antilles. Forcé Saint-Eus-
« tache ; délivré cent cinquante Français. Pris
« deux vaisseaux chargés de comestibles, arrivant
« d'Europe.

« Attaqué Saint-Vincent. Emporté l'île après
« huit jours de siége régulier. Délivré trois cent
« quatre-vingt-dix Français. Chargé, autant que
« possible, quatre vaisseaux trouvés dans le port
« de Boucama : deux ont coulé bas au retour.

« Revenu, enfin, après trois mois de course,
« vainqueur des Espagnols, des Portugais, des
« Hollandais et des Anglais. »

La lecture de ce journal, fit faire à mon oncle une grimace, qu'il s'efforça, en vain, de cacher. Il regarda Duboc d'un air sévère : « Amiral, lui
« dit-il, vous avez opéré en brave et habile

« homme; mais votre mission ne s'étendait pas
« plus loin que le Chili, où vous deviez prendre
« des vivres. Vous avez exposé à mourir de faim
« ceux qui vous attendaient ici, pendant que
« vous couriez la prétentaine, et je vous destitue.
« Destituer un homme comme moi, reprit Duboc
« en fureur ! Destituer un homme comme lui,
« reprit tout son monde! » Et l'anarchie qu'avait
causée la disette, fut ramenée par l'abondance.
Plus d'ordre, plus de subordination. On proposait, tout haut, de déporter mon oncle, ou de lui faire pis. J'avais mes bons colons sur qui je pouvais compter; mais ils formaient une très-petite minorité. Je ne savais pas trop me battre, comme me l'avait bien dit Thomas, et sa goutte l'empêchait de se mettre à leur tête.

Cependant, le tumulte allait toujours croissant; l'outrage était au comble. Il ne restait rien à mon oncle de sa considération, ni de son autorité. Il n'était plus qu'un vil envieux qu'il fallait immoler. Ainsi périrent les Gracques, au sein de la plus grande popularité. Ainsi périt Mazaniel, des mains du peuple même qui l'avait adoré. Ainsi finira celui qui doit à des orages un moment de faveur, qui finit avec eux.

Le moment de mon oncle n'était pas arrivé encore. La goutte ne lui avait ôté ni le courage, ni la présence d'esprit. Ce fut ce qui le sauva. Il demanda la parole; elle lui fut refusée. Nos colons, répandus dans la foule, et, jusqu'alors,

spectateurs de la scène, s'écrièrent qu'on ne pouvait se dispenser d'entendre Thomas. Ils crièrent tant, qu'enfin les autres se turent. « Jusqu'à
« ce que vous ayez fait de nouvelles lois, dit
« mon oncle, je ne connais que celles que vous
« avez librement acceptées. Y est-il dit que, lors-
« qu'il surviendra une querelle, toute la colonie
« tombera sur celui qui aura le malheur de dé-
« plaire? Il est dit que le différend sera vidé à
« coups de fusil : je défie l'amiral. S'il a fait ce
« qu'il dit, il acceptera en brave homme, et ne
« souffrira pas qu'on m'assassine comme un chien.
« Allons, sacredieu, acceptes-tu, amiral? » Aussitôt le bouillant Duboc lui frappe dans la main
en signe d'adhésion. Le champ est marqué. Les
champions sont à quarante pas; mon oncle charge
son arme, assis dans son fauteuil, la jambe appuyée sur un tas de feuilles sèches. L'armée
forme la haie des deux côtés des combattans.

Quel spectacle, pour la multitude, que celui
de deux autorités supérieures aux prises! Il en
doit résulter un changement, et tout changement
doit être un pas vers le mieux... Pauvres humains!... hélas!...

Les deux tiers des spectateurs font des vœux
pour Duboc; mes amis en forment pour mon
oncle, et tous tombent d'accord de s'en tenir à
l'issue du combat, et d'oublier absolument le
passé.

Duboc était l'offensé, il tira le premier. Son

ressentiment, sa vivacité, lui permirent, à peine, d'ajuster. La balle siffla à l'oreille de mon oncle, qui ne fit pas le moindre mouvement. Il ajusta à son tour; il ajusta long-temps; mais il ajusta mieux. Il cassa une cuisse à l'amiral, qui tomba, mais sans manifester aucun signe de douleur.

On reporta mon oncle dans son palais; on le rétablit dans ses honneurs; on remit en vigueur sa pitoyable constitution. Tous les jardins existans furent foulés aux pieds; le grand sérail fut repeuplé; le gaspillage recommença, et mes colons, entraînés par l'exemple, se *démoralisèrent* en peu de temps.

Obligé moi-même de céder au torrent, je rongeais mon frein; mais je me tus. Je conduisis ma bonne petite sœur tout-à-fait à l'extrémité de l'île; je rebâtis une maisonnette, dans des rochers escarpés, aussi bien que je pouvais bâtir seul. Où je trouvai quelques pouces de terre, je jetai, au hasard, quelques semences, incertain d'en recueillir les fruits. J'étais mal logé, assez mal nourri, quand la distance et mes travaux m'empêchaient d'aller prendre mes rations; mais j'avais mis Léonore en sûreté. Une autre raison m'avait déterminé à me retirer dans un lieu, à peu près, inaccessible.

En déchargeant les vaisseaux, en entassant les denrées dans les magasins, en partageant les cinq millions, on avait perdu de vue une femme qu'on avait embarquée à Saint-Vincent avec quelques autres. Cette infortunée, digne d'un meilleur sort, s'était éloignée de ses ravisseurs. Elle s'était avancée dans l'île, et le hasard l'avait conduite devant ma première habitation. Léonore était à sa porte; les deux femmes se fixèrent. L'inconnue était belle comme un beau jour, modeste comme la vertu, et Léonore lui sourit. Ce sourire l'encouragea; elle entra. Le langage de ma bonne petite lui inspira de la confiance; elles se lièrent à l'instant.

Je rentrai; je vis la belle inconnue. Elle ne me donna pas d'amour; mais elle m'inspira le plus vif intérêt. Je lui proposai de la soustraire aux infamies qui lui étaient réservées : elle ne me remercia point, elle tomba à mes pieds.

Il est étonnant, sans doute, qu'elle eût échappé, jusque alors, aux affronts dont l'idée seule la faisait frissonner. Les équipages de la *Liberté* et de l'*Hirondelle* avaient été répartis sur les huit vaisseaux. Ils étaient chargés au point qu'on avait eu une peine infinie à les tenir sur l'eau, et le travail continuel, auquel on était contraint, n'avait pas permis de penser à autre chose.

Je la cachai au fond de ma cabane, dans un réduit pratiqué sous la roche; et Léonore lui prodigua ses soins. Elle nous aima bientôt, comme nous avaient aimés mon peintre et mon médecin, et elle nous confia ce qu'elle avait soigneusement caché pendant la traversée, de peur qu'on ajoutât, s'il était possible, aux désagrémens de sa position. Elle était la femme de ce capitaine Hunter qui se battait si bien, et que mon oncle estimait tant. Une grande disproportion de fortune et de naissance, avait long-temps empêché leur union; mais, enfin, elle n'avait écouté que l'amour, et elle avait donné sa main sans l'aveu de ses parens. Hunter l'avait conduite de la Jamaïque, où il l'avait épousée, à Saint-Vincent, où demeurait sa mère, auprès de qui il l'avait mise. Elle avait écrit à son père les lettres les plus soumises; il y répondait enfin, et elle avait l'espoir de le fléchir, lorsque Saint-Vincent fut attaqué et pris par nos gens.

Elle pleurait en finissant son récit; nous pleurions en l'écoutant : la beauté malheureuse touche si aisément! C'est pour elle, en partie, que j'avais transporté mon domicile dans un lieu où j'espérais qu'elle pourrait, au moins, respirer en liberté.

Nos gens ne s'écartaient jamais de la partie de l'île où régnaient la bonne chère et la licence. Madame Hunter et Léonore se promenaient quelquefois sur la cime de nos rochers. Insensiblement elles en contractèrent l'habitude, et nul objet encore ne leur avait inspiré d'alarmes. Un jour, elles furent tout à coup frappées de l'aspect de deux hommes, qui les observaient de la vallée. Madame Hunter rentra épouvantée, et je conçus le danger qui la menaçait. Je sortis; je vis les deux hommes qui s'éloignaient, en se parlant avec chaleur, et en se tournant, parfois, de notre côté. Je pris aussitôt mon parti. Je conduisis madame Hunter, par des détours, dans une grotte que j'avais reconnue, précédemment, à cinq cents pas de notre habitation; je l'engageai à n'en pas sortir. Je lui dis que je la viendrais prendre dès qu'il serait nuit, et que je croyais avoir trouvé le moyen de la garantir de toute insulte.

Je n'étais pas trop sûr de mon fait. On m'avait promis de ménager Léonore, et on l'avait fait d'abord, parce qu'on avait de quoi se satisfaire d'ailleurs. Les services, que j'avais généralement rendus, m'avaient ensuite concilié les esprits. Notre éloignement et la retraite où vivait la bonne petite sœur, assuraient notre tranquillité; mais il n'y avait pas de traité qui assurât celle d'une seconde femme, belle surtout, la plus belle que j'aie vue de ma vie. L'autorité de mon oncle pouvait être méprisée: je n'avais pourtant de ressources qu'en lui.

CHAPITRE VIII.

Conclusion.

Une heure après que je fus rentré, une vingtaine de ces messieurs montèrent les degrés que j'avais grossièrement taillés dans le roc, pour arriver à mon habitation. Je crus reconnaître, parmi eux, ceux qui avaient vu madame Hunter; cependant je ne me déconcertai point. Je leur fis accueil, et j'attendis qu'ils expliquassent le sujet de leur visite. Ils prirent, pour prétexte, le désir de voir ma nouvelle demeure, et, en louant ma persévérance, mon industrie, ils examinaient tout, jusqu'au moindre coin. J'avoue qu'à la fin je n'étais pas à mon aise. Léonore était plus fine que moi. Elle fit tomber, adroitement, la conversation sur les magasins de vêtemens; elle se plaignit du peu de soin qu'on en avait ; elle ajouta qu'elle avait fait, à cet égard, des reproches très-vifs à une nourrice qui était venue le matin lui apporter du linge blanc. La ruse était heureuse; elle produisit l'effet attendu : ces messieurs se retirèrent assez honnêtement, et nous crûmes avoir détruit jusqu'à l'ombre du soupçon.

J'eus envie, alors, de ramener madame Hunter chez moi, et de l'y tenir cachée; mais je pensai à ce que ce genre de vie a de désagrémens. Il était possible, d'ailleurs, que nos gens reparussent un autre jour, et la surprissent. Toutes réflexions faites, je revins à mon premier plan. Vers minuit, j'allai prendre l'infortunée, et je la conduisis chez mon oncle. Il était guéri de sa goutte, et il buvait, gaiement, avec deux hommes de sa garde. « Ah! la belle femme, s'écrièrent
« ceux-ci. Eh! d'où diable sort-elle? » Madame Hunter frémit. « Vous avez fait de belles actions,
« dis-je à mon oncle, et je viens vous offrir un
« moyen d'effacer celles qui ne vous font pas
« d'honneur. — Pas de phrases, monsieur le phi-

« losophe. Voyons, de quoi s'agit-il — De pro-
« téger, de secourir madame. — Hé! que me fait
« madame, à moi? Es-tu encore amoureux de
« celle-ci?— Je l'honore, je la respecte, et vous
« partagerez ces sentimens quand je vous l'aurai
« nommée : vous voyez madame Hunter. — Ma-
« dame Hunter! brave homme, son mari. Je lui
« ai sauvé la vie; que veux-tu que je sauve à sa
« femme? — L'honneur. »

La touchante créature se jeta aux pieds de mon
oncle. Elle lui fit le récit de ses malheurs avec
tant de chaleur et de grace, que Thomas, penché
vers elle, l'œil mouillé, ne pensait pas à la relever. Elle avait cessé de parler; il écoutait encore. « Sacredieu! madame, vous me rappelez
« une lady, que j'ai connue aussi malheureuse que
« vous, et à qui j'ai rendu quelques petits ser-
« vices. — Je ne connais que ma mère, monsieur,
« dont les anciennes infortunes, soient compa-
« rables aux miennes. — Son nom? — Lady Sey-
« mour! — Vous êtes la fille de lady Seymour, la
« femme de Hunter! Corbleu! tant qu'il restera une
« goutte de sang à Thomas, personne ne portera
« sur vous une main profane; je le jure par mon
« sabre... par votre mère. »

Thomas m'embrassait, me remerciait. Il offrit
à madame Hunter son palais, la souveraineté de
l'île. Elle bornait ses vœux à en sortir. Les deux
soldats murmuraient, et je n'étais pas rassuré
encore.

Dans l'incertitude qui m'agitait, je saisis le moment où mon oncle était attendri. Je lui proposai un parti qui arrangeait tout, à l'instant, à notre satisfaction commune. J'avais cent mille écus; mon oncle avait près d'un million. La résistance, que lui avait opposée Duboc, était d'un exemple dangereux, et il n'était pas à présumer qu'il ajoutât, désormais, à sa fortune par la voie des confiscations. Il ne devait donc désirer que de jouir de celle qu'il avait acquise. Je le pressai de quitter l'île avec moi, Léonore, et madame Hunter; de faire, du salut de cette dernière, la condition positive, sous laquelle il abandonnerait le commandement à Duboc; je le flattai, enfin, de l'espoir de se rétablir dans l'opinion des honnêtes gens, en rendant une femme à son mari, une fille à sa mère. Mon oncle accéda à toutes ces propositions, et il envoya chercher l'amiral. Madame Hunter sourit pour la première fois, et je courus dire à ma bonne petite, de se préparer au départ.

Les extrêmes se touchent, je l'ai déjà dit. Madame Hunter, Léonore et moi, nous étions au comble de la joie, et une scène horrible se préparait. Ceux de nos gens qui étaient venus chez moi, ne s'en étaient pas tenus à ce que leur avait dit la petite sœur. Ils avaient été au magasin, et le résultat de leurs informations, fut qu'aucune femme, n'avait porté de linge à Léonore. Au point du jour, ils se répandirent dans les différentes habitations, et travaillèrent des esprits trop faciles à échauffer. Ces deux soldats, épris des charmes de madame Hunter, les vantaient partout, et indiquèrent le lieu de sa retraite. La foule, indignée de ce que le chef lui-même violait la constitution, se porta devant sa maison. Ils demandèrent, à grands cris, la femme qu'on leur dérobait. J'étais près d'elle alors; elle tomba mourante dans mes bras. Mon oncle ne prit point ses armes : à quoi eussent-elles servi? Il se jeta en avant de madame Hunter, les bras étendus vers ces énergumènes, priant, caressant, menaçant tour à tour. Les accens de la fureur, et d'une passion effrénée, furent la seule réponse qu'il obtint. « Vous voulez « qu'elle meure de l'excès, de la multiplicité des « infamies! Eh bien! sacredieu, elle mourra pure, « et je mourrai avec elle, puisque je ne peux la « sauver. » Il saute sur ses pistolets; il met un des canons dans sa bouche; il s'avance sur madame Hunter, le second pistolet levé; les deux coups vont partir à la fois... « Aux armes! laissez « cette femme! aux armes! » répètent mille voix en dehors de la maison. La multitude s'écoule, la porte est libre; je sors...; deux vaisseaux de guerre, quatre frégates, six galiotes à bombes... Ce n'est pas une illusion, cette fois; les pavillons anglais et espagnols flottent de toutes parts. Madame Hunter respire, les brigands l'oublient, et pensent à se défendre.

Revenons à milord Seymour, que nous avons oublié depuis long-temps. Il s'était retiré, avec sa jeune épouse, à Bruxelles, lorsque Fanny quitta, si brusquement, mon oncle blessé à Dunkerque. Fait pour plaire à tous ceux qu'il approchait, il plut au gouverneur des Pays-Bas. On n'aime pas les femmes avec passion, sans aimer un peu la gloire : Seymour ne voulait point passer sa jeunesse dans l'obscurité. Il obtint du service dans les troupes impériales. Il se fit un nom dans la guerre d'Hanovre, et son père, vaincu par sa constance, séduit par l'éclat de sa réputation, finit, comme tous les pères, par pardonner. Seymour repassa en Angleterre. Milord Chatam lui donna un régiment. Il se distingua à la bataille de Minden, et monta, rapidement, aux grades supérieurs. Il n'avait pas d'enfans. Le bon Thompson, demandait, tous les jours, au ciel, de se voir renaître encore, et ses vœux furent exaucés. Après quinze ans de l'union la plus heureuse, le bonheur de Fanny s'accrut par la naissance d'une fille. Le roi voulut ajouter ses faveurs à celles de la nature : Seymour fut nommé au gouvernement de la Jamaïque.

Les deux époux commençaient à vieillir; mais la jeune lady leur rappelait les graces de leur jeunesse. Elle avait apporté, en naissant, cette disposition à aimer, qui avait troublé la première moitié de la vie de ses parens : Hunter lui plut. Il n'était pas qualifié, sa fortune était modique;

mais il avait l'estime de l'armée navale. Lucy exprima ses désirs à son père, et son père oublia qu'il avait été jeune et amoureux. Il était à l'âge où l'on considère, comme des illusions, tout ce qui n'est pas richesses ou grandeurs, et il condamna le choix de sa fille. Sa fille déposa ses larmes dans le sein de sa mère. Fanny ne lui donna aucun conseil; mais elle lui conta comment elle s'était mariée. Faire cet aveu à sa fille, c'était l'autoriser indirectement à l'imiter, et la jeune personne l'imita.

Seymour fut outré de ce mariage, et de la fuite de sa fille à Saint-Vincent; mais il avait des entrailles. Lucy lui écrivait souvent; sa mère opposait, sans cesse, la modération à l'emportement, les prières à l'opiniâtreté. Chaque jour Seymour faiblissait. Il pensait, sans répugnance, à faire, pour sa fille, ce que son père avait fait pour lui. Il était prêt à se rendre, lorsque Hunter débarqua à la Jamaïque, vint se jeter à ses pieds, et lui apprit, avec les accens du désespoir, l'enlèvement de sa femme.

Le même coup les frappait tous deux; il les rapprocha à l'instant. Le passé disparut devant les craintes qu'inspirait l'avenir. On ne pensa qu'à délivrer la jeune femme.

Toutes les colonies des puissances alliées se plaignaient, depuis long-temps, du brigandage que les corsaires français exerçaient, impunément, sur toutes les côtes. On avait souvent proposé de faire, à frais communs, un armement assez considérable pour purger tout-à-fait les mers d'Amérique ; mais il fallait le concours du gouverneur de la Jamaïque : les forces réunies de cette puissante colonie pouvaient seules assurer le succès. Jusque alors Seymour avait refusé de dégarnir son île, parce que les Français de Saint-Domingue, et de la Martinique, auraient pu profiter de son état de dénuement pour l'attaquer. Le danger de sa fille l'emporta sur toutes les considérations : l'expédition fut résolue. Les Portugais, les Espagnols, les Hollandais donnèrent ce qu'ils purent rassembler d'hommes et de munitions. Seymour fit le reste.

Il monta lui-même sur la flotte, impatient de combattre et de punir un homme, dont il avait entendu vanter le courage, et qu'il était loin de soupçonner d'être ce même Thomas à qui Fanny devait tant. Il prit, à la Barbade, plusieurs de ces prisonniers anglais que nous avions relâchés, qui, connaissant nos forces et nos localités, devaient lui servir de guides. Il se proposait de commander les troupes de débarquement. Hunter faisait les fonctions d'amiral.

Mon bon médecin s'était empressé de se faire admettre au nombre de ceux qu'on embarqua à la Barbade. Seymour et Hunter avaient juré de tout exterminer dans notre île, et mon docteur m'aimait sincèrement. Il s'attacha, pendant la traversée, à gagner les bonnes graces de milord.

Il lui peignit, sous des couleurs si favorables, mon humanité, ma douceur, les services que je lui avais rendus, que j'étais seul excepté de la proscription générale, quand la flotte mouilla devant l'île.

Hunter et Seymour voulaient attaquer à l'instant. Mon docteur sentit bien que si nous étions forcés, l'épée à la main, il n'y aurait de quartier pour personne. En effet, comment veiller sur la vie d'un seul homme confondu avec quinze cents autres? Il parla, il raisonna, il pressa. Ses raisonnemens et ses prières ne pouvaient rien sur l'impatience, l'indignation d'un père, et la jalouse fureur d'un époux. Le médecin alors les attaqua avec leurs propres armes. « Il n'est rien, « leur dit-il, dont ces gens-là ne soient capables. « Qui vous répond qu'ils ne détourneront point « vos coups, en y exposant madame Hunter la « première? Qui sait si, prévoyant l'instant de « leur destruction, ils ne vengeront pas leur mort « dans son sang? C'est pour elle particulièrement « que vous avez pris les armes, et, pour la dé- « livrer sûrement, il faut négocier. » Seymour et Hunter trouvaient indigne d'eux de traiter avec des ennemis du droit public et particulier; mais ils tremblaient pour ce qu'ils avaient de plus cher, et la crainte prévalut sur la répugnance. Le médecin fut député vers nous pour proposer la capitulation.

Son premier soin fut de venir embrasser celui qu'il appelait son bon maître, et il me dit que je ne le quitterais plus. Mon oncle, grossier, brutal, intempérant, avait le meilleur cœur ; il m'aimait, et j'étais incapable de l'abandonner. Je répondis, à mon ami, que la reconnaissance et l'honneur m'empêchaient d'accepter ses offres, à moins qu'elles ne fussent communes à mon oncle et à moi. Il m'assura qu'il ne pouvait rien de particulier pour lui ; je répliquai, en soupirant que mon sort était inséparable du sien.

Le docteur me quitta, les larmes aux yeux, et se présenta devant nos chefs assemblés. « Je viens, « leur dit-il, vous offrir la vie ; c'est tout ce que « je puis vous offrir. Et nos richesses, interrom- « pit Thomas ? — Ceux que vous avez dépouillés « sont là, déterminés à les reprendre. — Nous « les avons acquises au prix de notre sang, pour- « suivit mon oncle ; nous les conserverons de « même. Allez dire à ceux qui vous envoient, « que des gens comme nous se battent, et ne « capitulent jamais. Bravo, Thomas ! bravo, cria « toute l'armée ! » Et chacun se rendit à son poste.

« Viens avec moi, docteur, dit mon oncle à « mon ami. » Il le mena chez lui, le fit asseoir, et le força de trinquer avec lui. « Écoute, pour- « suivit-il, je viens de faire le général, et, sacre- « bleu, je le ferai jusqu'au bout ; mais je suis bien « aise de faire l'homme un moment, cela repose. « Approchez, madame. » La fille de Seymour vint.

« Tous nos gens sont occupés. Outrés de votre
« départ, ils m'assassineront peut-être; mais je
« m'en f... Profitez du moment; suivez le méde-
« cin; retournez parmi les vôtres, et qu'il leur
« dise que je vous rends à eux, toujours digne
« de leurs respects. Dites à Seymour qu'il m'en
« coûtera de me battre contre lui; dites à Hunter
« que son beau-père et lui sont les hommes du
« monde que j'aime le plus, et, sacredieu, je vais
« leur faire voir que je mérite leur estime... Point
« de remerciemens. Allez, partez, et mettez-vous
« du coton dans les oreilles. »

La recommandation n'était pas inutile. Deux heures après que madame Hunter eût embrassé son père et son époux, le feu commença de part et d'autre. Hunter et Seymour n'étaient plus excités que par la gloire; mais ce motif est suffisant pour de grands cœurs. Les deux braves Anglais admiraient la bizarre générosité de mon oncle; mais ils prétendaient à l'honneur de vaincre l'homme, jusque alors invincible. Seymour avait à justifier les faveurs de son roi, et Hunter deux défaites à effacer. Pendant vingt-quatre heures, sept cents bouches à feu tirèrent des deux côtés, sans interruption. Notre île offrait à l'œil la surface d'un volcan. Le jour et la nuit s'écoulèrent, sans autre perte pour nous, que cinquante hommes tués ou blessés par les bombes. Les ennemis eurent une frégate totalement désemparée.

Le lendemain, la face des affaires changea. Les

deux vaisseaux de ligne se portèrent à l'embouchure de la rivière, et attaquèrent nos vaisseaux de la Jamaïque, qui en défendaient l'entrée. Thomas y courut aussitôt, et le combat devint terrible. L'artillerie des Anglais était bien supérieure; mais elle était sur des masses mobiles, et une multitude de coups frappaient l'air, ou se perdaient dans l'eau. Nos deux vaisseaux étaient fixés sur quatre ancres, et presque toutes nos volées portaient. A chaque instant, Thomas traversait la rivière en chaloupe, ou à la nage, selon le moment ; il allait d'un bâtiment à l'autre; il donnait ses ordres; il soutenait les braves; il encourageait les faibles : il y en a partout.

Hunter n'obtenait pas de succès déterminés par la force ; il employa la ruse. Il fit tirer, à boulets ramés, sur nos cables, ne fit plus tirer que sur eux, et il parvint à les couper tous. La marée montait alors. Nos deux vaisseaux rasés ne purent résister à la force de la barre, ils furent emportés dans l'intérieur de la rivière, et échouèrent sur ses bords. Ils se trouvèrent tellement penchés, que l'un d'eux avait une partie de sa quille à découvert. Ces deux postes cessèrent d'être tenables. Thomas en fit descendre tout son monde, et se hâta d'y mettre le feu : cette manœuvre nous donna le temps de respirer un moment.

Hunter ne voulut pas rétrogader. Il détacha toutes ses chaloupes pour éteindre le feu : ses vaisseaux pouvaient sauter avec les nôtres. Il entra dans la rivière, soutint ses travailleurs, et protégea la descente, qui se fit sans difficultés. Les bâtimens légers débarquèrent, derrière lui, environ quatre mille soldats : c'était presque trois contre un. Ces différentes opérations prirent trois heures au moins, et mon oncle en profita.

Il jugea que sa gloire et sa vie allaient dépendre du destin d'une bataille, et il fit tout pour la gagner. Il rangea treize cents hommes qui lui restaient, et appuya ses ailes à chacun de nos rochers, devenus des forts. Il en fit descendre toutes les pièces qu'on ne pouvait tourner du côté de l'ennemi ; il en fit une forte batterie qu'il plaça à son centre ; enfin, il fit abattre les huttes de nos gens, et des pieux qui les formaient, il fit un retranchement tout le long de sa ligne.

Vous vous rappelez que ces forts étaient, chacun, à une extrémité de l'île, en la prenant sur sa largeur. Elle n'était accessible que par la rivière ; nous ne pouvions donc être tournés, et il était difficile qu'on nous battît de front. Nos magasins en tout genre, nos trésors étaient derrière nous.

Les ennemis s'avancèrent bravement, quoiqu'ils n'eussent pas de pièces de campagne, et que notre artillerie fît un grand ravage dans leurs rangs. Ils perdirent plus de trois cents hommes avant que d'arriver à la portée du mousquet ; cependant, animés par Seymour et Hunter, ils approchaient, en bon ordre, de nos retranchemens, d'où il n'était pas parti un coup de fusil encore. Une décharge générale, commandée à propos par Thomas, arrêta les plus intrépides; les autres parurent déconcertés. Ils répondirent cependant à notre feu; mais une seconde salve, d'un effet prodigieux, les débanda entièrement. Il fallait simplement recharger et les attendre. Ils se seraient rembarqués, ou ils seraient venus se faire tuer, jusqu'au dernier, devant nos retranchemens; la bataille était gagnée enfin, si nos gens eussent conservé leur sang-froid, et obéi à leur chef. Mais ils crurent n'avoir plus qu'à poursuivre et à exterminer des fuyards. Ils sortirent en désordre, la baïonnette en avant, et furent arrêtés, à leur tour, par mille Anglais, ralliés à deux cents pas, et formidables par leur discipline. A la droite des Anglais se ralliaient les Espagnols. Les Portugais et les Hollandais coururent se reformer sur le terrain même que nous venions d'abandonner; nos gens se trouvèrent enveloppés de toutes parts. Ceux qui défendaient les forts ne pouvaient plus tirer; leurs coups eussent porté sur nous comme sur l'ennemi.

La fortune changea tout-à-fait en ce moment. Ce ne fut plus un combat, ce fut un horrible massacre. Aucun des nôtres ne demanda quartier; tous voulaient mourir les armes à la main. L'intrépide Thomas, percé de coups, se défendait toujours, et paraissait encore redoutable. Seymour et Hunter le cherchaient, l'appelaient, conduits par le bon médecin, qui exposait sa vie par attachement pour moi. Ils trouvèrent mon oncle, affaibli par la perte de son sang, un genou en terre, et pouvant à peine soutenir son sabre de ses deux mains. On allait l'achever lorsqu'ils arrivèrent; il le voulait, il appelait la mort; ils le sauvèrent malgré lui. Pouvaient-ils moins pour un homme à qui chacun d'eux devait une épouse?

Pour moi, au moment où nos gens sortirent des retranchemens, j'avais cru, comme eux, la bataille gagnée, et j'étais allé caresser, rassurer ma bonne petite sœur. Quelle fut ma surprise, lorsque je vis entrer, chez moi, les deux Anglais et mon médecin, portant, eux-mêmes, mon oncle sans connaissance! Je leur demandai s'ils étaient prisonniers. « C'est vous qui le seriez, me ré« pondit Seymour, si vous étiez moins estima« ble », et il me présenta la main.

Pendant qu'on détruisait, de fond en comble, tous nos établissemens dans l'île, qu'on faisait sauter, à force de poudre, jusqu'aux rochers que nous avions transformés en citadelles, le bon médecin, Léonore et moi, nous donnions à mon pauvre oncle des soins bien affectueux et bien inutiles. Aucune de ses blessures n'était mortelle, par elle-même; mais les excès avaient détruit, en lui, les sources de la vie. Il expira, le second jour, dans nos bras, et Seymour et Hunter regrettèrent sincèrement un homme dont la valeur rachetait les défauts.

Sa perte me fut très-sensible, et elle n'était pas la seule qui m'affligeât. Je m'étais flatté, un moment, de procurer à Léonore un sort digne d'elle, et il ne me restait rien de cette immense fortune que nous possédions, mon oncle et moi. Les vainqueurs la partageaient presque sous nos yeux, et la misère semblait nous attendre pour nous punir d'avoir goûté une illusion passagère. Autre surprise! La part de Seymour et de Hunter était, à peu près, égale à ce que nous avions perdu; le docteur leur dit un mot, et ils m'offrirent le tout avec une amabilité qui donnait un nouveau prix au bienfait.

J'acceptai leurs offres, je m'embarquai avec eux pour la Jamaïque. J'y vis cette Fanny, dont mon malheureux oncle m'avait tant parlé. Elle n'était plus jolie; mais elle était belle encore. Elle avait conservé le souvenir de Thomas, et elle accueillit son neveu. Madame Hunter se joignait à sa mère pour me combler de marques d'amitié. « Oh! me disais-je, que la vertu doit
« être douce, qu'elle doit être satisfaisante! Je
« trouve des amis partout, uniquement parce
« que je n'ai pas été un barbare. »

Je sentis, en respirant un air pur, qu'il manquait quelque chose à mon union avec Léonore. Je lui proposai ma main : elle n'osait me la demander, elle l'accepta avec transport. La noce se fit chez Seymour. Il voulait nous retenir à la Jamaïque ; mais l'amour de la patrie ne s'éteint jamais entièrement. Je voulais, d'ailleurs, revoir de bons parens, que j'avais cruellement abandonnés. Nous nous embarquâmes, avec nos richesses, sur un vaisseau neutre, et nous arrivâmes heureusement en France.

J'avais laissé mon père et ma mère dans une certaine aisance, et depuis quatre ou cinq ans, ils gémissaient dans l'indigence. Il semble que tout ce qui était honnête devait se dépouiller sous la verge de l'anarchie, et racheter sa vie par le sacrifice de sa fortune. Je gémis sur mon père et sur ma mère ; je partageai, avec eux, ce que je possédais. Mais combien je fus satisfait des changemens heureux qui s'étaient opérés dans ma triste patrie ! Je l'avais laissée dans un état déplorable. Un peuple trompé se battait pour le choix de tyrans obscurs ; des ambitieux pour opprimer ; des brigands pour partager des dépouilles. Des criminels étaient à la place des juges qui les avaient flétris ; des hommes, ruinés par leurs profusions et leurs débauches, proscrivaient le citoyen paisible dont ils voulaient envahir le patrimoine. L'avidité s'enrichissait sans travail ; les vengeances s'exerçaient sans crainte ; la licence écartait tout frein, et la fureur brutale de la multitude détruisait ce dont elle ne savait pas jouir.

A mon retour, un soleil nébuleux encore, mais déja actif et chaud, animait l'horizon. Les misérables, qui avaient souillé ma patrie, étaient retombés dans l'obscurité et le mépris. L'habitude du crime et de la violation des lois s'était évanouie devant l'homme rare, devenu le premier par sa seule énergie. Toutes les factions étaient courbées devant lui ; on pouvait travailler avec la certitude de jouir ; on pouvait devenir père sans craindre d'être arraché à ses enfans ; l'asile du citoyen n'était plus violé. Si la misère, effet inévitable d'une guerre longue et sanglante, se fait encore sentir, le nom d'un héros semble commander la paix. Son gouvernement sera durable, car où le chef s'entoure d'hommes probes et éclairés, le contrat social a une garantie.

FIN DE MON ONCLE THOMAS.

TABLE

DES CHAPITRES CONTENUS DANS CE VOLUME.

PREMIÈRE PARTIE.

Chapitre Ier. Ce que c'est que mon oncle.. Page 1
Chapitre II. Mon grand-père Riboulard et ma grand'maman Rosalie s'épousent tout de bon. 12
Chapitre III. Ce que devient mon oncle Thomas. 25
Chapitre IV. Ce que fait mon oncle chez madame l'ambassadrice.................... 41
Chapitre V. Une audience de police.......... 58
Chapitre VI. Mon oncle Thomas sort tout-à-fait de chez son ambassadeur............... 108
Chapitre VII. Mon oncle retrouve des gens de connaissance, etc...................... 121

DEUXIÈME PARTIE.

Chapitre Ier. Expédition du prince Charles Édouard............................. 145
Chapitre II. Mon oncle Thomas reparaît sur la scène..................................
Chapitre III. Thomas soutient de son mieux la dignité du nom français................ 291
Chapitre IV. Qui vous apprendra ce que c'est que lord Seymour et Fanny Thompson.... 204

Chapitre V. Incidens, accidens, évènemens. Page 222
Chapitre VI. Qui paraîtra incroyable, et qui l'est moins que la surprise de Crémone......... 235

TROISIÈME PARTIE.

Chapitre Ier. Premiers arrangemens de milady et de mon oncle........................ 272
Chapitre II. Mon oncle va à la comédie....... 285
Chapitre III. Mon oncle part de Dunkerque.... 300
Chapitre IV. Mon oncle tranche du grand seigneur............................... 316
Chapitre V. Mon oncle trouve un ami......... 343
Chapitre VI. Catastrophe.................... 363
Chapitre VII. Mon oncle se fait capucin....... 379

QUATRIÈME PARTIE.

Chapitre Ier. Un mot sur votre serviteur...... 401
Chapitre II. Je deviens aussi un petit héros.... 414
Chapitre III. Grandes tentatives............. 432
Chapitre IV. Suite du succès................ 455
Chapitre V. Établissement à l'île de Fernandès.. 479
Chapitre VI. Magnifique ville bâtie. Constitution sublime de la composition de mon oncle... 493
Chapitre VII. Désastres..................... 508
Chapitre VIII. Conclusion................... 535

FIN DE LA TABLE.

www.ingramcontent.com/pod-product-compliance
Lightning Source LLC
Chambersburg PA
CBHW071404230426
43669CB00010B/1446